当代河南教育发展报告

A REPORT ON THE DEVELOPMENT OF
THE CONTEMPORARY HENAN'S EDUCATION

胡大白 / 主编　　王建庄 / 执行主编

当代河南职业教育发展报告

A REPORT ON
THE DEVELOPMENT OF THE CONTEMPORARY HENAN'S
VOCATIONAL EDUCATION

王建庄 / 著

社会科学文献出版社
SOCIAL SCIENCES ACADEMIC PRESS (CHINA)

作者简介

王建庄　中国民办教育协会党建工作委员会副主任，中华职业教育社民办教育委员会委员，河南省民办教育协会党建工作委员会主任，河南民办教育研究院执行院长、首席研究员。河南省教育厅学术技术带头人，河南省优秀教师。曾任河南省高校就业工作评估专家组成员，河南省高校德育评估专家组成员，河南省高校办学水平评估专家组成员，河南省民办高校年检专家组组长，河南省函授教育评估专家组组长。主编《大学语文》《职业生涯规划》《现代社交礼仪》《互联网+创新创业概论》《互联网+创新创业指南》等大学教材10部。在2008年、2009年、2012年、2016年、2017年五年的河南蓝皮书《河南社会形势分析与预测》分别发表关于河南省高等职业教育、义务教育和职业教育现状与发展的研究报告。主持的研究项目获河南省科技进步奖、河南省政府发展研究奖和河南省社会科学优秀成果奖。多次获得河南省教学成果奖。

总 序

中华人民共和国成立70年来，河南教育实现了跨越式发展。一是教育优先发展的战略地位得到确立：省委省政府把教育放在经济和社会发展的基础性、先导性、全局性的位置，逐步确立了教育事业优先发展的战略地位。二是发生了“三个转变”：其一，在体制上由适应计划经济到适应市场经济转变；其二，在发展方式上由注重规模扩张到注重科学发展转变；其三，在人才培养模式上由知识本位到注重提高综合素质转变。三是实现了“六个跨越”：其一，义务教育实现了由“人民教育人民办”向“人民教育政府办”的跨越；其二，职业教育实现了由薄弱徘徊到快速发展的跨越；其三，高等教育实现了由精英教育向大众化教育的跨越，正在迈过普及化的门槛；其四，实现了由文盲、半文盲的大省向教育大省的跨越；其五，教育结构实现了由单一普通教育到现代国民教育的跨越；其六，实现了办学主体由单一政府办学到多元化办学的跨越，民办教育和中外合作办学快速发展，正在成为教育改革发展的重要力量。

河南教育经过70年的发展，实现了规模扩张。1949年，全省各级各类学校在校生144.46万人，仅占全省总人口4174万人的3.46%。到2019年，全省各级各类学校在校生达到2677.10万人，比1949年增加2532.64万人，是1949年的18.53倍，占全省总人口10952万人的24.44%。学前教育毛入学率达到89.50%，九年义务教育巩固率达到95.45%，高中阶段毛入学率达到91.62%，高等教育毛入学率达到49.28%。

河南教育70年取得的成就离不开党的正确领导。从新中国成立到1956年，河南省各级政府和广大教育工作者在中国共产党的领导下，完成了对旧教育的根本改造，并在此基础上，实现了从新民主主义教育向社会主义教育的过渡。1957年党和国家教育方针的提出，为教育的发展确立了方向。“文化大革命”结束后，特别是党的十一届三中全会后，省委省政府“科教兴豫”的战略方针为教育的发展开辟了广阔的前景，增添了巨大的活力。2018年9月，习近平总书记在全国教育大会上强调指出，教育是国之大计、党之大计，教育的根本任务是立德树人，工作目标是凝聚人心、完善人格、开发人力、培育人才、造福人民。自全国教育大会召开以来，全省上下把思想和行动统一到习近平总书记关于教育的重要论述上来，围绕立德树人这一根本任务，强化举措、补齐短板、提升质量，加快推进教育现代化，建设教育强省，办好人民满意的教育，为中部崛起、中原更加出彩提供强大支撑。

70年来的社会稳定和经济繁荣提供了教育的发展动力。社会长期的安定团结有利于教育工作的开展，发展经济需要掌握先进技术的高级科技人才，而且需要大批有一定文化科学知识的熟练劳动力。同时，经济的发展也为教育的发展提供了经费保障和发展的动力。读书改变生活、教育改变命运一度成为较为流行的一种价值观，极大地刺激了教育的发展。

科学技术的发展也推动着河南教育的进步。随着以核子、电子技术为代表的新的科学技术的应用，社会生产力迅速发展。机械化、电子化、智能化设备逐步在相关产业活动中普及，不仅发达的高科技产业渴求人才，社会需要的各类经济、管理、法律等相关人才也亟须提高水平和增加供给。这不仅促进高等教育有了较大的发展，而且高等教育的内容也随着新科技的发展和需要进行了大幅度的变革。

不可回避的是，70年来的教育发展和改革并不是一帆风顺的。对短期利益的追求，导致基础教育教师流失率、学生辍学率上升。同时，教育的大发展也带来了数量和质量的矛盾。教育质量下降、教育不能适应社会经济发展的需要给很多人带来了困惑。优质高等教育资源匮乏，河南考生承受着其他省市考生不能承受的高考之重。教育向何处去，新的出路在哪里，如何评估大众化、普及化后的各级各类教育，如何找到普及与提高的平衡点，各级各类教育应如何适应科技革命的发展和挑战，远距离教育、数字化教育、终身教育、合作教育该如何开展，这些都是我们应该思考的问题。

70年的教育发展和改革为我们提供了极其丰富的经验和教训，在中华人民共和国成立70周年之际，总结这个时代的教育，把握教育发展的本质特征和规律，实在是当务之急。这也是我们出版《当代河南教育发展报告》的旨趣所在。

《当代河南教育发展报告》立足于当代河南的教育发展，高等教育、基础教育、学前教育、民办教育、职业教育等几个方面独立设卷，单独成册，分别对河南教育70年的发展进行了回溯性研究，对其中的成就、经验和教训进行了客观的总结。对与教育发展整体相关的管理体制、投资体制、教研管理等部分专设一册，既可以与其他几卷相互补充，又对相关部分做了系统和重点的论述。参与研创的人员历时三年，长期在河南省档案馆、各市区（县）档案馆和河南省图书馆以及有关高校图书馆认真查找资料，用翔实的数据和丰富的第一手资料来反映河南教育发展的轨迹。

河南教育事业虽然取得了令人瞩目的成就，但与人民群众日益增长的对优质教育的需求还有一定距离。优质高等教育资源的紧缺和希望接受优质高等教育资源考生过多的矛盾、人民群众对优质教育的需要和不平衡不充分的发展之间的矛盾依然存在。本书在全面介绍河南教育发展成就的前提下，也对当前河南教育发展存在的短板进行了初步剖析。

社会科学文献出版社出于对教育事业的热忱和支持，组织力量承担了这套丛书的出版工作，诚为一件很有远见、很有意义的工作。

由于时间仓促，加之作者水平有限，本书肯定存在不少有待提高之处，期待方家指正。

胡大白

2019年9月28日

前　言

我国早期的教育，是游离于社会之外、高高在上的，是建立在世俗生活之上的象牙之塔。教育的目的是培养精英，受教育者的目标是成为“贤人”。孔子弟子三千，贤者七十二人，三千弟子在芸芸众生中鹤立鸡群，七十二贤者在三千弟子中鹤立鸡群。什么是“贤”？子曰：“贤哉，回也！一箪食，一瓢饮，在陋巷，人不堪其忧，回也不改其乐。贤哉，回也！”

不求美食，不入尘俗，淡饭清水，住简陋小屋，受常人忍受不了的穷困清苦，不改好学的乐趣。这种品格就是“贤”。

也有对生产生活的传习，但教育总的指向是对人的品质的培养，这样的教育，是培养“大”人才的。《礼记·大学》：“古之欲明明德于天下者，先治其国；欲治其国者，先齐其家；欲齐其家者，先修其身；欲修其身者，先正其心；欲正其心者，先诚其意；欲诚其意者，先致其知，致知在格物。物格而后知至，知至而后意诚，意诚而后心正，心正而后身修，身修而后家齐，家齐而后国治，国治而后天下平。”通过教育和思考，减少欲望和贪念，修养身心，经营家庭，治理国家，太平天下。这是一种让人做大事的教育，是广义上的职业教育。

中国古代教育初期，读书与做官的关系并不密切。战国以前，做不做官与读不读书关系不大。只要你爹是当官的，而你又是嫡长子，你就等吧，一般情况下，将来你爹的位置就是你的。你爹是种田的，那你就不用有太多的非分之想。因此，努不努力，读不读书，基本上用处不大。战国时期军阀混战，打仗的年代，军功制成为底层草根进入上流社会的狭窄通道，平民的子弟凭借军功，就有可能飞黄腾达。作战勇猛，首级制，斩敌一首，官升一级。战争年代读书人不多，读书无用而且书桌不稳。秦统一后虽然有保举、吏道、通法、征士等措施，也都没有形成与读书有关的气候，但就教育与人才选拔的关系，较之世袭制已有了进步。比如通法一途，即指凡通晓法令者，即有可能入仕。要想当公务员，首先要读懂法律条文并且在实践中能解会用，这种制度，使读书与做官拉近了距离，读书有用了。汉代主要是察举和征辟。看被察举者是否符合标准，一般有四个指标：一是看德行，二是看学识，三是看决狱，四是看才干。这四种指标中有两个可以考察，即学识和决狱。学识是指对经书的知晓程度，决狱是指对法令的理解程度。有了这两条，只要德行不亏，才能出众，就可以当官了。读书的重要性日益显现。东汉中期以后，地方豪强势力膨胀，国家行政能力日趋瘫痪，选人用人制度日渐腐朽，平民子弟走进上流社会的通道成为少数人控制的关隘，许多底层没有靠山的优秀人才被埋没。建安二十五年（220）曹丕称帝后，将人才划分为上上、上中、上下，中上、中中、中下，下上、下中、下下九个等级，是为“九品中正制”，这种制度一开始尚有积极作用，但很快就被士族把持。到西晋时，门第和家世成了唯一选才的标准，“上品无寒门，下品无士族”，百姓子弟再努力、再读书，也都在下上、下中、下下之间沉浮；士族子弟，当然无论怎样也都位居上上、上中，最次也不过上下。谁还读书？真正将读书和做官紧密结合起来的，应该是隋文帝。杨坚即位后，废除了九品中正制，首开了秀才、明经等科的考试，通过后录取为官。隋炀帝杨广史评不好，但对科举制度的建立是有功的。他在即位第一年即下诏恢复国子监、太学以及州县学，并在大业二年（606）增设进士科，建立了科举制度。这在当时是历史的进步，不但推动了波澜壮阔的时代发展，也书写了悲欢离合的万千人生。读书做官，千百年来成为标配。当然，这个制度在从成长、壮大到没落的过程中，出现了许多失去公允、泯灭良知甚至是黑暗腐朽的历史污点。但将读书与选人制度紧密配合起来，其时间长度和范围广度，当属世界之最。

为培养社会管理人员的教育，受教育者是为了做官，应该说这也算是“职业”教育，不过这样的职业太“大”，不是我们现代意义上的职业教育。

起于隋，盛于唐，行经宋元明清，科举制度持续了1300年。至清光绪年间，科举考试因程式僵化而陷于末途。光绪三十一年（1905）清廷下诏：“著即自丙午科为始，所有乡试会试一律停止，各省岁科考试也即停止。”

此前的光绪二十八年（1902），清政府公布《钦定学堂章程》，是为“壬寅学制”。光绪二十九年（1903）又公布《奏定学堂章程》，亦称“癸卯学制”。近代中国积贫积弱，外敌入侵，军阀混战，偌大华夏放置不下一张安稳的书桌。但在这个过程中，从科举制结束后兴起的新学也在一点点成长，至新中国成立时，已基本形成了“六三三四”的学制。

这样的学制，是“正规”教育的学制。“正规”的教育，虽然不完全是为了让学生将来做官，但从严格意义上来讲，也不是职业教育，起码层次最高的“四”，不是我们今天意义上的狭义的职业教育。

我们今天所说的职业教育，是面向生产、面向生活、为了人和社会成长的教育，更多的是为了培养生产一线的技术技能型人才的教育。

中国的职业教育体制在光绪二十八年的《钦定学堂章程》得以确立，时称“实业教育”。黄炎培等 1917 年创办中华职业教育社，将“实业教育”改称为“职业教育”。河南当代的职业教育，在新中国建立时已有萌芽，改革开放后迅速发展起来。实施职业教育的主要有中等技术学校、中等专业学校、中等师范学校、技工学校、职业中专、职业高中和农业中学等。进入 21 世纪以来，全省高等职业教育发展迅速。职业教育在规模扩张的同时，逐步建立了职业教育体系。在不断完善教育功能的基础上，逐渐扩大教育的服务社会职能。70 年河南职业教育为全省经济和社会发展作出了不可磨灭的贡献。

本报告所指的职业教育，是新中国成立以来的中等技术教育、中等师范教育、技工教育、职工农民教育和高等职业教育。其中高等职业教育包括高等专科学校、职业技术学院和地方应用型大学。

本报告主要采用实证研究法，通过对新中国成立以来河南 70 年职业教育的发展历程、发展特色和现状进行梳理和分析，发现其内在的发展规律，指出发展的优势和存在的问题，提出解决问题的方法并做出初步的发展预测。

目　录

第一章　70年发展

中华人民共和国成立70年来，河南的职业教育经历了曲折发展的过程，逐步扩大了规模，形成了特色，为河南的经济社会发展提供了必要的人才支持。

第一节　百废待兴　全面教育奠基时期（1949~1965年）

全国解放后，处于中原的河南省面临着建立新秩序、恢复生产、安定社会、提高人民生活水平的重要任务。在紧张的革命和建设工作中，职业教育的重要性一步步凸显。

一　薄弱的基础

1949年，全省中等专业学校在校生仅有0.84万人，占全省总人口的0.02%，即每万人中只有2人接受中等职业教育。资料表明，1950年上半年，河南全省师范学校共有164班，学生7171人，其中男生5826人，女生1345人。技术教育也很薄弱。

表1-1　1950年上半年河南省技术学校情况

单位：个，人

科别	班数	人数	其中：男	其中：女
总计	46	1638	1474	164
工科	30	1262	1178	84

续表

科别	班数	人数	其中：男	其中：女
医科	6	93	92	1
艺科	10	283	204	79

资料来源：根据河南省档案馆 J0109 整理。

总体来看，新中国成立之初，河南中等职业教育有以下特点。一是规模太小，小到可以忽略不计。二是男女比例悬殊，技术学校在校女生只占全部在校生的 10.01%，其中医科的女生最少，仅占 1.1%。三是专业覆盖面窄，只有工科、医科和艺科，经济社会发展需要的农科、林科、财经等尚属空白。河南没有中等农业技术学校是大缺点。四是学生年龄悬殊。对 2515 名师范生的统计显示，全省师范学校学生中年龄在 12 岁的 2 名，占 0.08%；年龄在 21 岁及以上的 500 人，占19.88%。

二 政府引导

新中国成立之初，百业待举，百废待兴，许多重要而紧迫的工作压在新生的人民共和国肩上。即使在这样的境况下，国家还是及时发现了教育的不均衡和不充分之处，采取了一系列措施发展职业教育。

（一）积极推进

1950 年 7 月 28 日，政务院批准颁布《专科学校暂行规程》，明确了专科学校的具体任务：培养通晓基本理论并能实际运用的专门人才，如工业技师、农业技师、教师、医师、药剂师、财政经济干部、文艺工作人员等。明确提出了高等专科学校培养的人才必须是理论联系实际的人才，既通晓基本理论，又能在实践中应用。这也表明，在新中国成立之初，国家对专科教育的界定，就是职业教育。

1951 年 2 月 10 日，教育部根据《中央人民政府政务院关于举办工农速成中学和工农干部文化补习学校的指示》印发《工农速成中学暂行办法》，规定工农速成中学的任务是：招收参加革命或产业劳动一定时间之优秀的工农干部及工人，施以中等程度的文化科学基本知识的教育，使其能升入高等学校继续深造，培养成为新中国的各种高级建设人才。其不愿或不宜升学者，可直接或经一定时期的业务训练后分配工作。

工农速成中学的招收对象为：凡年龄在18岁以上、35岁以下，具有相当于高小毕业的文化水平、身体健康，并符合下列三条其中之一者：1. 工农家庭出身或本人是工农成分的干部，参加革命三年以上者；2. 非工农家庭出身，本人又非工农成分的干部，参加革命五年以上者；3. 工厂、矿山、农场等产业部门的青年工人，工龄在三年以上者，不分性别、民族、宗教信仰，由原机关、部队、工厂、农场及工农干部文化补习学校选送，经考试及格，均得入学。

工农速成中学实际上是为了大规模开展社会主义革命和社会主义建设而培养干部的，这样的条件并不苛刻。但在当时，由于教育资源的稀缺，小学毕业生也如同凤毛麟角一样珍贵，因此，《办法》中采用了“相当于高小毕业的文化水平”的表述，有一定的伸缩性。

可贵的是，《办法》明确规定：工农速成中学的教育方法，须贯彻理论与实际一致的原则。在教学内容和教学方法上，力求切合国家建设的需要与工农干部及产业工人的特点和要求。在教学计划中，醒目地加入了植物、动物、达尔文学说基础和生理卫生、中国地理、世界地理等课程。

同一天，教育部发布《工农干部文化补习学校暂行实施办法》，也鲜明地提出了和工农速成中学一样的教育方法。

2月27日，政务院文化教育委员会根据中央人民政府政务院《关于开展职工业余教育的指示》制定发布了《职工业余教育暂行实施办法》，明确规定职工业余教育以提高职工的文化、政治和技术水平，以加强国防和生产建设，并提高职工管理国家的能力为目的。

3月31日，时任教育部部长马叙伦在第一次全国中等教育会议上的闭幕词中强调，当前经济建设最主要的困难是缺乏人才，不仅需要高级技术人才，更迫切地需要大量的中等技术人才。

6月11日，第一次全国中等技术教育会议开幕。马叙伦在开幕词中指出，我们国家的建设，除了需要工程师、技师、医师等高级技术人才外，更迫切地需要大批中级技术人员。

8月26日至9月11日，第一次全国初等教育与师范教育会议召开，会议通过了《师范学校暂行规程》《关于高等师范学校的规定》《关于适当改善小学教师待遇的指示》《关于大量培养初等及中等教育师资的决定》《关于加强中、小学教师在职学习的指示》等8个草案。会议提出，要在5年内培养百万人民教师。

10月1日，政务院发布《关于改革学制的决定》，规定中等专业学校学制为2~4年，师范学校为3~4年，专科学校修业年限为2~3年。

1952年3月31日，政务院发布《关于整顿和发展中等技术教育的指示》指出，我们的国家正在积极地准备进行大规模的经济建设。培养技术人才是国家经济建设的必要条件，而大量地训练与培养中级和初级技术人才尤为当务之急。根据各方面的初步估计，在五六年内，全国经济建设需中级和初级技术干部50万人左右。我国现有的中等技术学校，无论在数量上还是在质量上，均远不能适应此种需要。为此，各级人民政府应领导各有关部门共同积极整顿与发展中等技术教育，以解决国家建设所迫切需要的中级和初级技术干部问题。

7月12日，教育部根据中央人民政府政务院《关于整顿和发展中等技术教育的指示》制定发布《中等技术学校暂行实施办法》，明确了中等技术学校的宗旨与任务，即根据《中国人民政治协商会议共同纲领》文化教育政策的规定，以理论与实际一致的教育方法，培养具有必要的文化、科学的基本知识，掌握一定的现代技术，身体健康，全心全意为人民服务的初级和中级技术人才。可以看出，早在当代中国职业教育发轫之初，其培养目标就已经基本确立了。

关于普通课和专业课的比例，《中等技术学校暂行实施办法》规定，中等技术学校的普通课授课时数占授课总时数（不包括校内教学实习和校外生产实习）的百分比一般应以不少于25%、不多于45%为原则。

对于学生学习的评价，《中等技术学校暂行实施办法》规定，中等技术学校学生成绩的考查，一般与中学相同，但主要技术课两门考试不及格或校内教学实习不及格，虽经补习、补考而仍不及格者，不准升级或毕业。校外生产实习亦应列为成绩考查的重要项目，其所占学业成绩的百分比应随年级的上升而逐渐提高。这些原则和规定，即使在今天看来，亦不过时。

9月5日，政务院第149次会议批准《教育部1952年工作计划要点》，就高等师范学校、中等技术学校、中等师范学校的学生发展规模做了具体安排：中等技术学校学生全国共发展 74.90%。当年暑假共有毕业生 24800 余人，共招新生 129200 余人（其中，技术学校 107900 余人，初级技术学校 21200 余人），在校学生由 160700 余人增加到 265000 余人；并协助各业务部门、各工矿企业举办各种短期技术干部训练班和艺徒学校，积极整顿各级各类补习学校。

中等师范学校（包括幼儿师范学校）学生发展 61.90%（主要是短期训练班）。当年共有毕业生 174600 余人（其中，暑假毕业 79600 余人，寒假毕业 95000 人），共招新生 262000 余人（其中，师范学校 26700 余人，初级师范学校 65700 人，短期训练班 170000 人），在校学生由 295000 余人增加到 477000 余人（其中包括当年寒假即将毕业的 95000 人）。

10 月 17 日，中共中央批转教育部党组 6、7 月份的报告，初步拟定五年计划要点：5 年内中等师范学生达到 136 万人，中等专业学校学生 32.50 万人，成人初等教育 1.7 亿人。

1954 年 5 月 15 日，高等教育部发布《高等学校与中等技术学校学生生产实习暂行规程》要求，为了贯彻理论与实际相一致的教学方针，印证和巩固学生所学的理论知识，培养学生的实际工作能力，各高等学校和中等技术学校必须严格按照教学计划，组织学生进行生产实习；各接受实习的厂矿、企业、农场、医院、研究机关等实习单位，应保证与学校共同完成组织学生进行生产实习的任务。

6 月 7 日，时任高等教育部副部长曾昭抡在全国中等专业教育行政会议上发布整顿、改革中等专业教育的总结及今后工作的基本任务披露，到 1953 年 9 月，全国中等专业学校数由原来的 794 所调整为 651 所。经过调整，多数学校基本上合乎作为一个中等专业学校的要求，学校的隶属关系也得到了初步的解决。

调整后的中等专业学校可分为以下几类。

（1）中央 12 个工业部门所属中等专业学校共 156 所（其中包括医药学校 16 所，财经学校 7 所）。

（2）中央、大区及省、市所属财经学校共 82 所。

（3）在中央农业部统一领导下而由大区及省市管理的农业学校共

140所。

（4）中央林业部所属的林业学校共22所。

（5）在中央卫生部统一领导下由大区及省、市管理的医药学校共202所，卫生部系统以外的地方医药学校2所，两项共计204所。

（6）大区及省、市所属地方工业学校共39所。

（7）中央及大区所属艺术学校共8所。

（8）西南体育学院附设的中等体育班1处。

（二）及时调整

1954年9月26日，政务院发布《关于改进中等专业教育的决定》。该决定尖锐地指出，目前中等专业教育的状况与国家建设的要求还不相适应，工作中尚存在着很多问题，有些问题且很严重。主要表现在：培养部工作的计划性不够，在部分学校的调整尚未完成，学校的专业设置不尽合理，还没有按教学计划进行教学，学习苏联先进经验推行教学改革还做得不够，在组织教学工作方面还缺乏适当的制度，教学大纲与教科书还很缺乏，部分学校的教学设备还不能满足教学的最低需要，部分学校还缺乏坚强的领导干部，教师质量一般还不高，学校政治思想领导一般还很薄弱，特别是中央人民政府各业务部门多数对培养建设人才的重要性认识不足，对学校工作还缺乏应有的注意，学校领导多头，有些学校实际上还处于无人管理的状态。上述缺点极大地影响了培养干部的质量。

11月24日，高等教育部发布《中等专业学校章程》，明确了中等专业学校的任务在于培养具有马克思列宁主义基础知识、普通教育的文化水平和基础技术的知识，并能掌握一定专业的，身体健康、全心全意为社会主义建设服务的中等专业干部，并就学生、教学工作的组织、教师、组织与领导、经费和章程颁发的程序等方面做了详细的规定。

1955年3月14日至7月19日，高等教育部密集发布《中等技术学校课程设计规程》《中等专业学校行政和教学辅助人员标准编制》《中等专业学校的设置、停办的规定》《中等专业学校校长（副校长）任免办法》《关于1955年中等专业学校招生工作的通知》《关于加强小学在职教师业余文化补习的通知》等文件，进一步规范职业技术教育的发展。

1956年4月28日至5月29日，教育部密集发布《师范学校教育实习办法》《师范学校教学计划》《幼儿师范学校教学计划》《师范学校规程》等文件，规范师范教育发展。

至此，新中国成立后对中等技术教育发展的顶层设计已经基本明晰，思路已经基本明确，新中国中等职业教育的框架基本搭建。

（三）收缩与扩张

1958年3月19日，教育部提出关于中等专业学校组织部分学生下放劳动以解决1956年招生过多的问题的意见，认为解决这个问题主要应采取留校组织学生参加生产劳动、半工半读或下放到本部门所属工矿企业参加劳动生产的办法，如仍不能全部解决时，经商得地方党委和省（市）人民委员会的同意，也可下放农村参加农业生产劳动。

4月4日，中共中央发布《关于高等学校和中等技术学校下放问题的意见》，认为除了少数综合大学、某些专业学院和某些中等技术学校仍旧由中央教育部或者中央有关部门直接领导以外，其他的高等学校和中等技术学校都可以下放，归各省、自治区、直辖市领导。中等技术学校（包括技工学校）可以比高等学校更多地下放，地方性较大的学校（例如农学院、医学院、师范学院等）可以比统一性较大的学校（例如综合大学、工业学院等）更多地下放。

4月21日，《人民日报》发表社论《大量发展民办农业中学》指出：自从3月17日中共江苏省委召开了民办农业中学问题座谈会以来，仅仅一个月左右的时间，民办农业中学就有了很大的发展。上海市郊区在七天中办起了400多所农业中学。据江苏、浙江、福建、河南、辽宁五个省不完全统计，已开办农业中学八九千所。江苏已有5600多所农业中学开学，招收了21万多名高小毕业生和农业合作社的社员入学。从现在的趋势看来，农业中学今年将有很大的发展，这是教育“大跃进”中的一项重要标志。

5月29日，《人民日报》发表社论《举办半工半读的工人学校》指出：工厂附设半工半读的学校，具有十分迫切的现实意义。它可以加快步伐培养大批的工人阶级知识分子。新的形势向我们提出了一个迫不及待的任务——建立一支成千万人的工人阶级的知识分子队伍，其中包括培养大批又红又专的技术干部。要建立这样一支队伍，一方面需要改造原有的知识分子，更重要的是采用革命的方法，培养大批新的工人阶级知识分子。从工厂企业中选拔优秀的产业工人参加学习，提高他们的文化科学知识，就是培养工人阶级知识分子队伍的一个切实可行的方法，也是贯彻执行培养干部的阶级路线的重要方面。

6月9日，中共中央转发时任江苏省委书记陈光的讲话《关于当前巩固提高农业中学和职业中学问题》。该讲话披露，自从3月15日省委召开的农业中学座谈会结束以来，到4月27日为止，全省已经办起来的农业中学和各种职业中学有6568所7767班，学生达到342605人（其中，有高中142所214班，学生9519人）。全省平均每个乡镇已有三所农业中学，入学的学生已达前三年未升学的50万高小毕业生的66.6%。在短短的40天时间内，办起了这么多学校，这是一件了不起的大事。

1958年上半年，全国职业教育战线十分热闹，一方面，中央要求中等技术学校下放，同时解决1956年中专招生过多带来的问题；另一方面，又号召大办民办农业中学和半工半读的工人学校，这在一定程度上反映了当时国家财力不足又急需技术人才的矛盾。职业教育正在朝着一个新的方向发展。选择这样的发展，初衷是在财力不足的情况下尽可能快地发展职业教育，也是有意识地将职业教育向工业和农业倾斜。但是由于不久之后席卷而来的“跃进”大潮，使得职业教育的发展出现了偏差。

1959年5月17日，中共中央印发教育部党组《关于1959年教育事业发展计划的意见》。该意见指出，1958年是我国教育事业全面“大跃进”的一年，是教育革命取得巨大胜利的一年。

据统计，1958年，全国在6000万人当中进行了扫除文盲的工作；大量举办了各种业余学校（包括业余的小学、中学、红专学校、政治文化技术学校等），人数曾达到3000多万人，业余高等教育也有很大发展，在校学习人数达到22万人左右，比1957年增加了1.9倍；各类中等学校在校学生达到1200万人（其中，普通中学852万人，中等专业学校147万人，农业中学及其他职业中学200多万人），比1957年增加70%。

1959 年 11 月 26 日，陆定一在全国文教书记会议上提出：初中毕业生进不了高中怎么办？办业余的、半日制的中等专业学校。现在江苏办了农业高中，我们是不是扩大一下，办业余的半日制的中等专业学校，各行各业都办，农林牧副渔、工农商学兵，财经、政法、教育、数理化、气象、水利等等都有。大办这个东西，办法也是由现有的中等专业学校、高中帮助当地党委来办。这种中等专业学校的毕业生可不可以考高等学校？可以考。这种学校的招生来源是各种初中毕业生，包括农业中学毕业生、业余初中毕业生。

1960 年 4 月 2 日，中共中央批转《教育部党组关于农村扫盲、业余教育情况和今后工作方针任务的报告》。该报告提出，1960 年的初步计划是：扫除文盲 4000 万人；组织 8000 万人参加业余初等学校学习，毕业 1000 万人；组织 1300 万人参加业余初中或初级技术学校学习，毕业 40 万人；组织 37 万人参加业余中等专业学校或业余高中学习；组织 5 万人参加业余高等学校学习。

12 月 5 日，杨秀峰在全国文教工作会议上的发言指出，三年来教育事业发展较快，战线过长，力量分散。从学校数量发展看，中等专业学校（中师除外）由 728 所增加到 4600 多所，增长了 5.3 倍。新学校发展过猛，注意巩固不够，条件跟不上，战线过长，过度分散了人力、物力，新建学校中有一部分条件过差，名不副实，该保证的重点学校没有得到应有的保证，影响了提高质量。

盲目的、不科学的发展带来一系列问题，在这些问题还没有很好解决的时候，三年特殊时期到来了，职业教育的收缩应在意料之中。

1961 年 2 月 7 日，中共中央批转中央文教小组《关于 1961 年和今后一个时期文化教育工作安排的报告》。该报告指出，中等专业学校学生从 1957 年的 77.8 万人发展到 1960 年的 153 万多人，农业中学从无到有，学生已经达到 231 万多人。提出在数量方面适当控制、质量方面不断提高的要求。农业中学应该改为业余学校，在校人数应该加以控制。农业中学的毕业生都应当留在农村。城市中等专业学校的毕业生，也要输送一部分到农村。

1961 年，全国中等专业学校招生 50 万人，比 1960 年减少 11 万人。

4 月 6 日，教育部《关于北京地区中等专业学校调整工作的报告》指出，采取定、缩、并、迁、放、停的方式，将原来的 130 所中等专业学校调整为 80 所，将在校生总数控制在 7 万人以内。

8 月 10 日，教育部印发《全国高等学校及中等学校调整工作会议纪要》，安排中等专业学校招生 17.60 万人，其中中等技术学校只招 11.20 万人。

11 月 11 日，中共中央转发国家计委党组、教育部党组《关于处理停办、合并的高等学校和中等专业学校的校舍、设备问题的报告》。该报告披露，全国中等专业学校（不包括师范）将由 1960 年的 3900 多所调整为 1900 多所。

实际上，主要是因为灾荒而缩减学校，下放学生。1964 年 3 月 7 日陆定一在全国教育厅局长会议上的总结讲话，沉痛地说明了事实并做了检讨。

1962 年 5 月 25 日，中共中央批复教育部党组《关于进一步调整教育事业和精减学校教职工的报告》。该报告指出，中等专业学校 1960 年为 6225 所，在校学生 221.60 万人，1961 年调整为 2724 所，学生 108.30 万人。

可以看出，仅仅一年多的时间，中等专业学校就减少了 3500 多所，减少了一半还多，足见调整力度之大。

1963 年 7 月 10 日，中央宣传部拟发《关于调整初级中学和加强农业、工业技术教育的初步意见（草稿）》指出，在调整过程中，城市的普通初级中学基本上仍然保持了原有的规模；中等技术学校特别是为农业培养各项技术人员的中等技术学校，调整的幅度则较大（1962 年全国 2700 多所中等专业学校，裁并了 1450 多所，占原有学校的 53%）。农业中学也因为方针任务不够明确，停办的较多。这样在一定程度上，技术、职业教育就有所削弱。近两年来，农业生产形势日趋好转，农业“四化”运动在不少地区开展起来，农业以及与农业有关的工业技术方面的初中级人才，就为广大农村所急需。最近中央发布的《关于讨论试行全日制中小学工作条例草案和对当前中小学教育工作几个问题的指示》中，再次提出“中小学教育要在提高农村文化和提供技术后备力量方面，大力支援社会主义农业建设”，“中小学校学生除了极小部分将升入高等学校以外，一小部分将要在城市就业，绝大部分将要在农村参加生产劳动”。这就进一步明确了在中小学教育事业中，必须全面合理地处理普通教育与技术、职业教育的关系：一方面要保持普通中学与高等学校学生的合理比例关系，保证高等学校的招生质量；另一方面要加强技术教育，首先是农业技术教育，为农业实现“四化”提供技术后备力量。因此，有必要对现有的普通中学，主要是初级中学进行调整，并且对普通中学加强农业、工业技术教育，同时，按照过去的传统办学经验，继续发展中专和技工学校、职业学校。

特殊时期挺过去了，生产正在恢复，职业教育的重要性再次被提上日程。

《关于调整初级中学和加强农业、工业技术教育的初步意见（草稿）》要求，各业务部门对现有各类技术学校和技工学校应该认真负责办好，并且可以适当调整出一部分，改为直接或者间接为农业生产服务的技术学校。技工学校在当前招生来源许可的情况下，也可以招收初中毕业生，培养中级技术工人。过去几年停办或者合并掉的一些农业学校和与农业有关的技术学校，应该积极设法恢复。在县、镇和农村中，应该根据各地区农业生产发展的不同状况，积极举办为农业生产服务的各种技术学校，同时也要继续办好农业中学。农业中学仍然是农民群众集体举办的半耕半读性质的学校，其性质与国家举办的中等农业技术学校和调整出来的初级中学都有所不同，不要混淆起来，影响群众办学的积极性。在这次调整中，农村一部分国家办的初级中学，将改变为带有技术性的学校，继续由国家举办，而不是转为农业中学，这一点必须明确。

根据农业实现“四化”的要求，各部门在恢复和加强原有技术学校、技工学校以后，如果所培训的技术人员和技术工人仍然不能满足需要，应该订出规划，适当创办一些新的技术学校和技工学校。

1964 年 1 月 5 日，中共中央转发教育部《关于中小学教育和职业教育七年（1964~1970）规划要点（初步草案）》。该要点提出，积极试办和发展职业教育，7 年内使职业学校在校生由 37 万多人发展到 530 多万人。

4 月 3 日，中共中央转发全国总工会党组、教育部临时党组《关于全国职业业余教育工作会议的报告》。该报告指出，今后两年的主要任务是扩大办学规模，使全国入学职工由现有的 200 多万人达到四五百万人。

1965 年 7 月 14 日，中共中央转发教育部党组《关于全国农村半农半读教育会议的报告》。该报告指出，全国耕读小学学生已达 1360 多万人。农业中学学生已达 113 万多人，与 1963 年比较，增加了三倍半。各地还试办了近百所半农半读中等技术学校。随着整个形势的发展，教育战线上还将出现一个大革命大发展的局面。但是，目前全国青壮年还有 40%多的文盲没有扫除，近 30%的学龄儿童没有入学，50%的高小毕业生和 70%的初中毕业生不能升学。这些人主要分布在农村，今后的任务还是十分艰巨的。

8 月 19 日，中共中央转发农业部党组《关于全国高中等农业教育会议的报告》。该报告指出，我国高中等农业教育 1958 年曾出现一个勤工俭学、半农半读的大发展局面。其中有一批学校一直坚持下来，到现在共毕业半农半读的大专学生 2100 多人，中专学生 10500 多人，这些学生在德智体方面都表现得比较好。1964 年，毛主席春节指示和刘少奇同志提出两种劳动制度、两种教育制度以后，又出现了一个半农半读、社来社去、教学改革的教育革命高潮。据统计，全国 66 所高等农业院校中（包括农业系统 38 所，农口其他各部 25 所，教育系统 3 所），已试行半农半读的有 37 所 11800 多学生，占在校学生数的 15%。307 所中等农业学校中，已实行半农半读的 220 所 41600 多学生，占在校学生数的 52%。1964 年全国已有 20 个省、区、市的中等农业学校，招收了社来社去的学生 17770 多人，占总招生数的 63%。

总体来看，从 1949 年到 1965 年 16 年间，全国职业教育的发展虽然经历了几次起伏，但总的趋势是规模扩张、体系完善、目标明确、质量提升。如果按照这样的发展思路和发展速度走下去，可以想见会是一个十分令人欣喜的局面。但是，政治的风暴就要来了，职业教育的命运不可避免地发生了变化。

三　“两种教育制度”

1958 年 3 月 19 日，时任中宣部部长陆定一在农业中学问题座谈会上提出，全面发展要和因材施教相结合。用两只脚走路，一个叫普通教育，一个叫职业教育。

4月15日，陆定一在全国教育工作会议上讲话指出，普通教育和职业教育并举，职业学校要多办。这样的提法，符合当时我国经济和社会发展对教育的要求，是科学的。

5月30日，刘少奇在中央政治局扩大会议上讲话提出，我们国家应该有两种主要的学校教育制度和工厂农村的劳动制度。一种是现在的全日制的学校教育制度和现在工厂里面、机关里面八小时工作的劳动制度。这是主要的。此外，是不是还可以采用一种制度，跟这种制度相并行，也成为主要制度之一，就是半工半读的学校教育制度和半工半读的劳动制度。乡村里面、城市里面，都可以搞半工半读。就是说，势必会有这么两种主要的学校教育制度并行：一种是现在全日制的学校制度，一种是半工半读的学校制度。在工厂中，也是两种主要的劳动制度并行：一种是八小时工作的劳动制度，一种是四小时工作的劳动制度。其他还有夜校、业余学校、函授学校等，那些也是需要的。

6月10日，陆定一在全国教育工作会议上讲话阐述两种学习制度和两种劳动制度。

6月20日，陆定一向出席全国教育工作会议的人员传达刘少奇在听取全国教育工作情况时的讲话，提出要办两类学校。

9月22日，《人民日报》刊登《中共中央、国务院关于教育工作的指示》，提出“全国将有三类主要的学校”。

1964年3月7日，陆定一在全国教育厅局长会议上的总结讲话，再次提倡两条腿走路。

8月1日，刘少奇再次明确两种劳动制度、两种教育制度。他说，我所说的两种劳动制度、两种教育制度，有一部分是结合的，既是劳动制度，又是教育制度，又是学校制度。就是在农村里面办半农半读的学校，在工厂里面办半工半读的学校。农忙的时候种地，农闲的时候读书，或者一个星期做工，一个星期读书。要把这种制度作为正规的劳动制度、正规的教育制度。他指出，从长远来讲，实行两种劳动制度、两种教育制度可以逐步地消灭脑力劳动与体力劳动的差别。1958年，我在天津讲了一次，他们就搞了100多个工厂来办这种半工半读的学校。这几年让它们自生自灭，大部分垮了。但是，这回我去，还剩下七个工厂办到现在，已经有2000多毕业生了。上海有工业大学，它是一个星期上 24 小时课，占工作时间 16 小时，占业余时间 8 小时，五年毕业，今年就有 800 多学生可以毕业。江西办了劳动大学，也是有成绩的。江苏、广东有农业中学。其他地方还有工业中学。它们都已经有一些初步的经验。据说，这些毕业生是比较好的。他们能文能武，就是说，既能脑力劳动，又能体力劳动；既能当工人、当农民，又能在科室办事、在研究机关工作；有些还当了技术员。我认为，这种在半工半读的中等技术学校或者大学毕业出来的人，是一种新人。这种人跟我们不一样，跟现在的工人、农民也不一样，跟现在的知识分子也不样，而是一种新的人了。

8 月 22 日，刘少奇在广西壮族自治区干部会议上讲话，全面阐述了两种劳动制度、两种教育制度。

1965 年 7 月 14 日，中共中央转发教育部党组《关于全国农村半农半读教育会议的报告》。该报告指出，推行两种劳动制度、两种教育制度，是努力促进文化革命，逐步消灭工农之间、城乡之间、脑力劳动和体力劳动之间的差别，防止资本主义复辟的大事情，必须引起全党重视。

11 月 6 日，刘少奇在中共中央政治局讨论城市半工半读教育问题时讲话指出，我们的国民教育有三种形式：一种是全日制，一种是业余教育，一种是半工半读、半农半读。全日制的学生也要参加一些劳动，即便参加一些劳动，也还是全日制的。你们教育部所说的“七一”制或“六二”制，即占用一两个小时的生产时间来读书，还不能算半工半读，应列为业余教育的范围。现在正在试行的隔周轮换、隔双周轮换、隔三天轮换等办法，都属于半工半读形式，都应继续试行。但最好的形式是半天劳动、半天读书，因为半天真正劳动、半天真正读书，对劳动、对读书都有利，对人的身体也最有利。这种真正半天劳动、半天读书的制度，是马克思从一个工厂视察员那里发现的。那个视察员发觉工厂儿童和正规日校的学生相比，虽只受半数时间的教育，但学得的东西是一样多，并且往往更多。这种一半时间劳动、一半时间上学校的制度，使工作和教育相互成为休息和鼓励。那个视察员在报告中还说，连一个工厂主资本家也希望让他的儿子有劳动和游戏来调剂他们的学校功课。

今天看来，作为国家主席，刘少奇能在千头万绪的工作中认真考虑教育问题，特别是职业教育问题，表明了他对国情的了解，对社会发展急需人才的了解，对人才适配需求的了解和思考，这是站在国家发展的高度，对教育、对职业教育进行的战略谋划。可惜的是，职业教育没有很好地抓住发展契机。从1958年提出，到1965年7年间，这个制度没有得到很好的落实。1965年，当全国的职业教育发展到一个历史最好时期的时候，落实这个制度有了适宜的环境和条件。遗憾的是，不久“文化大革命”开始了。“两种教育制度、两种劳动制度”首当其冲地遭到了批判。

四　周总理的关注

教育作为一种社会事业，对经济社会的发展具有战略意义，由于其投入周期较长，在一些短视的领导者眼里往往被削弱、被忽略、被轻视、被搁置。但是有远见的政治家都对教育有着迫切的寄托，并全力支持其发展。

在新中国成立之初，周恩来总理在不同场合表达了对教育的重视。同时，对职业教育的发展给予了极大关注。

1951年8月10日，周恩来总理在政务院第97次政务会议讨论《关于改革学制的决定》时指出，我国人民的文化水平，一般来说还是比较低的，文盲还有很多。人们的文化水平普遍需要提高，而首先需要提高的是工人和农民。在新学制中就有关于工农速成教育和各级各类业余教育的规定，而且这两种教育不是占次要的地位，而是与其他各种教育占同样重要的地位。同时，为了适应国防、经济等各方面建设的需要和照顾到今后发展，新学制还有关于专业教育设置的规定，并且对普通学校的学制做了一些改革。中学学制没有改动，以后是不是要改，这要看将来的需要。我们学制中的工农速成学校、中等技术学校和各级各类补习学校，在资本主义国家的学制中是没有的。在苏联，现在也没有工农速成学校，因为它今天已经没有这种需要了。我们的新学制同旧中国的学制相比，也有很大不同。旧中国的学制是先抄日本的，后抄美国的，虽然有一些修改，但一般来说还是属于资本主义的教育制度。

关于办学主体，周总理认为，只要建设一开展，每年需要中专以上的毕业生20万人。在这种情况下，各级各类学校都要由教育部包办是不行的。

因此，要分别不同情况，由教育部和各业务部门分工去办，由中央和地方分工去办。根据现在的需要和将来的发展，高等学校应该基本上由教育部去办，有关业务部门配合。中等专业学校由各业务部门或企业单位办理，教育部检查指导。各业务部门为了把主办的学校办好，应该设专门机构主管。师范学校由教育部门办。在中央和地方的分工上，大专院校也可以由中央委托地方办理。

根据当时中国的实际国情和建设需要，中等专业学校由各业务部门办理是符合客观规律的，这样不但能够提高学校教学专业知识的匹配度，更能使行业企业在人才培养上贴近生产实际，增强计划性和针对性。

周总理强调指出，要重视工农速成学校和各种业余补习学校。把工农速成学校和业余补习学校放在与其他学校同样重要的地位，是新学制的特点之一。这样做是为了提高劳动人民的文化水平，以适应国家建设的需要。过去我们已经注意到了这个问题，但还重视不够。今天我们国家有两个困难：一个是要保持财政收支平衡，另一个就是缺乏干部。

周总理要求，师范学校不要都集中在大中城市，要在县里多办一些。这样，可以使农民子弟就近入学，便于解决农村小学师资缺乏的问题，也免得农村子弟在城市住长了不愿再回农村去。

1951 年 10 月 18 日，周恩来总理对国家计委、教育部、劳动部、团中央、全国妇联等部门负责同志讲话时开门见山：今天找你们来，专门谈小学教育和职业教育问题。

周总理说，我们的教育，面临许多问题，“要解决好这些问题，光有普通中小学教育而没有职业教育是不行的，所以必须努力办好职业教育”。这一切，都说明中小学教育和职业教育十分重要。教育部的工作不能“大大、小小”。当然，高等教育很重要，不能削弱，质量也要提高，但数量毕竟是很小的；中小学教育数量很大，关系也很大，决不能忽视。要办好中小学教育和职业教育，就要有一个规划。可以先搞一个 7 年的，算一个大账，再下去深入调查研究。

周总理要求，大中城市要逐年发展一批职业学校，将来小城镇也要办一些职业学校。职业学校不可能过多地依靠初中改办，要发动工交财贸系统的厂矿、企业单位和大农场、林场办，国家也要直接办些，还可以要求军队办一点。现有中学也可以增设一些职业班。职业学校绝大多数要面向农村。有些工厂企业可以一面生产机器支援农村，一面办职业学校培养技工随机器下乡。这种职业学校需要发展多少，要好好计划一下。近几年内，大中城市不宜发展过多的普通初中，主要发展职业学校。职业学校每年要增加招生约20万人才行。这要多少师资和经费，还有些什么问题要解决，怎样解决，都要计划一下。在课程方面，面向工交财贸的还要教点外语，面向农村的就可以不教外语。政治思想教育要加强。今后学校青年团的主要任务，就是要做好青少年的政治思想教育工作。此外，高中、中专、大学，到1970年要发展到多少，也要再具体计划一下。技工学校还要有些发展。业余教育，也要计划一下。总之，中小学教育和职业教育很重要。

1965年11月22日，中央政治局扩大会议讨论半工半读教育问题，周恩来总理讲话指出，半工半读要抓各种各样的典型，总结经验，按不同的条件加以推广。

五　地方推进

新中国成立初期，河南经济和社会发展急需各方面的技术人才，新成立的省人民政府抓紧进行教育的奠基工作，与此同时，职业教育也被提上了议事日程。

（1）1950年8月7日，省教育厅行文省农业厅：

查本省土地改革将于今冬明春全部完成，农业生产高潮即行展开，培养各种农业技术人才实为当前急务。前奉吴主席面谕，饬办农业职业学校数处，以应河南需要。本厅根据本省具体情况，拟在许昌专区创办高级农业职业学校一所，在陕州专区恢复陕州高级棉业职业学校一所，在南阳专区设立蚕桑职业学校一所。拟于最近通知各专署着手筹备成立机构。

将来各种职业学校分别性质应由各主管业务部门负责，故对此三所学校一般事务可由本厅负责领导，至于各种技术设备，专门课程教育计划以及经费等方面，拟请你们负责。

就设立三所中等职业学校进行厅际协调，就三所学校的名称、主管、一般事务、教学计划、经费等方面提出了明确意见。

11 月 21 日，省教育厅行文南阳专署，要求就拟设立的蚕业职业学校进行调查并提出意见：

> 查伏牛山区及宛属一带，为我省著名柞蚕产区，本厅为培养此项专门技术人才，改良柞蚕品质，提高产量起见，拟在南阳专区设立蚕业职业学校一所，希你专就校舍、干部及试验场地等先作调查工作，并将进行情况及早报厅。又据镇平私立初级工业学校呈称：该校经费困难，呈请改为省办，如能以该校为基础，增设柞蚕科，既可节省人力物力，又可使育蚕与织丝相结合，值得加以研究。当希你专就近了解，提出意见。

根据当时的国情和河南省情，结合南阳地区生产实际，培养蚕业技术人才，符合发展需要。设立学校，进行必要的可行性论证，首先需要调查研究。

这份文件不但请南阳专署调查并提出设立意见，还就镇平私立初级工业学校的改办提出了设想。

12 月 26 日，文教厅向省政府吴、牛、嵇[①]三位主席呈文，拟设立陕州、许昌、南阳三所职业学校：

> 为设立陕州、许昌、南阳职业学校三所所需设备及建筑费用，拟请由本厅本年度事业费项下开支由。
>
> 为迎接我省土改后大生产运动，培养农业中等技术人才，改良农业生产技术起点，我厅拟在陕州设立省立棉业职业学校，在许昌设立

---

① 吴芝圃（1906~1967），河南杞县人，时任河南省人民政府主席；牛佩琮（1909~1990），山西定襄人，时任河南省人民政府副主席；嵇文甫（1895~1963），河南卫辉人，时任河南省人民政府副主席。

农业职业学校及南阳设立蚕丝技术学校各一所。

技术学校需有完整的科学设备，始可培养有用技术人才，以应国家建设的需要。

在紧锣密鼓设立学校的同时，教育行政部门也对职业教育的基本性质和任务提出了明确要求。

1950 年 8 月 26 日，省教育厅就通许职业学校办学宗旨回复陈留专署教育科，“初级职业学校系以培养初级技术人才为主旨”。

当年关于陕县高级棉科职业学校设立计划的意见，其制订的学习方法到 70 年之后的今天依然适用：

陕县高级棉科职业学校设立计划意见

宗旨：培养新民主主义经济建设的棉业人才。

学制：拟定二年。

入学程度：初级中学毕业或同等学力（包括工农干部）。

学习方法：教学做合一。上午作课程讲授，下午则以田间实习为主。

学习材料：国文、数学（大代数、三角、几何）、化学、物理、外国文、政治课程、棉作植物、棉作栽培、棉作虫害、棉作病害、农业概论、农场管理、棉区作物、棉作育种、农村合作、棉花分级、棉花贸易、统计、土壤、肥料、田间技术、农田水利、农业。

班级：二级四班，秋季始业。每班四十人。

棉场：拟设棉田三百亩，以八十亩作学生实习用（每人一亩）。其余作改良棉作试验之用。

新政权建立的第二年，省政府就紧锣密鼓地建立职业学校。从现有的资料可以看出，新设立的学校主要是农科类的职业学校。在设立学校的同时，教育行政部门就要求这种教育鲜明区别于普通教育，赋予了鲜明的职业特色。

（2）1951 年，河南发布《中等技术学校发展调整计划（草案）》，计划到1954年中级农林学校每年保持96班，1955年起初级农村学校每年保持560班。

如何开展职业教育，省政府也在探索。一开始总的原则是审慎地扩大规模，与此同时强调教育质量。在《中等技术学校发展调整计划（草案）》中，对农林技术学校、工业技术学校的规模分别进行了安排。发展的思路表明，农林技术学校是扩大的趋势，要求除原有的学校积极解决校址问题外，商丘、郑州等地应着手勘察校址，为1952年春设校做准备。对工业技术学校，安排1951年至1952年只就郑、汴两个工业学校做调查、整顿、扩大，除郑州工业学校增设矿冶三年制两班、专修科一班外，今后五年内不准备增设新校。

在发展问题上，政府是冷静、清醒的。在这份文件的最后，又明确规定建立请求报告制度，坦率说明，中等技术教育是一项新的工作，我们都缺乏经验，处理各项重大问题和制订设置计划、教学计划等，都应事先请示报告，经批准后才能实施。

为保证职业教育的发展，省政府设立了中等技术教育委员会，并发布《河南省中等技术教育委员会条例（草案）》：

> 第一条：本条例根据中央人民政府教育部《各级中等技术教育委员会暂行组织条例》制订之。
>
> 第二条：在河南省人民政府文教厅领导下，设河南省中等技术教育委员会（以下简称本会），由河南省人民政府文教厅及工业、农林、财经、卫生、商业、交通、人民银行合作管理局、铁路管理局、黄河水利委员会等有关业务部门代表组成之，以文教厅代表为主任委员，由全体代表推选一人至三人为副主任委员。
>
> 第三条：省以下原则上不组织中等技术教育委员会。
>
> 第四条：遵照中央人民政府教育部关于中等技术学校的各项统一规定进行如下工作：
>
> 一、讨论拟定关于中等技术学校的调整，整顿与发展的具体方针及实施的步骤与办法。
>
> 二、讨论拟订各类各级中等技术学校的领导关系，分层负责的办

法，及保证教育部门与业务部门密切联系的必要的工作制度（如各类各级中等技术学校及其直接领导的业务部门报告的份数及抄送的单位）。

三、讨论拟订全省统一的设置与招生计划及各地中等技术学校及各项短期训练班的设置与招生计划。

四、在财政制度许可范围内，讨论拟订各类各级中等技术学校经费开支的标准，教职员工及学生的待遇标准及各类各级中等技术学校的经费预算。

五、讨论拟订师资的培养训练、调配、聘请及派遣教师至企业单位实习研究，以及教师与企业单位中技术人员的交流等事项。

六、讨论其他有关重大事项。

第五条：本会关于前条 1~4 款各项问题的决议须报经河南省人民政府文教厅提请河南省人民政府批准，始得施行。

第六条：本会的决议，其与各类中等技术学校有关者，由河南省文教厅发布之，各类各级中等技术学校及有关业务部门均须遵照执行。其仅与某一类中等技术学校有关者，由各有关业务部门分别发布之。

第七条：本会每三个月召开一次，由主任委员召集之，必要时召开临时会议。

第八条：本条例经河南省人民政府批准，由省文教厅公布实行。

（3）1952 年 1 月 23 日，中南军政委员会教育部、卫生部下达中等卫生学校招生名额，河南省共 420 人。其中春季招生 240 人（医士、护士各 120 人），秋季招生 180 人（其中医士 120 人，护士、助产士 60 人）。同时发布中级、初级工业技术学校，中级、初级农业技术学校课程规定、业余教学计划，中等技术学校发展调整计划（草案）等。

课程设置按培养目标确定，普通中等技术学校普通课每周课时数为 30~34 节，总学时数在 1436~1682 之间。不同的科目都有鲜明的专业课程。如农科开设土壤肥料、农业气象、畜牧概论、食用作物、特用作物、种子改良、病虫害防治、农业经济、园艺概论、水土保持、农业概论等实用课程；

林科专业除了开设土壤肥料、农业气象、水土保持、农业概论等课程外，还开设了畜牧概论、造林学、测量学、森林经营、苗圃学、林政学、病虫害、森林植物等课程。这些课程是实现培养目标的基本保证。

本年，省教育厅发布《一九五二年农业技术教育计划》，拟在开封筹建水利专科学校并发布农业技术教育各科教学计划。

本年末发布河南教育事业概况：专科学生 1449 人；中等师范学校 83 所（中学附设的师范班不在内），学生 40052 人；技术学校 17 所，学生 4318 人。职工业余教育已发展到 68000 人。农民业余教育本年已完成 500 万人入冬学，200 万人转民校（原说 400 万人、178.19 万人，应是统计口径不同）。

1952 年工业性质中等技术学校招收新生人数，河南五校共 1050 人，后又代中央林业部中等技术班加招 50 名。

（4）1953 年河南的中等职业教育，主要是调整整顿。

3 月 27 日到 6 月 25 日，中南区和河南省先后发布了工业性质中等技术学校整顿、调整和发展计划，中等农林技术学校调整、整顿计划，中等农林技术学校调整、整顿方案和农业性质中等技术学校整顿调整方案。

中南区工业性质中等技术学校整顿、调整和发展计划

为了适应一九五三年即将开始的全国大规模的有计划的经济建设的新形势和新任务，工业性质中等技术学校的设置问题，就有必要在五二年秋季中南军政委员会颁布的“中南区工业性质中等技术学校整顿、调整和发展方案”的基础上，作进一步的考虑。

一、继续在原来整顿、调整的基础上，把原方案规定由省领导的综合性学校的机械、电机、化工等科分别地集中起来，单独设立专业化的学校，集中全区专业技术课师资及设备。

二、吸收苏联中等技术教育专业设置的经验，各校尽量地单一化与专业化。

三、密切配合高等学校的设置计划。

四、在分配毕业学生工作时应考试地方工业的需要，在统筹兼顾的原则下，给予适当照顾。

方案的原则：

一、所设各校应有明确的分工，尽量避免设置重复的专业；

二、所有学校均由中南区各有关业务单位及专业局领导；

三、今后以大量培养中级技术干部为主；

四、学校校址必须靠近或附设于有关厂矿、有关领导机关或设有相同性质的专业的工学院。

具体计划（略去了不涉及河南学校的部分）：

一、长沙机器制造学校：设在长沙，以湖南工业学校第一、二分部作校址，为培养机械制造人员的学校，由湖南工业学校、广东省广州工业学校、广西省柳州工业学校、河南省郑州工业学校及第七工业学校五机械科合并组成，发展规模为3000人，由中南机械工业局领导。

……

三、中南电器工业学校：设在郑州，以原郑州工业学校为校址，由湖北省武昌工业学校、河南省郑州工业学校、湖南工业学校、广东省广州工业学校、广西省柳州工业学校及第七工业学校之电机科合并组成，发展规模为2000人，由中南电业管理局领导。

河南省郑州工业学校的精业科并入广州轻工业学校。

河南省郑州工业学校的采矿科、河南省新乡工业学校的机械科并入中南煤业工业学校。

河南省新乡工业学校纺织科并入武汉纺织工业学校。

……

十、开封纺织工业学校：设在开封，现有纺织、机械、染整、棉纺四科，发展规模为900人，由中南纺织工业管理局领导。

……

十二、黄河水利学校：设在郑州（在郑州新校舍未建成前仍设在开封原校址），发展规模为900人，由黄河水利委员会、河南省水利局共同领导。

表 1-2　1953 年 6 月河南省农业性质中等技术学校整顿调整计划

单位：个，人

校名	校址	合并学校				旧有基础				调整以后			发展规模		
		校名	科别	班次	人数	校名	科别	班次	人数	科别	班次	人数	科别	班次	人数
百泉农业学校	辉县	郑州农校	林科	2	100	平原农学院	植保科	1	38	农科	5	180	农科	6	300
		郑州农校	五年制	2	100	平原农学院	棉麦科	1	36	林科	3	132	林科	9	450
		陕州棉校	五年制	2	113	平原农学院	林科	1	32	畜牧兽医	1	27	畜牧兽医	15	750
		洛阳林校	农科	3	106	平原农学院	畜牧兽医	1	27	五年制	4	213			
		小计		9	419			4	133		13	552		30	1500
郑州农业学校	郑州					郑州农业学校	农科	4	192	农科	4	192	农科	15	750
							五年制	4	219	五年制	4	219	园艺科	9	450
		小计						8	411		8	411		24	1200
信阳农业学校	信阳					汝南农校	农科	1	47	农科	1	47	农科	6	300
						汝南农校	初级班	2	88	初级班	2	88	水产科	6	300
													茶科	6	300
		小计						3	315		3			18	900
洛阳农业学校	洛阳	陕州棉校	棉科	1	23	洛阳农校	林科	2	75	棉科	1	23	棉科	12	600
		陕州棉校	初级班	2	97	洛阳农校	五年制	1	60	林科	3	123	林科	6	300
		汝南农校	林科	1	48					初级班	2	97			
										五年	1	60			
		小计		4	168	小计		3	135	小计	7	303	小计	18	900

续表

校名	校址	合并学校				旧有基础				调整以后			发展规模		
		校名	科别	班次	人数	校名	科别	班次	人数	科别	班次	人数	科别	班次	人数
南阳农业学校	南阳					南召蚕校	农科	2	100	农科	2	100	农科	6	300
						南召蚕校	蚕科	2	74	蚕科	3	119	蚕科	6	300
						南召蚕校	五年制	2	137	病虫害科	2	92	病虫害科	12	600
		小计				小计		6	311	小计	7	311	小计	24	1200

资料来源：根据河南省档案馆 J0109 整理。

在职业教育规模的快速扩张中，由于基础不稳、条件薄弱，少数学校也出现了一些问题。

1953 年 10 月 8 日，河南省农林厅通报，由于教育工作的盲目冒进，郑州农业学校于 1952 年秋招生过多，校舍狭窄，师资、设备缺乏，一个半学期没有校长，曾一度发生严重混乱现象，大大影响了教学工作。经过省厅调整领导班子，学校采取措施，目前已经基本上克服了混乱现象，纳入了以教学为中心的轨道。特将郑州农业学校克服混乱现象，扭转失败情绪的报告予以通报，请各校结合本校情况研究改进工作。

1953 年 3、4 月份，郑州农业学校出现了混乱情况。由于招生过多，条件薄弱，造成管理失调。但其中最重要的原因是领导班子软弱，缺少正气。少数教师政治取向和个人品质不正，“乘机散布不满情绪，以致邪气飞扬。一少部分人以不服从领导、不接近党为荣、为英雄，甚至公开对抗领导”。谁要和学校领导和党员靠近，就会遭到讽刺歧视，被带上“走上级路线”“汇报员”“吃政治饭”“溜沟子”等帽子，甚至被孤立，一时间歪风邪气甚嚣尘上。由于学生多、条件差，加上少数教师拉偏套，少数教师工作方法不当，作业多、课程紧，教法陈旧，水平不高，导致学生产生逆反行为。不上课，不请假外出，甚至公开打架，顶撞老师，损坏公物还说“旧的不去，新的不来”。部分师生甚至公开侮辱和打击回民学生。学校的工作秩序和教学秩序几近瘫痪。5 月，农业厅派工作组进校整顿，调整充实了领导班子，健全了工作制度，对少数违法违纪人员进行了处理，学校局面得以好转。

郑州农业学校的报告，认真总结了导致混乱的原因，主要是发展的盲目冒进和当时校务代理人的官僚主义，还找出了具体原因。一是没有经验，办农业学校是个新工作，一年的历史是从无到有，从不会到摸索着办，两学期都没有工作和教学计划，谁也难有一套成熟的工作经验。出了问题临时应付，造成被动忙乱。二是党在学校中不能发挥核心作用，工会、学生会也未能很好发挥作用。三是人员情况复杂，存在一些不纯的思想作风。

新中国成立之初，在技术教育推进的同时，需要大批的干部。为解决这个问题，省政府建立了工农速成中学。说是速成中学，实际上是培养干部的学校。一开始不少地方和单位没有认识到这两所学校的重要性。

河南省1953年工农速成中学招生工作总结

一、招生工作的经过

河南共有两所工农速成中学，今年中南根本给的招生任务四百名。我们接到指示后，随即会人事厅、河南省工会联合会等有关部门，共同研究招生的具体工作，当时我们感到最大的问题，是各单位选送学员的问题，我们采取了按各单位的范围大小，分配名额保送投考的办法。这样面过大，考试集中困难，就又确定以专区为考试区，由专署文教科、人事科、工会联合会组成招生组，负责招生工作；另外，由工农速成中学组成招生工作小组，赴各专具体协助专署招生（主要负责考试工作，每小组配语文、数学教师各一人），两校共组织了十一个招生组，从八月廿八日起到十月底结束，先后进行了三次招生，基本上完成了招生任务。

二、基本情况

三次招生分配之名额共六一八人，实际报考人数为一〇〇六人。考试结果共录取三九九人（包括小学教师十八人）；湖南、湖北代一工中招生一一人，保送中南二中小学教师十九人，实有新生三九一人。其中产业工人七十三人，机关干部一二五人，工初学员七十九人，荣校学员七十五人，部队干部三十九人；党员一九九人，团员一五五人，群众三十七人；男生三〇五人，女生八十六人。

由于今年我们认真贯彻执行了中央规定的条件，所以说招收之新生中关于工龄、级别、健康情况等一般均合乎标准。根据统计，新生平均年龄为二十一点六岁，工作年限平均为五点五年，级别除个别部队干部临时由其本单位提拔为副排级者外，其余均为二十四级以上干部。

笔试课目分语文、算术、常识三门，试题由两校共同研究，根据工农速成初等学校课本及机关干部业余文化补习学校小学班的课本拟定。评分标准与录取标准大致是：

（一）语文能作二三百字，大体通顺，错白字不多，可给六十分，但从基础上看，如识字不多者，不能及格。

（二）算术能算带括号的整数，小学分数四则，并可作较易的文字题，大致可以及格。

语文六十分，算术五十分即可录取。若语文特别好（八十分以上），算术稍低（四十分）或算术好语文稍低亦可录取。据二工中录取一九三名中统计：语文六十分以上者一七四人，其余都在五十分左右；算术五十分以上者有一三九人，四十到四十九分的有三十四人。不足四十分者有廿名。一般说其实际文化程度是合乎高小程度规定的。语文方面，部分学员达到初中肄业程度。这和以往〇分、十分就录取的情况相比，好得太多了。

三、中央各业务部门所属单位保送情况：

中央各业务所属单位共十四个，经中央直接分配总名额为一七二名，多数单位感到完成任务有困难，如焦作煤矿原分配廿名，只勉强凑了十六名投考，质量特别差，只取了一名；黄河水利委员会原分配四十名工人，但他们没有合格的工人，结果有五分之四保送的是机关干部，结果共录取了七六（原文如此）名，只有占原分配名额百分之四四点一。

四、存在问题

（1）各单位对工农速成中学的性质认识不够，一般的认为工中是干部文化补习学校，只要是工农干部就可以，因而保送的报考对象，质量很低。如信阳专区保送的学员，连登记表自己也填不上；××药机厂选送的只有年龄在四十岁以上的；个别单位，有省政府办公厅把历史上一贯犯错误，党内留党察看的干部×××保送来。另外，大多数单位，对选保工作，都不够重视，领导上随便通知几个人参加考试，应付过去就算了事。如濮阳专署，第二次续招时，保送三名，一名是受撤职处分的，一名是第一次落榜的，一名是旧剧员，皆未录取。有些被通知应试的人员，还不知干什么的，只知道是组织上调来学习的，开封普临电厂接到通知后，在板报上通知一下，谁报名就是谁；有的单位人事部门害怕影响干部情绪，不敢向干部宣传，如河南制药厂，经了解有十几人愿意投考，结果办公室就说没有人；有的人事部门不愿抽好干部，怕影响部门工作，怕耽误生产。省直单位财政厅分配的人数向下调不来人。

由于以上原因，以致在报考时发现很多不够条件的，结果退回，重选，取不够，续招。先后经三次招生，调动了近千名干部始勉强完成任务。最后一批入学的新生拖延到十一月初始编班上课。原十八周的上课时间，缩短为十周，大大的影响了整个教学计划的完成。

（二）招生工作，牵扯部门太多，某些问题认识上不易取得一致，反复磋商，往往拖延时间，工作准备不及，上下陷于被动。今年招生工作，从八月十号即与各有关部门交换意见，八月十五日拟出通知，先后通过人事厅、省工会联合会、省府办公厅、省委等有关部门，结果廿八日通知才发出，拖了半月之久。第三次续招，通知是十月二十六日考试，信阳在当天早晨才接到通知，这样严重影响了招生工作的顺利进行。

（三）对各单位能够投考工中的干部情况，事前缺乏了解，临时主观的确定了分配名额数，结果有些单位不能完成任务，有些单位名额限制，不能多保送（临时超额保送，人事厅、省委不同意，怕动干部面太大），录取不够，只有再招。

在实践的基础上，初步构建了中等技术学校的组织框架。

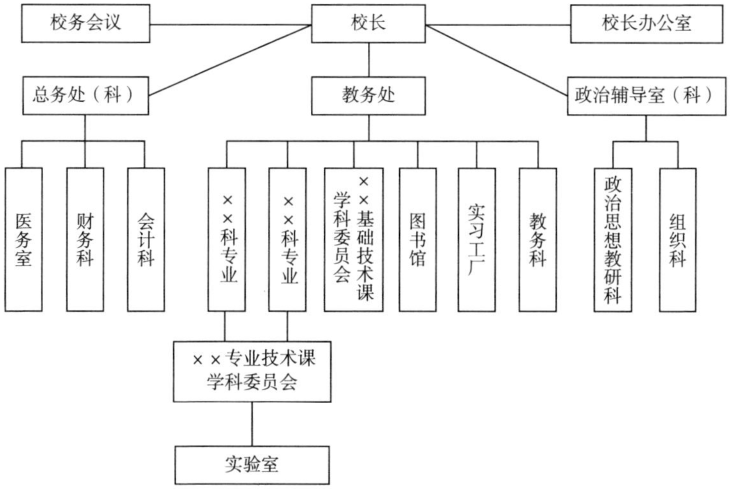

图 1-1　中等技术学校组织系统

资料来源：根据河南省档案馆 J0109 整理。

（5）在中等技术学校调整整顿的基础上，教育部于 1954 年安排了师范学校的发展与调整工作。政务院发布了《关于改进中等专业教育的决定》，高等教育部发布了《中等专业学校章程》。

到 1954 年，全省的中等专业学校调整整顿工作基本完成。

表 1-3　河南省中等职业教育 1953 年完成及 1954 年分配计划

单位：所，人

	1953 年完成				1954 年计划草案			
	学校数	年初学生	新招生	毕业生	学校数	年初学生	新招生	毕业生
中技学校	100	35381	5526	3988	81	36914	6554	16185
师范学校	83	32476	4788	3394	70	33776	5710	15620
中等师范	16	6156	2188	1093	17	8031	3310	2633
初等师范	67	26320	2600	2301	53	25745	2400	12987

注：1. 黄河水利学校、开封纺织工业学校、郑州电力工业学校、郑州铁路学校、郑州铁路卫生学校、新乡工业学校、中南煤矿工业学校，因不属河南省领导，均未列入。

2. 另有五年一贯制初级班计划转入中级班之 661 人不包括在内。

资料来源：根据河南省档案馆 J0109 整理。

从表 1-3 中数据可以看出，经过调整后的职业教育规模，基本呈现出学校数减少、学生规模增加的特点。1953 年中等技术学校、师范学校共 183 所，在校生 67857 人，校均 370.80 人；调整后，1954 年初，学校数减少到 151 所，在校生却增加到 70690 人，校均 468.15 人。

这一时期的技术学校都面临着不少发展中的问题，都在探索中前进。

河南省洛阳农林中等技术学校材料

一、基本情况：

1. 学生家庭成分：工农成分 195 人，占总人数的 80%；地富成分 45 人，占总人数的 20%。总人数 240 人。

2. 学生中团员 79 人，占总人数的 33%；队员 31 人，占总人数的 15%。

3. 教职员工家庭成分：教职员工总人数 34 人，工农成分的 20 人，占总人数的 59%；地富的 14 人，占总人数的 41%。

4. 教职员中参加反动党、团、会门的共有 18 人，一种 6 人，二种 5 人，三种 6 人，三种以上 1 人。参加新民主主义青年团 5 人。

5. 学生情况。学生们的思想情况，可分下面四种：

（1）优秀的有 11 人，占总人数 4%；

（2）积极的有 84 人，占总人数 35%；

（3）一般的有 121 人，占总人数 50%；

（4）后进的有 24 人，占总人数 10%。

二、教学情况：

1. 教学的组织领导：全体教师按任课性质分为普通课教学组和业务课教学组，每组选组长一人，在教导主任领导下（目前本校由校长兼任教导主任）进行工作。

教学组工作内容：

（1）研究编选业务课教材。（2）研究布置实验实习。（3）学习苏联教学法的五级分制。（4）组织教学观摩。（5）总结教学工作。

教学组的工作方法：A 每周开会一次。B 各组教师按课程性质结合为互助小组，经常研究教材，编选课时计划等问题。C 经常联系各班学生课代表，吸取反映改进教学。

2. 新教法实施情况：

本校于五二年二月间始重点试用了东北新教学法，四月后全面采取，并呈请批准试用五级分记分制度。

三、在职学习。教职员的在职学习组织领导情况：全校教职员成立在职学习委员会，校长任主任委员，工会主席任副主任委员。全体教师按业务性质分普通课组与技术课组、职员组。每组选组长一人，由组长参加委员会任委员。学习时间每日早晨80分钟，方式上一般是采取集体自学方式，必要时举行小组讨论或大组讨论。

学习情况：思想改造学习后，一般的都重视了政治学习。大家认识到提高政治水平是提高业务水平的基础。最近的学习情况比上学期紧张，表现在：

1. 普遍定了学习公约，各组挑战。

2. 积极购买学习文件，订阅报纸。

3. 小组讨论较前热烈。

4. 一个小组一直坚持着每日读报半点钟的制度。

四、其他（略）。

五、现场实习存在的问题及造成的原因：

1. 农场距学校太远，来往二华里，平常工作及学生实习把有用时间大部消耗在走路上面。

2. 缺少温室，以致冬季栽培无法实习。

3. 农场栽培的植物太少，在直接教学和实习方面都受到影响。

4. 缺少大车一辆，对收割运粪极感不便，有时会遭到不必要的损失。

5. 新式农具、药械太少，引不起学生兴趣，只能示范实验，不能大家同时一齐下手。

6. 没有畜牧设备，实习更觉无法。

六、教材编选情况，一般根据下列原则：

1. 根据中等技术学校的目标和任务。

2. 结合本校学生的实际政治文化水平。

3. 根据农业生产政策和当地农民需要及先进的农业经验。

我们主要的觉得，教材编写必须注意其本身的科学技术性，并结合当地的实际情况和国家建设的需要，才能启发学生学习情绪与效果。关于业务课方面，没有适合中等技术学校使用的教材，教师觉得编写教材并在课堂上抄黑板提出提纲是会影响学生学习的。

我们建议上级政府急速的编写业务课教本，要求在未颁发课本前，先制一教学大纲。

调整后的中等专业学校，规模一般在 500 人左右。据 1954 年暑假中专学校报表显示，当年百泉农业学校普通中专在校生 298 人，五年一贯制学生 257 人；郑州农业学校这两类学生的数字是 223 人、207 人；郑州铁路学校中专生 287 人，当年开学后于 11 月下旬新招司机班 9 班 411 人；开封纺织工业学校中专生 489 人，另有初级班 53 人。其他普通中专学校规模基本相近。

通过报表还可以感觉到当年中专学校考试制度非常严格，学籍管理制度十分严密。郑州铁路学校 287 名学生中，暑假考试有 115 人不及格，报表注明：待补考后再确定留级人数；开封纺织工业学校待补考学生 30 人；百泉农业学校留级 26 人；郑州农业学校留级 29 人，其中五年一贯制 27 人，占到总人数的 13.04%。洛阳林业学校在校生 335 人，221 人考试及格，仅占 65.97%，当年该校毕业班 25 人，竟有 8 人没有毕业；信阳农业学校 179 人，只有 153 人升级；南阳农业学校 230 人，195 人升级；黄河水利学校 422 人，300 人及格；焦作煤矿学校 537 人，496 人及格；河南农学院附设中等林业技术班 48 人，只有 36 人考试及格，及格率只有 75%。这在今天的中等职业学校里，基本没有可能。

到 1954 年，河南的中等师范教育已经初步形成规模，学校数已经达到 35 所，其中中等师范学校 17 所，初等师范学校 18 所，在校生已经达到 20064 人，其中一年级 3593 人，二年级 5534 人，三年级 10937 人。根据三个年级在校生数的分析，三年来，全省中等师范教育的招生数是在不断减少。到 1954 年秋季，18 所初等师范已经没有一年级新生。

当年郑州师范学校在校生已经达到 799 人。其中一年级 267 人，二年级

289 人，三年级 243 人。整体上看三年来招生数变化不大。

郑州幼儿师范在校生为 484 人，全是女生。其中一年级 257 人，二年级 64 人，三年级 163 人。从三个年级在校生情况看，该校招生情况呈现“高低高”的走势，而且 1954 年秋季招生超过了前两年的总和。

（6）通过调整整顿，河南的职业教育进入了稳定发展时期。总的趋势是技术教育规模萎缩，逐步减少，师范学校规模稳中有增。1957 年，全省中等师范学校招生达到 6000 人。

1958 年 3 月 21 日，河南省教育事业基础教学统计表显示：河南省 1958 年教育事业计划安排，中等专业学校 14 所，招生 4940 人，毕业 5761 人，在校生 25548 人；中等师范 34 所，招生 3900 人（较 1957 年减少 2100 人），毕业 3857 人，在校生 19626 人。这样的规模已经远远小于 1954 年。

虽然年初制订的招生计划比上年减少 2100 人，但实际招生达到 10901 人，在“大跃进”之年实现了招生数突破 1 万人大关。1959 年省下达师范学校招生计划 14620 人，是 1958 年的 134%。中等专业学校方面，1958 年实际招生也突破 1 万人，达到 11410 人，1959 年又下达了 14000 人的招生计划。根据计划安排，1959 年中专、中师招生将达到 28620 人。从计划情况看，当年中专中师数字基本持平，中师略高于中专，说明当时教育事业的发展，教师（特别是中小学教师）缺口较大，而省政府对中等职业教育的关注点，也主要在中等师范教育。

急于发展的指导思想导致方方面面的“大跃进”。1958 年 5 月 1 日发布的《河南省 1958~1967 年教育工作规划》计划将 1958 年脱盲后的 8860743 人和现已具有小学程度的 6247401 人，分别在 1960~1961 年和 1962~1963 年提高到相当于高中毕业的水平，将现已具有初中程度的 1653690 人和现已具有高中程度的 532106 人，分别在 1960~1961 年和 1961~1962 年提高到大专学校毕业的水平；并在结合生产实践进行科学研究和提高文化水平的基础上，要培养出河南第一代具有生产主义觉悟、有研究能力、有发明创造、在产品的产量和数量方面能够达到全国先进水平的各行各业、各门各科的工农红色专家，这种“专家”每 1 万人中至少要有 100 人。

强调发展中等专业教育，培养中等技术人才，除了通过业余教育和普通中学紧密结合生产学习技术从而培养人才外，还须积极发展中等专业学校。1958年中等专业学校计划发展310所37530人，达到376所75640人，其中工科146所28980人，农林水科131所16710人，医药卫生14所4310人，师范85所25640人，平均每县有不同性质的中等专业学校3所。1959年计划发展72所44360人，达到446所120000人，平均每县有中等专业学校4所。1962年全省中等专业学校达到1256所286860人，其中工科550所110000人，师范118所44360人，医药卫生38所22500人，平均每县有各种专业学校10所，每1万人中有中等专业学校学生54人。到第三个五年计划期末，全省中等专业学校将到达3000所900000人，平均每1万人中有中等专业学校学生150人，每5万人口的人民公社中有工业专业学校和农业专业学校各1所。

（7）1960年，政治经济形势发生了大的变化，正在发展兴头上的职业教育出现消退。河南省人民委员会于1月9日发布教育计划，安排全省中等专业教育招生30000人。到5月30日，招生计划下调到25780人；到7月1日，调减到25470人；到9月20日，再次下调至20000人。一年之间三次调减招生计划，反映了政府心态的变化和经济形势的恶化。

与此同时，中等师范学校的招生计划也在调减，年初的计划为23000人，5月30日修改为19000人，9月20日调为11000人。

国家负担的中等职业学校是大面积地减少招生，另一块，非国家负担的职业学校、农业和其他职业中学承担了中职教育的大部分任务。据5月30日河南省人民委员会发布的教育计划安排，当年此类学校的招生计划为初中层次150000人，高中层次8560人。

就是在这种情况下，河南的职业教育增加了新的类别，开始形成多种形式的职业教育现象。但就层次上看，还停留在中等教育阶段。虽然实际上高等专科学校应该属于职业教育的范畴，但当时多把此类学校归于高等教育，这类学校也不大愿意承认自己是职业教育，究其原因应是“正统”观念在作怪。根本问题是，在“六三三四”学制框架内，就没有大学专科层次的位置。

（8）1961年，全省中等专业学校被大面积压缩。

7月16日，郑州市安排院校调整压缩工作，至7月28日，已停办河南财经学院、郑州商品技术学校等12所院校。

7 月 29 日，新乡市计划撤销无线电技工学校、新乡第二师范等共 12 所学校，计划返回农村学生 5068 人。8 月 1 日，洛阳地区临汝县撤销初师、初幼师和农技校，孟津县撤销初师和农业技术学校，渑池县撤销农业技术学校、工业技术学校和第八初中。

8 月 10 日，教育部印发《全国高等学校及中等学校调整工作会议纪要》，安排中等专业学校招生 17.60 万人，其中中等技术学校只招 11.20 万人。提出今后三年教育发展的总原则是缩短战线，压缩城镇中等以上学校在校生人数。控制指标，多出少进。

8 月 16 日，郑州市撤销和放假的学校共 53 所，学生 26404 人（其中农村学生 20197 人）。

8 月 25 日，信阳地区中等专业学校 41 校，压缩 39 校，学生 5804 人；师范学校 14 所，砍掉 8 所，学生 2021 人，中幼师、初幼师全部撤销。

8 月 25 日，开封市中等师范原有 23 校，压缩 18 校，学生 3646 人；中等专业学校原有 16 校，压缩 14 校，学生 2177 人。

从全省调整情况看，压缩和撤销的多是中等技术学校和师范学校。河南省教育厅 1961 年中等师范学校（不包括初师）综合报表显示，当年全省中师 68 所，其中放假一年的 28 所。在校生 19396 人，放假一年的 7357 人。除了压缩裁减，还有放假，可见当时政府财政之紧张。

（9）大规模的调减持续两年左右。1962 年 5 月 25 日，中共中央批复教育部党组《关于进一步调整教育事业和精减学校教职工的报告》。该报告指出，全国中等专业学校 1960 年为 6225 所，在校学生 221.60 万人，1961 年调整为 2724 所，学生 108.30 万人。调整后仍比 1957 年的 1320 所增长 1.1 倍，在校生比 1957 年的 77 万人增长了 41%。这里用来比较的是 1957 年的规模，而这个时候，距离 1957 年已经五年多了。如果和上一年即 1960 年比，学校数减少了 3501 所，保留的学校只是前一年的 43.76%；在校生减少了 113.30 万人，减少了 51.13%。这样的大规模缩减，使刚刚发展的中等职业教育元气大伤。

（10）1963 年，中等职业学校规模发展开始复苏。与此同时，非国办的职业教育开始萌芽。

1963 年 11 月 15 日，河南省教育厅简报推广偃师县农村业余技术教育的做法和体会。12 月 7 日，省纺织工业局提交关于开办护士训练班的请示。

12 月 14 日，省卫生厅提交开办中等卫生职业学校的意见。

12 月 17 日，省冶金煤炭厅提交举办煤炭职业学校的报告。

12 月 21 日，省供销合作社提交举办供销商业职业学校的报告。

（11）1964 年 1 月 5 日，中共中央提出积极试办和发展职业教育，7 年内使职业学校在校生由 37 万多人发展到 530 多万人。

2 月 6 日，河南省农业厅函报教育厅《中等农业学校专业设置意见表》。

2 月 10 日，河南省人民委员会批复南阳专员公署，各专目前均不恢复或新建机械化学校。

2 月 21 日，教育部同意恢复郑州卫生学校和新建河南省会计学校。

2 月 27 日至 10 月 28 日，商水、郑州、开封、安阳、新乡、许昌、南阳、商丘、灵宝、光山、淮滨、固始、平舆、辉县、沁阳等地、市、县和郑州铝业公司、安阳内衣厂、安阳印刷厂、新卫机械厂、郑州电缆厂、漯河电厂、中国农业科学院棉花研究所等企业和科研院所提交了举办职业学校的请示。具有行业特色的中等职业教育迅速发展。

中等专业教育实现招生规模增长，1964 年中等技术学校概况表显示，全省中等技术学校实际毕业生 2208 人，招生 4285 人，在校生 15933 人。招生计划基本与 1957 年持平。

1964 年是当代河南中等职业教育规模扩张、类型丰富的年代。

当年 4 月 16 日，河南省教育厅《关于举办职业学校和恢复中等专业学校的意见》指出：

> 自从中央指示积极试办职业教育以来，不少部门和地区要求举办职业学校，还有一些单位要求新办或恢复已裁撤的中等专业学校。对这个问题，我们研究的意见是：
>
> （一）要求举办职业学校的，一般均应批准。对办学中的一些具体问题，意见如下：
>
> 1. 凡职业学校，校名都应当写上“职业学校”字样，例如“新乡商业职业学校”、“郑州护士、助产士职业学校”。
>
> 2. 职业学校的形式可以多种多样。可以办比较正规的，也可以办

训练班性质的。如举办训练班，生活待遇可全部供应，毕业后可由办学单位安排工作。

3. 招生对象，可以招高小毕业生，也可以招初中毕业生和高中毕业生。招收高中毕业生应经教育厅批准。

4. 为了控制城市人口，今年一般均应招收城市学生。个别专业性质特殊，必须招收农村学生时，应经省人委批准。

5. 编制、经费由办学单位按照中央教育部、劳动部、财政部规定解决。

（二）举办新的和恢复裁撤的中等专业学校，应加以控制。除郑州卫生学校、河南省会计学校已经教育部批准，其他已经裁撤的中等专业学校，一般不予恢复，可以改为职业学校或举办训练班，这样做的好处是：

职业学校的毕业生，国家不负责分配，各部门各行业在需要时，可以选优录用。这种做法比较机动一些。助学金可以不全部发，比较节约。职业学校可以招收初中毕业生和高中毕业生，可以根据需要采取多种多种多样的学制，学习年限可长可短，方式比较灵活。

（三）根据上述意见，我们对各单位、各地区举办职业学校和中等专业学校的方案进行了初步审查，具体意见是：

1. 省纺织工业局在郑州市开办护士职业学校；省供销合作社在新乡市开办商业职业学校；省煤炭厅在郑州市开办煤炭工业职业学校；省交通厅在郑州市开办交通职业学校；省卫生厅在郑州市开办郑州护士、助产士职业学校；许昌专署在许昌市开办许昌护士职业学校；商丘专署在商丘市开办商丘护士职业学校；南阳专署在南阳市开办南阳卫生职业学校；安阳市开办安阳市职业学校；南阳县开办南阳中医职业学校。

2. 已经裁撤的纺织工业学校、建筑工程学校和南阳卫生学校不宜恢复，可以利用原有的基础开办职业学校或训练班，其编制、经费均由办学单位负责解决。

3. 职业学校的招生计划和教学计划，由办学单位提出，经与教育厅商议后确定。

9月4日，国营第124厂提交开办职业学校方案的报告：

三机部教育司：

我厂接部里关于同意试办职业学校的通知的批复后，积极进行了筹备，对开办职业学校的工作做了较详细的安排，制定出如下的办学方案。

一、职业学校的性质、目的和任务

职业学校是企业举办的专业教育性质的学校，目的和任务是为适应我厂日益发展的形势，培养劳动后备力量，不断补充生产需要的技术工人，解决职工子弟升学就业问题。

二、办学方式、学制和专业

学校为全日制学校。学制为三年。专业为车工专业。

学习期间学生应交纳学费。收费标准，低于普通中学20%，确实困难，无法交纳者经申请可酌情减免，在后两年的劳动期间，以劳动收入给予学生生活补助。

职业学校毕业生由工厂根据生产需要选优录用。

三、招生对象和入学手续

招收对象，凡是年满15至22岁，身体健康，具有初中毕业或同等学力，既未升学又未就业的本厂职工子弟，户口在本厂者均可报考。

入学手续，由厂工会家属委员会介绍，持有效学历证明到厂人事科教育部门报名，经审查资格，考试及格方可入学。

四、学生的学习

第一年学习政治课，文化课、技术基础课。

第二、三年学习专业课和进行生产劳动实习。选用三机部核定的正式技工学校车工专业的教学大纲和教材。

五、职业学校的经费、教师和设备

学校经费由企业营业外项目开支。

抽调三人为职业学校专职教员。专职教员要具备中专以上文化水平和二级车工以上的实际操作本领，能胜任教学和领导实习任务。

教师由厂内调整解决。

购置教学用桌椅 50 套。职业学校平时归业余学校负责代为管理。

6 月 17 日，河南省教育厅《关于举办纺织职业学校的函》：

河南省纺织工业局：

关于举办纺织职业学校文件收到，几个具体问题，函复如下：1. 同意纺织职业学校今年招收初中毕业生 360 名，招生计划列入全省其他部门办学指标之内，招生任务另行下达。2. 学校所需人员编制问题，今年，凡经批准开办的职业学校，人员编制，均按 10 比 1 配备，你们可按此比例，报请省人委与编委会另拨。3. 经费问题，可按中央教育部、劳动部、财政部关于职业学校经费、编制的规定办理。所需经费列入该部门的教育事业费预算。

1964 年 7 月 18 日，省教育厅同意举办开封市第一职业学校。通知指出：

职业学校在我省还是初创，需要加强领导，认真试办，随时注意总结，不断提高教学质量，对于在试办过程中遇到的问题或作出的经验，请及时向我们联系和报告。

从这两份批文里，可以看出省教育厅的态度和要求。

5 月 11 日，郑州市计划委员会和郑州市劳动局联合申请要求举办郑州商业职业学校。

6 月 3 日，河南省煤炭工业厅申请举办河南省冶金煤炭工业职业学校。

6 月 4 日，河南省供销合作社申请举办河南省供销合作社商业职业学校。

6 月 12 日，同意开办郑州建筑工程职业学校。

6 月 12 日，同意开办银行职业学校。

6 月 17 日，同意举办纺织职业学校。

6 月 19 日，郑州铝业公司申请建立中等职业学校。

6 月 26 日，河南省商业厅申请举办河南省商业职业学校。

1963 年 12 月 14 日，河南省卫生厅申请举办中等卫生职业学校，提出在郑州卫生学校附设中等卫生职业教育班；恢复南阳卫生学校，如不能恢复的话，可以在该校的基础上成立南阳卫生职业学校；南阳中医学校撤销以后地方上以民办公助继续开课，现请纳入国家职业教育计划；在许昌卫生学校的基础上成立许昌护士职业学校，在商丘护士学校的基础上成立商丘护士职业学校，在安阳医学专科学校基础上成立安阳护士职业学校。

河南省人民委员会 1964 年 5 月 12 日批转省教育厅文件批准建立郑州护士职业学校、许昌护士职业学校、商丘护士职业学校、南阳卫生职业学校、安阳护士职业学校、南阳中医职业学校。

7 月 4 日，省教育厅批复同意安阳内衣厂、安阳印刷厂举办职业学校。

7 月 19 日，省教育厅同意建立辉县、沁阳职业学校。

7 月 20 日，省教育厅同意举办安阳市职业学校。

7 月 20 日，省教育厅同意成立巩县农业职业学校、林县林业职业学校、安阳县棉花职业学校、内黄县林业职业学校、安阳县农业动力职业学校。

7 月 21 日，省教育厅同意成立许昌市农业职业学校、漯河市农业学校、商水县周口镇农业职业学校。

7 月 27 日，省教育厅同意举办南阳蚕业职业学校、南阳财会职业学校。

8 月 1 日，省教育厅同意成立三门峡市农业职业中学、临汝县农业职业中学。

8 月 26 日，省教育厅同意建立郑州市农业财会职业学校、郑州市农业植物保护职业学校、郑州市农业电技职业学校。

11 月 16 日，漯河市经济委员会、漯河市教育局请示省经济委员会、省教育厅，要求在漯河电厂试办半工半读学校。省教育厅 12 月 2 日同意试办。

11 月 25 日，省教育厅转发省半工半读教育委员会《关于积极试办半工半读学校的初步意见》，号召各地积极试办耕读小学、半工半读的农业中学、半工半读的中等技术学校、半日制初中、半工半读的中等师范学校。

（12）一个新的职业教育的发展高潮迅速到来，这次高潮的主力是不同于普通中专、普通中师的职业学校、半工半读学校。

1965 年 1 月 21 日至 6 月 28 日，河南省半工半读教育委员会密集批复。

在许昌通用机械厂试办半工半读学校。

将河南纺织职业学校改为半工半读纺织工业技术学校。

在洛阳市机床厂试办半工半读技术学校。

同意举办安阳市职业学校、安阳市织染厂半工半读班、安阳市塑料厂半工半读班。

同意新乡针织厂举办半工半读技术学校。

同意华新纺织厂职工子弟中学转为半工半读技术学校。

同意在新乡化工学校举办半工半读学校。

同意举办黄泛区农校。

同意恢复举办许昌烟草技术半农半读学校。

同意南阳农业机械化学校改为半工半读学校（河南省档案馆 J0109-014-1648 卷 21 个文件全是建立半工半读学校的批复）。

同意信阳专署举办林业半农半读和路口农场半农半读学校。

同意南阳蚕业学校改为半工半读农业学校。

同意举办开封市工业美术学校。

同意将郑州农业机械化学校改为半农半读学校。

同意举办郑州车辆厂半工半读学校。

同意将内黄县林业职业学校改为半农半读学校。

同意商丘农业职业学校改为半农半读学校。

同意林县东冶林业职业学校改为半农半读学校（河南省档案馆 J0109-014-01649 001-022 号目录，全是关于半工半读学校的）。

同意建立信阳专区半耕半读农业中等专业学校。

同意河南省第一技工学校、新乡技工学校和安阳市技工学校改为半工半读技术学校。

批复同意郑州建筑工程职业学校改为半工半读学校。

批复同意省商业厅举办石油半工半读学校。

同意洛阳市农林局举办半农半读农业技术学校。

同意睢杞试验林场举办半工半读林业学校。

同意郑州市商业职业学校改为半工半读学校。

同意建立信阳半农半读中等林业学校。

同意举办第一新华印刷厂半工半读印刷技术学校。

同意将郑州卫生职业学校等五所学校中的护士专业改为半工半读，医士和助产士等专业不改。

此后，据省档案馆资料不完全统计，从1965年7月10日到8月31日，全省又审批或改建了33所半工（农）半读学校。

从1949年到1965年16年间，河南的职业教育主要是中等技术教育和中等师范教育。发展的过程一波三折，规模增速最快的是1958年、1959年，但随即就遭遇了1960年、1961年的大规模缩减。真正恢复是在1964年以后。到1965年，不是普通中专、普通中师性质的职业学校和半工半读学校异军突起，在丰富中等职业教育体系的同时，推进了职业教育的多方位发展。

这种势头虽然仍有冒进的成分，但总的是健康发展的，这样的发展符合经济和社会发展对人才的需求，而且是多方位的需求。如果在不断调整中这样发展下去，河南的职业教育将一步步跃上新台阶，实现自己的社会使命。

实际上，风暴的序曲早在1964年已经奏响，不过在当时，很多人没有意识到。而且就是从今天来看，当时的尝试也不是完全没有道理。

1964年11月9日，河南省教育厅《关于1964年中等师范学校招生情况的报告》指出：

> ——基本情况：
>
> 今年第一志愿报考师范的考生共有16800人，其中推荐生3595人，占报考总数的21.4%；未经推荐自动报考的社会青年7788人，占总人数的46.3%；应届初中毕业生5417人，占总人数的32.2%。
>
> 录取新生为2230人，基本上完成了计划招生任务。报考学生与录取学生之比为7.5∶1，录取新生中，具有初中文化毕业程度，政治思想好，劳动表现好，工作积极，年龄在22周岁以下，在农村人民公社参加体力劳动一年以上的农村青年1064人，占录取新生总数的47.7%；应届初中毕业生1166人，占52.3%；贫农、下中农出身的子女共有1483人，占新生总数的66.5%；地主富农出身的子女有35人，占总数

的 1.5%。

中共党员、共青团员共有 1157 人，占新生总数的 51.8%。另据南阳师范等五校录取的 535 名新生统计，共录取推荐生 302 人，其中在社队担任职务的被评为五好社员的有 197 人，占推荐生总数的 65.2%，录取应届毕业生 205 人，其中在共青团、学生会担任职务被评为三好学生的有 92 人，占应届毕业生总数的 44.8%，此外根据开封师范等八校录取的 459 名推荐生统计，在乡参加体力劳动三年以上的有 109 人，占推荐生总数的 23.7%。

——存在的主要问题：

有些基层单位的干部推荐时不是按照中央教育部的规定持以认真负责的态度，而推荐了一些在农村表现不好，但与自己有关系的农村青年，甚至把不安心农业生产的地富子女也作为推荐对象。这种情况虽经县、市领导机关及时纠正，但在群众中产生不良影响，这个问题在今后师范学校招生时应当引起注意。

新生的文化程度，特别是数学成绩较同级学校低，从漯河师范等校录取的 576 名新生考试成绩来看，政治常识不及格者占 80.3%，语文不及格者占 73.2%，数学不及格者占 86.1%。录取的推荐生各科考试成绩更差，以信阳师范录取的推荐生为例，政治常识不及格者占 96.7%，语文不及格者占 83.4%，数学全部不及格，而 30 分以下者占 93.4%。这种情况将给教学工作带来一定的困难。

此外，从今年的师范招生和毕业生分配来看，也暴露出在报考人数中有未经推荐的农村知识青年接近半数，有些高中毕业生以及裁撤的大专学校的农村学生也纷纷报考师范（均未录取），这说明他们还不安心于农业生产，轻视体力劳动，一遇机会，总想脱离体力劳动。

河南省教育厅《1964 年中等专业学校招生工作报告》：

中央教育部：

1964 年我省的中等专业学校招生工作，在各级党委的正确领导和有关部门的配合协助下，积极认真地贯彻党的阶级路线，贯彻了政治、学业、健康兼顾的原则，并采取了统一领导、部署与高级中学、中等师范学校、技工学校、职业学校统一报考，按照考生报考志愿分批录取分地区招生的办法，基本上顺利地完成了任务，现将情况报告如下：

——今年在我省招生的中等专业学校36所（中央各部属九所，省属16所，外省来我省招生的11所），共录取新生3990人（未包括郑州工业管理学校、武汉机械制造学校、河南省会计学校招的340名高中毕业生），比原定计划多录取了五人，其中中央各部属学校计划招生1500人，实招1450人；省属学校计划招生1985人，实招2040人，外省跨区来我省招生的学校，按照计划招生500人录取的新生中，就中央和我省的25所学校统计，男生1741人，女生1749人，约各占50%，党团员870人（党员二人），占24.9%；家庭出身，贫下中农1886人，占54%，中农的468人，占13.4%，工人的333人，占9.5%，地、富、资本家的190人，占5.4%，其他的613人，占17.5%；学业成绩平均80分以上的占21%，60至80分的占49.8%，50分至59分的占15.8%，50分以下的占12.7%。

——中等专业学校和其他技工职业学校的招生是在省重点高级中学录取新生结束之后，第二批进行录取的。中等农业学校和省戏曲学校实行单独招生。

今年为了照顾城乡关系，扩大考生来源，提高中等专业学校的新生质量，也进一步贯彻为工人、贫下中农子女开门的办学方针，除了招收城市初中毕业生外适当的招收了一批农村思想好、政治好、学业成绩好、身体健康的学生，在郑州、洛阳等14个市招生2395人，占60%，在各区招收农村学生1590人，占40%。

我省中等农业技术学校采取公社选送与学校考试相结合的招生办法，招收了经过劳动锻炼一年以上，具有初中文化程度的知识青年，招生办法得到了各级党委的重视，基层干部的评价，以及有志青年的欢迎。从各地选送的学生都是劳动人民的子女，而且大多数是贫中农子女劳动表现较好的。而且不少是五好社员，基层干部。

从学院考试的成绩看平均在60分以上的占82.5%，由于选送的人数多，录取时选择余地大，学业成绩也比较好。

关于对考生的政治审查工作，根据教育部《关于调查了解初中学生家庭情况的通知》的指示，对考生家庭政治情况进行了调查，一般都做到了，档案中有自传、调查材料，有旁证材料，国防性质的学校和一些机密专业的政治审查，是按照全国高等学校机密专业政治审查标准进行审查的。

考生的健康检查也是参照全国高等学校招生健康规定的项目和标准进行的，其中化验、X光透视等项目只对部分健康可疑的考生做出了检查。

——招生工作中遇到的几个问题和改进意见

由于我们对各地初中毕业生的实际数字掌握得不够准确，招生任务分配下去后有两个市学生少任务大，完不成任务，因而不得不临时改变计划，调整任务，致使工作被动忙乱，我们要接受这一教训，明年及早着手这方面的调查，把数字掌握确切。

对于某些学校和专业的性质宣传得不够，一些城市的考生不想报考，并由于我们计划任务时受到城乡界限的限制，致使分配在城市招生的个别学校和专业未能按计划完成任务，如平顶山煤矿学校计划在我省招生189名新生，实际招了124名，只完成了69%。洛阳林业学校在城市招收60人，只完成了50%。

有些学校不要或不愿多招女生，今年招生时，郑州铁路机械学校要求女生不超过10%，技工学校基本上一个女生也不要。后经和有关部门及学校协商，招收的女生的比例才增加一点，但女生仍落榜较多，如开封市今年落榜1100人，包括往届生上学的学生，其中女生850人，占77.2%，希望今后对各类中等专业学校招生的男女比例能有一原则意见，使他们都能适当多招收一些女生。

这两份报告反映了当年中等技术学校和中等师范学校招生的实际情况。值得注意的是，中师的招生增加了“推荐”的方法，中技的招生有了“选送”的方法，而且在对考生的评价中加大了“政治审查”的比重。

第二节　理性回归　中等职业教育全面发展时期（1978～1997年）

党的十一届三中全会做出了把全党工作重点转移到社会主义现代化建设上来的战略决策。党和国家工作重心的转移开启了改革开放和集中力量进行经济建设的历史新时期。这样的发展背景迅速把职业教育推向十分重要的地位。

一　国家推动

（一）教育的恢复和发展，首先要解决的是教师问题

针对这一点，党中央、国务院在改革开放之初就已经做了准备。

到1977年，全国中学在校学生人数比1965年净增约6000万人。按1965年中学生与专职中学教师实际比例20：1计算，应增教师300万人。同一时期高等师范院校毕业生仅21万人，只占应增教师数的7%。其中，还有30%左右被分配到其他战线，没有当教师。为了弥补中学教师的巨大缺额，各地一般采取了新分中等师范学校（本来是培养小学教师的学校）毕业生分配做初中教师的办法。“文化大革命”以来，全国中等师范学校毕业生共89.4万人，估计约有50%即45万人分配做中学教师。两项合计，高师、中师毕业生任中学教师的，总共也只有约60万人，只占应增加教师数的20%，因而各地不得不大量抽调小学公办教师和增加民办教师来补充中学师资的不足。小学在校学生人数，1977年比1965年净增约3000万人，按1965年小学生与专职小学教师实际比例30：1计算，应增教师100万人。同一时期，中师毕业生补充仅48万余人。加上原有小学公办教师大批被抽调到中学，大量缺额又不得不用民办教师补充。这种状况，造成中小学教师队伍数量不足。

从文化程度看，中小学教师队伍质量下降也十分严重。据统计，高中教师中，高等学校本科毕业的，1965年为70.3%，1977年下降到33.2%；初中教师中，高等学校专科毕业及以上的，1965年为71.9%，1977年下降

到14.3%；小学教师中，中师毕业及以上的，1965年为47.4%，1973年下降到28%。不少学校是中学程度教中学，小学程度教小学。

总体来看，按1965年的生师比，1977年全国中小学教师缺额将近300万人，合格学历的教师严重不足。初中教师具有合格学历的仅占14.30%，小学教师为28.00%左右。培养教师特别是培养合格的教师，是教育面临的头等大事。

1977年12月10日，教育部发布《关于加强中小学在职教师培训工作的意见》，明确提出要在20世纪内把我国建设成为伟大的社会主义现代化强国，迫切需要培养和造就大批又红又专的建设人才。中小学教育是教育的基础，普及教育与提高中小学教育质量，必须有一支又红又专的无产阶级教师队伍，因此，除努力发展和积极办好师范教育以外，要采取强有力的措施，尽快地、切实地抓好在职教师培训工作，用极大的努力提高教师的政治、文化和业务水平。这是当务之急，是一项关系实现四个现代化的具有战略意义的重要任务。

1977年，为了加强对教育工作的领导，河南省决定教师队伍的管理和师范毕业生的调配等人事工作，由各级教育行政部门负责，并对解决教师归队问题、民办教师管理问题等，提出了明确的措施。

1978年新年伊始，国务院就于1月7日批转了教育部《关于加强中小学教师队伍管理工作的意见》。该意见提出“加强教师队伍建设是教育战线一项十分重要的基本建设”。

1978年10月12日，教育部印发《关于加强和发展师范教育的意见》，对当时教师严重短缺的情况进行了认真的分析。

1980年6月，教育部召开第四次全国师范教育工作会议，对师范教育进行部署。同年9月，国务院批转教育部《关于师范教育的几个问题的请示报告》，教育部先后印发《中等师范学校和幼儿园师范教育计划（试行草案）》和《关于大力办好高等师范专科学校的意见》，就师范教育的地位和任务，中等师范教育的培养目标，保证师范生的质量和提高教师待遇，加强中小学在职教师培训，高等师范学校管理体制、学制、专业设置、教学工作等做了明确规定。

同时，明确了中等师范学校的培养目标，培养合格的小学教师，即要把学生培养成为德育、智育、体育全面发展的，具有社会主义觉悟、辩证唯物主义世界观、共产主义道德品质，从事小学教育工作必备的文化与专业知识、技能，热爱教育事业，热爱儿童，全心全意为社会主义教育事业服务，身体健康的小学教师。幼儿师范学校的培养目标，培养合格的幼儿园教养员，即要把学生培养成为具有社会主义觉悟、辩证唯物主义世界观、共产主义道德品质，从事幼儿教育工作必备的文化与专业知识、技能，热爱幼儿，全心全意为社会主义教育事业服务，身体健康的幼儿园教养员。

1982 年 3 月 1 日，教育部印发《师范专科学校教学工作座谈会纪要》，讨论和解决了制订教学计划的指导思想、编写教学大纲和教材建设等问题。

1983 年 2 月 23 日，教育部颁发《中等师范学校学生守则（试行草案)》。

1985 年 1 月 21 日，全国人民代表大会常务委员会同意国务院的议案，决定 9 月 10 日为教师节。

1986 年 2 月 21 日，国家教委印发《关于加强在职中小学教师培训工作的意见》。同年 3 月 10 日，国家教委印发《关于基础教育师资和师范教育规划的意见》。3 月 26 日，国家教委印发《关于加强和发展师范教育的意见》。

1990 年 3 月 2 日，国家教委印发《关于当前师范专科学校工作的几点意见》。同年 6 月 27~30 日，国家教委召开高等职业技术师范教育办学指导思想座谈会。

1996 年 9 月 9~12 日，全国师范教育工作会议在北京举行，提出到 21 世纪初师范教育改革和发展的方针：坚持方向，深化改革，优化结构，促进发展，提高质量，提高效益。同年 12 月 5 日，国家教委印发《关于师范教育改革和发展的若干意见》。

党和国家对师范教育的重视，使全国中小学教师队伍得到了快速发展。师范教育事业有了较大发展。1995 年，全国共有高等师范学校 236 所，中等师范学校 897 所；与 1980 年相比，师范院校的培养能力有了明显的提高，高等师范学校在校生由 33.8 万人增加到 58.3 万人，中等师范学校在校生由 48.2 万人增加到 84.8 万人。教师培训机构建设得到加强，1995 年共有教育学院 242 所，在校学员 21.4 万人；教师进修学校 2031 所，在校学员 51.6 万人。开始形成以独立设置的各级各类师范院校为主体，其他教育机构共同参与的多渠道、多层次、多规格、多形式的中小学教师培养培训体系。在全国大多数地区，师范教育的规模和数量已基本适应普通中小学发展的要求。

同时，不同教育层次的教师学历匹配度也在不断提高。师范教育为中小学教师队伍建设作出了历史性贡献。从 1980 年到 1995 年，高等师范学校、中等师范学校共培养了 551 万名毕业生。教育学院、教师进修学校、普通高校函授、夜大学对 480 万名在职中小学教师进行了学历培训，还有为数众多的中小学教师接受了多种形式的非学历培训。通过培养和培训，中小学教师队伍素质明显提高，学历结构发生重大变化。1995 年与 1980 年相比，小学、初中、高中教师的学历合格率分别由 49.8%、12.7%和 35.9%提高到 88.9%、69.1%和 55.2%。“八五”期间，73 万中小学校长接受岗位培训，实现了持证上岗。

（二）党和国家领导人对职业教育高度关注

1980 年 5 月 8 日和 12 日，中央书记处听取汇报，两次讨论了教育工作问题。

对于教育一定要适应经济建设的需要，教育结构必须改革，教育制度要与劳动制度、干部制度相结合的提法，宋任穷同志肯定地说：“这是对的。教育制度是要同干部制度、劳动制度结合。”

关于中等教育结构单一化，需要改革的问题，教育部负责人提出，在教育结构改革中，一个关键问题是要解决毕业生的去向、出路问题。劳动招工制度要相应地进行改革，今后招工要以职业学校、技术学校的毕业生为招收的主要对象，使职业教育与安排就业结合起来。

姚依林同志说：“中等教育改变结构，我很同意。扩大中等专业学校，有利于就业，有利于提高各部门职工的文化技术水平，也有利于利用各部门的资金办教育。工厂有了自主权，它就有钱办学校。”

胡乔木同志说：“中学的结构改组是个很大的问题，非改不可。但不能由教育部解决，计委要管，要同经济、计划、劳动部门结合起来，通盘解决。中学生就业是个很大的问题，要由教育部同计委、劳动部门共同负责，研究解决。是否可以在全国普遍搞劳动服务公司，高中毕业生要经过专门训练，才能进工厂当工人。使学生感到做个工人是很不容易的，这有利于提高工人的素质。”

宋任穷同志说：“教育制度的改革，要跟干部制度的改革紧密结合起来。现在我们干部制度、干部结构的改革非常急迫。第一是搞重点大学，第二是搞职业学校、中等专业学校，第三是提高工人的文化技术水平。办职业学校、技术学校，将来的工人都通过技术学校、职业学校招。农村要办农业专科学校。人民公社的干部水平也要提高，结构也要改革。教育制度改革了，干部制度改革才有基础。”

万里同志说：“教育结构改革要快搞。”“高中毕业生不能升大学的，可以到职业学校、技术学校和专科学校，培养中级专业人员，支援落后地区。农村高中生，可以学拖拉机，学植保，学电工，给农村培养人才，非常受欢迎。现在多是普通中学的高中毕业生，什么技术也不懂，非经过职业学校培养不可。”万里同志还说：“要号召青年支援农村。支援什么呢？支援技术。要在大中城市搞职业教育，提高技术，支援落后地区。北京、上海可以多办师范学校，办医科院校，派教师、医生支援落后地区。支援落后地区，工资可以提高一点，这比拿大笔钱搞上山下乡划算。”

关于成人教育问题。感觉完全依靠全日制的学校，一方面满足不了群众学习的要求，另一方面也适应不了国家对培养人才的需要，需要重视和大力发展成人教育。应当把这个问题放在重要位置上来考虑。针对这个问题，胡乔木同志说：“教育体制中要考虑对工人、农民的教育问题。工人、农民不加强教育，没有文化，工业、农业现代化就难以实现。工人、农民受了教育，提高了文化科学水平，就可以提高劳动生产率。”

方毅同志说：“要多种途径办教育。除了全日制、半工半读、业余学校，还要考虑把电视大学、函授大学办好。”

王任重同志说：“不论正规大学，还是业余大学，经过考试，确实达到大学水平的，就发给他证书，照样使用。要真正执行，而且广为宣传，要发社论。要使青年不光迷信上全日制大学。”

胡耀邦同志说：“为了促进青年人的自学上进，我赞成发一个通知，凡是自学有成绩的人，就发给证书。”

关于实行两种教育制度、两种劳动制度，采取多种形式办学，多快好省地发展教育事业，教育部负责人在汇报中提到，根据中国人口众多，经济不发达，广大青少年升学和就业还有困难的情况，还要实行刘少奇同志倡导的“两种教育制度、两种劳动制度”，采取多种形式办学。要发动各行各业、厂矿、企事业单位和社队，兴办半工半读、半农半读学校，使学生一面学习，一面生产。这样做既能减轻国家、集体、学生家庭的负担，又能培养脑力劳动同体力劳动相结合的全面发展的一代新人。

在讨论这个问题时，胡乔木同志说，现在有些工厂劳动生产率较低，可以搞六小时工作，两小时学习。有的工厂这样搞了、生产率提高了，生产任务完成得很好，而且也学习了。胡耀邦同志说：“过去刘少奇同志提的两种教育制度的口号我们不要丢掉，但是还不够，我同意方毅同志的意见，提多种形式。采取多种形式，提高全民族的科学文化水平。既办好全日制学校，又办好各种形式的业余学校。”

1981 年 11 月 30 日，五届全国人大四次会议上的《政府工作报告》提出，在中学教育方面，要逐步改变普通高中过多、职业中学太少的状况，积极发展中等专业学校，大量培养技术工人和中级专门人才，以利于劳动就业和提高职工队伍的文化技术与政治思想水平。

1982 年 11 月 30 日，五届全国人大五次会议上的《关于第六个五年计划的报告》提出，继续改革中等教育结构，发展各门各类的中等职业学校，特别是农林牧副渔、医护、财贸、政法、文教等方面的职业学校。要创造必要的条件，把部分农村普通高中改为农业中学。

1983 年 6 月 6 日，六届全国人大一次会议上的《政府工作报告》指出，我国中等专业教育多年来发展缓慢，导致中等和高等专业人才的比例严重失调，不利于加强和充实生产第一线的技术力量，造成教育投资的严重浪费。要进一步抓紧中等教育结构的改革，有计划地发展职业技术教育，五年内使职业高中在校学生数占到整个高中学生总数的 40% 以上。为了推动这一改革，要加快职业技术教育师资的培训，提倡具备条件的科学技术人员和能工巧匠到职业学校兼职兼课，提倡厂矿和正规学校联合办学。

1985 年 5 月 17 日，时任国务院副总理万里在全国教育工作会议上的讲话中指出，大力发展职业和技术教育是教育体制改革的一个重点。目前世界大多数国家特别是发达国家都十分重视职业技术教育，这已经成为现代教育制度的一个重要组成部分。在我国，职业技术教育发展比较缓慢，现在仍然是教育领域最薄弱的一个环节，是我国中等教育结构很不合理的一种表现。结果是我国高、中级专门人才和熟练技术工人比例失调，严重影响整个职工队伍的业务素质，影响应用新技术的能力，影响劳动生产率的提高和产品质量。随着现代化建设的进展，随着当代新技术、新工艺在我国的应用，这个问题将越来越严重。再不大力抓这个问题，将影响改革开放，影响经济和社会发展。

职业技术教育发展缓慢的原因是多方面的，有关的劳动就业制度不合理是重要的原因，不改革有关的劳动就业制度，现行的中等教育结构就改革不了，职业技术教育就发展不起来，即使办了许多职业和技术学校，毕业了也分配不出去。这不是不需要，而是现行的有关劳动就业制度，使很需要这些人才的单位无法接收，因为编制已经被没有受过职业技术教育的人占满了。现在，一种很落后的传统的劳动就业观念还有影响，认为不经过职业和技术教育也可以就业，也可以成为好职工，这种传统观念是同现代社会化生产的要求不相适应的。必须改变这种传统观念，以推动这方面的改革。另外，经济技术不发达、第三产业不发达，这也是客观上的重要原因。随着经济和社会的发展，客观上有了这种需要，问题也就非解决不可。只要我们真正重视，职业和技术教育一定会有一个大的发展。

（三）国家层面对职业教育的促进和规范

这一时期，国家大力促进职业教育，特别是中等职业教育加快发展，在规模扩大的同时，加强制度建设，提高人才培养质量。

1979 年 6 月 28 日，教育部发布《中等专业学校学生学籍管理的暂行规定》，对中等专业学校学生的入学和注册、成绩考核、升留级和毕业、纪律考勤、休学、复学和退学、转学和转专业、奖励和处分等方面做了具体明确的规定。

1980 年 10 月 7 日，国务院批转教育部、国家劳动总局《关于中等教育结构改革的报告》，对中等职业教育的发展提出了全新的发展方略。改革中等教育的结构，发展职业技术教育，适应“四化”建设的需要，是当前亟待解决的问题。

“文化大革命”使大批中等专业学校和技术学校停办，农业中学、职业学校被摧残殆尽，造成中等教育结构单一化，与国民经济的发展需要严重脱节。普通高中毕业生除少数升入大学外，每年有数百万人需要劳动就业，但又没有任何专业知识和技能；同时，各行各业亟需技术力量，对招来的新工人还得进行 2~3 年的学徒培训，影响劳动生产率的提高。这种状况对“四化”建设和安定团结极为不利。中等教育结构改革势在必行。

中等教育结构改革主要是改革高中阶段的教育。要使高中阶段的教育适应社会主义现代化建设的需要，应当实行普通教育与职业、技术教育并举，全日制学校与半工半读学校、业余学校并举，国家办学与业务部门、厂矿企业、人民公社办学并举的方针。县以下教育事业应当主要面向农村，为农村的各项建设事业服务。在城乡要提倡各行各业广泛举办职业（技术）学校。可适当将一部分普通高中改办为职业（技术）学校、职业中学、农业中学。经过调整改革，要使各类职业（技术）学校的在校学生数在整个高级中等教育中的比重大大增长。

关于中等教育改革的途径，《关于中等教育结构改革的报告》提出，一是将部分普通高中改办为职业（技术）学校、职业中学、农业中学。二是要求各行各业举办职业（技术）学校。这类学校除由各行各业举办外，集体和个人也可以办。三是积极发展和办好技工学校。四是努力办好中等专业学校。

关于毕业生的安排，报告提出了“不包分配，自主择业”的原则。除普通中等专业学校保持不变外，职业（技术）学校、职业中学、农业中学的毕业生经过文化和技术考核，合格者发给毕业文凭。普通中学学生学习职业（技术）教育课的，成绩合格者，在毕业文凭上应给予注明。对上述各类学校毕业生，国家不包分配。职业（技术）学校、职业中学的毕业生，由劳动部门（或劳动服务公司）推荐，经用人单位考核，按专业对口的原则，择优录用，也可以自由选择职业。农村职业（技术）学校、农业中学毕业生，社队安排各种技术管理人员岗位，择优录用。职业（技术）学校、职业中学、农业中学的毕业生，可以报考高等院校。报考对口专业的考生，考试成绩在同一分数段内，优先录取。这是一个重要的改革，为若干年后普通高等学校和普通中等专业学校“并轨”进行了铺垫。

1980年4月10~25日，经国务院批准，全国中等专业教育工作会议召开。会议总结了新中国成立30年来中等专业教育的基本经验，明确了中专教育的地位、作用、任务，讨论和确定了一批重点中专学校。

到1979年，全国的中专学校数、在校学生数分别为1980所、71.4万人，比1965年分别增加127%、82%。数量有了发展，质量逐步有所提高。

会议认为，新时期中专教育的任务就是多办和办好中等专业学校，培养德智体全面发展、又红又专的中等专业人才。必须坚持中专学生的培养目标，用现代化生产所需的基础理论、专业知识和实际技能武装他们，使他们的基础知识厚一些、专业面宽一些、实际技能好一些、适应性强一些。必须从我国不同地区经济条件、教育基础和中专专业门类众多的实际情况出发，提出不同要求，采取多种形式办学。

1982年9月9日，国务院批转教育部《关于举办职工中等专业学校的试行办法》。该办法指出，举办职工中等专业学校，使一部分职工受到系统的正规的中等专业教育，是培养现代化建设所需人才的重要途径之一。职工中等专业学校的任务，是从具有一定实践经验的正式职工中培养德、智、体全面发展的中等专业人才。可以根据事业发展的需要和实际条件，按系统、按地区统筹规判，合理安排，积极稳妥地举办职工中等专业学校，可采取脱产、半脱产、业余等多种形式办学。提倡专业公司、业务部门办，也可办一些地区性的学校。招生对象是具有初中毕业实际文化程度并具有两年工龄的正式职工，年龄一般不超过35岁（确有学习条件的，年龄不超过40岁也可入学）。报考者一般要专业对口，在征得本单位同意后，经过严格的文化考试，德、智、体全面衡量择优录取。在同等条件下，对劳动模范、先进工作者应优先录取。

职工中等专业学校的专业名称原则上应参照全日制中等专业学校的专业目录设置。教学计划要参照全日制中等专业学校同类专业的教学计划，结合职工教育的特点制定。课程设置可根据专业的不同和学员的特点有所侧重。在学好普通课、技术基础课的基础上，专业课的设置针对性要强些，要使毕业生达到相当于全日制中等专业学校毕业生的水平。

该办法还对职工中等专业学校的学制、学时、教师等做了具体规定。

职工中等专业学校的建立，丰富了中等职业教育体系，扩大了职业教育的覆盖面。它更多的是参照普通中专的办学模式，办起来有规律可循。这样的学校招收的是在职的工人，毕业后回原单位工作，不存在分配问题，因此国家负担不重。

1982 年 12 月 4 日，五届全国人大五次会议通过的《中华人民共和国宪法》，明确了举办职业教育，明确了对工人、农民、国家工作人员和其他劳动者进行政治、文化、科学、技术、业务的教育。

12 月 10 日，五届全国人大五次会议批准的第六个五年计划，提出大力发展职业技术教育。

到 1985 年，全国普通高中招生人数为 280 万人左右，比 1980 年减少 100 万人；职业中学和农业中学招生人数为 140 万人，比 1980 年增加 116 万人。中等专业学校 1985 年招生 50 万人，在校学生数达到 125 万人。

1986 年 4 月 12 日，六届全国人大四次会议批准的《中华人民共和国国民经济和社会发展第七个五年计划》，提出继续调整中等教育结构，在继续办好普通高级中学教育的同时，大力发展职业技术教育，逐步形成具有我国特色的职业技术教育体系。1990 年，全国各类全日制中等职业技术学校招生 360 万人，比 1985 年增长 65%。5 年内总共培养毕业生近 1000 万人，比“六五”时期增长 1.1 倍。5 年内，各类成人高等学校共为国家培养具有专科以上水平的专门人才 210 万人，比“六五”期间增长 1.5 倍。成人中等职业技术教育也有较大的发展。各类成人高等教育要坚持学用一致，讲求实效，避免不讲质量，片面追求“高层次”和文凭、学历的形式主义倾向。

1987 年 1 月 3 日，国务院办公厅转发国家教委等部门《全国职业技术教育工作会议情况报告》。该报告认为，几年来，我国职业技术教育已取得很大成绩，成为教育体系的重要组成部分和社会经济发展不可缺少的环节。希望各级人民政府加强领导，结合实际情况做出规划，切实办好职业技术教育，使这一工作出现新的局面。

《中共中央关于教育体制改革的决定》发布一年来，职业技术教育的重要性正在获得越来越广泛的共识。全国职业技术教育已经形成了一定的规模，出现了加快发展的势头，也有了各种不同发展程度地区的典型经验。1985 年底，全国共有中等专业学校 2529 所（不含中等师范），在校学生 101 万人；技工学校 3548 所，在校学生 74 万人；职业中学 8070 所，在校学生 229 万人；高等职业技术学校 118 所，在校学生 6 万多人；全国各地劳动部门举办的培训中心 1345 所，共培训了 177 万人。各类中等职业技术学校在校生数占高中阶段在校生总数的 36%。

在发展中，职业技术教育存在着几个突出问题。第一，职业技术教育的规模、层次和结构不能适应城市经济和社会发展的需要，还没有形成所有经济部门尤其是工业企业都能依靠职业技术教育来提高从业人员素质的格局。职业技术教育要形成大气候，开创新局面，还需要做很大努力。第二，大多数地区农村的职业技术教育还很薄弱，发展很不平衡，许多地区的农村基本上还是单一的普通教育。第三，中等专业学校和技工学校发展缓慢，潜力发挥不出来，招生规模同“七五”期间的需求差距很大。第四，教育质量和办学效益不高，相当多的学校师资力量薄弱，经费严重不足，缺少基本的教学设施和实习条件，社会迫切需要的某些职业人才仍然短缺或十分薄弱。

“七五”期间，全国职业技术教育的发展目标是，在 1990 年前后，使全国大多数地区高中阶段职业技术学校的招生数达到与普通高中的招生数大体相当；五年内培养出 800 万新的初级、中级技术人员、管理人员，初步改变人才结构上初级、中级比例过低的不合理状况；要培养上千万新的技术工人，努力提高中级、高级技工的比例；使多数回乡的初中、高中毕业生，受到不同程度的职业技术培训；办成一批起示范作用的学校和培训中心；与此同时，积极推行“先培训，后就业”“经过考核择优录用”的原则，在 1990 年以前全国大多数地区对技术性、专业性强的岗位实行不经培训不得走上工作岗位的制度。

1988 年 9 月 30 日，国务院原则批准国家教委“燎原计划”的总体设想，提出“燎原计划”的主要任务是，在做好普及义务教育工作的基础上，充分发挥农村各级各类学校智力、技术的相对优势，积极开展与当地建设密切结合的实用技术和管理知识的教育，培养大批新型的农村建设者，并积极配合农业与科技等部门，开展以推广当地适用技术为主的试验示范、技术培训、信息服务等多种形式的活动，促进农业的发展。

1990年8月6日，国家教委办公厅发出《关于对职业高级中学开展评估，认定“省级重点职业高级中学”的通知》。8月16日，国家教委发布《省级重点职业高级中学的标准》。

1991年1月15日，国家教委发出《关于认定首批省级重点职业高级中学的通知》，公布了首批206所省级重点职业高级中学。

3月13日，国家教委办公厅印发《普通中等专业学校办学水平评估指标体系（试行）》。

1995年1月27日，国家教委办公厅发出《关于开展国家级重点职业高级中学评估认定工作的通知》。

2月26~28日，国家教委召开1995年全国职业教育工作座谈会。

5月17日，国家教委印发《关于普通中等专业教育（不含中师）改革与发展的意见》。该意见提出到20世纪末，中等专业教育要有一个较大的发展。要通过挖潜，主要走内涵发展的路子，在同类职业技术学校中发挥好骨干作用。要加强重点学校建设，集中力量办好骨干学校，其中重点建设好一批省部级和国家级重点学校，使之成为规模分别在1500人、3000人以上，办学条件、办学水平、教育质量、社会效益等方面能起到骨干示范作用的综合性学校

该意见主要内容有：要加快中专学校管理体制改革的步伐。中专教育实行分级管理、分工负责、条块结合、地方为主的管理体制。改革中专学校的办学体制，分别实行地方为主、部门（行业）为辅，部门（行业）为主、地方为辅，企业为主、政府支持等多种办学体制。在主要依靠部门（行业）、企业办学的同时，积极推动部门（行业）与地方，部门（行业）间、企业间、学校间的联合办学。要改变过去那种与计划经济体制相适应的单纯为全民所有制单位培养人才，统包统配的制度。要逐步全面实行学生缴费上学，大多数毕业生在国家政策指导下自主择业制度。中专学校要改变单纯依靠国家财政拨款办学的状况，在坚持国家财政拨款为主渠道的同时，实行多渠道筹措办学经费。深化中专学校教学改革，要以经济建设、社会发展和市场需要为导向，遵循中专教育的规律，着重提高学生思想道

德和业务素质，全面提高教育质量。要进一步贯彻教育与生产劳动相结合的方针，实行教学、技术服务、生产实践三结合。

1996 年 2 月 14 日，国家教委认定首批 296 所国家级重点职业高级中学。河南省郑州市第四职业中等专业学校、商丘市职业中等专业学校、安阳市第一职业中等专业学校、开封市第二职业中等专业学校、安阳县第一农职业高级中学、巩义市职业中等专业学校、登封市职业中等专业学校、许昌市职业中等专业学校、新密市职业技术教育中心 9 所学校入选。

4 月 12 日，时任中共中央政治局委员、国务院副总理李岚清在时任国家教委副总督学陈德珍，时任河南省委副书记范钦臣、副省长张世英、省教委主任亓国瑞和许昌市市长牛学忠等领导的陪同下对许昌市的中小学、职业中专和漯河艺术师范进行考察，并在许昌召开了教育工作座谈会。李岚清指出，发展职业教育，第一是初等职业教育。初等职业教育是和义务教育相结合，特别是农村，农科教结合要加大力度。要提高农民的文化、技术水平，农村的初等职业教育是重要的一块。第二是中等职业教育，这是教育的一大块，要大力发展。基本普及九年义务教育是一档，然后，使 70%的初中毕业生进入中等职业学校学习，30%的初中毕业生升入高中，高中毕业后，一半上大学，一半进入高等职业学校，这样，使人人都有书读，人人都有成才的机会。第三是高等职业教育，要宽进严出，要面向市场，根据社会需要办学。社区学院有许多经验值得我们借鉴，但高等职业教育的名称要规范。

4 月 15 日，第八届全国人大常委会第十九次会议通过了《中华人民共和国职业教育法》。同日，时任国家主席江泽民签署第 69 号主席令予以公布，自 1996 年 9 月 1 日起施行。职业教育走上了法治化建设的轨道。

4 月 17~20 日，国家教委、国家经贸委、劳动部在北京联合召开全国职业教育工作会议。17 日，时任国务院总理李鹏会见出席会议的代表。会议根据党中央、国务院大力发展职业教育的方针，研究制定了实施《职业教育法》和《中国教育改革和发展纲要》的改革措施，总结交流“八五”期间职业教育改革和发展的经验，进一步明确中国跨世纪职业教育的目标和任务。

1997 年 4 月 4 日，国家教委下发《关于开展高等职业教育试点工作的批复》，同意郑州牧专作为河南省教委高等职业教育改革的试点单位，养禽工艺、食品加工工艺、兽药工艺3个专业进行试点，设置村政管理和家庭养殖学科专业高等职业教育试验班。

二 地方行动

河南职业教育的每一次发展，都离不开省委省政府的推动。面对“文化大革命”结束，党和国家将工作重心转移到经济建设上来的全新发展要求，当时的省革命委员会有一年多尚未顾及职业教育。到1979年下半年，中职教育的发展特别是中等专业学校迅速得到重视。省革命委员会仅在1979年7月就先后两次批复同意恢复、改建和新建15所中等专业学校。此后，又多次直接批复或委托省教育厅批复恢复新建了一批中等职业学校。河南省普通中等专业学校、职工中专、职业中专、农民技术学校新建改建的浪潮一直持续到1997年。

（一）省委省政府的推动，主要是政策的引导和环境的营造

（1）1985年1月17日，河南省教育厅、省计划委员会、省劳动人事厅、省财政厅联合上呈省政府《关于进一步改革城市中等教育结构、发展职业技术教育的报告》，提出要将部分普通高中改办为职业（技术）高中或在普通高中设职业（技术）班；发动各行业举办各种类型的职业（技术）高中、职业技术培训班；积极准备条件举办职业技术教育中心，提供通用专业教学设备及专业课教师；改革和办好普通中等专业学校，试办职业中等专业学校（班），国家承认职业中等专业学校（班）毕业生的中专毕业学历，不包分配，择优录用。要加快城市高中等教育结构改革、发展职业技术教育的步伐。规划是职业（技术）高中、中等专业学校、技工学校在校生数占高中阶段学生总数的比例，1985年达40%，1987年达50%。

1985年、1986年，河南全民所有制企事业单位招工（包括部、省属单位）至少要保证当年招工指标的20%优先从专业对口相近的职业（技术）高中、职业技术培训班的毕业生中择优录用。1986年以后，所有企事业单位招工主要从专业对口的学校择优录用，不足部分再从社会上招收。

为进一步加快河南中等教育结构改革的步伐和改变中等专业教育数量

少的状况，多形式、多规格为“四化”建设培养急需的中级技术、管理人才，从 1985 年起，各地可以试办职业中等专业学校。

（2）1987 年 3 月 25 日，时任省教委主任于友先在全省教育工作会议上强调，要从观念上来一个根本转变，摒弃那种鄙薄职业技术教育的错误观点。那种认为科学家、大学生才算人才，职业技术学校毕业生却不算人才的看法，是一种陈腐的观念。如果按这种人才观去办教育，就会产生“倒三角”的层次结构，高、中、低的技术人才比例倒挂，其结果只能是占整个队伍 90%以上的普通职工和农民没有多高的科学技术知识，而比例很小的那部分高级技术人员又不得不放弃他们的专长，去从事一般性的技术工作，从而造成人才严重浪费，生产效率低下。国内外这方面的经验教训告诉我们，要真正迅速有效地发展生产力，在适当发展高等教育的同时，必须大力发展中等职业技术教育。职业技术教育是最直接地为社会主义建设服务的一个教育体系。比较起来，发展职教，投资最少，产生效益最快、最明显。职教的这个特点对河南来说，意义尤其重大，谁早明白这个道理早抓就早主动。因此，希望各地大力加强对职教工作的领导，从人、财、物和政策上给予大力扶持，积极改善职业技术学校的办学条件，提高教育质量，特别要给城市职业学校毕业生在社会招工问题上多开绿灯。教育部门和职业技术学校的同志，要把办职业教育的立足点真正放在为振兴本地经济服务上来，认真研究职教特点及发展规律，从专业设置和教学方法、教学内容上多动些脑筋，提高办学的科学性，专业设置的超前性、灵活性和学生就业的适应性。

坚持“先培训，后就业”的原则和“三结合”的就业方针，切实解决好城市职业学校毕业生的招工录用问题。于友先指出，上年一些市在国营和集体企业招工中，录用职业学校毕业生的比例比前年大幅度下降，造成一些学校在校生大量流失。有的职业学校流失量竟高达 70%多。请有关市政府的领导同志能亲自出面，帮助职业学校做些协调工作。当然，职业技术学校也要根据社会实际需要设置专业，对口培养各类技术人才，同时，要教育学生，使他们认识到，去国营单位是就业，到集体单位也是就业，搞个体经营同样是就业，不要眼睛只盯住国营企业。

各地要积极鼓励和支持各单位和部门自办、联办或与教育部门合办职业技术学校，实行“谁办学，谁投资，谁受益”，使积极办学的单位和部门得到实惠，特别是农村，要把发展职业教育当作振兴本地经济的关键措施来抓。如果主管农业或教育的县长亲自兼任一所农职业学校的校长，并把它办成示范性学校，河南农村职教很快就能大上一个台阶。农村办职业技术学校，必须根据当地经济发展和群众致富的需要，以及自然资源优势来设置专业，坚持为发展商品经济服务。办学形式要灵活多样，长班、短班，日校、夜校，全日制、半日制，一齐上。老山穷地区现阶段办职业技术学校，可先配合“星火计划”的执行，以“短、平、快”专业为主，搞好回乡高初中毕业生的技术培训，使其有一技之长，争取使更多的农户通过职业技术教育早日脱贫致富。农民群众看到了实惠，农村职教就会有强大的生命力。

进一步理顺普通中专的领导管理体制。一是今后河南可否逐步实行“凡面向全省招生和分配的学校与专业以省管为主，凡面向地市招生和分配的学校与专业以地市管为主”。二是数量过多的相同专业或同专业的学校，适当予以合并，确定一个部门主管。主管部门要努力增加学校的经费和基建投资，充实教师，改善办学条件，扩大招生数量，使学校早些达到计划规模。各地教育部门要发动各行各业特别是大型厂矿企业举办普通中专，充分发挥普通中专在职业技术教育中的骨干作用。

12 月 28 日，河南省人民政府发布《关于进一步做好职业教育工作的通知》，要求各市县计划、教育、劳动部门要从当前经济建设实际出发，根据本地区经济发展规划的需要，做好人才需求预测工作，确定职业教育的发展规划、专业设置和招生规模，下达年度招生计划，逐步做到培养、安置和使用紧密结合，使职业教育同当地的行业和企业的发展需要挂起钩来，以满足国营新建扩建企业、集体企业和个体经济对各类专业人员的需要，更好地为经济建设服务。

要认真贯彻执行“先培训，后就业”的原则和“三结合”的就业方针，积极为职业学校毕业生创造就业条件。今后国营企事业单位招工要首先从专业（工种）对口或相近的职业学校毕业生和经过 2 年以上各种就业前培训的人员中择优录用。择优录取的依据，可以学校毕业或结业考试成绩为准，不再进行文化统考，只需进行必要的专业技术和体质考核。录取上述专业对口或相近的人员不能满足需要时，可再从专业（工种）不对口的职业学校毕业生、其他短期技术培训人员以及社会待业青年中公开招收，逐步做到不经过培训不能上岗操作。集体单位招工也要逐步做到从经过培训的人员中择优招收。职业技术学校毕业生要克服重全民、轻集体和个体的思想，根据需要，可以到国营企业就业，也可以到集体单位就业或自谋职业。凡自愿组织起来从事服务行业和第三产业或自谋职业的，各有关部门要在政策上给以奖励和支持，积极为其就业创造条件。

要妥善安置职业学校毕业生。近期内各市、地在国家下达的劳动计划指标内，安排给企事业单位的招工指标（含自然减员补充），要从有利于提高职工队伍的素质考虑，确定较大的比例，用来择优录用职业学校毕业生。增人指标要用于新、扩建急需增人的单位，不允许带指标自找单位。在国家批准的招干指标内，吸收录用干部时，专业对口的职业学校毕业生可作为择优录用、聘用的对象。职业中专毕业生和职业高中毕业生录用后的工资待遇，按国家教委、劳动人事部（86）教职字031号文件规定执行，即录用为干部的按普通中专毕业生的工资待遇执行，录用为工人的按技工学校毕业生的工资待遇执行。

积极发展农村职业高中。农村职业高中是为农村商品经济的发展输送各类专业人才的重要基地，对农村职业高中培养出来的毕业生，要充分发挥他们振兴农村经济的作用。各市、县要统筹规划，结合本地经济发展的需要开设专业。办学方式要灵活多样，以便有计划地培养农村中、初级人才，使他们尽早成为发展农村商品经济的骨干力量。要根据农村各行各业的需要，对往年的职业高中毕业生提出指导性的安置意见。今后乡、村聘用干部，乡、镇企业和林、牧、渔业聘用管理人员和技术人员，应把职业高中毕业生作为主要聘用对象。

各地、各有关部门要加强领导，密切配合，努力搞好河南职业技术教育。各市、地、县要按上述原则，把发展职业技术教育列入议事日程，省直有关部门对此应予大力支持和指导。各地要由计划部门牵头，教育、劳动人事等部门参加，共同研究制定开展这项工作的配套措施和政策，报市、县人民政府批准后执行。

（3）1989年春节前后，时任省委书记杨析综先后在新华社《参考清样》第 115 期和《国际内参》第 8 期上批示，要求省教委、计经委借鉴西德采取“双轨制”发展职业技术教育的“秘密武器”，结合河南实际，研究制订发展河南职业技术教育的意见。

1989 年 12 月 18 日，经省人民政府同意，河南省教育委员会、河南省计划经济委员会、河南省财政厅、河南省城乡建设环境保护厅、河南省交通厅、河南省煤炭厅联合发布通知，要求各地要切实按照《中共中央关于教育体制改革的决定》精神，对中专学校的办学经费，保证做到“两个增长”。鼓励、支持中专学校在政策允许的条件下，开展技术服务（社会服务），增加收入，弥补经费不足，改善办学条件和教职工的生活待遇。对中专学校计划内的基建投资和自筹资金用于建设教学设施、食堂及学生宿舍，免征城市基础设施配套费、增容费、商业网点费和人防工程费。中专学校自用汽车的养路费，按国家计委、交通部、财政部、人民银行（79）财企字 195 号文件规定执行，即学校自用的小轿车、小吉普车免征养路费；学校自用的客、货汽车及拖拉机的养路费减半征收，但在参加营运时仍按全额征收。中专学校的冬季取暖用煤，按财政厅、物价局、物资局豫财工（87）第 48 号文有关市场用煤价差补贴的规定，享受价差补贴，由学校所在地供应。连学校的取暖用煤、汽车的养路费都享受优惠政策，省政府对中等职业教育的关心具体而微。这里既能看出省政府对中等专业学校的支持，也能看出当时中等专业学校发展的困难。实际上，在当时，普通中等专业学校的日子比职业学校的要好过得多。

（4）1990 年 11 月 18～22 日，时任中共中央政治局委员、国务委员兼国家教委主任李铁映在河南视察时指出，职业技术教育是教育结构调整的最大突破点，也是教育为社会主义经济建设服务最直接的结合点，最容易产生现实的效益。职业技术教育有很大的灵活性，和经济建设结合得较紧，能为当地培养大批有文化、懂技术的劳动者。因此，要大力发展职业技术教育，要多形式、多规格，使受过普通教育的小学生、初中生、高中生都接受一定的职业技术教育。职业技术的多样性是经济的多样性造成的，职业技术教育的模式不是由教育本身决定的，而是由其服务对象决定的。职业技术教育不要搞得太死，要多样性。不可能很快把职业技术教育办成规范化的，这会使人望而却步。要根据经济的发展和需要，不断调整，不断完善。在观念上也不要受约束，要办各种类型的职业技术教育，包括集体的和个体的。时间可长可短，根据需要来确定。

（5）1991 年 3 月 22 日，时任河南省副省长范钦臣在全省教育工作会议上的讲话指出，发展教育要以职业技术教育为突破口，大力培养实用技术人才。进行现代化建设不仅需要一大批高级科学技术专家，而且需要数量更多的高素质的劳动者，没有这样一支训练有素、纪律严明的劳动大军，科学技术就无法转化为现实的生产力。然而，由于种种原因，河南职业技术教育还比较薄弱，劳动者素质普遍较低，与河南现代化建设事业的需要还很不适应。从工业生产方面看，目前河南有相当一部分产品质量不高，竞争能力差，高消耗、低效益的现象还普遍存在。一个重要原因就是，生产第一线工人的素质不能适应需要。按照企业对技术工人结构的要求，一般高级工应占 20%，中级工占 50%，初级工占 30%，才能实现劳动力的优化组合，产生较好的经济效益。但在河南国营企业 171 万技术工人中，高级工仅占 5%，中级工占 46%，而初级工却占了近 50%，在这种情况下，即使有好的设备、好的设计，也难以生产出高质量的产品，经济效益当然也就上不去。从农业来讲，由于河南农村劳动者素质低，吸收运用科技成果的能力差，目前大约有 70%的行之有效的科技成果得不到推广应用，制约了科技进入经济的进程。乡镇工业是富县、富乡、富村、富民的重要支柱，也存在一个经营粗放、效益不高的问题。从今后经济发展的趋势看，第三产业将有一个大发展，但在现有从业人员中，初中以下文化程度的人占绝大多数，受过专门训练的人很少，与第三产业发展的需求很不适应。由此可以清楚地看出，劳动者素质低已经成为影响河南经济发展的一个突出问题。解决这个问题，必须在提高教育普及程度的基础上，大力发展职业技术教育。各级领导一定要充分认识发展职业技术教育的重要性和紧迫性，从经济振兴、社会进步的战略高度出发，把促进职业技术教育的发展提到重要日程上来。

20 世纪 90 年代初，河南已经成为全国人口大省和农业、能源的原材料大省。全省 16.7 万平方千米土地，只占全国的 1.74%，而人口却占到 7.5%；全省粮食生产占全国的 7.76%，是全国八个外调粮食的省份之一；棉花产量占全国的 14%左右，是全国五大产棉区之一；烟叶、芝麻产量居全国之首；煤炭产量居全国第 2 位；石油、钼、铝矾土等矿藏十分丰富。但是由于人多、地少、农业人口比重过大，劳动就业矛盾突出，人均产值和收入水平很低，农民的人均纯收入居全国第 26 位，比全国平均水平低 24.1%。基于河南省人多地少底子薄的省情，要在占全国 1.74%的土地面积上养活 7.5%的人口，特别要求依靠科技力量，提高耕地单位面积产量。就河南当时的实际情况看，由于教育普及程度不高，虽然有 97%的人能够小学毕业，但初中毕业的只有 60%，高中毕业的只有 30%，而且全省尚有文盲、半文盲 1381 万人，占总人口的 16.15%。劳动者整体文化素质低，致使许多先进的科技成果难以推广应用，严重影响产品的质量和效益的提高，制约着河南的现代化进程。以农业为例，现有的科技成果有 70%难以推广，40%以上的农田处于中、低产水平，其重要原因之一就是缺乏中、初级技术人才。农业发展如此，工业发展也同样与中初级人才和熟练技术工人的多寡及其作用的发挥息息相关。大力发展职业技术教育已势在必行。然而河南职业技术教育依然是一个薄弱环节，全国高中阶段职业技术学校在校生已占整个高中阶段的 45.8%，而河南却只有 39.6%。全省同龄人能升入大学的还不到 3%，每年都有近百万初、高中毕业生走向社会。由于他们所学的知识不能直接用于发展生产的实践，这就造成了一方面工农业生产急需的大批中、初级人才和更多的有文化、有技术、会经营、会管理的劳动者培养不出来，另一方面培养出来的人又不能很快派上用场。如果教育不能很好地为社会主义经济建设服务，为人民群众服务，脱离经济建设的实际和人民群众致富的需要，就必然会挫伤人民群众支持教育的积极性。

省委省政府审时度势，把发展职业技术教育作为改革教育体制和结构的突破口，提出“十个落实”。一是思想落实。要充分认识大力发展职业技术教育的战略意义，切实地把这项事业当作一项重要战略措施来抓，认真落实职业技术教育的战略地位。不能一方面高喊大力发展职业技术教育，一方面拼命地片面追求升学率，要真正转变观念，变单纯升学教育为服务教育、素质教育，特别是农村教育要转到为当地经济建设培养人才、兼顾升学的轨道上。

二是领导落实。要求各地要切实加强对职业技术教育工作的领导。各级教育行政部门不仅有分管职教的副主任、副局长抓职教，一把手也要亲自抓。发展职业技术教育的大头和难点都在农村，县级职教管理机构十分重要，有条件的县都要建立健全管理机构，至少得有专人负责这项工作，县里的教材教研室要将职业技术教育作为重要内容。各级教育行政部门的领导干部都要确定一所职业学校作为联系点，经常深入基层调查研究，帮助学校解决实际困难和问题。

三是规划落实。职业技术教育要有计划、按比例发展，今后十年全省职业技术教育总的发展目标是："八五"期间使初中毕业生升入中等职业技术学校的人数要与升入普通高中的人数持平。

四是目标责任制落实。大力发展职业技术教育是省政府给教育战线提出的重要责任目标之一。1991 年省里发展职业技术教育的责任目标是中等职业技术教育在校生占整个高中阶段在校生的 42.5%，比上年增长 2.9%。各地要层层签订目标责任书，立下军令状，确保任务的完成。全省高中招生规模要控制在 15 万人以下，要把这个指标分解到地、市、县，保证完成。今后，职业技术教育的工作成绩要作为考核干部政绩的一项重要内容，职业技术教育不上去，不能被评为教育先进县市。

五是经费落实。办职业技术教育比办普通教育花钱多，各地要从实际出发，采取多种措施，千方百计拓宽职教经费来源渠道，确保经费落实。要提高职业中学的生均经费标准，各地的经济情况不同，富裕地区可以高些，贫困地区可以低些，不强求一律。要求职业高中生均经费标准至少要高出各地的重点普通高中，省市级重点职业中学还要高些。解决职教经费，除了国家投资外，要广泛发动群众和社会各界集资、捐资。教育费附加要划出 5%～10%的比例用于职业技术教育，弥补职业中学公用经费的不足。同时，职业中学要利用自己的优势，积极发展校办企业，广泛开展勤工俭学。充分利用鼓励校办企业发展的减免税收的优惠条件，切实加强生产基地建设。要增加职教补助专款，1991 年省职教补助专款要由上年的 560 万元提高到 800 万元，加上中央补助的专款，总数要达到 1000 万元。这笔专款主要用于职教师资培训、职业教育先进市地的奖励和省级重点职业中学的建设。各市地也要从机动财力中增加专项职教补助款。

六是师资落实。师资是职教质量的保证，职业技术教育大发展，必须有相应的师资队伍。要逐步建立起稳定的师资培训基地。省职业技术师范学院要面向社会调整专业结构，扩大招生规模。各高等院校都有责任和义务为职业技术教育培养师资。在城市，要坚持走联合办学的道路，充分发挥厂矿企事业和科研单位科技人员的作用，聘请他们为职业技术学校的兼职教师；在农村，要实行农科教统筹，从各行各业聘请科技人员、能工巧匠做兼职教师，逐步形成一支专兼结合、以专为主的职业技术教育师资队伍。

七是实验实习基地落实。教育与生产劳动相结合是职业技术教育最显著的特点，加强实习基地建设，是培养学生动手能力、提高职业技术教育质量的重要条件。各地都要重视和加强实验实习基地的建设，逐步建立与职业技术教育相适应的校内、校外实验、实习基地。“八五”期间，要努力做到工科专业保证每个实习学生有一个工位，农学专业每生有半分实验基地，果林专业每生有一分果园或林地，牧医专业有养殖场、兽医门诊部。此外，还要鼓励和帮助学生建立与专业对口的家庭实习基地。

八是典型示范落实。各地要在办好现有职业技术学校的基础上，集中人、财、物重点建设一批办学思想端正、设施条件较好、师资力量较强、教学水平较高，在当地经济和社会发展中能起示范作用的骨干学校。省里要继续办好省级重点职业高中及示范性职业技术学校。各市、地也要办好几所示范性职业学校，各县要集中力量办好一所为当地经济建设服务的示范性职业技术学校。每个乡要办好一所乡成人教育学校。劳动、轻工、冶金、交通、电业、煤炭、石油、化工、商业、财税、外贸、旅游等行业都要下力气办好自己的中专、技校，不断扩大规模，办出水平。

九是政策落实。发展职业技术教育一靠政策，二靠师资，三靠投入。政策是大力发展的保证。省政府为促进职业技术教育的发展，先后多次下发文件，正在准备作出“关于大力发展职业技术教育的决定”。

十是措施落实。省政府“关于大力发展职业技术教育的决定”作出后，省教委要制订相应的配套文件，采取措施，保证政策的落实。要求各市地都要根据实际情况，借鉴外地的经验，采取有效措施，狠抓落实。根据这一总的目标，制订出发展规划，并使之落到实处。要求各市地制定发展职业技术教育的“八五”计划和十年规划的工作能在当年完成。

从 1991 年起，省属技工学校录取的新生毕业后不包分配，为后来大面积的中专和高等学校“并轨”做了前期准备。

1991 年 5 月 17 日，河南省人民政府《关于大力发展职业技术教育的决定》发布，明确了发展职业教育的目标任务：今后十年河南职业技术教育发展的总目标是，“八五”期间，全省职业学校招生数要逐年递增，农村地区的递增率要高于城市，使初中毕业生升入中等职业技术学校的人数超过升入普通高中的人数，到 20 世纪末，初步形成具有河南特色，从初级到高级，行业配套，结构合理，又能与其他教育相互沟通、协调发展的职业技术教育体系框架，使企业新增职工都能受到必需的职业技术教育，使农村绝大多数新增劳动者受到必需的实用技术培训。明确了发展职业教育必须坚持紧密结合经济、社会需要的原则：各地要根据本地经济和社会发展的需要，切实进行人才需求预测，按照所需各层次、各种类人才的数量，制定职业技术教育发展规划，确定学校布局、专业设置，合理安排年度招生计划。在城市，要适应提高企业技术、管理水平、调整产业结构和发展第三产业的需要，安排好制造业技术工人、商业和服务行业等人员的培养和培训。在农村，要根据持续发展农业农产品加工业，完善各种服务体系，提高乡镇企业水平和农民劳动致富的需要，开办职业学校，认真办好相关专业。提出了中等职业教育实行上挂（高等院校、科研机构）、横联（当地政府各业务部门、科研单位）、下辐射（支持初中阶段职业教育和成人技术教育）的模式。提出了把德育放在学校一切工作的首位，切实加强职业技术教育师资队伍建设，采取多种办法增加职业技术教育的投入，加强实验、实习基地建设，认真做好职业学校毕业生的就业工作；高等院校要积极支持职业技术教育、切实加强对职业技术教育工作的领导等具体要求。

2 月 23 日，时任省长李长春主持召开 1991 年省政府第 12 次常务会议，研究教育问题。提出要大力发展职业技术教育，把发展职业技术教育作为今后一个时期教育工作的重点。要从全省实际出发，制订一个加速中等教育结构调整、大力发展职业技术教育的决定，有针对性地解决些问题。

——明确河南省发展职业技术教育的目标和任务，为建立从初级到高级，行业配套、结构合理、形式多样，与其他教育相互沟通、协调发展的职业教育体系打下良好的基础，到 20 世纪末初步形成具有特色的职业技术教育的基本框架。争取在“八五”前三年全省各类职业技术教育在校生数占普通高中在校生的比重由目前的 39.6%提高到 50%以上。逐步做到使新增劳动力都能受到最基本的职业技术训练，在一些专业性、技术性要求较高的劳动岗位，就业者受到严格的职业技术教育。

——动员各行各业、社会各种力量办职业技术教育。积极发展行业、企事业单位办学和各方面联合办学，逐步形成多渠道、多层次、多形式的办学体制。

——制订优惠政策，努力增加职业技术教育的投入。发展职业技术教育的主要责任在地方，关键是市地、县，省里主要搞宏观指导、政策管理，根据职业技术教育的特点，提倡和扶持各类职业技术学校发展校办工厂，走教育与生产相结合、“校厂合一”的道路。各级政府和有关方面对校办工厂要在产销和税收等方面给予优惠政策。除所得税继续全部留给校办工厂补作办学经费外，流转税的征收、返还等亦予适当优惠，支持发展职业教育。

——加强师资队伍建设。要办好省职业技术师范学院，面向社会调整专业结构，提高教学质量；充分挖掘现有部属、省属大专院校特别是师范院校的潜力，搞好职业教育师资的培养、培训工作；还可以吸收各行各业的能工巧匠作为兼职教师，以保证各类职业技术学校有比较稳定的教师来源。

——职业技术教育的发展和改革，要与劳动、人事制度的改革配套进行。从当年起，技工学校毕业生要和各类职业高中毕业生一样，坚持不包分配、择优录用的原则。今后企业招收工人，均由企业根据生产需要和劳动部门下达的就业指标，向社会上受过职业技术教育的毕业生公开招考，平等竞争。

——搞好职业教育实习基地的建设。有关厂矿企业要向职业技术学校提供必要的实习场地，免费实习；学校可在新产品开发、技术转让等方面给企业以适当优惠。可以考虑对担负实习任务的企业，允许从工资总额中多提一些教育经费。农村要划拨一些荒山荒坡地或集体积累田作为职业中学的学习基地。

为了加强对职业技术教育工作的领导和协调，确定成立省职业技术教育工作协调小组，由胡笑云同志任组长，于友先同志和分管文教工作的副省长任副组长，省教委、计经委、科委、农经委、农牧厅、劳动厅、人事厅、财政厅、税务局等部门的负责同志参加。协调小组办公室设在省教委。

同意召开全省教育工作会议，贯彻全国职业技术教育工作会议、国家教委 1991 年工作会议精神；安排部署当年河南省的教育工作，讨论教育发展规划；重点研究进一步调整中等教育结构，大力发展职业技术教育的问题。

1991 年，在河南中等职业教育史上注定是十分重要的一年。当年，省委提出“发展教育要以职业技术教育为突破口”，省政府作出《关于大力发展职业教育的决定》，省教委将本年确定为全省职业技术教育年，全省职教工作出现了蓬勃发展的好势头，迅速带动了河南中等职业教育规模的快速增长。1990 年，全省有中等专业学校（含中等师范学校）170 所，招生 5.11 万人，在校生 13.73 万人，已经具备了一定的规模。在省委省政府一系列积极措施的推动下，到 1995 年，学校数增加到 182 所，招生达到 8.53 万人，在校生突破 20 万人，达到 21.43 万人；到 1997 年，学校数为 185 所，招生突破 10 万人，达到 11.30 万人，在校生达到 29.03 万人。短短 7 年间，虽然学校数变化不大（这个时段全省新建的学校主要是职工中专和职业中专、职业高中），但是招生数和在校生数这两个主要指标都有大幅度的增长，而且招生攻克了 10 万人高地，在校生突破了 20 万人规模。还有一个重要指标，就是中等职业学校招生和在校生数占整个高中阶段学生数的比例也有重大突破。1990 年中专学校数、在校生数不但双双低于全国平均值（41.75%和 39.67%），而且远远落后于广东、浙江、山东、江苏、安徽、四川、河北、广西等省（区）。经过四年的奋起直追，到 1994 年，这两个数据是 62.72%和 54.75%，不但远远超过了全国 52.53%和 49.91%的平均值，而且两个指标双双占据全国第一。这样的第一，是真正的、实实在在的第一，它反映了在高中阶段，河南的职业教育规模已经具有了压倒性优势。这样的优势，在传统教育思想和正统观念深厚的河南，尤为难得。更为可喜的是，河南的中等职业教育并没有中止发展的步伐，而且势头不减。到 1997 年，这两个数据分别增加到 69.70%和 66.80%，远远超过了高中阶段职业教育和普通高中教育各 50%的比例，连续领跑全国。

（6）1992 年 4 月 13 日，时任省长李长春在全省教育工作会议上同市地市长、专员及部分高校校长、院长座谈时讲话指出，省五次党代会明确提出教育要以发展职业技术教育为突破口，要调整教育结构，提高教育质量和水平。省政府专门研究了落实以职业技术教育为突破口的问题，并作出了《关于大力发展职业技术教育的决定》，这在全国还是比较早的。省教委为落实省委省政府的决定做了大量的工作。职业技术教育现在势头还好，但需要加快。

河南的经济、社会发展需要高级人才，但需要量更大的是中初级人才，需要提高普通劳动者的素质。我们已经有了发展职业技术教育的决定，现在的问题是抓落实。特别是县里的同志要转变观念。县里的职业教育比城市更滞后，要结合当地的资源培养新型农民，培养各行各业的能人，这是兴县富民的当务之急。

落实职业技术教育决定要和落实企业法联系起来。企业招工要在经过技术培训的人员中招收，不经过培训，不能作为招工、招干对象，政府对此要加以宏观控制。

1992 年 4 月 11 日，时任省教委主任徐玉坤在 1992 年全省教育工作会议上讲话指出，最近李铁映同志指出，职业技术教育没有风险，要放开办，允许国家办、企业办，私人也可以办。李长春同志最近也批示“高中阶段，要下决心转办一批职业高中，现在的步伐还太小，要定出指标”。河南要按照领导同志的指示精神，以农村职教为重点，加快职业技术教育发展步伐。因地制宜，分类指导，力争使农村职业教育有突破性进展。目前，河南的农村职业技术教育水平很低，各类中等职业技术学校在校生仅占农村高中阶段在校生总数的 22%，这与河南农业大省的地位是不相称的，更与中央提出的科技、教育兴农的战略要求相差甚远。职业技术教育发展缓慢的市地，要采取措施，大力发展各种形式的职业技术教育，以适应经济、社会发展的需要。农村是发展职业技术教育的广阔天地，高中规模大的要下决心压下来。在经济条件好的县，围绕当地经济建设的发展需要，兴办职教中心、职业中专和职业高中，并努力提高质量，为农业的“双高开发”准备人才；在经济条件一般的地方，除集中力量办好 1~2 所骨干职业学校外，对于普通高中规模过大的，要下决心改办 1~2 所职业高中；经济不发达的贫困县，要集中力量办好 1 所职业高中，同时，针对当地的经济特点和优势广泛开展小学后、初中后、高中后的短期职业技术培训和初、高中的“3+1”培训，使绝大多数回乡知青都能掌握一技之长，在当地的经济建设中大显身手。此外，在城市，职业技术教育在增加数量的同时，要把工作重点放在提高质量上，努力办出特色来。

（7）1993 年 6 月 21 日，时任省委书记李长春在听取省教委关于近期教育工作情况的汇报后，着重指出，我们教育战线的下一个战役，就是要按铁映同志讲的办，下大力气做好下篇文章，办好教育为人民。这里面很重要的一个问题就是培养大批高、中、初级实用人才，尽快把河南的经济工作促上去。特别是农村，广大农民出钱办了教育，而他们的子女上学学不到本事，甚至高中毕业什么技术也不会，回到家乡也不能劳动致富，这样我们就无法向人民群众交代。阎济民同志前几天写了一封信，也谈了这个问题，并且提出了很多好建议。基层是不是不需要技术和人才呢？不是，基层需要很多很多的实用技术和有一技之长的人才，问题是我们的学校还没有办好，人才还没有真正培养出来。

1993 年 6 月 28 日，时任省教委主任亓国瑞在省职教现场会上的讲话中指出，职业技术教育是现代教育的重要组成部分，与现代化建设关系十分密切，现阶段职业技术教育对于经济的服务功能，集中地表现为对社会主义市场经济的适应程度。从这个角度来衡量，河南职业技术教育的改革和发展还远远不够，与广大群众学技术、奔小康的强烈愿望差距还很大。河南每年初中毕业生近百万人，能升入高中阶段的仅占 30%；每年高中毕业生 15 万人，能考入大学和中专的只占 1/3，每年都有近 80 万初高中毕业生升不上学，又没有一技之长，这是一个很大的浪费。实事求是地说，全省职业技术教育发展很不平衡，有些地方教育观念还没有真正转变，对职业技术教育的重要性认识不足，缺乏紧迫感。如果这个问题不解决好，我们就无法向人民群众交代。

为了促进职业技术教育的发展，省教委拟采取以下措施。一是将部署和要求每所高等院校充分发挥自己的人才、技术和设备优势，对口支援一个或几个职业技术教育工作比较薄弱的县，加快职业技术教育的发展。二是组织新闻单位深入各地，发现典型，及时报道；对于不重视职业技术教育的也要给予批评，以鼓励先进，鞭策后进。三是每年开展一次职业技术教育先进典型的评选活动，省教委的职教补助专款主要用于奖励先进。四是省教委要把职业技术教育作为全委的工作重点来抓，各处室和二级单位都要为职教发展办实事，并组织人员轮流深入基层，调查研究，总结推广先进经验，帮助解决职教发展中的问题。五是每年对各市、地、县职教发展的情况公布一次，鼓励先进，鞭策后进。

（8）1994 年 9 月 15 日，时任省委书记李长春在全省教育工作会议上讲话提出，大力发展职业教育，是这次全国教育工作会议突出强调的一个问题，也是河南教育改革和发展的突破口。从近几年河南的实践来看，发展职业教育，是社会和经济发展的客观需要，也是广大人民群众的迫切要求。

各级党委和政府都要切实转变观念，认真做好组织协调工作，统筹规划，合理安排，下决心改办一批普通高中为职业高中，扩大职业学校招生，提高职业教育比重。鼓励企业、行业、社会团体和个人积极发展职业教育。要有计划地实行小学后、初中后、高中后三级分流，也可以在初中、高中教育的一定阶段实行分流，使没有升上高一级学校的学生，都能受到不同程度的职业教育和技术培训，成为振兴当地经济的生力军和致富带头人。职业教育要面向市场，选准方向，服务社会，办出特色。坚持走产教结合、校企合一、自我发展的路子，采取灵活多样的办学形式，长班短班结合，职前职后沟通，全日制和业余并举。要按照当地经济发展的需要设置专业，按需施教，加强实践环节教学，提高学生动手操作能力。要加快职业教育师资队伍建设，改办几所高等师范院校为职业师范院校。普通高校也要承担职业师资培养培训任务。要鼓励职业学校文化课教师经过进修改教专业课，也可以聘请厂矿企业、科研单位、大专院校的科技人员和社会上的能工巧匠做兼职教师。成人教育要以岗位培训和继续教育为重点，不断提高广大从业人员的政治和业务素质。农村成人教育要大力扫除青壮年文盲，把学文化和学技术结合起来，脱盲和脱贫结合起来，为奔小康服务。明确任务深化改革，扎扎实实地推进河南教育事业发展。

时任省长马忠臣在全省教育工作会议上的报告指出，大力发展职业教育和成人教育，是河南经济发展的迫切要求，也是河南教育改革和发展的突破口。到2000年，全省各类中等职业学校发展到1200多所，在校生达到90多万人。占整个高中阶段在校生的比例，一般地区巩固在60%以上，基本普及高中阶段教育的大中城市及地区达到70%，逐步形成一个基本适应河南经济建设和社会发展需要的，从初级到高级，行业配套、结构合理，又能与基础教育、成人教育相互沟通的职业教育体系。成人高校和成人中专在籍生均达到15万人左右，同时大力开展多种形式的农民文化技术培训和职工、干部的岗位培训，使城乡劳动者的技术素质不断提高。省教育电视台要尽快开播运行。要充分发挥广播电视、函授等远距离教育和现代化教育手段的优势，为全社会传播科技文化知识，为农村、基层培养实用人才。

要大力调整中等教育结构，全面深化教育领域各项改革。按照河南经济结构、产业结构和生产力发展的需要，当前要把大力发展职业教育，培养初、中级人才和提高劳动者技术素质摆在十分突出的位置。各地要下决心继续改办一批普通高中为职业中学，结合当地资源条件和产业优势，多渠道、多形式、多层次发展职业教育。要实行小学后、初中后和高中后三级分流。在一时难以普及九年义务教育的农村，以小学后分流为主，其他地区以初中后分流为主，也可以在初中、高中的一定阶段实行分流，同时发展多样化的高中后技术培训。职业教育要适应改革开放需要，调整课程设置，加强外经、外贸、劳务合作、对外工程承包等方面的知识技能教育和培训。要坚持“先培训后就业”“先培训后上岗”的原则，在全社会实行学历文凭与职业资格证书并重的制度。今后各行各业用人必须优先录用取得职业资格证书的各类职业学校毕业生，相同水平的各类职业学校的毕业生在就业和待遇上应大体一致。要进一步完善分级办学、分级管理体制。基础教育特别是九年义务教育主要由政府来办，同时鼓励企事业单位和其他社会力量多渠道、多形式办学。有条件的地方可以实行“公办民助”“民办公助”的办学形式。在省委省政府贯彻《中国教育改革和发展纲要》实施意见中，进一步明确了各级政府管理基础教育的责任。这是对分级办学、分级管理体制的进一步完善。各级政府一定要认真履行自己的职责，特别是县（市）政府在实施“两基”工作中负有主要责任，不能层层下放，不能县下放到乡，乡下放到村。市地政府的主要责任是对实施“两基”进行统筹规划，协调指导，并在人力、物力、财力上对贫困县乡进行倾斜，以确保“两基”的实施。

1994 年 10 月 17 日，中共河南省委、河南省人民政府对《中国教育改革和发展纲要》实施做出部署：到 2000 年，全省各类中等职业学校发展到 1200 多所，在校生达到 90 多万人，占整个高中阶段在校生的比例，一般地区巩固在 60% 以上，基本普及高中阶段教育的大中城市及地区达到 70%。每个县（市）要重点办好 1~2 所突出本地特色的职前职后一体化的综合学校；全省重点办好 150 所示范性中等职业学校或综合学校，办好一个残疾人职业教育中心。2000 年前，每个乡镇要办好一所职业初中；到 2000 年或稍长一点的时间，全省初中阶段各类职业教育的在校生发展到 100 万人以上。

积极改革中等以上学校招生、收费和毕业生就业制度，积极推进高等学校和中等专业学校、技工学校的招生收费改革和毕业生就业制度的改革，逐步实行学生缴费上学、大多数毕业生自主择业的制度。在现阶段实行国家确定的任务计划与调节性计划相结合的体制。到 1997 年大多数学校按新制度运作，2000 年基本实现新旧体制转轨。进一步调整中等教育结构，大力发展职业教育。在一时难以普及九年义务教育的农村，以小学后分流为主，其他地区以初中后分流为主，同时，也可以在初中、高中教育的一定阶段实行分流。通过三年左右的努力，把调减的普通高中改办为职业高中，有条件的可以改办为职业中专。

设立和增加职业教育、扫盲、师资培养培训、中小学校舍修缮和扶持贫困地区实施义务教育等专项经费。在省本级发展教育事业专款 4337 万元的基础上，从 1995 年起，省财政每年按 10% 以上的幅度递增，由省教委根据教育事业发展需要统筹设立。各市地、县（市、区）也要设立和增加上述专项经费。

（9）1995 年 7 月，时任省教委主任亓国瑞在济源召开的农村职教现场会上讲话指出，职业教育是整个教育的一大块，无论是从河南的实践看，还是从全国和国外的实践看，都是和经济结合比较紧密的，省委省政府一直很重视。这次会议主要是总结河南职业教育的发展情况，安排部署下一阶段工作和树立典型，使各县（市）既明确发展职业教育的任务目标，又学有典型，扎扎实实地推进河南职业教育的发展。

当前河南职业教育发展比较快。总的来说，各地对于职业教育都比较重视，特别是前年全省职业教育安阳、郑州现场会和1994年全省教育工作会议之后，各地认真贯彻落实会议精神和李长春同志关于大力发展职业教育的一系列指示，采取措施，积极推进。总结前段工作，一是省委省政府领导重视，出现了一批市地、县（市）领导抓职教的好典型；二是加强政府统一促进社会各界兴办职业教育；三是从本地实际出发，创造了一些发展职教的好办法；四是压缩长线专业，增设短线专业；五是出现一批示范性学校，起到了骨干作用；六是深化改革，增强适应市场经济的能力；七是涌现出一批热爱职教的优秀教师。河南职业教育之所以发展得比较快，是省委省政府重视的结果，也是与大多数市地、县（市）的努力工作分不开的，特别是商丘、驻马店、安阳、新乡、平顶山等市地职业教育招生增长幅度比较大。商丘市、中牟县、延津县、济源市、信阳市、沁阳市、博爱县、罗山县、辉县市、许昌县职业教育招生比例在全省116个县（市）中位居前10名；商丘市、信阳市、济源市、沁阳市、中牟县、罗山县、博爱县、栾川县、新县、信阳县职业学校在校生所占比例在全省位居前10名。但是，河南职业教育的发展还不平衡。职业学校招生占整个高中阶段招生比例不足30%的有淮阳、洛宁、宝丰、确山、鲁山、南召、陕县；在校生所占比例不足25%的有杞县、叶县、襄城、确山、渑池、洛宁、新安、陕县、兰考、新蔡、宝丰、遂平。这两个比例和位次变化不大。一直徘徊在后20名的有通许、渑池、叶县、襄城、兰考、新蔡、陕县、泌阳等县。希望这些县在这次会议之后，要把职业教育作为学生全面素质教育的重要组成部分，认真地抓起来。这样的点名批评具有强烈的震撼力度。

亓国瑞指出，要正确处理发展农村职教中的几个关系。一是要处理好发展职业教育与发展基础教育的关系。要按照全国教育工作会议的要求，通过结构调整，要逐步形成初等、中等、高等普通教育和职业教育共同发展、相互衔接、比例合理的教育体系。普及九年义务教育是国家的“重中之重”，要给予高度重视，抓住不放，加快“普九”的步伐。同时要实行“三后”分流，即小学后、初中后、高中后分流。小学后分流主要是指个别贫穷的地方，重点是初中后的分流。初中阶段，不论是接受普通初中教育还是职业初中教育，都算接受了九年义务教育。高中教育主要是两个准备的教育，一个是准备继续升学，一个是准备就业。目前全省普通高中校数比较多。考虑到今后的发展和各地的不平衡，控制到 425～450 所比较适合河南的情况。现在全省还有普通高中 661 所。要使职业高中与普通高中协调发展，还要继续调整一部分普通高中为职业高中。二是要处理好数量与质量的关系。今年，河南发展职业教育总的指导思想是数量与质量并举，在发展数量的同时，要把重点放在提高质量和办学效益上。三是要处理好抓示范性学校与全面推进的关系。希望各县（市）都要借鉴济源的经验，集中力量，首先办好一所示范性职业学校，经过逐步发展，成为县（市）的职教中心，形成“三个基地”，即人才培养培训基地、技术传播基地、信息交流基地。同时，也希望各县（市）抓两头、带中间，实行分类指导。对职教发展比较慢的地方，要督促、扶持。四是要处理好学知识与学技能的关系。各县（市）在发展职业教育的过程中，都要注意支持职业学校实习手段和实验场地的建设，积极支持学校和工厂企业联合办学，充分利用工厂企业的设备，提高职业学校学生的动手能力。

农村职业学校的专业设置要贴紧农村发展的需要。农村职业教育应该树立这样的指导思想：农村经济、农业发展、农民致富需要什么人才，学校就应设置什么专业，培养什么人才，实实在在地服务农村、服务农业、服务农民。农村职业学校专业设置要注意三个方面，一是要拓宽农业类专业的内容，改变过去专业划分过细的做法，办好种植、养殖、家庭综合经营等复合型专业，培养复合型人才。二是要根据发展乡镇企业和第三产业的需要，办好农副产品加工、企业管理、财会、机械、建筑、储运等专业。三是要根据农村大量剩余劳动力转移的特点，瞄准国内外劳务市场的需求，开办外向型专业。办学形式要和专业特点结合起来，宜长则长，宜短则短，实行长短结合，变封闭办学为开放办学。把理论与实践结合起来，把教学与生产经营结合起来。职业学校的教师要专兼结合，要从工厂企业、科研单位、高等学校以及农村的一些能工巧匠中选任一些实际操作技能强的人员充实职教师资队伍。省教委决定先把河南职业技术师范学院办成全省职教师资培养基地和职业教育研究、信息服务中心。同时，充分发挥高等学校的优势，安排培养培训职教师资。

农村“三教统筹”要以发展职业教育为突破口。“三教统筹”是指基础教育、职业教育、成人教育要协调发展，农村成人教育除了扫盲以外，主要是对农民进行先进实用技术培训，这可以与职业教育结合起来进行。基础教育要在提高农村人口文化素质的前提下，渗透职教因素，解决好在小学开好劳动课、在初中开好劳动技术课的问题，以及“三后”分流的问题。农村“三教统筹”，要以职教为突破口，这是农村经济发展对教育提出的要求。要把“三教统筹”的立足点放在乡镇一级。一个乡镇可以试办一所综合初中，以学文化知识为主，兼学实用技术，也可以在乡镇成人学校办职业初中班，以学实用技术为主，兼学文化知识。乡镇职业学校或成人学校要根据季节性变化和农民的要求，形式更加灵活些，采取长短结合，农闲办、农忙散，送教上门、技术示范等办法，为农民服务。

（10）1996 年 2 月 12 日，时任副省长张世英在全省教育工作会议上讲话指出，积极发展职业教育和成人教育，加快培养中初级实用人才。发展职业教育和成人教育，各级政府负有统筹协调责任，县市政府起着关键作用。政府要统筹协调，使相关学校的教育资源共享，同时在办学经费筹措、专业布局规划、毕业生就业指导等方面做好工作。教育行政部门要加强业务指导和宏观管理。职业学校和成人学校要紧紧围绕社会经济建设需要，根据省计委、人事厅人才需求预测办学。要因地制宜，按需施教。本着实际、实用、实效的原则，不拘一格，广开学路。

1995 年济源现场会之后，河南的职业教育发生了很大变化。一是各地特别是各级领导对职业教育的认识进一步提高，职教工作的力度进一步加大。各市地都以不同形式贯彻了济源会议精神，把职业教育摆到突出位置，积极推进。郑州市、南阳市、漯河市、许昌市、三门峡市、商丘地区、驻马店地区等市地动作都比较大。郑州市政府要求所属县、区对照先进找差距，提出了发展农村职教要“抓数量、保质量、出效益”的指导思想。禹州市、虞城县大力支持职教中心建设，当年建校，当年招生。新郑、巩义、新蔡、镇平、永城、沁阳、桐柏、浚县等县市建立或重新调整了职业教育统筹协调领导小组，县（市）长亲自担任组长。洛宁县加大政府统筹力度，4 所职业学校建立了校务委员会，4 位副县长分别担任了学校名誉校长。淇县县委县政府把大力发展职业教育与“三年改市，五年称强县”的宏伟目标紧密联系在一起，把县职业中专建设列入三十项改市工程之一。全省上下基本上形成了重视职业教育、发展职业教育的好势头。二是职业教育的规模有了较大发展，教学质量不断提高。到 1995 年底，全省各类中等职业学校发展到 1113 所，招生 31 万人，在校生达到 72.5 万人，分别占高中阶段招生和在校生的 68.4% 和 62.9%。特别是农村职业教育发展较快，新建改建农村职业学校 100 多所，已发展到 478 所，招生和在校生已占高中阶段招生数和在校生数的一半以上。已有 70 多个县（市）建立了省级示范学校。经国家教委认定，全省有 42 所职业学校被定为省级重点，其中国家级重点 9 所。加大了职业学校实验实习设施、基地的投入，新郑市一年就为 5 所职业学校投入 140 多万元，统一购置了仪器设备。改变了因袭普通教育的办学模式，突出职业教育特点，加强了实践性教学环节，注重提高学生的动手能力。在发展数量的同时，提高了质量。三是结合本地的实际情况，出台了一些加快职教发展的优惠政策。四是职业教育改革进一步深化，探索了一些新的办学模式。全省 1113 所中等职业学校中，属教育部门一家办的有 544 所，属部门、企业办的 550 所，属社会力量办的 19 所，打破了教育部门一家办学的局面，调动了社会各界兴办职业教育的积极性。在教育教学中，不断改革，积极探索。信阳县依据职业教育的特点，提出了坚持“三三”办学宗旨，实施“四四八五”教育工程的发展思路。“三三”是指教学内容“三结合”，教学途径“三辐射”，教学目的“三效益”。三结合是职业教育、品德教育、文化教育三结合，三辐射是人才培养辐射、技术推广辐射、优良品种辐射，三效益是人才效益、社会效益、经济效益。“四四八五”教育工程是指，职业学校做到“四个一”，专业教研组做到“四个一”，教师做到“八个一”，学生做到“五个一”。学校做到“四个一”是：有一个明确发展职业教育的指导思想，有一个精明强干、勇于开拓的职教领导班子，有一套健全的职教管理制度，有一支合格而稳定的专兼职教师队伍。专业教研组做到“四个一”是：抓好一个重点科技开发项目，推广一项实用技术，搞好一个科技辐射点，编写一套适应本地经济的实用教材。教师做到“八个一”是：教好一门专业技术课，带好一个科技实验小组，管好一块实验园地，联合一个科研单位，指导一个科技实验项目，带好一个村民组，抓好一个科技示范户，撰写好一篇教学论文。学生做到“五个一”是：学好一门专业技术课，掌握一项实用技术，参加一个科技实验小组，进行一项科技实验，写好一篇社会实践调查报告。还有西峡县林业高中实行的校村联姻共建，沁阳市实行的校企联合，林州市搞的乡镇企业出资办校、教育部门管理模式等。五是涌现了一批好典型，创造了一些好经验。职业教育先进县（市）在办职教的过程中，除了领导重视以外，都创造了一套好的办法。其中最具典型的是新郑市，其做法是：（1）实行政府统筹。市里成立了由市长任组长的职业教育统筹协调领导小组，领导小组的任务是，负责人才预测、人才培训、技术推广、人才选用、监督评估五个方面的统筹；明确落实各职能部门办职业教育的责任，如人才预测由计划部门负责，人才培训由教育部门负责，技术推广由科技部门负责，人才选用由劳动人事部门负责，监督评估由政府组织专家进行；协调解决职教发展过程中的实际问题。（2）合理布局学校和专业设置。根据市里发展，重点办好设在市区的职教中心，使其发挥龙头作用。把其他学校分别布局在东、西、南、北四个方位上，并在专业设置上统筹规划。一职高以农类专业为主，二职高以预备役、保安专业为主，三职高以汽车驾驶与维修专业为主，四职高以电子电器专业为主，五职高以计算机专业为主，基本上形成了各学校互有侧重，各有特色。（3）集中力量办好骨干学校。市政府在市区征地 115 亩，投入 2000 万元，建立职教中心。还投入 350 万元为其他学校建立综合实验楼。（4）突出强项，联合办学。三职高与郑州市交通技校联合开办了汽车驾驶与维修专业。五职高与郑州市三职专联合开设了微机专业。一职高与农机局和组织部联合开办了农机专业，并对农村干部进行培训。二职高与市武装部联合开设了预备役专业，与市保安公司联办开设了保安专业。通过联合办学，不但提高了专业的知名度，而且为毕业生的顺利就业、服务社会开辟了广阔的渠道。

在 1996 年全省教育工作会议上，时任省教育厅厅长亓国瑞要求：

一、要充分认识发展农村职业教育是建立和不断壮大农村技术队伍的重要途径。要认清“把两基放在重中之重，把职业教育摆在突出位置”的道理及其意义。河南的省情，农村还是一个大头，面向 21 世纪，需要高层次、高水平的人才，这一定要努力培养。但是，也需要更多的在生产第一线、服务第一线，从事实际生产、经营管理，在基层工作特别是在农村基层工作的各类技术人才。这些人才的培养主要要靠职业学校。

二、逐步建立和不断完善职业教育体系，使其与普通教育体系相互沟通，相互衔接，协调发展。普通初等教育、中等教育、高等教育发展体系已基本形成，职业教育发展体系还不完善，要因地制宜发展初等职业教育，以初中后分流为重点，大力发展中等职业教育，积极发展高等职业教育。

三、适应当地经济发展的需要，要在办活上下功夫。一是办学模式要活。各地在如何办好办活职业教育方面探索了不少办法，形成了各具特色的办学模式，概括起来，有以下六种类型：第一种是把各部门的职业学校联合起来办学，第二种是校企联合办学，第三种是校村联合办学，第四种是与高校、科研单位挂钩办学，第五种是本地骨干学校与外地骨干学校对口办学，第六种是农科教结合办学。各地可以借鉴、推广，更重要的是多创造服务当地经济发展、具有自己特点的办学模式。二是办学体制要活。职业教育主要是服务当地经济，也是农民受益最快的一块教育，完全依靠政府包是不行的。要在政府统筹下，调动社会各方面力量来兴办。城市这几年职业教育发展比较快，职业学校的办学条件有了很大改善，今后主要是在形成优势专业、办出特色、提高质量上下功夫。农村职业教育发展不平衡，总的来说，还比较薄弱。省里研究决定，继续把农村职业教育作为重点，从各个方面给予支持。只有农村职业教育发展起来了，全省的职业教育才算真正兴旺起来了。因此，要在体制上不断进行改革。政府办、部门办、社会力量办都可以，不管是哪方面办的职业学校，政府都要加强统筹力度，把好办学方向，重点放在农科教结合上。社会力量办职业教育主要是放在中等以下职业学校，要给予大力支持，积极鼓励，在有关政策方面与其他职业学校一视同仁。政府部门主要是组织专家进行评估检查。三是政策上要活，职业教育有学历教育，有非学历教育；有长期的，也有短期的；有全日制的，也有业余的；特别是农村还有季节性的等，办学形式比较多，政策上一定要活。只要有利于提高农民劳动者技术素质，就要给予鼓励。当前主要是在办学经费上有困难。给钱是一种投入，给政策也是一种投入。不少地方在经费筹措上想了很多办法，希望都从自己的实际出发，很好地研究。职业教育属于非义务教育，原则上上学者都要缴费。收费标准要根据专业和社会需求来确定，热门专业和学生毕业后受益比较大的，收费可以高一些。但是，一定要根据当地农民的承受能力，不能因此加重农民的负担。特别是对于家庭比较贫困的学生，学费要实行减、免、缓。四是教育教学方式方法要活。专业设置要面向社会、服务市场，要紧贴当地经济发展和农民的需要。五是招生办法要活，要变一年一次招生为常年不定期招生，有些也可以按季节性招生，农闲办，农忙散。农村职业高中以下学校招生，只要持初中毕业证书都可免试入学。六是教学内容要活，要注意及时把先进、实用的科学技术引入教学当中，力求做到教学内容的“实际、实效、实用”。教学方法要突出实践性教学环节，重点培养学生的动手能力。按教学计划要求，应该在实习基地上的课，不在教室和实验室上。

关于初、中、高等职业教育的发展，省教委的意见是：因地制宜发展初等职业教育。主要是在中小学渗透职业教育因素。可以通过开展“三加一”、初二分流、开设劳技课等来进行。着重解决两个问题：一是培养学生劳动观念，使学生更加热爱农村，了解农村，热爱劳动；二是使学生学到文化、学到技术，使他们从小树立科学意识，相信科学，依靠科学，培养重视科学的精神。

大力发展中等职业教育。以初中后分流为重点，发展多种形式的中等职业教育，包括普通中专、职业中专、技工学校、职业高中，以及各种中等职业技术培训等。职业教育发展还较薄弱的县，要继续调整中等教育结构，按照“改、联、建”的要求，改办、联合或兴建一部分中等职业学校。职业学校数量已经比较多的要着力优化学校布局，合理调整专业结构，扩大学校招生规模，突出职教特色，增加实践性教学环节的比重，提高办学质量和效益。

积极发展高等职业教育。主要是培养高中后接受两年左右学校教育的实用型、技能型人才。省政府准备采取“三改一补”的办法发展高等职业教育，即改中州大学、开封大学、洛阳大学、焦作大学、平原大学、安阳大学6所地方大学为高等职业学校，改一部分普通专科学校为高等职业学院，改部分独立设置的成人高校为高等职业学校，并利用少数具备条件的国家级重点中专举办高职班或转制等方式作为补充。市地也可以申办高等职业技术学校，但必须有条件、够标准。

职业学校的专业设置要适应当地产业结构的调整，重点办好面向农业和乡镇企业的专业，提高广大劳动者的科技意识和技术素质。各市地县职业学校要统筹规划、合理布局，专业设置要适应当地产业的发展，力求每所学校逐步形成自己的拳头专业，办出为地方经济服务的特色。不要重复办学，浪费人力、物力和财力。职业中专、职业高中以下的职业学校的专业设置、招生计划由学校依据市场发展需要和办学条件自主确定，职业学校毕业生可以就业，也可以对口升学深造。

（11）1997年7月25日，河南省第八届人民代表大会常务委员会第二十七次会议审议通过《河南省实施〈中华人民共和国职业教育法〉办法》。该办法共32条，对落实职业教育法、发展河南职业教育进行了具体的法律规定，是促进、指导、规范河南职业教育的重要的地方法规。

（二）市地跟进

改革开放后，全省各地的职业教育蓬勃发展，除了原来的七二一大学、五七中学、五七学校外，还办了许多不同专业的职业学校和培训学校，有建筑类的、机械类的、电子类的，有中医短训班、兽医短训班、英语培训班、缝纫短训班、照相短训班、修表短训班，有农业中学、林业中学、蚕业中学，还有业余教师进修班等。总之，只要社会上已经有的行业，就有相应的培训学校和机构，学校的主管单位，有县、公社、有关局委，有各个厂矿企业，甚至还有大队办的。有的办在车间，有的开在田头，有的就在林场。镇平县马庄大队就办起了马庄卫校，1978年还有50个在校生，主管单位是大队党支部。

随着不断地发展，中等职业教育在规模扩大的同时，也逐渐规范起来。1984年的《河南省教育事业计划说明》特别提出，切实加紧中等教育结构改革，大力发展各种类型的职业技术教育。1984 年要继续有计划地改一些普通高中为农业职业中学，鼓励和支持其他业务部门、社会团体积极举办各种类型的职业技术学校，并在普通高中增设农业技术课，开办农业技术班。有关业务部门要积极帮助农业中学解决问题，社会招工优先录用经过职业技术培训的学生。高等院校招生，也要注意逐步扩大招收有关的农职业中学毕业生。

（1）1989 年，全省 17 个市、地都确定了农村教育综合改革试点县。栾川、淅川、辉县、长葛、扶沟、罗山、汝南、西平、密县、开封、浚县、清丰 12 个县（市）被确定为省农村教育综合改革实验县（市）。其中，栾川县、淅川县、辉县市、扶沟县、长葛县已被国家教委列入全国百县农村教育综合改革实验区。县以下农村教育实行普通教育、职业技术教育、成人教育“三教”统筹，农业、科技、教育“三结合”，架起教育为社会主义建设服务、社会主义建设必须依靠教育的桥梁，开辟了农村教育事业发展的新格局。同时在全省 41 个县的 94 个乡实施“燎原计划”，安排 120 多个“燎原计划”项目，有些示范项目已取得初步综合效益，受到国家教委的表彰。淅川县的荆紫关镇、桐柏县的黄岗乡、开封县的罗王乡、汝南县的水屯乡、罗山县的涩港乡被国家教委命名为实施“燎原计划”的先进乡。

（2）1991 年，郑州市进一步采取有力措施，促进职业技术教育的改革和发展。市政府作出了《关于大力发展职业技术教育的决定》，主要内容是：到 1995 年，城市中等职业技术教育招生人数要占整个高中段招生人数的 55% 以上，农村职业高中招生人数要达到高中段招生人数的 50% 以上；凡到农村职业技术学校任教的专任课教师（含成人中专），可享受优惠待遇。兼职教师除享受原单位的福利待遇外，在兼职期间，聘用单位应给予一定报酬；自 1991 年起，市政府将职业技术教育补助费由每年 30 万元提高到 60 万元，以后随着经济的发展，每年按一定比例增加。同时，从教育费附加中划出 10%，用于发展职业技术教育；加强实验、实习基地建设，工科专业保证每名实习学生有一个工位，农学专业每生至少有半分实验田，果林专业每生有一分果林或林地；录用、聘用干部，人事部门要把职业中专毕业生作为主要对象之一。要保证把每年社会招工指标的较大比例，用于安排职业技术学校毕业生。

1991 年，安阳市政府通过五条渠道统一筹集职业技术教育经费：一是城镇企事业单位按职工工资总额的 5%征收经费，用于发展城镇职业教育；二是农村按每人每年一元钱征集农村职教经费；三是每年市财政列支 50 万元，各县和郊区财政列支 20 万元，建立职业教育专项基金；四是各县和郊区从教育费附加提留部分中划出 20%，乡镇划出 5%用于发展当地职业教育；五是各职业学校积极为社会服务，创收养校。为使经费统筹工作落到实处，市人民政府下发《关于城镇统一筹集职业教育经费的通知》，具体规定了经费统筹范围、办法和保证措施，各县区也分别制定了实施意见和办法。

（3）1992 年，平顶山市坚持“八个搞活”办职教：一是办学形式搞活，自办、联办、个人办一齐上；二是学制搞活，以长为主、长短结合；三是招生搞活，学历教育与短期培训不拘一格；四是教学搞活，打破普教模式，搞开放式教学；五是实验、实习搞活，以社会为舞台，各行各业都成为职校生实习、实验的场所；六是师资队伍搞活，以建立基本队伍为主，通过分、调、改、培、兼、聘等多种途径解决；七是经费搞活，多渠道筹措；八是毕业生出路搞活，多层次、多渠道安置。

浚县把发展职业技术教育作为教育为农村经济建设服务的重要措施，采取有力措施，使职业技术教育有了较大发展。实行“三加一”或“高三分流”实验，加大职业技术教育分量，使不能升学的学生学到一技之长。

濮阳市下发《关于大力发展职业技术教育的决定》，市、县（区）分别建立了职教协调领导小组，全市初步形成了大办职业技术教育的气候。

本年，多数地市出台了关于贯彻落实省政府《关于大力发展职业技术教育的决定》的通知，为职业技术教育的发展提供了良好的外部环境。

（4）1993 年，濮阳市为确保职高、普高招生比例达到 1∶1，制定了中等教育结构调整方案，并采取具体的措施，要求普通高中偏多或职业高中空白的县（区）立即着手改办或新建职业技术学校；市设立职教专款，对改办的职业高中，每校补 1 万元，对新建的职业高中，每校补 2 万元；实行职教工作一票否决制，把职教工作同创先评优直接挂钩；加强职业技术教育督导。经过努力，全市 6 县（区）19 所普通高中调减为 12 所，农村职业高中由 9 所增加到 14 所，职业高中长班招生 2625 人，举办各类培训班 50 余期，招生 2000 余人。

1993 年 8 月，许昌市探索政府统筹、校企联姻、社会参与、联合办学、为地方培养适用的各类专门人才的路子，创办了许昌社区学院。该院是以许昌财税学校为依托，在政府统筹下，由市区 14 所普通中专、成人中专、干校、技校为分院组成的联合办学实体。其主要做法，第一，建立新的管理体制推动联合办学。该院实行董事会领导下的院长负责制。董事会由市政府领导和主管部门、社会名人、企业及各分院的代表组成，对学院和各分院实行宏观管理。市长任院长兼董事长。第二，多方筹措资金，解决办学经费：一是政府拨款，二是收取学费，三是学院自筹资金，四是收取学生“农转非”户口安置费，五是企业资助等。第三，统筹招生计划，按需设置专业。每年由市政府牵头，学院和市人才交流中心及有关单位联席办公，研究制定培训计划和招生计划。专业设置根据经济发展需要和办学条件灵活调整。教学采取全日制、业余和函授、长短期培训等多种形式。第四，改革招工、招生办法，密切与企业的关系。社区学院的招生对象是当年未升学的初中和高中毕业生，以及具有同等学力的企业在职职工。农村户口的学生被录取后，从当年国家下达的“农转非”指标中解决户粮关系。在招生时，学生与用人单位签订协议，毕业后到协议单位就业，变招工为招生。第五，强化教学管理，为企业培养合格人才。一是制定强化学院管理，提高教学质量等规章制度。二是每年学院和市教委对各分院的办学进行全面考核评估。三是通过董事会和校企联姻、协作办学，增强企业参与教育的主动性和责任感。四是始终把建立一支专兼结合、相对稳定、素质较高的教师队伍放在首位，保证教学的需要和教育质量的提高。

（5）1994 年，商丘地区各类中等职业技术学校共招生 6054 人，约占整个高中阶段招生数的 65%，在校生达到 31491 人，占高中阶段在校生总数的 56.7%，双双位居全省 116 个县市之首。邓州、新野、淅川、西峡、桐柏等县（市）规定本县（市）辖区内的厂矿、企事业单位用人，必须从职业学校毕业生中择优录取。

（6）1995 年，商丘市、中牟县、延津县、济源市、信阳市、沁阳市、博爱县、罗山县、辉县市、许昌县职业教育招生比例在全省 116 个县（市）中居前 10 名，商丘市、信阳市、济源市、沁阳市、中牟县、罗山县、博爱县、栾川县、新县、信阳县职业学校在校生所占比例在全省位居前 10 名。

栾川、新安、伊川设立职业教育专项经费，孟津、汝阳等拨款建设职教中心，偃师、宜阳等为职高学生办理“农转非”，洛宁县决定县管重点企业招工，优先在职高毕业生中选拔。焦作市安排 1050 名农转非指标扶持职业教育。漯河市组织漯河内陆特区报社记者团进行职教巡回采访，在《漯河内陆特区报》上开设“县长谈职教”专栏，请县（区）长谈职业教育重要意义以及发展职教的思路和打算。

各地出台了加快职教发展的优惠政策。南阳市委市政府出台的职业学校招生“农转非”、毕业生协议就业政策，一年就为职业学校筹资 1000 多万元。漯河、新乡、焦作、洛阳、平顶山、郑州等市也利用这一政策为职业学校筹措了不少资金。舞阳、信阳、汝阳、嵩县、虞城、博爱、汝州、罗山、确山、获嘉、邓州等县市也是如此。虞城县通过多渠道筹资，建立了职业教育发展基金。具体做法是，从职工年工资总额中提取 1.5%，从房地产增值税中提取 10%，从城市建设维护费中提取 10%，从旅馆营业额中提取 5%，征收党政机关、企事业单位的小汽车调节资金维护费的 5%，从教育费附加中提取 10%，县财政每年还保证专款 30 万~50 万元。巩义市规定，凡在职业学校任教者，每人上浮一级工资，并在评先、职称评聘、住房、子女就业、家属“农转非”等方面优先考虑，职称评聘实行切块单列。新蔡县采取统招与推荐相结合的办法，一方面随中招统一录取职业学校新生，另一方面实行村委推荐、乡镇政府审批、县教育局备案录取。

（7）1996 年，新郑市、新野县、巩义市、商丘市、博爱县、林州市、济源市、郾城县、罗山县、禹州市被评为河南省职业教育工作先进县。郑州市继续推动职业教育向社会化、集团化方向发展。各职业学校坚持面向社会，为社会服务。郑州四职专、郑州财贸学校、郑州服装学校、郑棉六厂职高等学校针对企业用人需要，主动服务，促使企业变招工为招生。郑州旅游学校、巩义职专等学校针对沿海地区各类专业人才需要量大的特点，大胆向沿海地区渗透，扩大了办学规模。组建了“预备军人职教集团”，职教集团增加到 8 个，进一步提高了规模效益。南阳市各县市区都成立了由党政主要领导同志牵头的“职业教育统筹领导小组”或“统筹协调委员会”，不少县、市长兼任职业学校的校长。各级领导都积极为职教办实事、办好事。

（8）1997年，平顶山市两次组织万人《中华人民共和国职业教育法》宣传和职教招生宣传活动，提高社会各界和各级领导对职教重要性的认识和支持。安阳市积极探索职教发展新路。市教委先后完成《关于安阳市职业教育发展情况的调查报告》、《解决专业课师资的方法与途径》和《关于继续保持我市职业教育健康向前发展若干问题的建议》等调研课题。从优化资源配置、建设特色学校、拓宽投入渠道、加强师资队伍建设等六个方面提出工作思路，为市政府制定职教发展规划和有关政策措施提供了重要依据。新乡市成立以平原大学为龙头的社区大学，实行“按需培养，资源共享”，各职业学校间的联系合作不断增强。调整工作重心，坚持数量和质量并举，抓好办学效益的巩固和办学水平的提高。积极拓宽毕业生就业渠道，采取“校企联姻”“军地联合”等办法，走多种形式的联合办学道路。同时积极鼓励各职业学校走出去，与广州、天津、北京等大中城市人才交流中心建立广泛的合作关系，解决毕业生就业问题。商水县下发《关于做好职业高中招生工作的通知》，规定职业高中与普通高中的招生比例为1∶1，并与全县各初中签订目标责任书。

1993年，全省各类职业学校招生210000人，占到整个高中段的58.50%。其中漯河市招生7269人，占高中段人数的66.20%，占比最高；第2名是三门峡市，占62.90%；占比最低的是南阳地区，占到51.30%。

在校生数占比，全省在校生470000人，占到整个高中段的52.00%，其中郑州市以67.50%位列第1，开封市56.70%位列第2；占比最低的是三门峡市，仅占35.90%。

当年所有的市、地招生比例都已突破了50%，但还有安阳市、鹤壁市、信阳地区、新乡市、商丘地区、周口地区、三门峡市等市、地，在校生比例还低于50%。根据招生情况看，未来两年内全省中等专业学校在校生数总数还要增加，所占比例还要上升。

1994年，在统计的全省116个市县中，各市县职业高中学生招生数占当年招生数的比例和在校生数占高中段的比例，商丘市以83.88%和76.73%夺得两个全省第1。招生数占比第2至第5名的依次是中牟县（68.70%）、延津县（68.41%）、济源市（67.70%）、信阳市（65.62%）。在校生占比第2至第5名的依次是信阳市（58.94%）、济源市（58.45%）、沁阳市（58.13%）、中牟县（57.52%）。淮阳县以 21.31%和 17.52%双双排在全省最后。招生占比排在第 112 至 115 名的依次是鲁山县（28.91%）、确山县（26.54%）、宝丰县（22.76%）、洛宁县（21.53%）。在校生占比排在第 112 至 115 名的依次是叶县（20.63%）、杞县（20.49%）、新蔡县（18.24%）、宝丰县（18.81%）。

1995 年，各市县职业高中学生占整个高中段的比例，商丘市在全省 116 个市地中以招生数占 84.89%、在校生数占 81.44%继续双双占据全省第 1。招生数占比第 2 至第 5 名的依次是中牟县（84.24%）、信阳市（67.70%）、汝阳县（66.71%）、济源市（65.87%）。在校生数占比第 2 至第 5 名的依次是中牟县（76.43%）、信阳市（64.05%）、沁阳市（62.60%）、济源市（62.46%）。宝丰县以 9.64%和 16.86%的比例两项均排在全省最后。招生数占比排在全省第 112 名至 115 名的依次是卢氏县（30.71%）、舞钢市（30.49%）、襄城县（25.69%）、叶县（24.05%）。在校生数占比在全省第 112 名至 115 名的依次是台前县（26.67%）、西华县（26.39%）、洛宁县（25.63%）、襄城县（20.78%）。

1996 年，各市县职业高中学生占整个高中段的比例，商丘市在全省 116 个市地中，以招生数占比 86.63%、在校生数占比 84.93%继续占据全省第 1。招生数占比第 2 到第 5 名的依次是中牟县（75.16%）、驻马店市（72.35%）、沁阳市（69.73%）、新郑市（68.02%）。在校生数占比第 2 至第 5 名的是驻马店市（75.77%）、中牟县（70.64%）、信阳市（63.81%）、周口市（63.41%）。平舆县以 12.92%和 17.25%双双排在全省最后。招生数排在第 112 至 115 名的依次是叶县（26.49%）、汝州市（22.00%）、确山县（21.47%）、鲁山县（21.29%）。在校生数位于第 112 和 115 名的依次是义马市（24.71%）、洛宁县（24.12%）、宝丰县（23.28%）、叶县（22.34%）。1997 年，河南省中等职业学校招生数占当年总招生数的比例和在校生数占高中段的比例双双位居全国第 1。

三　春潮涌动：中等职业学校兴起

长期被堵塞的发展道路一旦被打开，职业教育顽强的生命力就会很快迸发开来，这种原生动力不是凭空产生的，其根源是经济社会对人才的需求。改革开放后，河南又迎来一个中等专业学校发展的浪潮。

1978 年 6 月 6 日，安阳市卫生学校上呈报告，要求纳入全省规划。报告说，安阳市于 1958 年建立安阳医专，先后办过大、中专班。1961 年因国家经济暂时困难停办。1963 年省又批准建立安阳卫校。“文化大革命”中曾又一度停办，但 1969 年又恢复了工作，并担任培训中西医、赤脚医生等任务，为国家培养医药卫生人员作出了应有的贡献。现在全体教职工在党和上级的领导下，信心倍增，大鼓干劲，表示要为实现四个现代化作出新贡献。因此，迫切要求扩建学校现有规模，并申请纳入全省招生计划。

报告叙述的过程，大致反映了河南省中等专业学校共同的命运。多是产生于 1958 年前后，1961 年缩减，1963 年前后又重建，到 1965 年发展成规模，“文化大革命”中又停办。到 1978 年，又老树发新枝实现重生并开始新的发展。

6 月 30 日，安阳市革命委员会卫生局申请将安阳卫生学校纳入全省招生计划；7 月 6 日，安阳市革命委员会文教组批复上报。由此开始，不少地市和省直部门纷纷申请新建、恢复或改建中等专业学校。

9 月 17 日，平顶山市革委计委、卫生局呈文省计委、卫生局，申请建立平顶山中等专业卫生学校。

10 月 23 日，焦作市革委卫生局请示省卫生局，要求将焦作市卫校改为中等医药卫生学校。

10 月 24 日，河南省革委会第二轻工业局请示省编委，要求建立河南省二轻工业中等专业学校并恢复开封工艺美术学校。

11 月 5 日，商丘地区革委会请示省革委，要求将商丘地区农业机械化学校扩建为农业机械化中等专业学校。

11 月 16 日，南阳地区革委科教办请示省革委科教办，要求建立南阳中医中药专科学校。

11 月 23 日，平顶山市革委请示省革委，申请建立平顶山中等专业卫生学校。

11 月 24 日，河南省革委会计划委员会、统计局请示省革委，要求恢复河南省计划统计学校。

11 月 29 日，河南省革委卫生局请示省革委，要求建立五所中专卫校。

12 月 7 日，河南省革委会第一轻工业局请示省革委，要求筹建省轻工业学校。

12 月 16 日，河南省革委会冶金局请示省革委，要求恢复河南冶金工业学校。

1979 年 1 月 5 日，新年伊始，省林业局即请示省革委，要求恢复信阳、新乡、南阳林业中等专业学校。截至当年 7 月 2 日，省革命委员会共受理新建改建中等专业学校的请示 26 件。

7 月 6 日和 7 月 25 日，河南省革命委员会分两批批复同意恢复、改建 15 所中等专业学校。报表显示，到 1979 年 11 月 15 日，全省大专层次中，农林院校：3 所专科学校，招生 616 人，在校生 1325 人；3 个中专学校设的大专班，招生 311 人，在校生 1185 人。医药学校：3 所专科学校，招生 535 人，在校生 1310 人；4 个中专卫校设的大专班，招生 327 人，在校生 799 人。师范学校：5 所师范专科学校，招生 1236 人，在校生 2938 人；13 个中师学校设的大专班，招生 1404 人，在校生 3986 人。财经院校：1 所，郑州航空工业管理专科学校，招生 321 人，在校生 518 人。全省大专层次共招生 4750 人，在校生 12401 人。

全省中专层次中，中等技术学校 78 所，招生 11536 人，在校生 27026 人；中等师范学校 29 所，招生 12470 人，在校生 29004 人；中等专业学校举办培训班结业 1678 人，在学 1507 人。中专学校当年招生最多的是新乡地区卫生学校，招生 430 人；招生数最少的是新乡地区农业机械化学校和河南医学院护士学校，各仅招生 40 人。在校生数最多的是商丘地区卫生学校，在校生达 820 人；最少的一些医院办的护士班，各仅有 50 人。中等师范学校招生最多的是商丘师范学校，招生 830 人；最少的是洛阳师范学校，仅招 30 人。在校生最多的是商丘师范学校，为 1957 人；最少的是洛阳师范学校，仅有 30 人。

1980 年，省政府批复同意建立和改建 24 所中等专业学校。

在普通中等专业学校蓬勃兴起的时候，其他层次、类别的职业教育也有萌芽生长。

1979 年，面对郑州纺织工业技术人才严重短缺的困难局面，郑州国棉一、三、四、五、六厂和郑州印染厂先后建立了厂办职工大学，培养技术人员。

1980 年 8 月 6 日，河南省教育厅印发《河南省县办农民技术学校试行方案》、《关于县办农民技术学校的审批条件和办法的暂行规定》和《农民技术学校“农学”“果林”“畜牧兽医”三个专业教学计划（试行草案）的通知》。

8 月 13 日，省政府批复同意举办八所职工高等学校。

8 月 18 日，省教育厅、机械厅、煤炭管理局向教育部等呈报备案河南省人民政府批准的八所职工高等院校。

1980 年 6 月 19 日，教育部印发《五七大学座谈会纪要》，要求将教育部门办的五七大学改办成农民技术学校。9 月 16 日至 11 月 15 日，河南省工农教育委员会、河南省教育厅先后批复建立了淅川、新郑、内黄、鄢陵、西华、永城、淮滨、光山、泌阳、郸城、济源、汝阳、林县、邓县、郏县、孟县等农民技术学校。

1981 年，中等专业学校建校的浪潮渐趋平缓，全年省政府批复建立了 10 所中等专业学校。为了充实中等职业教育的实力，省教育厅于 3 月 13 日批复同意将潢川高中改为潢川师范北校。11 月 30 日，省政府批复同意安阳农业学校停招大专生改招中专生。

1984 年下半年，省政府又密集批复新建、扩建 6 所中等专业学校，并将周口水利学校收归省水利厅领导。

到 1984 年底，河南省的职业教育体系已经有了大专、中专两个层次。在中专层面，则有了中等专业学校、中等师范学校、技工学校、职业中专、农业中学等类型的学校。

1984 年 5 月 15 日，教育部、国家计委、财政部发布《高等学校举办干部专修科、中等专业学校举办干部、职工中专班的试行办法》。河南省迅速行动。1985 年 1 月 6 日，河南省教育厅行文《关于同意批准 78 所职工（干部）中等专业学校（班）的请示》上呈省政府。

3 月 6 日，省教育厅通知，各地可以试办职业中等专业学校。

5 月 10 日，省教育厅分别发文，同意在河南省政法干部管理学院等 4 所院校设立中专函授部。

5 月 25 日，省教育厅批复同意试办洛阳地质职业中等专业学校等 18 所职业中专。

5 月 29 日，省教育厅同意省电大在新乡电大分校试办广播电视中专班。

6 月 5 日，省教育厅批复同意试办洛阳市体育职业中等专业学校等 4 所职业中专。

可以看出，1985 年是河南中等职业教育类别增加较快的年份。除了先前的中专、中师、职业中学、农业中学、农民技术学校外，一年中增加了干部专修科、干部中专班、职工中专班、中专函授、职业中专、广播电视中专班等形式。看得出，省委省政府在积极尝试中等专业教育的实现方式。一时间，河南的中等专业教育形成了百舸争流、万马奔腾的局面。

乘着这个春风，河南省教委趁热打铁，仅从 1986 年 2 月 13 日到 5 月 11 日就批复同意新建改建职工中专、职业中专等中等职业教育学校 48 所。这样的审批速度，以前并不多见。

1987 年势头更强劲。一年中，省教育厅批准职业教育阶段（不含中专、中师、技工学校）新建学校、增设专业、举办夜大学就达到 75 所。

1987 年 2 月 25 日，国家教委同意将百泉农业专科学校改为河南职业技术师范学院，由省人民政府领导，规模 3000 人，修业年限以本科四年、专科二年为主。河南职业技术师范学院的建立，改变了河南省没有职业学校教师培训学校的状况，为河南省以后职业教育的发展提供了师资支持。在此之前，由于体制的原因，职业学校教师队伍面临着无法克服的困难，特别是中等专业学校。当时的中专学校隶属于教育行政部门，每年新增专业需求的教师都无法分配到，因为工科类高校毕业的学生不归教育部门派遣，教育部门派来的，只能是师范毕业生，师范毕业生教各种专业课，改行十分困难。

为解决这方面的问题，许多中专学校想了很多办法却无法从根本上解决问题，当时在一所中专学校分管教学工作的王建庄，曾就这个问题专门向时任郑州市市长张世英进行了汇报。张世英指示，可以以校企合作的形式请企业的技术人员来帮助进行专业课教育。为此学校与郑州、洛阳的一些工矿企业结合，从一定层面上缓解了这个矛盾，但仍然无法彻底解决。河南职业技术师范学院建立后，针对中等职业教育的特点培养师资，在很大程度上缓解了这个问题。之后高校“并轨”，毕业生“双向选择，自主择业”，中等专业学校才有了选择的条件。

1988 年，省教委批准 29 所学校试办中专专修班，开设 26 个专业，招收学生 2460 人。确定郑州市第一职业中等专业学校、密县职业技术教育中心、洛阳市第二职业中等专业学校、栾川县第二职业高中、开封市第二职业高中、新乡市第二职业高中、新乡市第一农业高中、安阳市职业中等专业学校、平顶山市职业中等专业学校、禹州市陶瓷中学、南阳市第二职业高中、邓县农业高中、新县农林高中、罗山县东卜农业高中、商水县新桥职业高中、商丘市职业中等专业学校、汝南县马乡农业高中、清丰县第一农业高中为全省示范性职业学校。

1989 年，省教委批准建立 23 所职工中专和成人中专。经省政府同意，省教委批准将泌阳、西华、郸城、邓州、西峡、淅川、淮滨、新郑、孟县、济源、内黄、汝阳、汝州、鄢陵、永城、商丘 16 个县（市）办的农民中等专业学校统一改为成人中等专业学校。批准安阳市、开封市、新乡市、焦作市、洛阳市、平顶山市、周口地区、南阳地区、驻马店地区、信阳地区建立河南省农业广播电视学校市（地）分校；兰考县、延津县、鹤壁市郊区、濮阳县、陕县、灵宝县、渑池县、嵩县、孟津县、项城县、沈丘县、鹿邑县、扶沟县、商水县、淮阳县、内乡县、南阳县、社旗县、新野县、镇平县、确山县、正阳县、平舆县、商城县、新县、罗山县、信阳县建立河南农业广播电视学校县（区）分校；建立河南省农业广播电视学校国营黄泛区农场分校。

1990 年 9 月 19 日，省教委批准开封市郊区、南阳县等 27 个县（市、区）建立河南省卫生函授中等专业学校分校，中牟县卫生职业中专、尉氏县成人中专等 11 所中专学校开办河南省卫生函授中等专业学校函授教学班。

10 月 25 日，省教委一次批准漯河市、舞阳县等 20 个市、县建立河南省农业广播电视学校分校。

1991 年 4 月 1 日，省教委批准举办 5 所职业中专，7 所学校增开 9 个新专业。5 月 18 日，省教委批准郑州市电大等 14 所电大分校开设建筑设施施工与管理等 45 个新专业。5 月 18 日，确定漯河师范等 10 所中师为实施《三年制中等师范学校教学方案（试行）》试点学校。

河南的中等师范学校 1985 年招收初中毕业生，这些学生在高中阶段招生考试中成绩优秀，到师范学校后又经过4年的学习，基础牢固，学业扎实，在教育教学理论和实践上都有较高的造诣。四年制的中师生代表了一个时期河南中等师范教育的最高水平，直到今天，其中多数毕业生仍在基础教育领域起着骨干带头作用。

5月24日，省教委批准建立中华会计函授三门峡市等8所分校，建立河南农业广播电视学校卢氏县分校等10所分校。

1992年3月2日，国家教委批准在河南省技工学校的基础上，建立河南职业技术教育学院。该学院属成人高等学校，由省政府领导，服务范围以河南省为主，兼顾中南其他五省区，在校生规模为800人。主要任务是以师资培训和继续教育为主，根据需要可举办适当数量的大学专科层次的学历教育。12月16日，省教委批准河南职业技术教育学院试招技校应届毕业生，学员毕业后回本校任教。

1993年，省教委批准新建、改建、增加专业的中等职业学校共39所。

1994年，省教委批准新建、改建、增加专业的中等职业学校共76所。

2月25日，省教委确定郑州铁路机械学校、郑州电力学校、黄河水利学校、中原机械工业学校、河南省信阳卫生学校、河南省农业学校、河南省粮食学校、河南省交通学校、郑州铁路卫生学校、郑州水利学校、南阳农业学校、洛阳林业学校、南阳卫生学校、焦作卫生学校、安阳卫生学校、郑州市卫生学校、河南省轻工业学校、郑州测绘学校、中原石油学校、河南省纺织工业学校、郑州地质学校、河南省邮电学校、焦作煤炭工业学校、河南省建筑工程学校、河南省农业机械学校、河南省粮食经济学校、河南省商业学校、河南省投资管理学校、河南省计划统计学校、许昌市财政税务学校、洛阳市财会中等专业学校、焦作财会学校、河南省工商行政管理学校、河南省物资学校、河南省人民警察学校、安阳市体育运动学校、开封市体育运动学校、河南省艺术学校等38所普通中专学校为省部级重点普通中等专业学校。

1995年，省教委批准新建、改建、增加专业的中等职业学校共41所，其中6月13日一次就批准建立了33所职业中等专业学校。

1996年，省教委批准新建、改建、增加专业的中等职业学校共45所，其中6月14日一次就批准建立了28所职业中等专业学校。

1996年2月14日，国家教委认定首批296所国家级重点职业高级中学。河南省郑州市第四职业中等专业学校、商丘市职业中等专业学校、安阳市第一职业中等专业学校、开封市第二职业中等专业学校、安阳县第一农职业高级中学、巩义市职业中等专业学校、登封市职业中等专业学校、许昌市职业中等专业学校、新密市职业技术教育中心9所学校入选。

12月29日，省教委认定登封市职业中专等66所职业学校为省级示范性职业学校，认定通许县第一职业高中等10所学校为基本合格的省级示范性职业学校。至此，本省又有60个县建成省级示范性职业学校，加上原有的40个县，全省已在100个县（市）建起了省级示范性职业学校。

1997年，省教委批准更名中等职业学校共10所，新建的只有1所。当年，全省普通中专学校达到185所，职业高中（中专）达到742所，成人中专248所，各类职工学校1750所，技工学校200所；各类成人学校达到33271处。学校数居全国第一位。

1997年，全省中等专业学校（含中师）招生11.30万人，在校生达到29.03万人。加上中等职业学校和技工学校，总招生数达到38.45万人，占高中阶段总招生数的69.70%；在校生总数为96.54万人，占高中阶段在校生总数的66.80%。这两个比例都刷新了历史纪录。更重要的是，这两个比例在全国的位次双双跃居第一。

在这种形势下，一轮新的改革启动了。

1997年进行的普通中专学校招生并轨试点工作，是整个普通中专教育改革的热点和难点。省教委在进行广泛调查研究、宣传动员和征求有关委、厅、局意见后，确定在河南省外贸学校、河南省粮食学校、河南省轻工业学校、商丘工业学校进行招生并轨试点。其中，商丘工业学校的7个专业全部并轨，其余3所学校实行部分专业并轨。同时，研究了招生并轨的相关政策和收费标准。

1997年下半年，省教委组织人员先后深入郑州、商丘、新乡等市（地）的20多所学校，多次召开座谈会，就普通中专学校的改革和发展涉及的专业调整、学校布局、招生并轨和提高办学水平及效益等问题进行广泛细致的探讨。在此基础上，起草了《河南省普通中等专业学校布局和专业结构调整意见（初稿）》。

四　学校行动

学校是实现教育目的的基本单位，当代的教育虽然已经或正在走出教室，走出学校，但主流仍然是学校教育。职业教育社会使命的实现，与其他类别的教育，特别是普通教育相比，与社会的结合更多一些，即使如此，学校教育仍承担着主要任务。

（一）学校内功

1988 年 3 月，省教委批准郑州师范、郑州幼师、开封市二师、商丘师范、淮阳师范、许昌师范、漯河师范、驻马店师范、潢川师范、南阳师范、邓县师范、洛阳市一师、平顶山师范、汲县师范、安阳二师、濮阳师范、焦作师范、鹤壁师范 18 所师范学校为首批实现办学条件标准化的学校。

开封市第二职业高中建立了服装专业实习工厂，设置了 7 个实习车间，配备了 219 台缝纫机和几十台专用设备，使工厂达到了日产 300 套服装的能力，成批量地生产校服、运动服、防寒服和童装等，受到市场欢迎。

安阳市第四职业技术高中为培养服务行业所需要的中、初级技术人才，以烹饪、商业会计和旅游服务为拳头专业，建起供学生实习并对外营业的“凤凰酒家”，形成教学—实习—生产（经营）一条龙烹饪实习基地。

新乡市第五职业技术高中在办学实践中创立了“三自两导”（即自愿组合、自筹资金、自主经营，接受学校的业务与技术指导）联合就业体的办学模式。

1989 年，安阳县第一职业技术高中先后建立实习基地一部（综合服务门市部）、二园（种植园、养殖园）、三厂（木工厂、饲料厂、预制厂）、四站（农业气象站、农业技术咨询站、虫情测报站、兽医站），面向农村开展咨询服务活动。还举办 26 期短训班，为农村培养各种技术人才 1400 人。

1990 年，省教委印发郑州水利学校《学生操行评定的暂行规定》和郑州铁路机械学校《教书育人、服务育人、管理育人工作试行条例》，对全省中专学校规章制度建设和学生管理，起到了促进作用。

郑州市第四职业中等专业学校、开封市第二职业高级中学、新乡市第二职业高级中学、安阳市职业中等专业学校、平顶山矿务局职业中等专业学校、南阳县第一职业高级中学、汝南县马乡职业高级中学、新县职业高级中学、卢氏县职业高级中学、栾川县第二职业高级中学 10 所职业学校被确定为“首批省级重点职业高级中学”。

新县职业高级中学开展校外定点服务，指导 135 个专业户，其中养鱼 22 户，种茶叶 21 户，种葡萄 23 户，种猕猴桃 8 户，种花卉 11 户，种板栗 15 户，养鸭 17 户，养殖 5 户，农产品加工 13 户。17 个乡（镇）的专业户，年收入达 21.4 万元。

1991 年，中原机械工业学校、信阳卫生学校、开封市第一职业中等专业学校、郑州市第四职业中等专业学校、新乡市第二职业高级中学被评为全国职业技术教育先进集体。

辉县市第一职业高级中学、南阳市第一职业中等专业学校、商丘市职业中等专业学校、洛阳拖拉机厂职业高级中学、安阳县第一农职业高级中学、博爱县农业中学、尉氏县第一职业高级中学、密县职业技术教育中心、许昌县桂村农业高级中学、南乐县第二职业高级中学、漯河市第一职业高级中学、商水卫生职业中等专业学校被确定为第二批省级重点职业高级中学。

1991 年，许昌师范、沁阳师范、南阳二师、淮阳师范、汝南师范、安阳二师和洛阳一师等学校因办学思想端正，办学条件较好，教育质量和办学效益高受到国家教委的表彰。

10 月 22~23 日，省教委在焦作市召开中师标准化建设工作会议，确定荥阳师范、开封一师、开封三师、洛阳二师、襄城师范、汝州师范、新乡二师、安阳师范、安阳二师、滑县师范、濮阳二师、豫西师范、南阳二师、南阳三师、西华师范、固始师范、民权师范、汝南师范 18 所学校为第二批实现办学条件标准化学校。

新郑县梨河乡黄甫蔡农民技术学校围绕本村支柱产业，对全村 100 多名劳动力进行了 13500 多人次的实用技术培训，使近千人获得了技术资格证书。学校还办了家禽服务公司、桑蚕服务站、良种繁育服务站等，成为教学、供应、销售一条龙服务实体，在指导农民科技致富方面取得突出成绩。全村 388 个农户全部脱贫致富，全村经济收入 300 万元，人均纯收入近 900 元，分别比 1988 年增长近 50%，成为远近闻名的“双文明村”。

开封县一职高完成12个省市科研项目，培育出的花生良种“范村6号”“范村7702”“范村7813”均获省级科研成果三等奖，推广后，增加经济效益100多万元。

汤阴县第一职业高中承担市、县农业技术部门的科学实验项目，进行9个高产玉米品种和10个谷子品种对比种植试验，并进行“吨粮田”和肉鸡养殖、畜禽疾病防治的研究试验，均取得较好效果。

滑县第三职业高中举办各种短训班32期，受训人员2153人次，该校上挂中科院棉花研究所，横联县科委、农机公司、种子站，以“学校包村，学生包户，以户联片”的形式进行技术辐射，解决许多农业技术的入户问题。在全国第六届发明展览会上，该校学生李胜战发明的“89型穴播机”获得金奖。

镇平县第二职业高中紧扣地方经济发展需要设置专业，结合本县玉雕、丝壁地毯、丝绸、烙画、刺绣等传统工业的实际，开设了基础美术、图案设计、雕塑等专业。为使学生在校真正学到一技之长，该校首先强化教师队伍建设。选派部分教师到华中师大、河南大学等院校离职深造；聘请浙江大学、黄河大学、南阳师专等院校工艺美术系教授、专家向教师讲学；并在政府部门的支持下，调聘一些专、兼职教师，逐步形成了基本满足教学需要的师资队伍。其次，调整课程设置和教学内容。为解决职业学校存在的重专业教学轻文化课教学、重专业技术轻专业理论的倾向，该校对课时安排进行合理调整，文化课、专业课、实习课的比例为4∶3∶3，专业理论教学与专业实践比例为4∶6，使学生毕业后，既有相当的文化水平，又掌握一定的专业理论，还具有熟练的实际操作技能。同时，他们结合专业实际，对文化课进行删改，为专业教学服务，并自编了《镇平玉雕初探》等7种3万字的乡土教材。最后，加强实践性教学。该校先后投资15万元，在校内建立了与专业相适应的玉雕、装饰、装潢、烙画、服装5个实习工厂；和县地毯总厂羊毛衫厂、玉器厂等企业联系，建立了稳定的校外实习基地；并聘请县玉器厂、地毯厂等单位技术员做兼职实习指导教师，提高了实践教学的质量，培养了学生的实践操作技能。

信阳地区示范性职业高中根据当地自然经济特点和发展趋势，分别建立了主攻课题，办学效益日益明显。新县职高主攻“山”，即山区经济开发、山区种植、养殖；罗山东卜职高主攻“水”，即杂交水稻、水产，外加果林、蔬菜；信阳县浉河港职高主攻“茶”，外加食用菌；固始陈淋子职高、商城伏山职高主攻“蚕桑”；光山杨墩职高、息县东岳职高、淮滨赵集职高主攻稻、麦、油菜良种繁育和棉花高产；潢川黄岗职高主攻家禽饲养；罗山楠杆职高主攻油栗和烟叶；信阳县吴家店职高主攻杂交稻育秧。示范性职业高中做到教学、科研、生产、经营、服务“五结合”和人才、技术、良种“三辐射”，收到较好的社会经济效益。信阳县浉河港职高 7 年共培训茶叶专业长班毕业生 675 人，其中 67 人成为村级茶叶技术员，通过学校茶叶基地的生产示范和技术推广，使浉河港乡种茶面积由 1984 年的 4487 亩发展到 1991 年的 6847 亩，年产量由 1984 年的 18.5 万斤增长到 1991 年的 285 万斤。茶叶产值达 350 万元，仅茶叶一项，使全乡户均收入增加 700 元。信阳县吴家店职高建立了校办杂交稻育苗工场。育苗时间短、出苗齐，育苗多、占地少，简化了浸种到育苗的环节，避免了不应有的浪费。和旱育寄抛比较，一万亩稻田可增收 100 万元。该育苗工场还可以综合利用，如育菜苗、花卉、苗木、食用菌等，发挥整体效益。该工场从教学、科研到示范、技术推广等，形成一个完整体系。省里在该校召开了现场会，各市、地副市长、副专员参观了育苗工场。河南电视台、信阳电视台都分别做了报道。学校结合专业课特点，进行课外生物研究，在河南省青少年生物百项活动中，荣获优秀活动奖（集体一等奖）。新县职业高中 1986 年以来共毕业 944 名职高生，被国营企业录用 102 人，占 10.8%；被乡镇企业聘为工人、乡村聘为技术员的 373 人，占 39.3%；承包茶园、林场或成为专业户的 203 人，占 21.5%；被选拔为乡、村干部的 168 人，占 17.8%。学校利用人才、技术的优势承担了代咀乡“燎原计划”实施项目，两年中推广科学技术 17 项，1989 年该乡人均收入较上年增长 51%，由人均 240 元上升到 360 多元；全乡经济收入较上年增加 130 万元。1990 年，该乡人均收入又较上年增长了 18%。新县职高通过人才、技术和良种的辐射，不仅增长了师生的才干，丰富了教与学的内容，还提高了学校信誉。很多农民都乐意把自己的子女送进职高学习。1990 年学校计划招生 200 人，全县报考该校的考生达 1400 人，占全县报考人数的 52%。

1992 年 8 月，国家教委授予郑州市公安干部学校、南阳地区供销职工中等专业学校、林县成人中等专业学校、河南省中华会计函授学校“全国成人中等专业教育先进学校”称号。

安阳市第一职业中专通过学生实习，为“国际跳伞锦标赛”和“1992 年中国安阳殷商文化节”大型文体表演设计制作 2000 余套服装和部分道具，仅此一项就赢利 10 万元。市第二职业中专的电视机线路板生产线年产值达 120 万元，创利 15 万元。市第三职业高中改装试制电工实验台近 50 台，除满足本校使用外，其余推向市场，销售情况看好。市第四职业高中的凤凰酒家自主经营以来，不断更新设备，扩大经营范围，年营业额达到 62 万元，被市饮食服务业协会评定为“一级饭店”。

南乐二农中积极走“产学结合，校企结合”的路子，增设了机电、服装加工等专业，扩建了养殖场，办起了庄稼医院、兽医门诊部，并与中国农科院等科研单位及高校联系，开展科研活动，成功地研制了“毛氏猪饲料添加剂”，较全国著名的“龙氏养猪法”的饲料添加剂效益高出 2 个百分点。

1993 年 2 月 11 日，省教委下发《关于巩固和发展普通中等专业学校办学水平评估成果的意见》，要求学校和学校主管部门都要对办学水平评估工作进行总结，对评估中发现的问题和不足，要研究制订改进意见和具体措施，提高办学水平和办学效益。做好国家级、省部级重点中专学校的评估工作。推荐郑州铁路机械学校、郑州电力学校、中原机械工业学校、黄河水利学校、河南省农业学校、信阳卫生学校、河南省粮食学校、河南省交通学校、郑州铁路卫生学校、郑州水利学校、河南省戏曲学校 11 所学校为国家级重点普通中等专业学校；推荐洛阳林业学校、焦作卫生学校、中原石油学校、郑州地质学校、河南纺织学校、河南省邮电学校、河南省商业学校、安阳体育卫生学校、开封体育卫生学校、郑州卫生学校、河南省建筑工程学校、河南省粮食经济学校、河南省计划统计学校、河南省投资管理学校、许昌财会学校 15 所学校为省部级重点普通中专。

省教委审核批准并报国家教委备案，同意开封市第一师范、焦作师范、洛阳市第一师范进行培养专科程度小学教师实验工作，加上上年批准的郑州师范学校，本年全省共招收此类试验班学生 280 名。试验形式均为五年一贯制。

4月2日，郑州师范、郑州幼师、荥阳师范、洛阳一师、商丘师范、开封一师、许昌师范、漯河艺师、驻马店师范、信阳师范、漯河师范、平顶山师范、南阳四师、南阳一师、濮阳师范、新乡一师、焦作师范、沁阳师范被省教委授予中师管理先进单位称号。

浚县少年技校在加强文化课教学的同时，加重劳动课的分量，把职业技术教育因素引入中小学校，使学生从小爱劳动、会劳动。劳动课实行课堂讲授、基地实践，课堂讲劳动技术课教材，结合自编的乡土教材，小学每周两节，中学每周三节；县政府统一要求乡、村为中小学提供实践基地，小学每班不少于半亩，中学每班不少于1亩，全县已划拨1150亩。城关乡前毛村学校少年技校用塑料大棚搞蔬菜种植，同时培育月季、红富士苹果、葡萄等，从育苗、管理、培土到架楼，在老师指导下，学生亲自动手，从入冬到春节创收3万余元。1993年，全县少年技校实践基地创收达260万元，少年技校正在成为浚县培养“小创造、小能手、小经理”人才的摇篮。

新乡市五职高同30多家相关企业建立校企联谊会，形成一个隐形的人才劳务市场。通过联谊会提供用人计划、人才规格和专业标准，为在校生提供生产实习，厂校之间进行生产工艺流程的学习研讨，开展信息、学习和技术交流创造了条件。

清丰县第一职业高中坚持长短结合，强调实验实习，突出实践性教学环节，广泛开展了田间调查、科普宣传、咨询服务、试验推广“四位一体”的科技活动。“花生黄花生理性危害规律及防治”等6个项目在省第二届青少年生物百项活动竞赛中被评为优秀项目奖，“中华东蚁蛉生物学规律调查及个人饲养”“化学防除夏播玉米田杂草试验”分别获得全国第二届青少年生物百项活动评选优秀项目二、三等奖。在科技活动中，该校有30名学生受到国家、省有关部门表彰，学校获全国“小星火”杯先进集体称号。

1994年，郑州铁路机械学校等38所学校被评为省部级重点普通中等专业学校。郑州铁路机械学校、黄河水利学校、中原机械工业学校、信阳卫生学校、河南省农业学校、河南省粮食学校、河南省交通学校、郑州铁路卫生学校、郑州水利学校9所学校被国家教委命名为国家级重点普通中等专业学校。

新郑市梨河乡成人教育学校、长葛市古桥乡成人教育学校、汝阳县付店乡成人教育学校、辉县市上八里乡成人教育学校、西平县二郎乡成人教育学校被国家教委授予“全国农村成人教育先进学校”称号。

辉县市二职高开设烹饪、旅游、财会 3 个专业，调整文化课，增加营养与食品卫生、烹饪学、刀工技术等专业课，培养学生动手能力。学校从百泉宾馆、共城宾馆、西苑酒店等处聘请著名厨师和导游作为学校的兼职教师，并安排学生到宾馆、酒店实习。每年春季的百泉全国药材交易会组委会连续三年都将会议的烹饪、旅馆餐厅服务等承包给该校学生。

漯河艺师在短时间内迅速组建起一支思想作风过硬、专业素质较高的教师队伍，建立健全了一整套规范化管理制度。根据国情省情制订和实施发展规划，按照“教学、科研、创作”三位一体的管理体制和“思想、专业、文化”三者并重的培养原则，努力探索中等艺术师范的教育规律。

1996 年，桐柏县一职高组成专业课教师、工厂技术人员和学生“三结合”技术攻关小组，攻克了该县白银矿“节约用电”和水泥厂“进料口的改进提高日产量”等课题，产生了规模经济效益。

淇县高村镇农民技术学校始终坚持“五为主”原则：长短结合，以短期培训为主；农林牧副结合，以农牧为主；系统学习和适用技术结合，以生产环节和农民所需的适用技术为主；集中培训和分类指导结合，以分类指导为主；农闲农忙结合，以农闲集中培训为主。教学程序是：1 ~ 3 月，传授小麦管理、间作套种、棉花种植等；4 ~ 6 月，讲小麦中后期管理、秋粮点种、农作物病虫害防治知识；7 ~ 9 月，讲授秋作物管理及病虫害防治知识和小麦播种技术；10 ~ 12 月，讲授棚菜生产及养殖技术和沼气生产、植桑养蚕及裁剪、家电维修等技术；每年 7 月下旬对初中毕业生进行集中培训 20 天，使他们学些家电维修、农机修理、裁剪技术，杜绝了科盲回乡就业。本年，镇成人学校举办各种类型的学习班 24 期，结业学员 1800 余名，各种专题讲座 16 场，听讲人数达 2 万多人次。印发农技宣传资料 8200 份，接待技术咨询 6828 人次。为群众解答种植、养殖、化肥、农药施用等方面疑难问题 360 多个，为全镇培养技术骨干 112 名，培训返乡知青 586 名。

1998 年，郑州市教育委员会、安阳市计划委员会、河南省农业学校等 70 家单位被评为全省职业教育先进集体。

（二）教师和学生

一般看来，职业学校的教师没有学生升学的压力，学生自己也不再担忧残酷的高考，看起来光鲜轻松，事实上表面也是这样。但进一步分析看，其实他们面临的是和普通教育的师生不同的困难和压力。职业学校的教师面临的仍是传统教育的环境和僵化的课堂教学模式，这样的环境和模式是为了培养考试机器而生成的，而他们面对的学生大部分是初中分流过来的，是在小学和初中阶段被社会关爱不够的孩子，是不适应应试教学、考试成绩不理想的学生。旧的圆的瓶子要装新的有棱角的物品，怎么都不会匹配，所以教师要穷尽一切努力。最重要的是要让学生上课听课不乱，至于学会学不会得先缓一缓。没有课堂秩序，就没有理想的教学效果，而职业学校想要有普通高中的“秩序”只是做梦。这里必须申明，职业学校理想的课堂秩序必不是高三的形式。学生无法与传统课堂沟通，传统课堂无法涵养这样的学生。如果教师有高尚的师德，还会进行一些改革创新以适应学生的成长，这样的改革创新有风险，有时甚至要付出高昂的代价。因为模式、环境、教材等不适应学生，而学生在没有兴趣的情况下，无奈选择了这种教育，使得教和学一开始就产生矛盾，这些矛盾弥合的可能性极小，教师夹在社会学校和家庭学生之间，如果不想随波逐流，只有痛苦探索。学生的境况也不如意。社会本来就推崇考试成绩好的孩子，而今人评价学生学习结果的唯一标准就是看考分。这些学生不适应考试，好不容易熬过了六年小学、三年初中，面临高中阶段的选择很是纠结，想依从家长和社会的意愿，但跨不过分数线那道门槛。九年的义务教育，对孩子人生发展的教育一直是瞄着高考的，所有的学习都是为高考准备的，他们基本上没有走上职业学校的心理准备。但高中不要，年龄小又不能闯社会，在家长的左右下，无奈上职业学校。不少学生入校后还会生成一点希望。但一进教室，又是初中那一套教法，又是考试那一套评价，学生们希望的火苗在一点点湮灭。这样的学习没有兴趣，那就上网、逃课，即使进了教室，也目盯手机，心系游戏。每一个孩子本来有着与他人不同的天赋，却被一个模式的教育一点点磨灭了。这样的学生也有痛苦，职业学校毕业后，对口升学？走上社会？对口升学要继续面对考试，走上社会，中职毕业生有“尊严”

的工作不多。这样的纠结，会伴随孩子许多年。

这里说的，主要是中等职业教育。其实高等职业教育也大同小异。

就是在这样的背景下，职业学校的教师和学生不断探索创新，在自己的岗位上发光聚热，奉献社会。

1991 年，清丰县第一农业高中科研带头人、专业课教师王同贵被评为“全国自学成才优秀人物”，受到全国总工会、自学成才评定办公室表彰。

“全国十杰中小学中青年教师”宋飞琼，执着职业教育。高考时，她选择了河南职业技术师范学院农学师资专业；大学毕业时，她放弃留校当大学教师的机会，回到还很贫穷的家乡潢川县工作。组织上分配她到近郊的付店乡政府工作，她却主动要求去距县城 40 华里的潢川县第一职业高中任教。从教后，她克服重重困难，在艰苦的条件下，一边承担 3 门专业课的授课任务，一边坚持农业科学研究及农业技术推广。教学中，她认真钻研教材教法，因材施教，注重培养学生的动手能力，讲课形象生动；她关心学生的学习和生活，曾先后为 23 名家庭困难的学生垫支学费，被师生视为良师益友。科研上，她带领师生搞小麦新品种培育和栽培技术研究。在农业技术推广上，她把小麦各个生育期田间管理的关键技术转化成易学好记的口语，编印成小手册，深入到田间地头为群众上技术课，她主讲培训农村技术人员 2000 余人次，推广小麦优良品种 50 多万亩，增产 2000 多万公斤，增加经济效益近千万元。她主持的小麦栽培研究项目先后获河南省教委科研一等奖、河南省科技进步三等奖。她先后被县、地区授予“先进工作者”和“赵春娥式好职工”等称号，1993 年被评为“全国优秀教师”，1994 年 11 月，《中国教育报》以《大别山之恋》为题报道了她的先进事迹，同年 12 月，被评为“全国十杰中小学中青年教师”，受到了时任党和国家领导人李岚清、卢嘉锡等的亲切接见和鼓励。河南省教委和信阳地区教委分别做出决定，号召全省、全区教育系统广泛开展向宋飞琼学习的活动，以弘扬她热爱家乡、扎根农村、献身教育的精神。

南阳农业学校校长王胜利，坚持以生为本、能力为本的办学理念，及时进行专业设置、课程体系、教学内容、教学方法、教学模式的调整优化，推行以能力为中心的教学体系，主持制定校内各专业学生能力手册，实施有偿顶岗实习、半工半读，把学生顶岗实习和技术服务有效地结合起来。

作为农业学校的校长，王胜利主动投身科教兴农的活动中，积极开展科技扶贫。1986 年，他参与了伏牛山区西峡县以黑木耳为主的食用菌开发；1987~1990 年，参加了大别山扶贫，负责桐柏县科技扶贫工作；1991 年以来，又坚持参加学校在新野县王庄镇举办的星期天农校，深入乡村传授实用技术。

王胜利坚持按照围绕专业办产业、办好专业促产业的思路，先后主持建立奶牛饲养基地、绿白乳制品厂、植物组织培养中心、黄牛厂、种鸡厂等十多个校办产业，有效地服务了地方经济建设。

1998 年，王建庄等 300 人被评为“河南省职业教育先进工作者”。

一大批经过职业技术教育训练的中、初级技术管理人才和劳动者，在工农业生产第一线发挥了积极作用，他们当中许多人成了生产技术骨干、革新能手、先进工作者、专业户、科技户、致富的带头人。1979~1990 年，全省回乡的 776.9 万名知青当中，受到各种培训的达 716.9 万人，培训率达 92%。据统计，在他们当中，有 71907 人获得农业技术员职称，65306 人当选为农村基层干部，25108 人进入了乡镇企业，13877 人被聘为农民教育教师，160850 人成为各类专业户、重点户和科技示范户。知青培训工作为科教兴农、直接有效地为当地经济建设和社会发展服务起到了重大作用。

固始县陈淋子职业高中毕业生邹帮友，1983 年任陈淋子镇糖果厂厂长，至 1988 年，这个只有 1 间旧厂房、500 元资金、6 名工人的小厂，发展成为有 24 名工人、年产值 19.7 万元的镇办企业。光山县杨墩职业高中毕业生黄银祖，当兽医 4 年，防治牛病近 1000 头次，猪 1.6 万头次，兔 1700 多只，羊 500 余只，鸡 10 万余只次，为群众减少损失近 20 万元。

1987 年，安阳市第二职业高中毕业生焦振华被安阳电池厂录用后，仅一年时间就被评为市级劳模。开封市第二职业高中的服装专业毕业生，多个厂家竞相争抢，结果被东风服装厂以每生 300 元的培训费抢先全部有偿录用。

1991 年，罗山县一职高学生钱明忠在校学习种植专业，课余指导家庭种 2 亩巨峰葡萄，一年收益 2200 余元。

3 月，省教委与劳动厅、人事厅、财政厅联合表彰在发展中等职业技术教育事业中成绩显著的先进个人 139 人，授予“河南省职业教育先进工作者”称号。

全省共培训回乡知青 125.6 万人，其中教育部门培训 75.9 万人。经过培训，已有 79327 人担任农民技术员，比上年增加 7420 人；72160 人担任基层干部，比上年增加 6854 人；15631 人担任农民教育教师，比上年增加 1754 人；38041 人成为乡镇企业职工，比上年增加 12933 人；176786 人成为农村专业户，比上年增加 15956 人。一年来共获各级科技成果奖 1566 项。

开封市四职高马东海在全国职业学校烹调专业技能竞赛中获二等奖；三职高关宏亮在全省职业学校车钳工技能竞赛中获钳工第一名，在全国“钢城杯”车钳工技能竞赛中获钳工第二名。

1992 年，淮阳县冯塘职高畜牧班毕业生王广新回乡办起了养鸡场，月平均创收 12000 元。烟草班在校学生许林，边在校学习边搞试验，当年种 2 亩烟叶，亩均创收 1956 元。缝纫班学生刘淑华，未毕业就被安徽亳山市服装厂聘走当了技术员。烹调班学生朱贞毕业后，进了天津大邱庄，先是受聘为服务员，后又被聘为厨师，继而又承包经营，独立开业，当了经理。农学班学生李慧，在校品学兼优，未毕业就光荣入党，他利用所学知识承包责任田，年亩均收入超 2000 元，当年被选为当地行政村支部书记。截至 1993 年底，从职高毕业的学生踏入社会后，成为科技示范户的 39 人，被各级政府正式聘为农民技术员的 54 人，聘为农艺师的 4 人，成为各类专业户的 41 人，医生 32 人，兽医 11 人，乡村干部 19 人。

1995 年，全省有 66 名中师和教师进修学校的教师获得曾宪梓教师基金奖。其中一等奖 1 名，二等奖 6 名，三等奖 59 名。一等奖获得者、舞阳县教师进修学校教师陈玉亭代表河南获奖教师出席了 12 月 22 日在北京人民大会堂举行的颁奖大会并在会上发言。

商丘县第二职业高中毕业生石其成，利用在校学习的专业技术，搞食用菌培育和水炕法孵化小鸡，几年来，仅种植蘑菇就收入 6 万多元。他为了更大面积地推广技术，征得路河中心校领导的同意和支持，先后在乡中学、成人学校多次免费举办“食用菌”“炕小鸡”培训班，参加培训的达 2000 多人次，使路河乡宋庄村几乎家家都会种蘑菇，户户都会炕小鸡，年户均收入 3000 多元。

1996 年 10 月 29~30 日，省教委、省经贸委、省劳动厅联合召开全省职业教育工作会议，表彰了献身农村、为家乡经济建设作出突出贡献的石其成、秦钦行等 100 名从职业学校毕业的致富能手。

五 中高等职业教育共同发展

（一）中等职业教育在改革中发展

推动中等职业教育发展，除了政策扶持、计划倾斜外，一些基层县区还采取了更积极的措施。早在 1989 年，郑州市的荥阳、密县、登封、中牟、巩县、新郑等县就利用城乡二元结构的差别，拿出“农转非”指标支持职业学校发展。之后，不少市县将这一方法迅速推广，在一定时期内增加了职业教育的生源。这种措施毕竟是有历史局限的，随着户口制度的改革，它的优势已经不复存在。虽然如此，一些职业学校在发展初期借助这一措施形成了规模，奠定了发展基础。

为了增加中等职业教育的生源，保持职业学校的规模，不少市县试行了一年两季招生。一些县区春季初三分流，动员分流的学生到职业学校就读。这些措施，在一定时期产生了一些作用。

为适应社会主义建设事业发展对中、初级技术人才的需要，各地重视调整教育结构，发展中、初等职业技术教育。1988 年，全省普通中等专业技术学校新增社会急需短线专业 13 个。一些普通中学进行了“三加一”“初三分流”“高三分流”等增加职业技术教育课程的试验。城市在职业技术学校毕业生的安置方面，“先培训、后就业”的原则和择优录用的政策进一步得到落实。

1988 年，省教委同意河南医大附属卫校与省人民医院联合办学，以收费走读形式招收护士专业 40 名。学生入学从第一学期开始，每天早上六点至七点半进病房做晨间护理，早饭后到教室上课，星期日轮流进病房承担护工的任务，如打扫卫生、洗刷消毒器物等，医院每月付给学生生活补贴 15 元。分阶段集中进行教学实习。第一年集中学员到病房实习 6 周，第二年进病房集中实习 10 周，第三年毕业实习 32 周，总共实习 48 周。在进入课间实习及毕业实习阶段，医院每月发给学生生活补贴 20 元，同时发给夜班费、健康补贴和一定数额的奖金。学制三年，总学时 2300 学时，从课程设置上适当进行调整，压缩了普通文化课时数，增设了护理心理学、医学理论、美学等课程。试办工读护士班，受到卫生部的关注和赞扬，并作为改革的典型材料在1988年召开的全国中等医学教育工作会议上介绍。

1989年，全省17个市、地都确定了农村教育综合改革试点县。县以下农村教育实行普通教育、职业技术教育、成人教育“三教”统筹，农业、科技、教育“三结合”，架起教育为社会主义建设服务、社会主义建设必须依靠教育的桥梁，开辟了农村教育事业发展的新格局。

为适应劳动制度的深化改革，积极推行技工学校毕业生实行劳动合同制，从1989年起，河南省各级各类技工学校按照国家劳动计划招收的新生除野外勘探、矿山井下和烹饪、锅炉工种（专业）外，全面推行新招学生毕业后当工人的实行劳动合同制，当生产实习指导教师的实行聘任制。从1991年起，省属技工学校录取的新生毕业后不包分配，由用人单位择优录用。

1993年，省劳动厅决定对省属地方技校全部实行指导性招生计划。提倡多招委培生、定向生，促进培训与就业的紧密结合，在实行不包分配的同时，大力提倡学校与用人单位直接沟通；省属地方技校招生计划、专业设置自主确定，适当放开招生对象、招生年龄以及招收自费生比例等。

1994年10月17日，中共河南省委、河南省人民政府《关于〈中国教育改革和发展纲要〉的实施意见》做出部署：积极改革中等以上学校招生、收费和毕业生就业制度，积极推进高等学校和中等专业学校、技工学校的招生收费改革和毕业生就业制度的改革，逐步实行学生缴费上学、大多数毕业生自主择业的制度。在现阶段实行国家确定的任务计划与调节性计划相结合的体制。到1997年大多数学校按新制度运作，2000年基本实现新旧体制转轨。在人才市场、劳动力市场比较完善，全面实行缴费上学制度后，由教育主管部门批准，学校可根据社会需求和办学条件自行调整招生规模。省通过制订学校设置及学位和学历证书的基本标准、审核办学条件、教学评估、拨款以及有关部门发布毕业生就业状况和人才供求信息等手段，调控招生总规模和专业结构。

1995年5月17日，国家教委印发《关于普通中等专业教育（不含中师）改革与发展的意见》提出，要加快中专学校管理体制改革的步伐，中专教育实行分级管理、分工负责、条块结合、地方为主的管理体制，改变过去那种与计划经济体制相适应的单纯为全民所有制单位培养人才、统包统配的制度。要逐步全面实行学生缴费上学，大多数毕业生在国家政策指导下自主择业制度。此即后来的“并轨”：收费上学，不包分配。到2000年，基本完成“包上学、包分配”到“自费上学、自主择业”的过渡，实行学生缴费上学，大多数毕业生自主择业的制度。

1995年，成人中专招生出台两项改革措施，即考生可以凭初、高中毕业证免试入学，改每年一次报名、一次录取为两次报名、两次录取。

1996年，改革了部分普通中专招生和毕业生就业分配制度，扩大了普通中专学校不包分配班的试点，由原来的农业、林业、卫生类学校扩大到工科和少数财经科学校。

1997年，普通中专学校进行招生并轨试点工作，这是整个普通中专教育改革的热点和难点。省教委确定在河南省外贸学校、河南省粮食学校、河南省轻工业学校、商丘工业学校进行招生并轨试点。其中，商丘工业学校的7个专业全部并轨，其余3所学校实行部分专业并轨。

在这一时期，河南的中等职业教育继续扩大规模。中等师范学校招生数和在校生数，从1990年到1998年九年间一直居全国第一位。

职业中学学校数、招生数和在校生数，从1995年到1998年连续四年居全国第一位。

（二）高等职业教育自身建设和服务社会的功能进一步提升

1987年开封大学为适应当地经济建设对人才的需要，调整了专业结构。新开设工业企业财务会计和工业与民用建筑专业，并同新乡平原大学对换培养建筑材料专业学生5名。7~9月，学校抽调干部、教师共9人，历时两个月，到22个县、区、局和企业进行了调查，了解开封市人才需求情况。根据调查和预测，本着为开封经济建设服务的目的，制定了学校专业发展三年规划。

1987年11月，郑州畜牧兽医专科学校组成由18名教师、专业技术骨干参加的科技扶贫工作团进驻固始县（河南省贫困县），开展科技扶贫工作。经过考察和反复论证，确定了7个科技扶贫示范项目，并选择该县汪棚、段集两乡作为综合示范点，往流乡作为单项示范点。1988 年，示范点的经济效益达 290 万元。

1988 年在成人高等教育基础较好、职工大学比较集中的洛阳市进行区域性职工大学联合试点，由市教育行政部门牵头，将该市 8 所职工大学联合起来。联合职工大学成立联合校务委员会，主要负责研究总校及分校发展规划（包括专业设置、办学条件），审定年度工作计划和招生计划，制定统一规章制度等。联合职工大学统一使用教师，统一教学计划，统一教研活动，统一使用实验设施，统一考试，统一学籍管理。

1988 年，在洛阳市政府、市重工局和有关部门的大力支持下，洛阳无线电厂并入洛阳大学，作为洛阳大学的校办工厂。洛阳无线电厂可进行机械、电子、电力控制等整机与成套设备的加工制造，主要产品有电子电力控制柜、变电站集成电路继电保护控制台和变电站微机继电保护控制台等。洛阳无线电厂并入洛阳大学，成为学校长期以来盼望的教学和科研实习基地，对洛阳大学的发展发挥了重要作用。

1990 年，河南机电专科学校按照学籍管理办法处理了 4 名违反校纪的学生。实行严格的考试和监考制度，对已发现的 9 名考试作弊的学生进行了严肃处理。同时，严格学习纪律，制定了《关于课程考核的若干规定》。由各学科（部）对各教学班进行考勤，学生处进行不定期的抽查。建立了学校总值班室，了解学生学习生活各方面的情况，及时处理发生的问题，学校的教学秩序和生活秩序得到了改善。

郑州纺织职工大学探索教学与实践相结合的途径，在学生学完规定的各门课程后，进行专业设计。学校出了“五万纱锭纺厂设计”等 15 个题目，学员根据自己的工作岗位，选择其中 1 题进行设计。设计内容包括产品规格及产量、工艺流程、设备选用、设备排列、生产效率、生产定员、生产组织、原材料需要、能源需求、经济分析等。并要求学员写出设计说明书，画出图样。以用促学，以学促用，调动了教与学两个方面的积极性，教学质量得到提高。

平顶山煤矿职工大学制定了“思想政治工作目标管理实施方案”，把各项任务分解为两个方面：一是机关政工科室满分 1000 分，共 8 项 50 条；二是基层党支部满分 750 分，共 8 项 38 条，建立了学校党政领导、机关科室和基层党支部的三级管理体制。为了便于检查、落实，还建立了党政工团思想政治工作责任制、政治学习制度、总结评比制度、优秀思想政治工作者和单项奖励制度。

河南省政法管理干部学院按照省委的要求和部署，用两个多月的时间，认真进行了党员重新登记工作。同时建立了工作制度、学习制度、检查汇报制度、议事规则等；学院采取学习文件、自查自纠，开展“双廉”评比活动等形式，提高广大党员的廉政意识和公仆意识，纠正行业不正之风，有力地促进了廉政建设。

河南职业技术师范学院从 1989 年开始，组织大学生开展“科技承包农户”活动，把思想教育和专业知识教育相结合，融社会实践、专业实践和科技服务活动于一体，培养又红又专、德才兼备的合格人才。科技承包农户活动的主要做法是，就近就便与周围农村建立固定联系，班包村，组包户，高低年级学生交叉组合，3~5 人一组承包一户，让学生结合所学专业，利用课余和星期天，深入农家院落和田间，开展科技宣传指导，调查总结群众经验，参加农忙时节的生产劳动。承包小组首先对该农户过去的生产基础和现有的生产能力、规模进行调查，建立生产发展档案，制定下阶段发展规划和目标，逐年记载，观察成效。及时提供生产技术，帮助农民致富。自科技承包农户活动开展以来，已有 4 届 308 人参加，先后与辉县市的 4 个村建立了固定联系，重点承包了 35 个农户，已初步取得成效。学生尚增强在一位农户家的 14 亩土地搞吨粮田开发，小麦亩产 400 多千克，玉米亩产达 550 多千克，比邻户平均亩产增产 150 千克，取得较好的经济效益。

许昌师范专科学校 1991 年社会实践活动以“拜工农为师，做革命传人”为主题，以“讲实际、干实事、求实效、受教育、长才干、作贡献”为口号，成立了“许昌师专社会实践活动领导小组”，下设“活动办公室”、“巡回检查团”、“青年教师指导队”和“信息联络组”。把社会实践活动与学马列活动紧密结合起来，使之成为理解、掌握马克思主义、毛泽东思想的实践环节，学会运用所学的理论观察和认识社会主义革命和建设的现实问题，保证了学生社会实践活动的落实。

南阳师范专科学校利用团校先后举办 4 期“双学双树”培训班，培训学生干部 120 人，全校共成立学马列小组 120 个，学雷锋小组 89 个。有 482

名学生向党组织递交了入党申请书，占学生总数的24%。

郑州牧业工程高等专科学校继1990年开始实行双循环的人才培养模式后，1992年，学校根据不同生源地区对人才的不同需求，研究制订了“大专业招生，按需要分流，双循环培养”的新模式。

河南商业高等专科学校在学生管理上引入竞争机制，初步实行了学生“单科证”“双专业”“软淘汰”三项管理改革，进一步激发和调动了学习积极性。同时，在全校范围内推广实行了“记实考评”办法，量化管理，奖惩结合。

中州大学被省教委确定为河南省高校改革试点单位，综合改革方案由省教委、郑州市人民政府批准，1992年10月开始实施，经过对中层干部的聘任和部门对各类工作人员的聘任，部门人员配备结构趋于合理，教职工的工作纪律和主动性有了明显的改善。落聘7人，在教职工中产生较大震动。

高等专科学校在办学过程中，经费短缺制约了发展。为解决这个问题，商丘师范高等专科学校成立校办产业办公室，解决学校经费不足的矛盾，提高教职工的经济收入，缓解学校教职工子女就业难的问题。新乡师范高等专科学校深化后勤管理工作，逐步使后勤工作由行政管理型、福利服务型向服务经营型转轨。学校对水电、校容卫生、锅炉房三个单位继续实行单项承包；进一步改革伙食管理，打破用工界限，无论正式工还是临时工，一律实行工分计酬，死分活值，工资和效益推钩，取得了成功的经验和良好的经济效益。河南商业高等专科学校对校实验商场、校办工厂实施承包管理，逐年向学校交纳创收资金，自主经营，自负盈亏。黄河职工大学组织师生完成濮阳金堤河的工程测量任务，合同金额达124万元。同时，还完成其他科技服务20余项，产值达60余万元，净收入20余万元。平顶山煤矿职工大学根据“双增双节”规划，层层下达经费指标。对各项费用的支出实行责任承包，如煤、水、电、油、办公费等费用，承包给单位或个人，包死基数，节奖超罚，同时，积极推进后勤服务社会化，改福利型服务为全成本核算。铁道部郑州公安管理干部学院把搞好学生伙食作为工作重点，吸收学生代表参与食堂管理和成本核算，尽量减少物价上涨对学生生活造成的影响。发挥后勤职工的主动性，因陋就简，降低维修成本，节约开支。

1995 年，信阳农业高等专科学校理顺校办产业和科技开发工作的管理体制，成立校办产业管理办公室和科技开发公司，科技开发公司采取内引外联的方式引进资金，利用学校的科学技术优势开展各种社会有偿服务，先后与信阳市湖东经济开发区、信阳市五星乡签订联合开发水面和荒山各 100 亩的协议，水面开发初见成效，荒山开发全面展开，种植果木 8000 多株。

1997 年，国家教委将河南列为 10 个发展高等职业教育试点省市之一。河南从实际出发，对高职计划实行了单列。

到 1997 年，一个以高等职业教育为先导，以省级重点校为龙头，以其他职业学校为基础的中、高级职业教育相配套的职业技术教育的基本框架已初步形成，开始为河南经济持续强劲发展提供可靠的人力和智力资源保障。

（三）中等师范学校的历史使命

长期以来，中等师范学校承担着培养合格的小学教师的任务。新中国成立之初，全省只有 5 所师范，在校生 1123 人，到 1957 年发展到 35 所，在校生 19258 人。1958 年“大跃进”，一年之间，师范学校由 35 所发展到 100 所。从 1949 年到 1958 年，10 年间师范学校共培养出 274358 名中小学教师。据 1950 年上半年统计，全省有师范 12 所 164 班，在校生 7171 人，其中男生 5826 人，女生 1345 人。同期中等技术学校只有 7 所 46 班，在校生 1638 人，其中男生 1383 人，女生 255 人。可以看出，在新中国成立之初，河南的中等师范规模远远大于中等技术学校。

据 1950 年的统计，到当年下半年，河南师范学校的在校生达到 13938 人，比上半年净增 6767 人，由此可以看出当年的发展速度。

根据河南省人民政府教育厅 1954 年 9 月 11 日发布的数据，1953 年全省初级师范在校生 35661 人，师范学校在校生 8301 人。1954～1955 年，全省师范学校 17 所，在校生共 8706 人，其中一年级 3593 人，二年级 3050 人，三年级 2063 人。初级师范 18 所，在校生 11358 人。当年郑州师范学校在校生 799 人，其中一年级 267 人，二年级 289 人，三年级 243 人。郑州幼儿师范在校生 484 人，其中一年级 257 人，二年级 64 人，三年级 163 人。幼师在校生全是女生。1960 年开始调减规模。1964 年下达中等师范招生计划，全省共 2240 人。

河南省教育厅 1964~1965 年初发布的《中等师范学校综合报表》显示，全省共有中师学校 19 所（其中幼师 1 所），共 107 个班，在校生 3837 人。这样的规模，不但远远低于 1958 年，而且尚未达到 1950 年的水平。

1966 年之后，中等师范教育受到严重冲击。1978 年各级各类教育得以恢复，当年省革委计划委员会、省革委教育局联合下达中等师范招生计划 8400 人。1979 年，全省中等师范学校 29 所，当年招生 12470 人，在校生达到 29104 人。从此，河南的中等师范教育走上了健康平稳发展的道路。

到 1987 年，全省中等师范学校发展到 41 所，当年招生 15590 人，在校生达到 44205 人。1996 年，发展到 43 所，招生 32513 人，在校生 81642 人。2000 年为 41 所，招生 24895 人，在校生 88266 人。

1999 年 10 月 12 日，中共河南省委、河南省人民政府发布《关于贯彻〈中共中央、国务院关于深化教育改革全面推进素质教育的决定〉的实施意见》，提出调整优化师范院校结构和布局。到 2005 年，全省基本实现由中等、专科、本科三级师范教育向本、专科两级师范教育过渡，形成以独立设置的师范院校为主体，其他院校积极参与，教师来源多样化的师范教育新格局。

2001 年 9 月 9 日，省政府批转省教育厅《关于我省师范院校布局结构调整的意见》，标志着为全省义务教育作出了巨大贡献的中等师范教育完成了自己的历史使命，也标志着全省将如期实现三级师范教育向两级师范教育过渡的目标。

六　整顿和规范

由于认识的局限和体制的制约，职业教育在发展中注定要克服许多困难。在学校管理方面，整体上都不如普通高中那样“稳定”。除了平时的矛盾和问题外，也出现了极个别的突发事件。

1992 年 6 月 18 日中午，某专科学校在第二食堂就餐的 900 余名师生中，有 700 多名师生食物中毒，肚疼、呕吐、头晕，其中 13 名同学较为严重，出现休克现象。后经省市防疫站化验，确定为砷中毒事件。事件发生后，省委省政府领导极为重视。省政府接到报告后，立即组织社会各方及时抢救食物中毒学生。经及时抢救，中毒学生全部脱险，学生、家长情绪稳定，学校秩序基本稳定。后此案由公安部门破获，投毒者系该校一女生，已交司法部门处理。

1994 年 3 月 10 日凌晨，某师范学校西藏班部分学生打砸学校伙房和建筑玻璃，造成学校数万元财产损失。他们不听从学校领导和教师的劝告，煽动全体西藏班学生罢课。接到报告后，省教委委派师训处处长傅国柱前往协助学校作罢课学生思想工作，并控制住了事态的发展。13 日，省教委副主任赵世信又到学校，对闹事学生进行批评教育，同时对学生意见较大的伙食问题，责成学校立即改进，并表示适当提高学生伙食标准。经深入细致的工作，罢课学生于 14 日复课。为严肃校规校纪，经国家教委同意，对 11 名学生给予校纪处分，其中开除 3 人。

针对职业教育发展中出现的问题，教育行政部门及时采取措施，不断规范办学行为。

1987 年 3 月 13 日至 4 月 1 日，省教委组织力量赴各地对全省农村职业高中进行检查验收。这次共检查验收 79 所学校，约占全省农村职业高中总数的 35%，结果有 45 所学校合格，占检查学校总数的 57%。

按照省政府的要求，在 1985 年、1986 年技工学校整顿验收的基础上，针对未验收及验收未合格技校规模小、条件差、验收难度大的情况和特点，采取区别情况分类指导的办法，对前两年省、市地验收基本合格、不合格和现规模在 150 人以上的技校，根据标准和验收方法，组织两个验收组对 26 所技校进行了合格验收。对前两年省验收合格的 92 所技校中的 70 所技校首批颁发了合格证，占 92 所的 76%。

1987 年，省教委对洛阳市二轻局职工中专等 6 所办学条件较差的学校提出停止招生、进行整顿的意见。

1989 年 6 月，省教委对 45 所农职业高中进行了检查评估，32 所受检学校被确定为合格学校。

从 1989 年起，对各类成人中专学校按国家计划招收的学历生，逐步实行课程结业统考、抽考制度；每届学生毕业前，由市、地教育行政部门对该届学生教学情况进行检查评估，对符合要求的，省教委方予验发毕业证书。根据通知要求，11 月 26 日省教委对河南省中华会计函授学校本期结业课程进行了抽考。抽考课程是《工业企业财务与分析》和《会计基础知识》，参加抽考的中专全科班学员分别是 4644 人和 2232 人，及格率分别为 73.9%和 63%。

1990 年 2 月，省教委决定在 1990 年、1991 年两年中对全省中等专业学校办学条件进行评估，并制订《河南省中等专业学校办学条件评估标准》及《实施办法》。评估内容分解为三级指标体系，一级 5 项，二级 18 项，三级 59 项。评估等级分为佳级、较佳级、认可级、试办级四个等级。办学条件在 90~100 分的为佳级，70~89 分的为较佳级，50~69 分的为认可级，30~49 分的为试办级。对于达不到试办级的学校，要采取措施，停止招生或取消学校建制。评估步骤分为两步，第一步是学校自评，第二步是上级复评。

1990 年 4 月 21 日，中国统配煤矿总公司教育局征得省教委同意，撤销了郑州煤机厂职工大学。该校办学规模、师资力量、教学设备等基本条件与国家教委有关规定差距较大，并且连续 4 年没有招收学历教育的学员，故同意撤销建制。

1990 年省教委等联合制订、印发职业高中 7 个专业的教学计划：《河南省职业高级中学（三年制）机械加工专业教学计划（试行）》《河南省农村职业高级中学（三年制）畜禽养殖专业教学计划（试行）》《河南省职业高级中学（三年制）幼儿师范专业教学计划（试行）》《河南省职业高级中学（三年制）烹饪专业教学计划（试行）》《河南省农村职业高级中学（三年制）家庭生产经营专业教学计划（试行）》《河南省职业高级中学（二、三年制）土木建筑专业教学计划（试行）》《河南省职业高级中学（三年制）旅游服务类专业教学计划（试行）》。截至 1991 年 12 月底，全省已有 98 所中专学校的复评工作进行完毕（不含文化艺术学校、体育类学校）。共评出办学条件佳级学校 6 所，较佳级学校 63 所，认可级学校 28 所，试办级 1 所。

为巩固治理整顿工作的成果，有效制止成人高招中的不正之风，1991 年省教委对新乡职工大学等 21 所院校新生复查工作进行了统计，共录取 5010 人，取消学籍 145 人。

1991 年，省直干部院校领导小组办公室对省属 51 所干部院校（培训中心、班）进行调查。从调查情况看，存在一些问题：一是相当数量的学校不完全具备办学的基本条件；二是布局不够合理，专业设置重复；三是办学思想不够端正，办学层次有些混乱；四是师资力量不足，经费短缺；五是生源普遍不足。根据对省直干部院校进行调整整顿的精神，针对省直干部院校存在的问题，对省直干部院校的调整整顿提出意见，对省直干部院校进行调整整顿。

根据国家教委、人事部关于成人高等教育专业证书教学班复查清理工作的通知精神，省教委、省人事厅对1988年以来批准试办的成人高等教育专业证书教学班进行了全面的复查、清理验收工作。通过自查、复查、验收，符合要求、基本合格的教学班275个，学员2000人。不符合规定条件的学员128人已全部清退。

为确保成人高校的基本办学条件，1992年对办学条件差、规模小、重复设置、布局不尽合理的郑州电缆厂职工大学、洛阳重工局职工大学、开封空分厂职工大学、平顶山高压开关厂职工大学、洛阳纺织职工大学5所职工大学暂停招生。审查处理电大1988级超计划招生遗留问题，并对5000余名超招学生资格进行了审查。省教委会同省总工会处理并停止了没有履行审批手续，未取得办学资格的所谓“濮阳市职工业余大学”的招生办班资格。

1996年，省教委印发《关于加强成人教育招生管理制止乱招生行为的紧急通知》。要求各级各类学校要全面贯彻国家教委、省教委有关招生规定，维护办学的严肃性，维护学校声誉、办学秩序和社会安定。对擅自打着学校名义招生办学者，学校应采取有力措施，予以制止和纠正。同时，省教委成立了以时任副主任王际欣为组长的“查处违纪招生领导小组”，印发《关于进一步加强成人高等教育毕业证书管理工作有关问题的通知》。实行毕业证书审核，验印、发证工作实行省教委、高校分级管理、分别审核、各负其责的制度。对违犯规定的违纪人员，视情节轻重给予党纪、政纪处分，直至追究法律责任。省教委印发《关于全省成人高等教育学生转学转专业有关问题的补充通知》，明确规定各类成人高等学历教育的学生，应当按录取专业、录取学校就学，一般不得转专业和转学。确需转学转专业者，需出示有关证明材料，由转入学校在每年3月和9月到省教委办理。跨省转学，需经转入、转出学校所在省教育行政部门批准后方可办理转学手续。

1997年，省教委制订《职业中等专业学校办学质量评估标准（试行）》，安排各市（地）教委对所属职业中专学校进行评估。经过评估，决定对办学条件差的部分学校限制招生或暂停招生，停办了河南省国防科技职业中专、河南省科技职业中专两所学校。省教委抽调力量组成8个小组，抽查了郑大、河医大、河师大、新乡医学院等11所普通高校成人脱产班新生、部分函授、夜大学新生档案及省政法管理干部学院、省卫生职工医学院等10所独立设置成人高校的新生。抽查学校的比例不低于30%，新生比例（被抽查学校的）不低于5%，结果查出各种违纪考生88人，另有1783名新生未报到。

第三节　层次提升　高等职业教育蓬勃发展时期（1998~2013年）

到1997年，全省普通中等专业学校（含中师）达到185所，技工学校200所，职业学校742所，中等职业教育阶段学校数（不含培训等）达到1127所；当年招生，中等专业学校11.30万人，技工学校3.54万人，职业学校23.61万人，总数达38.45万人；在校生数，中等专业学校29.03万人，技工学校10.67万人，职业学校56.84万人，总数达96.54万人。中等职业学校占高中段学生总数的比例，招生数为69.70%，在校生数为66.80%。其比例之高，不但前所未有，而且直到20年后也未能超越。从20年后的2017~2018年情况看，招生占到42.69%，在校生占到39.33%，双双降低了27个百分点还多。

1998年，全省中等职业学校数减少了19所，但招生数比上年增加0.09万人，在校生数比上年增加6.61万人，不但突破了100万人大关，达到102.70万人，而且创下了历史最高值。但与此同时，普通高中的招生数和在校生数也在增加。之后，中等职业学校学生数占高中阶段学生总数的比例，招生和在校生两个指标都在逐年下降，双双下降到2016年的40.73%、39.11%，直降20年之后，于2017年才稍有增长。

中等职业教育要恢复到1997年的规模，总体上希望不大，而且那样的大比例，也不科学，与当代河南经济社会发展对不同层次人才的需求情况也不适应。关于调整全省中等教育结构，改革开放后就一直受到省政府的重视。较早提出刚性的比例，是1986年省计委、省教委《关于编报一九八七年招生计划的通知》，在“积极进行中等教育结构改革”一段中提出：全省争取到1990年度各类职业技术学校的招生数占整个高中阶段招生总数的比例，由现在的30%提高到50%左右。从当时河南经济社会发展对中等职业技术人才的需求情况看，这个要求是合适的。之后，到1997年十多年间，不论是省领导的讲话，还是省政府、教育厅的文件，多要求增加中等职业教育在高中段的比例，甚至提出70%的指标。正是这样的推动，1997~1998年中职招生占高中段比例才达到了69.70%，接近70%。到1998年以后，这样大比例的要求很少再提。在中等职业教育严重滑坡时，文件和讲话中的要求改为“合适比例”“大体相当”。到2005年，又提出“赶上或接近普通高中”。这样的要求，也是一个大的区间，不像“1：1”“70%”那样具体。

一　从数据看发展

新中国成立初期直到进入21世纪相当长一个时期内，一直很少提到“高等职业教育”。在《河南教育年鉴》《河南省教育统计提要》里的“河南省各级各类教育事业基本情况表”中，2000年以前没有“职业技术学院”的条目。此前的表述为“大专”“专科学校”“分校、大专班”“职业大学”等。2001年该条目被单列，显示全省共有25所职业技术学院，招生25939人，在校生56576人。

表1-4　1987~2013年普通高等专科教育发展情况

单位：所，万人

年份	学校数	毕业生数	招生数	在校生数
1987	11	0.12	0.20	0.52
1988	13	0.17	0.25	0.62
1996	12	0.46	0.57	1.32
1997	54	3.89	4.66	13.60
1998	54	3.96	5.02	14.64
1999	61	4.00	7.89	18.55

续表

年份	学校数	毕业生数	招生数	在校生数
2000	57	4.17	11.50	26.01
2001	69	4.22	13.48	35.45
2002	42	4.79	10.21	26.05
2003	47	4.05	7.96	19.16
2004	54	3.93	10.35	22.15
2005	55	5.62	11.94	29.90
2006	56	7.13	14.93	36.83
2007	51	9.66	14.98	38.86
2008	51	10.44	18.20	44.73
2009	56	12.91	18.79	50.62
2010	62	15.41	19.42	53.05
2011	70	17.21	18.02	53.06
2012	73	17.69	18.20	53.52
2013	77	18.34	17.69	50.02

注：1. 1996~1997 年以前为分校、大专班和职业大学的数据；1997~1998 年，包括大专、专科学校、分校、大专班、职业大学的数据；1998 年后，包括大学、专科学院、分校大专班、职业大学数据；2001 年为大学、专门学校、分校、大专班、职业技术学院的数据；2002 年为专科；之后为专科院校。一直沿用。

2. 分校大专班在统计中为“处”，不是“所”，但它们每年也有招生、毕业生和在校生数据，为了一致，故做统一计算。

3. 本表未含成人本专科教育数据。

资料来源：根据 1987~2013 年《河南教育年鉴》整理。

职业技术学院在专科学校的占比，2004 年所有指标都已超过 50%。学校数 37 所，占专科院校总数的 68.52%；招生数 64320 人，占专科院校总招生数 103482 人的 62.16%；在校生 128387 人，占专科院校全部在校生数 221540 人的 57.95%。

随着职业技术学院的发展，其比例在专科层次中越来越高。到 2010 年，学校数达到 50 所，占专科院校 62 所的 80.65%；招生数 153822 人，占专科院校总招生数 194150 人的 79.23%；在校生 419535 人，占专科院校全部在校生 530548 人的 79.08%，均已接近或超过 80%。到 2013 年，职业技术学院学校数达到 66 所，占全省专科学校总数 77 所的 85.71%；招生数 14.16

万人，占到专科层次招生数 17.69 万人的 80.05%；在校生 40.83 万人，占到专科层次在校生数 50.02 万人的 81.63%。

职业技术学院诞生之初，尽管社会需要、政府推进，但在社会层面并不被看好。少数高等专科学校羞于与其相提并论，不愿意将自己纳入“高职高专”系列。2004~2011 的 7 年间，高等专科学校与高职院校规模的比值从大约 50∶50 变化至 20∶80。高等专科学校的减退多是单独升本或与其他学校合并升本。而职业技术学院则一步步发展起来。随着高职院校在专科层次所占比例越来越大，不断地此消彼长，在专科学校层面形成了“压倒优势”，“高职高专”一度成为专科教育的代名词，但不久即被“高等职业教育”所取代。

本部分（除非特别注明的）所有涉及高等职业（简称“高职”）教育的，一般均包括专科学校。

二　高职发展环境

随着技术的进步、产业的升级，单靠中等职业教育已经无法完成人才的培养任务，而职业教育在发展到一定水平时，也必然要求提升层次。1980 年，根据我国经济社会发展对高等职业技术人才的实际需要，国家教委批准建立了 13 所高职院校。到 1999 年，全国独立设置的高职院校已达 474 所。1997 年，国家教委将河南列为 10 个发展高等职业教育试点省份之一。河南省从实际出发，1997 年对高职计划实行了单列。一是普通高校面向职业中学“对口”招生的专业，招生规模 1970 人，按高职单列招生计划。二是普通高校招收农村回乡青年的“实践生”专业，招生规模 60 人，也按高职安排招生计划。三是从部分市地职业大学和牧专、纺专等专科学校中，选择了一些应用性专业作为高职班试点，招收普通高中毕业生 350 人。以上三类高职计划招生总量为 2380 人。通过单列招生计划和改革招生办法等，以促使这些专业加强教学改革，加强实践环节教学，切实办出高职特色。

1998 年 12 月 24 日，教育部发布《面向 21 世纪教育振兴行动计划》提出，积极发展高等职业教育，是提高国民科技文化素质、推迟就业以及发展国民经济的迫切要求。对于学历高等职业教育，除对现有高等专科学校、职业大学和独立设置的成人高校进行改革、改组和改制，并选择部分符合条件的中专改办（简称“三改一补”）发展高等职业教育之外，部分本科院校可以设立高等职业技术学院，基本不再新建。挑选30所现有学校建设示范性职业技术学院。发展非学历高等职业教育，主要进行职业资格证书教育。要逐步研究建立普通高等教育与职业技术教育之间的立交桥，允许职业技术院校的毕业生经过考试接受高一级学历教育。

1999年10月15日，时任河南省省长李克强在全省教育工作会议上讲话指出，从河南经济社会发展的需要看，特别是从以产业升级为目标的结构调整的需要看，急需培养大批高层次的技术创新人才和经营管理人才，同时也需要更大数量的受过专门训练的职业技术人才。要改变“千军万马过独木桥”的局面，必须大力发展高等职业教育。

1999年初，经河南省教委向教育部申请，河南省成为按新的管理模式和新的运行机制试办高等职业教育的15个试点省份之一。经过广泛协商，确定了试办的23所学校及专业，协调出台了新高职的收费、证书等有关政策。后来，国家决定大规模扩招，新高职由试点到全面铺开，为了让考生及家长了解新高职政策，河南省教委又加大宣传力度，及时召开举办新高职的新闻发布会，并在《河南日报》《大河报》等新闻媒体上广泛宣传新高职的有关政策，提高考生报考新高职的积极性。录取过程中又适时根据生源及时调整市地间计划，使得河南1.65万人新高职计划完成79.8%，在全国属于报到率较高的省份。上半年，省教委组织省内专家对申报职业技术学院的7个市地及学校进行实地考察，并接待了全国专家组对3所学校的考察，在教育部增开的高校设置特别评议会上，河南省又新通过了三门峡职业技术学院、郑州铁路职业技术学院、中原职业技术学院3所专科层次院校。撤销豫西师范学校和郑州铁路师范学校，与有关院校合并后新建立三门峡职业技术学院和郑州铁路职业技术学院。

新高职是1999年招生计划形式的一个新品种，是教育部拿出10万个计划在15个省市试行与现行办法不同的、按新的管理模式和新的运行机制举办的高等职业技术教育。河南省作为试点省份之一，国家两次下达新高职招生计划1.5万人。当年，新高职招生任务按计划圆满完成。

2000年1月26日，时任省教委主任王日新在全省教育工作会议上讲话指出，在大力发展普通高等教育的同时，要大力发展高等职业教育和远程开放式教育，逐步构建规模适当、结构合理的高等教育体系。

鉴于1999年全省高等职业教育招生计划的新生报到率不很理想，2000年在安排招生计划时，经过反复测算，结合分校的报到率情况，省教育厅提出了赋予本省普通专科学校、高等职业学校等招生计划总数的10%以内的计划调节权的措施，在向省政府多次汇报后，这部分调节计划随各校的年度招生计划一并下达。为了保证全省高校录取率达到50%，在录取现场，核算增加了4000人的高职招生计划。这样，基本上弥补了高职报到率低造成的缺额，使本年的高等职业教育招生计划圆满完成。

2000年7月，国务院正式授权河南省设置审批高等职业学校。为合理布局、优化结构、严格标准、规范程序、加强管理，搞好高等学校设置工作，河南省成立了高等学校设置评议委员会，并召开了委员会第一次会议，拟定了章程和工作细则，讨论形成了《关于我省设置审批高等职业学校的实施意见》。同时，草拟了具体的细则，为规范全省高等学校设置工作做了大量的准备。

11月30日，省教育厅决定在全省高职高专院校中开展专业教学改革试点工作，拟利用5年左右的时间在全省建成60个左右特色鲜明、在全省同类教育中具有带头作用的示范性专业，以推动高职高专教育的改革和发展。要求各校遵循以下原则：①从专业设置改造入手进行改革，专业设置要突破传统思想的束缚，根据社会生产、服务、建设、管理第一线的人才实际需要以及岗位、岗位群和技术领域要求来设置，切实突出专业的针对性和应用性，特别注意设置一些高新技术应用专业。②要以职业技术工作领域或岗位（群）的技术应用能力和基本素质培养为主线，根据本地区和本校的实际情况，制定专业的人才培养规格和人才知识能力素质结构。③要按照“实际、实用、实践”的原则改革专业教学内容、课程体系及教学方法手段，要摆脱学科教育的束缚，强调理论和实践的紧密结合，积极探索技术应用性人才培养规律。④要大力加强实践教学环节与实验基地建设、“双师型”师资队伍建设和专业教材建设，努力办出自己的特色。要通过一系列努力，促进高职高专教育教学质量的提高，使高职高专教育上一个新台阶。对于好的教学改革试点专业，经验收合格的，省教育厅将授予“河南省高职高专教育示范专业”的称号，并向社会公布，对于特别优秀的积极向教育部推荐，参加全国高职高专示范专业的评选。

2001 年，在国务院授权河南省自行审批设置高等职业学校后，结合全省高校布局情况，在充分考虑各申报单位办学条件的基础上，省教育厅从 45 家申报单位中，遴选出 11 所学校作为考察对象，并组织省高等学校设置评议委员会专家组对其进行考察。经过省政府批准，设置了河南工业职业技术学院等 11 所高等职业学校，并在教育部备案。11 所高等职业学校的设立，增加高等学校校园占地约 3000 亩，校舍建筑面积约 100 万平方米，图书约 80 万册，教学仪器设备总值 1 亿多元。2001 年安排高职招生计划 6300 人。

经省政府同意，批准了河南农业大学等 7 所高校举办二级职业学院并同意其与部门所属的条件较好的中等专业学校联合办学。这是全省大力发展高等职业教育、积极扩大高等教育资源的一种新形式。

2002 年，省政府批准设立商丘科技职业学院。经省政府同意，省教育厅批准成立河南科技大学林业职业学院、华北水利水电学院水利职业学院、焦作工学院高等职业学院、郑州轻工业学院民族职业学院，并同意其分别与省林业学校、郑州水利学校、省工程技术学校、省民族中专合作办学，举办高等职业教育。

9 月，省劳动和社会保障厅审核批准开封市高级技工学校、中国一拖工程机械公司高级技工学校、洛阳机车高级技工学校、郑州煤炭高级技工学校、义马煤炭高级技工学校、焦作市高级技工学校、河南经济贸易高级技工学校、郑州铁路运输高级技工学校、河南纺织高级技工学校 9 所高级技工学校在高级技工学校的基础上成立技师学院（职业技术学院）。学院以培养高级技能人才为主，承担技师晋级培训任务，开展全方位、高层次的职业资格培训工作。

2003 年 6 月 1 日，河南省人民政府发布《贯彻国务院关于大力推进职业教育改革与发展的决定的实施意见》部署：积极发展高等职业教育和培训，适度发展 5 年制高等职业教育。“十五”期间，为社会输送 160 万名中等职业学校毕业生，65 万名高等职业学校毕业生。提出建立“立交桥”：加强中等职业教育与高等职业教育，职业教育与普通教育、成人教育的衔接与沟通，建立人才成长“立交桥”。扩大中等职业学校毕业生进入高等学校尤其是进入高等职业学校继续学习的比例，全省普通高等学校本科招生计划的5%用于对口招收中等职业学校毕业生；积极开展本科及研究生层次高等职业教育的试点，加强职业技术学院和高级技工学校建设，不断提高高等职业教育的办学水平。

2003年6月20日，时任副省长贾连朝在全省职业教育工作议上讲话指出，要积极发展高等职业教育。要努力扩大高等职业教育规模，积极开展本科、研究生层次高等职业教育的试点。“十五”期间，要在全省重点建设10所示范性高等职业学校。各地要采取措施，按照高等职业学校的设置标准，集中财力、人力、物力，扩大规模，提高质量，办出特色。在符合全省职业教育发展总体规划的前提下，有条件的行业可以举办职业技术学院。4月25日，审批设置了郑州交通职业学院、郑州经贸职业学院、河南检察职业学院；6月27日，审批设置了河南质量工程职业学院。11月11日，省教育厅成立了河南省高职高专教育人才培养工作委员会和河南省高职高专院校人才培养工作水平评估委员会。

2004年3月22日，中共河南省委、河南省人民政府发布《关于加快高等教育改革与发展的意见》指出，深化高等职业教育改革。高等职业教育要紧贴经济社会发展的需求，以就业为导向，转变办学模式，加强与行业、企业、科研和技术推广单位的合作，大力推广“订单式”培养模式，为生产、建设、服务、管理第一线和农村输送急需的实用人才。推动职业准入制度和职业资格证书制度的实施。加强实习、实训基地建设，重点建设10所左右示范性高等职业学校和一批社会急需专业的人才培养基地。3月4日，省教育厅批准南阳理工学院、商丘职业技术学院、平顶山学院、开封大学、郑州轻工业学院、河南大学、中原工学院7所院校为本省首批示范性软件职业技术学院，从2004年起开始招生。

2004年，高等职业学校设置向民办倾斜。对政府举办且仅由财政投入的学校暂缓审批，公办民助学校择优审批，纯民办的学校优先审批。公办民助学校设置以后，先批准招生，半年内对其进行跟踪考察，待其公办民助协议得到较好执行、协议民助资金按时足额到位、一定程度引入民办学校机制时，再按照相关程序和规定研究学校的规格、编制和干部配备问题。

2006年4月21日，时任省长李成玉在全省职业教育工作会议上讲话强调，要在提高高等教育教学质量的同时，重点发展高等职业院校，扩大招生规模，培养更多的高层次实用人才，力争使高等职业教育占高等教育的比重明显提高。3 月 10 日，省政府批准设置郑州电力职业技术学院，同年开始招生。4 月 18 日，河南职业技术学院等 59 所专科学校新增设商务管理等 220 个专科专业。12 月 8 日，黄河水利职业技术学院、平顶山工业职业技术学院被教育部、财政部确定为首批国家级示范性高等职业院校。

2007 年，省教育厅印发《河南省高等职业教育“十一五”发展规划》指出，目前河南城镇化率仅有 30.7%，“十一五”末要提高到 40%左右，需要转移农村剩余劳动力 750 万人，城镇还将新增就业人口累计 450 万人。要求逐步形成政府主导、依靠企业、充分发挥行业作用、社会力量积极参与、公办与民办共同发展的多元化办学格局。适度扩大招生规模，保持高等职业教育招生规模占高等教育招生规模一半以上，输送 80 多万名毕业生。完成 100 万人次城乡劳动者培训。重点支持建设 5~8 所国家级示范性高等职业院校和 10 所省级示范性高等职业院校。建成 30~50 个国家级、60 个左右省级高等职业教育实训基地。建成 25~40 个国家级特色专业群，建成 200~300 门国家级优质专业核心课程。建成 100 个省级特色专业群，建成 800 门省级优质专业核心课程，加大“双师型”教师培养和引进的力度，专业教师中“双师型”教师比例达 60%以上。

6 月 12 日，省教育厅、省发展和改革委员会印发《河南省教育事业发展“十一五”规划》，要求每个省辖市要重点建设一所高等职业技术学院和若干所中等职业学校，每个县（市、区）要重点办好一所起骨干示范作用的职教中心或中等职业学校，大的行业要重点建设好举办的高等职业技术学院。

2008 年，省政府批准设置周口科技职业学院和河南建筑职业技术学院。

12 月 5 日，河南省人民政府发布《关于实施职业教育攻坚计划的决定》，提出大力实施科教兴豫、人才强省战略，把职业教育特别是中等职业教育作为教育事业发展的战略突破口，以改革为动力，以服务为宗旨，以就业为导向，加强基础能力建设，深化办学体制改革，创新人才培养模式，提升服务社会能力，推动职业教育向规模化、集团化、品牌化发展，促进职业教育与市场需求、劳动就业紧密结合，努力形成与河南经济产业结构相适应、以中等职业教育为主体、中职高职相互衔接、职前职后相互沟通的具有河南特色的职业教育体系。

10月24日，河南省人民政府、教育部共建国家职业教育改革试验区工作领导小组第一次会议在郑州举行，时任教育部部长周济、河南省省长郭庚茂出席会议并讲话。

2009年，国家示范性高职院校开始单独招生试点，主要做法是：单独招生计划纳入各试点院校当年国家核定的招生计划总数内；试点院校制定单独招生方案并向社会公布；试点院校生源范围主要为其所在省（自治区）的普通高中毕业生；试点院校单独或联合组织文化考试，也可结合高中学业水平考试成绩组织相关考核，并于高考前完成录取；已被试点院校录取的考生不再参加当年普通高考及录取。省政府审批设置安阳职业技术学院、新乡职业技术学院、驻马店职业技术学院、漯河食品职业学院、郑州布瑞达理工职业学院、河南化工职业学院、郑州信息工程职业学院、郑州理工职业学院、长垣烹饪职业技术学院、许昌陶瓷职业学院、焦作工贸职业学院、河南艺术职业学院、开封文化艺术职业学院。

9月13日，教育部在杭州召开全国高等职业教育改革与发展工作会议。会议提出，要以提高质量为核心，以“合作办学、合作育人、合作就业、合作发展”为主线，不断深化教育教学改革，进一步推进体制机制创新，努力建设中国特色现代高等职业教育。

2011年，教育部公布了一批教育部同意备案的高等职业学校。河南省9所职业学院榜上有名，从2011年开始招收专科生，分别是：河南机电职业学院（原河南机电学校）、河南护理职业学院（原河南省卫生学校）、河南推拿职业学院（原河南省针灸推拿学校）、许昌电气职业学院（新建）、洛阳职业技术学院（原洛阳市职工科学技术学院）、信阳涉外职业技术学院（民办）、鹤壁汽车工程职业学院（新建、民办）、南阳职业学院（新建、民办）、郑州商贸旅游职业学院（原河南旅游专修学院和河南省旅游中等专业学校、民办）。另外，郑州布瑞达理工职业学院更名为郑州城市职业学院。3月15日，组织专家完成对河南职业技术学院国家示范性高职院校建设项目省级验收。

12月28日，全省立项建设中州大学、濮阳职业技术学院、鹤壁职业技术学院、三门峡职业技术学院、河南建筑职业技术学院、河南质量工程职业学院、郑州信息科技职业学院、永城职业学院、郑州职业技术学院、河南化工职业学院 10 所省骨干高等职业院校。全省立项建设河南财政税务高等专科学校财税综合实训基地等 30 个省级高等职业教育实训基地，河南商业高等专科学校物流管理等 9 个基地获批国家实训基地。省级基地达 110 个，国家级基地达 49 个。

2013 年，省教育厅选取交通、农业、财经、测绘安全 4 个行业为试点，成立由政府部门、行业协会、企业、职业院校参加的行业职业教育指导委员会。全省 13 个高职教育集团吸纳职业院校、行业协会、企业、科研机构成员单位 1200 余家，校企合作开发课程 800 多门，订单培养 3 万余人，企业接收顶岗实习学生 30 万人次，接收就业学生 2 万余人。

河南为什么必须发展职业教育？省委省政府清醒地意识到，大力发展职业教育，是加快河南实现经济又好又快发展的迫切需要。“十五”期间，经过各方面的共同努力，河南省经济年均增长 11.4%，高出全国 2 个百分点，经济总量突破 1 万亿元，稳居全国第 5，中原崛起迈出了实质性的步伐。经济社会发展已经站在了新的历史起点上，进入了全面提升产业层次、加快经济转型、促进统筹协调发展的新阶段。“十一五”时期，河南将进一步发挥资源禀赋较好、区位居中、劳动力丰富、市场潜力巨大等综合优势，加快工业化、城镇化，推进农业现代化，努力在促进中部崛起中走在前列。在发展形势下，河南既面临国家促进中部地区崛起、建设社会主义新农村等重大历史机遇，又面临东部地区跨越发展和中西部一些省份赶超发展的双重压力。河南的基本省情是人口多、资源少、环境承载能力弱，经济社会加快发展与人口资源环境约束加剧的矛盾更为突出。河南的工业结构以资源型为主，采掘和原材料工业占重工业的比重一直在 60% 以上，以农产品为原料的工业占轻工业的比重一直在 78% 以上，过去经济快速增长主要依赖生产要素的高投入和资源能源的高消耗，粗放型经济增长方式在新的发展阶段难以为继。在新的发展时期，河南提出必须逐步把经济社会发展转入科学发展轨道，要着力加快经济转型，着力促进城乡协调发展，着力推进和谐社会建设。在加快经济转型方面，提出要努力推动“四个转变”：一是在继续扩大投资规模的同时，增强消费对经济增长的拉动作用，千方百计扩大出口，促进经济发展由投资拉动为主向投资与消费、出口拉动并重转变；二是在继续稳定提高农业综合生产能力、推进工业结构优化升级的同时，加快发展现代服务业，改造提升传统服务业，促进经济发展由工业推动为主向三次产业协调推动转变；三是强化企业自主创新主体地位，提高自主创新能力，促进经济发展由资源主导型向创新主导型转变；四是努力建设资源节约型、环境友好型社会，促进经济发展由粗放型向集约型转变。要实现上述目标，化解经济社会发展中的诸多瓶颈制约，其中很重要的一条就是要坚持把教育放在优先发展的战略地位，把经济建设切实转到依靠科技进步和提高劳动者素质的轨道上来。要实现健康发展，如果没有自主创新和人力资源的开发，河南省能源和资源将难以支撑未来10%左右的经济增长速度。职业教育与经济建设联系最密切、作用最直接。进一步加强职业教育，有利于加快经济转型，有利于实现又好又快发展目标。

大力发展职业教育，是推进河南省产业结构优化升级的迫切需要。“十五”期间，河南结构调整迈出了实质性步伐，二、三产业比重达到82%，比“九五”末提高4个百分点以上；工业对国民经济增长的贡献率达到57%，工业总量由全国第7位上升到第5位，成为经济增长的主导力量，已跻身新兴工业大省行列。但是，全省产业结构仍然存在突出问题，二、三产业增加值占GDP的比重低于全国平均水平5个多百分点，其中第三产业低于全国平均水平10个多百分点，工业大而不强、服务业发展滞后的问题比较突出，而且技术创新能力不强、产品以低端为主、资源消耗大、附加值低。在发展中，河南要进一步加快工业化进程，通过培育优势产业、提升工业竞争力、加快第三产业发展，推进产业结构优化升级。从2005年开始，省委省政府着力谋划和推动石油化工、煤化工、铝工业、汽车及零部件、食品、纺织、装备制造、建筑、高新技术等优势行业发展，明确了发展目标，实施了一大批重点项目，文化、物流、旅游、房地产、金融保险、信息服务等现代服务业也面临大发展的机遇，对各类管理、技能型人才的需求大大增加。从全省承接沿海地区产业转移情况看，高素质、技能型人才普遍短缺，已成为制约产业升级的突出问题。第五次人口普查数据显示，当年全省从业人员中，大学专科及以上文化程度仅占3.32%，高中和中专文化程度仅占11.03%，80%以上的从业人员只受到了初中及以下教育；城镇700万从业人员中，技能人才不足一半，高技能人才不足10%，与中等发达国家从业人员中高技能人才占30%、中级工占40%左右的情况相比差距很大。根据有关部门调查，全省技能人才占在职职工的比例为45%，低于全国平均水平；高级技师、技师仅占技术工人总数的2.46%，高级工占13.14%，而企业对技师、高级技师的需求高达8%，高级工达40%，高级技能人才缺口很大。大力发展职业教育，培养一大批技能型专门人才和数以千万计的高素质劳动者，是提高河南制造业水平、推动产业结构优化升级的重要举措。

大力发展职业教育，是把河南巨大人口压力转化为人力资源优势的迫切需要。河南是人口大省，全省9768万人口中有6774万农民。有关部门预测，从2000年至2017年，河南将进入第四次人口出生高峰期，总人口在2009年将突破1亿大关，2010年将达到1.01亿，2020年达到1.07亿。河南省城镇化率只有30.7%，比全国平均水平低12个多百分点，农村还有1300多万富余劳动力需要转移。虽然河南省主要经济总量指标已位居全国前列，但人均指标大多位于中间偏后的位置，如城镇居民人均可支配收入列全国第20位，农民人均纯收入列全国第19位。“十一五”期间，河南要提前2~3年实现人均生产总值比2000年翻一番的目标，压力很大。长期以来，河南省劳动力不仅总量上存在供大于求的矛盾，而且结构上的矛盾也日益突出，主要表现为整体文化水平较低，缺乏职业技能。在全省4700万农村劳动力中，小学及以下文化程度占27.64%，初中文化程度占57.61%，高中及中专文化程度占10.14%，大专及以上文化程度占0.93%。河南省虽然已成为劳务输出大省，但还不是劳务输出强省。2005年全省转移农村富余劳动力1500多万人，接受过专业技能训练的只有400多万人，仅占农村富余劳动力转移总数的27%左右。2005年以来，沿海发达地区一度出现的“民工荒”，实际上也是结构问题，主要是缺乏技能型人才。随着工业化、城镇化进程以及“两个转移”的加快，经济社会发展对各类技术工人的需求量会持续增加，特别是城市基础设施建设、市政、园林、商业、交通、社区服务、物业管理等方面需要更多的技能型、应用型人才。大力发展职业教育和技能培训，不仅有利于加快农村剩余劳动力转移，有利于提高城乡劳动者就业和创业能力，而且有利于把制约发展的人口压力转化为加快发展的人力资源优势。

大力发展职业教育，是教育事业全面协调健康发展的迫切需要。基础教育、职业教育和高等教育，共同构成现代国民教育体系。把基础教育、职业教育和高等教育放在同等重要位置，统筹兼顾，协调推进，是教育事业发展规律的内在要求。“十五”后，在经济加快发展的同时，河南省教育事业全面发展，国民受教育水平进一步提升。全省完成了基本普及九年义务教育的历史性任务，义务教育普及程度主要指标高于全国平均水平。小学、初中阶段适龄人口入学率分别达到99.65%和98.21%。高中阶段教育规模显著扩大，高中阶段教育毛入学率达到48.3%，比2000年提高9.1个百分点。高等教育发展实现历史性跨越，在校生规模达到145.52万人，毛入学率达到17.02%，比2000年提高8.3个百分点，跨入高等教育大众化阶段。全省每万人中具有专科及以上学历者达到388人，比2000年增加120人；具有高中阶段学历者达到1300人，比2000年增加297人。人均受教育年限达到8.4年，高于全国平均水平。但在职业教育发展方面还比较薄弱。全省每年有80万左右的初中毕业生不能升入高中，有30万左右的高中毕业生不能升入大学，其中大多数学生未能接受职业教育和培训就直接进入社会。全省高等教育的毛入学率即使达到30%~40%，仍将有60%以上的学生需要接受职业教育和培训，职业教育的发展空间很大。因此，必须把发展职业教育作为经济社会发展的重要基础和教育工作的战略重点，摆在更加突出的位置，改变“重普通教育、轻职业教育”“重文化知识、轻技能培养”的倾向，遵循教育规律，合理配置教育资源，促进教育事业全面协调健康发展。

三　院校内功

高等职业教育的社会功能，主要靠院校来实现。到2011年，全省独立设置的高等职业学院达到58所。职业技术学院兴起之初，就针对河南经济社会发展的需求，把培养技能型人才作为主要培养目标，认真制订人才培养方案，不断完善人才培养过程，科学实现培养目标，成为承担高等职业教育的主要力量。

（1）1998年，洛阳工业高等专科学校按照教育部下发的《关于开展示范性普通高等工程专科重点建设学校中期检查工作的通知》精神，以查促改，以查促建，总结前段创建工作的成绩，找出差距和不足，进一步明确了目标、任务和措施。

河南纺织工业高等专科学校进一步规划教学管理，特别是教学质量评估办法改进后，实行专家组织检查、系（部）检评、学生评教三级评价体系，增强了评价方法的合理性、客观性、公正性。全年公开发表论文77篇，专著和编写教材14部。

安阳师范高等专科学校组织了20年教学工作展、科研成果展。学报《殷都学刊》刊期缩短为双月，发文131篇，2篇被转载，反馈率为16.8%，居国内同类期刊第4位。年底，《安阳师范高等专科学校学报》经国家新闻出版总署批准，获公开发行刊号，自1990年起面向国内外公开发行，《殷都学刊》同时转为专业学术期刊。

5月，新乡市委市政府确定平原大学对口扶贫村为卫辉市拴马乡南寨沟村。截至年底，学校与对口帮扶点进行8次交流，提供信息技术服务，并捐赠图书和扶贫资金。

（2）2002年，河南机电高等专科学校4名副教授被高聘为教授，3名讲师被高聘为副教授，3名助教被高聘为讲师，2名教师提前转正定级；2名教师被黄牌警告，1名教师调出教学岗位，1名教师被解聘。

郑州牧业工程高等专科学校参加国家重点职业技术学院建设校的申报工作，并获得教育部批准，成为全国35所国家重点职业技术学院建设校之一。

开封大学进行系部合并转制，将原机械工程系、电子电气系、计算机系合并成立机电工程学院和信息工程学院，对成人教育学院和国际教育部进行改制，实行自负盈亏、自主经营；深化专业建设，采取合并、改造、创建等多种方式进行专业改造，创建了涉外秘书、金融保险、电子商务、新闻传播等市场急需的新专业；推进课程改革与建设，建立适应社会需求和现代教育体制的以课程为中心的高职高专教学模式；加强了产学合作教育与实践性教学，建立现代教育技术中心；探索建立由教学质量监控体系、质量保障体系、质量考评体系构成的教学质量全面管理体系，有效地促进了教学质量的提高。

洛阳大学承办WTO与中国高等职业技术教育专题研讨会，就我国加入WTO之后高等职业技术教育的发展提出对策。全国47所高职院校的70余名专家、学者参加会议。

鹤壁职业技术学院实现与天津大学、北方交通大学、中南大学、华中科技大学、河南师范大学等院校联合办学并开始招生；先后开办 20 多期中小学教师继续教育、旅游从业与管理、涉外英语、公关文秘等短期培训班，培训人员近 4000 人；与康柏翻译学校达成联合建设外语学院协议；通过与清华大学、厦门大学、郑州大学以及美国、加拿大、澳大利亚等国内外知名高校合作办学，实施开放办学，初步形成了以高职高专为主体，中职教育、成人教育为两翼，中高等教育一条龙，普教成教一体化的“一主三多”办学模式。

济源职业技术学院结合职业教育特点，注重为地方经济建设服务，开展了大量社会培训和服务工作，共为省文物局和济源市水利局、公安局、人事局、妇联及商业系统培训人员 1689 人次。申报“工商管理资格培训点”“再就业培训定点学校”“国家信息化技术证书教育考试培训点”并获得批准。学院研制开发的高压防爆开关智能保护器被市高压开关厂采用。

平顶山工业职业技术学院在经费管理上，坚持“三保一控”（保教学一线、保重点建设、保职工收入，控制经费支出），实行切块管理。在对学院二级单位管理上，实行定编、定责、定任务，包经费的“三定一包”责任制。在教学管理上，对教学单位实行“五统一”。先后制定了《教师教学质量评估标准》《双师素质教师评价标准》《教师岗位职务聘任制办法》等 7 个教学管理制度。首次对教师实行聘任制。对 36 名教学质量优秀者给予奖励。在全院教职工中实行社会治安综合治理全员承包责任制。学院拿出 10 万元作为综合治理奖励基金。同时推行无烟学校，实行职工挂牌上岗制度。

（3）2005 年，开封大学组织全校 429 名教职工参加了竞争上岗聘用交流，424 名教职工一次竞聘上岗，43 名中层正职竞聘上岗，47 名中层副职竞聘上岗。在创新干部管理体制上落实了“五综合”（会议投票推荐、个别谈话推荐、单位党组织推荐、素质测评、实际考核）选拔考察中层干部的做法。

焦作大学加强教学督导，完善教学质量监控体系。全年对 500 余名教师的主讲资格进行了审核，36 人荣获“优秀教案观摩奖”，33 人荣获“示范课交流优秀奖”，30 人荣获“最受学生欢迎的教师”称号。开展教学领域改革。加大多媒体教学改革力度，三维动画课程获得了省多媒体课件技术大奖赛高校组网络课程一等奖。

根据专家组的考核意见，河南省高职高专院校人才培养工作水平评估委员会对黄河水利职业技术学院等 3 所学校的评估结果进行了审议、表决，经过研究确定为优秀。

平顶山工业职业技术学院被命名为“河南省优秀职业技术学院”，同时被省教育厅推荐为全国示范性院校的遴选院校。

信阳职业技术学院开展“教育管理年”活动，制定了活动方案，明确了工作目标要求，组织全院教职工认真查摆当前工作中存在的问题，找准了学院发展定位，加强了规章制度建设，规范了管理工作，对查摆的问题按要求认真进行了整改，统一了思想，振奋了精神，提高了教育教学管理水平。

周口职业技术学院修订完善了《教学工作规范》《教学管理规范》《关于制订教学计划的意见》《关于教学检查的规定》《考务管理的规定》《教研室设置与管理规定》《实验室管理办法》《教学指导委员会听课制度》等规章制度，开展了教学档案管理专项检查和评比工作，启动了精品课程和网络课程建设工程，进行了教学内容的改革。

郑州铁路职业技术学院申报的护理、电子信息工程技术、电机与电器 3 个专业获准成为省级教学改革试点专业。此前，学院电力机车和铁道供电已成为国家级教学改革试点专业，铁道车辆已成为省级教学改革试点专业。机械设计基础、车辆制动装置入选省高校精品课程。

河南交通职业技术学院承办了全国交通职业教育教学指导委员会交通运输管理专业指导委员会年会，来自全国 28 所交通职业院校的 34 名代表出席了会议。会议改选了第四届交通运输管理专业委员会，讨论了物流管理专业教学计划和教学大纲。承办了全国路桥工程专业指导委员会暨路桥工程专业委员会 2005 年年会，来自交通部直属的 24 所高等交通职业院校的负责人及委员会成员 33 人参会。会议对交通高职高专院校办学水平评估经验进行了交流，制定了路桥专业建设标准，确定了相关专业教材的开发及教学大纲的制定。

（4）2007 年，河南司法警官职业学院顺利通过省教育厅德育评估和艺术评估，全年累计授课72776学时。加强了教学督导工作，督导人员年深入课堂督导100多次，印发《教学督导报》5期。开展了教学质量评估活动，对81位新任课兼职教师和外聘教师的课堂教学进行了有效的质量考评，全年新购图书10423册。制订完善了《刑事执行专业建设方案》，组织狱政管理学、商法原理与实务等课程申报省2007年度精品课程。

河南检察职业学院把2007年确定为行风建设年，成立了以书记、院长为组长的民主评议行风工作领导小组，统一领导全院行风建设。开展了“百日大整顿”活动，通过广开言路、查找问题，共收到意见卡和调查表488份，收集意见和建议253条。有针对性地制定出24项整改意见和措施。在省行风建设督导组组织的行风民主评议中，学院在全省22所省管高职高专院校中获得第7名，位次比上年上升了18位，树立了良好的社会形象，受到省行风建设督导组和省教育厅的表扬。

鹤壁职业技术学院成立鹤壁高职教育校企合作集团，积极推进校企合作、工学交替的循环式教学改革，初步探索了“专科+高级工”人才培养模式，学生报考高级工的过关率达87.4%，毕业生的专业技能水平明显提高。

许昌职业技术学院完善管理制度，全面开展以“文明修身、爱我校园”为主题的宣传教育活动。通过举办专题演讲比赛、知识竞赛、读书活动、主题班会、纪律卫生大整顿和志愿者服务等活动，对学生进行“社会主义荣辱观教育”和“文明行为养成教育”。

濮阳职业技术学院多次组织开展师德报告会，邀请省内外知名专家进行专业理论和学院内涵建设专题讲座；组织开展第二届“十佳青年教师”评选活动，并选派106名教师参加了教育部组织的专业技能培训，还组织教师轮流到企业挂职锻炼，使教师的实践教学能力进一步得到提高。

商丘职业技术学院与商丘市委市政府合作共建功能齐全的市院共用图书馆。于2007年9月30号隆重面向社会开馆，新图书馆建筑面积24155平方米，纸质藏书503882册，电子图书35万册。

济源职业技术学院围绕济源经济建设和企事业单位需求，在教学创建任务繁重的情况下，积极面向社会开展社会培训，2007年为社会培训2700多人。积极开展百村富民工程，为所驻行政村修建道路、安装路灯、培训人员，帮助开展全民素质教育。主动为企事业单位开展技术服务，服务项目达到15项；深入开展社会实践和科技文化下乡活动，主动为济源市社会主义新农村建设服务，被授予济源市五一劳动奖状。

平顶山工业职业技术学院以职业岗位（群）标准为依据，与企业共同制定课程标准，共同开发课程，构建以工学结合优质核心课程为主体的课程体系。完成了19门工学结合优质核心课程的课程标准，制定建成了国家级精品课程2门，省级精品课程2门，院级精品课程4门，学院“115”工程建设网络课程13门。专业课实施“任务驱动、项目导向”教学模式，融“教、学、做”为一体，突出了学生实践、创新能力培养；公共基础课实施“大课堂下学生参与式”等教学模式，充分调动学生的积极性，提高了学习效果；建立了以能力为本位的考试考核体系，实施项目考核，学生和教师共同评价学生成绩。

信阳职业技术学院以内涵建设为重点，着力改善办学条件，优化师资结构，凝练办学特色，强化专业建设，深化教学改革等，全面提升办学水平和实力。11月5~8日，学院通过了教育部专家组的正式评估。

（5）2010年，郑州职业技术学院树立“育人为本、质量立校、人才强校、特色兴校”的办学理念，始终把培养高素质技术人才作为根本任务，把教学工作作为学校的中心工作。2010年，学院进一步完善教学管理制度，制定了《精品课程建设奖励办法（试行）》《专业技能竞赛奖励办法（试行）》《特色专业、重点专业、重点实验室建设奖励办法（试行）》《教学团队建设资助办法（试行）》。专业建设方面，通过调研论证，新增营销与策划、动漫制作技术、电子设备与运行管理3个专业。大力推进精品课程建设，模拟电子技术、C语言程序设计、细胞培养技术3门课程参加了市级精品课程评选。学院引进博士6人，16人获得副高及以上职称。选派96名专业课教师分别到河南思达高科有限公司、郑州合泰尔电气有限公司、郑州四维机电有限公司、河南通信电缆有限公司、郑州华泰电缆有限公司参加为期3个月的顶岗实践，增强了教师双师技能和实际操作能力。教授王云龙在第三届郑州地方高校高层次人才培养与引进工程量考核中获优秀等次。吴风珍、苏咏梅2位教师在首届郑州地方高校优秀中青年骨干教师届满考核中获优秀等次；张延萍、赵忠见等6位教师入选第二届郑州地方高校优秀中青年骨干教师选拔与培养工程。

（6）2011 年，郑州牧业工程高等专科学校先后组织教师深入基层开展科普活动 50 余次，举办各类培训班 20 期，培训人员 3500 余人次；承担河南省科普、科技特派员项目 14 项；利用设在学校的 3 个省级工程中心，协助政府部门检测样品 7768 个，接收科研检测样品 895 个，与企业开展科研合作 10 余项；学校与省畜牧局联合举办了首届中原畜牧业发展论坛、河南省肉羊产业化发展论坛暨“中原肉羊产业发展联盟”成立大会、河南省第 24 次科学养鹅暨产业工程研讨会等行业协会活动。

河南商业高等专科学校与加拿大红河学院、爱尔兰沃特福德理工学院开展的合作办学项目招生 290 人，实现国际合作办学零的突破。与韩国济州观光大学签订了相关专业人才联合培养协议，进一步拓展了学校的办学空间。

焦作师范高等专科学校新增“国培计划”小学语文等 13 门学科 6 个培训项目，实现培训人数和培训项目“两个增加”。学校车载电子研究中心被纳入焦作市和河南省教育厅工程技术中心建设序列。成立学前教育中心，服务地方社会。利用焦作太极拳资源，完成 2 期共计 50 余人的发展中国家外国留学生太极拳培训。

黄河水利职业技术学院制定《教学团队建设管理办法》。完成对全院 6 个教学团队的考核工作。组织教师参加境内外各类培训 137 人次。制定《黄河水院“十二五”师资建设规划》，规范专业教师下企业锻炼管理工作。组织青年教师教学技能大赛、说课竞赛，参与省教育工会组织的劳动竞赛，加强教师职业理想和职业道德教育，提高教师教学技能。

郑州铁路职业技术学院作为教育部骨干高职院校立项建设单位，2011 年面向河南省开展提前单独招生试点工作。4 月 6 日，学院成立单独招生试点工作领导小组。4 月 15 日，教育部批准学院 2011 年实施提前批单独招生计划 300 人。5 月 14~15 日，组织 2011 年单独招生考试，600 余名考生参加。通过单独招生形式录取 300 名新生，涵盖铁道机车车辆、电气化铁道技术、城市轨道交通运营管理、机电设备维修与管理、护理、医疗美容技术、酒店管理 7 个专业。

三门峡职业技术学院参与研究制定的《三门峡市生物技术产业发展规划》和《三门峡市酶制剂技术路线图》通过省科技厅专家论证。“三门峡生物产业技术创新战略联盟”正式在学院成立，学院被推选为常务理事单位和秘书处常设单位。

信阳职业技术学院与江苏省常熟市联合举办的政校企合作论坛在常熟市召开。

漯河职业技术学院承建的国家发改委批准立项的漯河市食品产业发展服务平台为全市食品行业培训各类人才 2800 余人，提供技术咨询和服务 1 万人次。学院成人教育招生 1588 人，其中电大远程开放教育本专科招生 919 人。村干部大学生招生 293 人，成人高职招生 165 人，网络教育招生 211 人。积极实施开放办学、走出校园办教育战略，建立校外教学点 13 个，分别与漯河际华 3515 制革制鞋集团、源汇区教师进修学校联合举办了不同类型的职业技能培训班等。

2001 年，全省专科层次学校 43 所，在校生 20.44 万人。其中职业技术学院 25 所，在校生 5.66 万人，职业技术学院学校数已经超过高等专科学校，但是在校生比起高等专科学校还差 9.12 万人。2004 年至 2005 年，职业技术学院学校数、招生数和在校生数三项指标都超过了高等专科学校。实力取得话语权，对这一层面的教育的称谓，基本上趋向为“高职高专”。

四　中等职业教育发展

中等职业教育学生数占高中阶段招生数和在校生数的比例，到 1997 年双双达到峰值，分别为 69.70%和 66.80%，河南的中等职业教育规模达到了一个近乎无法企及的高地，在全国占了多项第一。这样的规模没有持久，从 1998~1999 年就开始下跌，只过了两年，到 2000 年就双双跃到了 50%以下。此后 17 年间，也是在 39%至 50%之间徘徊，而且大多在 40%左右。

（一）政府持续推动

1998 年 12 月 24 日，教育部发布《面向 21 世纪教育振兴行动计划》，要求继续实施初中后教育的分流，从各地实际出发，积极发展中等职业教育。全国高中阶段职业教育与普通教育之间应保持现有比例，努力达到《中国教育改革和发展纲要》提出的目标。这是量的要求，没有提出具体的刚性比例。

中等职业教育要改革专业和课程结构，实行弹性选课制度，提高培养质量，使毕业生能够适应未来社会产业结构和就业市场变化的需要，努力在各地办出一批有较高社会声誉的职业技术学校。这是质的要求。

1998年4月27日，河南省教委、计委发布《关于我省普通中等专业学校招生并轨改革的意见》，安排1998年省属普通中专全部实行招生并轨。招生并轨是招生、收费和毕业生就业制度改革的一个重要组成部分，其目的是逐步改变普通中专由政府包学生上学、包毕业生就业的制度为学生缴纳部分培养费用、大多数毕业生自主择业的制度。这意味着中专生以后不再“吃商品粮”，国家不再包分配。收费上学，不包分配，没有了“国家干部”的身份，没有了铁饭碗，其社会标签将和职业中专、职业高中一样。

1998年，各职业学校的招生工作面临许多新的困难，为了防止职业教育出现滑坡，省市教育行政部门采取多种措施，进一步扩大各职业学校办学招生自主权，灵活协调各方面的关系，加之各职业学校采取强大的宣传攻势，上下密切配合，吸引了众多初中毕业生，使职业学校基本保持了稳定的招生形势。

1999年3月1日，省职业教育年度工作会议明确提出全省职业教育要不失时机地转移工作重心，即由过去注重数量规模的外延发展转到以提高质量和效益为主的内涵发展上来，要求全省各级教育行政部门和各职业学校要紧密结合经济发展和人才需求对职业教育质量提出更高要求的实际，牢固树立质量意识，切实以质量促巩固、求发展。

2000年，省教委发布《关于试办综合高中的意见》，要求充分利用现有的教育资源，积极在一般中等职业学校试办普高与职高相融合的综合高中，架设基础教育与职业教育相互沟通的“立交桥”。

2001年，省教育厅发出《关于规范各类中等职业学校名称的通知》，决定自2001年起，用3年时间逐步将现有的职业中专、成人中专、职业高中统一调整为“中等职业学校”。

《河南省教育事业“十五”计划》和2010年规划发布，提出要积极推进中等职业学校布局结构调整。规范各类中等职业学校、成人学校的办学类别，逐步将现有的职业中专、成人中专、职业高中等统一调整规范为中等职业学校。打破部门界限和学校类别界限，按照“合并、共建、联办、划转”的原则，逐步实现同地域、同层次中等职业学校的实质性合并，优化资源配置。

进入新世纪后，河南省教育呈现出大发展、大变革、新的矛盾大集聚的态势，主要表现为两个转变、三个更加突出。招生时，由学校挑选学生向学生挑选学校转变；就业时，由学生挑选单位向单位挑选学生转变。以高校招生报到率为例，扩招前，本科高校报到率几乎是100%，专科也都在90%以上。2001年，专科整体报到率只有70%左右，少数市属高职高专报到率只有30%左右，已经开始出现本科报到率降低的趋势，2001年，有一所本科高校报到率仅为80%。从学生的就业率来看，2001年，全省普通高校非师范专业毕业生首次就业率仅为49.2%，其中，本科69.2%，专科仅为31.7%。连续三年的高校扩招使高等教育投入不足的矛盾更加突出，师资力量不足的矛盾更加突出，优质教育资源不足的矛盾更加突出。而同期预算内事业性教育经费拨款明显滞后于高等学校规模的扩张速度。高校师生比低于教育部规定的1∶14的比例。优质高等教育资源显得更加短缺。

2003年6月1日，河南省人民政府发布《贯彻国务院关于大力推进职业教育改革与发展的决定的实施意见》指出，要强化省辖市政府在统筹职业教育发展方面的责任。各省辖市政府要统筹规划，促进职业教育与其他各类教育协调发展，建立多渠道筹措职业教育经费的机制，组织动员社会力量举办职业教育；要整合和充分利用现有各类职业教育资源，打破部门界限和学校类型界限，积极发挥市场机制的作用，提高办学效益，优化职业学校布局结构，防止职业教育资源流失。

企业要根据实际需要举办职业学校和职业培训机构，加强对职工特别是一线职工和转岗职工的教育和培训，形成职工在岗和轮岗培训制度，实行培训、考核、使用、待遇相统一的政策。企业要和职业学校加强合作，实行多种形式联合办学，开展“订单”培养和培训，并积极为职业学校提供兼职教师实习场所和设备，也可以在职业学校建立研究开发机构和实验中心。

职业学校和职业培训机构要适应河南经济结构调整、技术进步和劳动力市场变化的要求，及时调整专业设置，优化专业结构，积极发展面向新兴产业和现代服务业的专业，增强专业适应性，努力办出特色。

大力推行劳动预备制度，严格执行就业准入制度。用人单位招收、录用职工，属于国家规定实行就业准入控制的职业（工种），必须从取得相应学历证书或职业培训合格证书并获得相应职业资格证书的人员中录用；属于一般职业（工种）的，必须从取得相应的职业学校学历证书、职业培训合格证书的人员中优先录用。

各级政府要加大对职业教育的经费投入。省财政、教育行政等部门要制定职业学校生均经费标准并依法督促各类职业学校举办者足额拨付职业教育经费。各级政府和有关部门用于举办职业学校和职业培训机构的财政性经费应当逐年增长，确保公办职业学校教师工资按时足额发放，并监督民办职业教育机构按时足额发放教师工资。从 2003 年起，城市教育费附加用于职业教育的比例不低于 20%，主要用于职业学校更新实验实习设备和改善办学条件。

各类企业要按规定实施职业教育和职工培训，承担相应的费用。一般企业按照职工工资总额的 1.5%足额提取教育培训经费，从业人员技术素质要求高、培训任务重、经济效益好的企业可按 2.5%提取，列入成本开支。

各级政府要加强对职业教育工作的领导，把职业教育工作纳入当地经济和社会发展的总体规划，列入政府重要议事日程，帮助职业学校和职业培训机构解决实际困难和问题。调动和保护社会各方面举办职业教育的积极性，充分发挥行业、企业、社会中介组织和人民团体在发展职业教育中的作用。加强职业教育理论和政策研究，健全科学研究和教学研究机构，为职业教育宏观决策和职业学校改革与发展服务。

营造有利于职业教育改革与发展的社会氛围。企业要根据经济效益情况逐步提高生产、服务一线高素质劳动者特别是高级技工和技师的经济收入。要大力宣传职业教育和高素质劳动者在现代化建设中的重要作用，积极开展各种职业技能、技术竞赛活动，表彰职业教育的先进单位和个人，在全社会形成重视、支持职业教育的浓厚氛围。

2003 年 6 月 20 日，时任省长李成玉在全省职业教育工作会议上讲话指出，职业教育是我国教育体系的重要组成部分，是国民经济和社会发展的重要基础。推进职业教育的改革与发展是促进经济和社会可持续发展的重要途径，是促进经济结构战略性调整，将沉重的人口负担转化为人力资源优势的必然要求，是拓宽就业渠道，促进劳动就业、再就业和解决“三农”问题的重要举措，是实践“三个代表”重要思想的具体体现。河南一定要高度重视教育事业的发展，把职业教育摆上重要位置，切实抓紧抓好。只有坚定不移地实施科教兴豫战略，加快教育事业包括职业教育事业的改革和发展，才能切实把经济发展转到依靠科技进步和提高劳动者素质的轨道上来，加快全面建设小康社会的步伐。

同经济发展的需要相比，河南省职业教育还存在许多不尽如人意的地方，体现在就业准入制度和职业资格证书制度还没有有效实施，经费投入不足，中等职业学校招生困难，农村职业教育严重滑坡等方面。

职业教育重在质量，关键是要使职业教育的层次结构、类型结构和人才培养结构与人力资源需求的结构相适应。要深化对职业教育本质特征的认识，丰富职业教育的内涵，初等、中等、高等职业教育阶段的教学内容和要求要各有侧重。职业教育要切实办出特色，注重培养专业技能、创业能力和创新精神，特别要把培养职业能力与培养职业道德紧密结合起来。

2006年4月21日，时任省长李成玉在全省职业教育工作会议上讲话指出，大力发展职业教育，是加快河南经济实现经济又快又好发展的迫切需要，是推进河南产业结构优化升级的迫切需要，是把河南巨大人口压力转化为人力资源优势的迫切需要，是教育事业全面协调健康发展的迫切需要。李成玉在报告中用了四个“迫切需要”，表明了对职业教育发展的高度重视和急迫要求。

提出要切实加强组织领导，搞好协调配合，加大支持力度，营造氛围，努力推动河南职业教育工作再上新台阶。要求各级政府要不断加大对职业教育的支持力度，逐步增加公共财政对职业教育的投入，用于职业教育的资金要逐年递增。各级、各部门要充分利用广播、电视、报纸、网络、出版和其他大众媒体，大张旗鼓地宣传国家和河南出台的发展职业教育的各项方针政策，宣传职业教育在全省经济社会发展中的重要地位和作用，宣传优秀技能人才和高素质劳动者的劳动价值和社会贡献，宣传职业教育发展中涌现出的先进典型和先进人物。要在企业和社会各用人单位中建立科学的绩效考评和薪酬制度，逐步提高在生产、服务第一线的技能型工作者，特别是高级技工和技师的经济收入，鼓励各地开展符合本地从业岗位需要的技术技能竞赛、评比和展示等活动，表彰和奖励技能型工作者的劳动成果，努力形成重视和支持职业教育发展的浓厚社会氛围。

2008 年，时任教育部部长周济在全国职成教工作会议暨中职招生工作会议上讲话指出，要把中等职业教育作为整个教育发展的一个战略突破口，要求继续巩固和扩大中等职业教育的招生规模。

2009 年 6 月 12 日，河南省人民政府、中华人民共和国教育部印发《共建国家职业教育改革试验区实施方案》，提出以加快发展农村中等职业教育为重点，大力发展职业教育，优化高中阶段教育结构，探索加快普及高中阶段教育的新机制。

以优化资源、增强活力和办出特色为主线，推进职业教育办学体制机制创新。实行职业教育集团化办学，发展民办职业教育，构建政府主导、发挥行业企业作用、社会力量积极参与、公办与民办共同发展的新格局。

以实行校企合作、工学结合、顶岗实习的人才培养模式为核心，深化教育教学改革，完善职业院校技能竞赛制度，加强“双师型”教师队伍建设，探索提高职业教育教学质量的新途径。

以开展“职业教育强县”创建活动为载体，加快县域职业教育和培训网络、公共服务体系建设，探索职业教育服务社会主义新农村建设的新模式。

以实施示范学校建设为引领，加快完善中等职业教育建设标准，推进中等职业学校标准化、规范化和现代化建设，探索提升职业教育基础能力的新路子。

以人人学习、终身学习理念为指导，加快完善成人继续教育网络，构建职前、职中、职后相互沟通的人才培养新模式，探索建立具有区域特色、灵活开放、满足人民群众多样化教育需求的终身教育新体系。

主要内容是，一是探索职业教育服务社会主义新农村建设的新模式。建立和完善遍布城乡、灵活开放的职业教育和培训网络，大力开展农村职业技术培训，继续开展“职业教育强县”创建活动，扩大职业院校面向农村地区招生的规模，探索建立农村青少年免费接受中等职业教育的制度。二是探索建立加快普及高中阶段教育的新机制。三是努力构建职业教育办学新格局。四是探索提升职业教育基础能力的新路子。五是探索提升教育教学质量的新途径。六是探索构建终身教育的新体系。

决定成立河南省人民政府、中华人民共和国教育部共建国家职业教育改革试验区工作领导小组。组长由河南省省长和教育部部长共同担任，副组长由河南省分管副省长和教育部分管副部长共同担任。领导小组办公室设在河南省教育厅，成员由河南省人民政府有关部门和教育部有关司局的负责同志组成，负责日常工作。

决定加大经费投入。2008~2012 年，河南省多渠道筹措 100 亿元资金，保障攻坚目标的如期实现和试验区工作任务的顺利完成。其中，省级及以下各级财政将攻坚经费纳入预算，投入不低于 30 亿元，加大支持力度。河南省人民政府制定职业院校生均公用经费标准，核定职业院校收费标准，依法督促学校举办者按标准落实。2008~2012 年城市教育费附加用于职业教育的比例不得低于 30%，职业院校收取的学费用于学校基础能力建设的比例不得低于 30%。积极鼓励和引导行业、企业和民间资金投入职业教育。探索建立职业教育办学成本分担机制。

决定加大政策支持。第一，河南省人民政府负责落实职业教育五年攻坚计划的各项政策。对经批准建设或扩容的职业院校基本建设项目，免收城市基础设施配套费、房屋拆迁管理费和河道管理费等。对经批准征用的用于教学用房、实验室、操场、图书馆、办公室及师生员工食堂、宿舍的耕地，免征耕地占用税。对国家拨付事业经费和企业办的职业院校自用房产、土地，免征房产税、城镇土地使用税。凡与职业院校签订 3 年以上合作协议的企业支付给学生实习期间的报酬，准予在计算缴纳企业所得税税前扣除。按照国家有关部门的规定，职业院校教学设施和学生生活用水、用电、用气执行居民生活用水、用电、用气价格。中等职业学校可以参照河南省高等学校老校区土地置换办法，将老校区土地置换收益全部用于新校区建设，扩大办学容量。第二，教育部对河南职业教育发展给予更大支持。教育部鼓励试验区突破现行政策，在职业教育发展模式体制机制、体系构建、经费筹措等方面加大改革创新力度、打破常规，先试先行；在中央财政支持的示范性职业院校建设、县级职教中心建设、实训基地建设、教学质量工程项目、教师培养培训、家庭经济困难学生资助以及其他项目经费和政策上对试验区予以倾斜，为试验区各项工作顺利开展提供有力保障。河南省把教育部支持的上述项目作为试验区建设的重中之重，切实保障资金配套和项目建设质量。

2009年4月24日，省教育厅、省发展改革委、省财政厅、省人力资源社会保障厅联合发布《关于河南省中等职业学校布局调整的实施意见》，要求各省辖市要根据当地人口规模尤其是学龄人口规模、产业特色、市场需求等因素，统筹本地及所属县（市）高中阶段教育学校布局调整工作和中等职业学校专业布点工作。要集中财力、物力，重点支持办学有特色、就业率高、办学规模在5000人以上的骨干中等职业学校。各县（市）政府要按照省辖市统一部署，根据人口规模及学龄人口数，重点办好1~3所办学有特色、就业率高、主要服务于当地经济社会发展、办学规模在3000人以上的中等职业学校。省直有关部门原则上要重点支持办学条件好、办学特色鲜明、能够发挥龙头带动作用、办学规模在5000人以上的中等职业学校做大做强，使其成为全省示范性品牌中等职业学校。帮助办学有特色、就业率高但办学条件相对薄弱、办学规模偏小的中等职业学校改善办学条件，加强内涵建设，使其逐步达到示范性中等职业学校办学标准。

文件印发后，各省辖市认真开展中职学校布局调整工作，至2009年底，全省已整合了28所“弱、小、偏”的中等职业学校。截至2010年底，全省中职学校已调整至890所，比调整前减少了290所，全省中职学校布局调整任务基本完成。

9月1日，河南省人民政府召开中等职业教育招生工作会，这是河南省历史上第一次由省政府召开的全省中职招生工作会议。时任副省长徐济超出席会议并发表讲话，对下一步中职招生工作进行了具体安排和部署。省教育厅、省发展改革委、省财政厅、省人力资源和社会保障厅、省民政厅、省农业厅、省扶贫办、省监狱管理局等部门的负责人，各省辖市和重点扩权县（市）分管教育工作的副市长、副县（市）长、教育局局长及分管职教工作的副局长、职成教科科长，省属学校校长和省教育厅有关处室负责人等160余人参加了会议。会议深入分析了河南省中等职业学校招生工作存在的困难与问题，研究了完成2009年中等职业教育70万人招生任务的政策措施，对2009年中等职业教育招生工作进行再动员、再部署。

10月24日，河南省人民政府、教育部共建国家职业教育改革试验区工作领导小组举行第一次会议，时任教育部部长周济、河南省省长郭庚茂出席会议并讲话，时任副省长徐济超主持会议。周济对河南职业教育改革试验区建设一年来取得的成绩给予了充分肯定，并就如何做好试验区建设工作和整个职教工作发表了重要意见。

2010年，省教育厅协助省政府遴选确定了7个省辖市和5个职教集团开展改革试验工作，先行先试，为全省做出示范。郑州市和济源市的试验任务是农村“两后”毕业生免费接受中等职业教育；平顶山市的试验任务是城市职业教育改革发展；郑州市和鹤壁市的试验任务是职业教育园区化建设；信阳市和三门峡市的试验任务是农村职业教育发展改革；新乡市的试验任务是职业教育体制机制改革和普及高中阶段教育改革；机电、化工、信息咨询、建筑、科贸5个职教集团的试验任务是深化集团化办学改革，探索集团内部专业共建、教师和技师岗位互动的工作机制。

2010年，在各级教育行政部门和有关部门的共同努力和协作下，全省基本形成了以县级职教中心为龙头、以乡（镇）成人文化学校为骨干、以村成人文化学校为基础的三级职业教育培训网络。截至年底，全省共有农村成人文化技术培训学校（机构）17250个，其中县办110个，乡办2138个，村办14949个，其他部门办48个，民办5个。

焦作市人民政府印发了《关于焦作市中等职业学校布局调整实施方案的通知》。按布局调整实施方案，全市全日制中等职业学校由29所调整为22所，城区由16所中职学校调整为10所，形成了3所规模达到5000人以上的中职学校。

商丘市职业学校已由2008年底的64所调整至2010年的43所（含技工学校10所），学校平均办学规模由1361人提高到2326人，使中职教育资源配置得到明显优化，布局更加合理，招生规模显著扩大，促进了职业教育向规模效益型转变。

信阳市各县区加大对中等职业学校资源的整合力度，光山县由8所调整到2所，息县由5所调整到2所，新县由3所调整到2所。

截至2011年底，全省职业教育强县（市）达71个，占全省县（市）总数的65.7%。

在中等职业教育规模不断减少的情况下，各地纷纷采取有力措施，支持中等职业教育发展。郑州市坚持把职业教育作为民办教育发展的重点，积极鼓励和引导社会资金兴办职业教育，2005年民办中等职业学校已达29

所，招收新生 14486 人，在校学生 30679 人，分别占全市中等职业学校数、招生数和在校生总数的 32.2%、29%和 19.1%，形成了公办、民办中等职业学校共同发展的格局；2006 年市政府又决定投资 6 亿元，启动郑州市职业教育园区建设，规划到 2010 年入园学校 10 所左右，办学规模达到 4 万人以上，初步建成资源共享、产学研紧密结合的现代职业教育聚集园区，成为区域性的职业教育培训基地。

漯河市大力促进职业教育资源的优化配置，按照“规模办学、分类布局、相对集中”的原则进行了职业学校布局调整，中等职业学校由先前的 39 所调整为 2005 年的 21 所，校生均规模达到 1500 人以上。信阳市通过职业教育推动劳务经济发展，到 2005 年有各类中等职业学校 33 所，在校学生 7.9 万人；每年培训回乡初、高中毕业生 10 万人，培训城镇职工和农村中、初级人才 20 万人次。外出务工人员 2004 年达到 209 万人，劳务总收入达 131 亿元。新县对出国务工人员集中进行外语、操作技能等培训，积极开辟国外劳务市场，累计向韩国、日本、沙特、意大利等 20 多个国家和地区输出 2600 人左右，涉外劳务年收入超亿元。三门峡市 2005 年各学校面向贫困农村先后举办电焊、计算机应用与维修、家电维修、电子技术、电脑装配等专业培训班 125 期，培训输出学员 3000 余人，帮助贫困家庭子女学到了一技之长。建设行业根据自身实际，开展了房屋拆迁人员、工程质量监督员等管理岗位的培训，建立专业技术管理人员培训机构 67 个，14 万人取得了岗位资格证书，对保证工程质量和安全起到了积极作用。平煤集团重视职业教育，拥有各级各类职业学校、职工培训基地 60 多所，相继开设了采煤、矿建、工业自动化、电气自动化、矿山安全、矿山机电、社区医学、工业与民用建筑、煤化工等面向企业和社会的技术应用型专业，年职工培训规模在 6 万人以上，不仅为企业自身的改革发展提供了可靠的人力资源保障和技术支持，而且为社会培养了大批专业技术人才。

但从整体上看，职业教育仍然是河南教育事业发展中的薄弱环节，还不能适应经济社会发展的需要。一是社会对发展职业教育缺乏足够的认识，重普通教育、学历教育，轻职业教育、职业培训的倾向仍比较突出。二是职业教育的投入不足，部分职业院校的办学条件比较差。三是各类职业教育发展不平衡，民办职业教育发展缓慢，农村职业教育滞后。四是职业教育办学机制以及人才培养的规模、结构、质量还不能适应经济社会发展的需要。

2011 年，新乡市积极探索职业教育管理体制改革，在全国成立了第一个市级职业教育局，实现了对区域内各类职业教育的统筹管理。济源市开展了初、高中毕业生免费接受职业教育的探索。信阳市试验探索了“学校+公司+农户”“学校+基地+农户”“学校+合作社+农户”三种农村职教服务地方经济的办学模式。平顶山市积极承担城市职业教育改革试验任务，出台了试验方案，在中心城区建立并形成了全面覆盖的社区教育培训网络，社区工作成效显著。在 2011 年由教育部、中国成人教育协会、中国联合国教科文全委会秘书处组织的“2011 年全民终身学习活动周”先进城市评选中，平顶山市在全国 303 个举办此项活动的市（区、县）中居第 5 位，获优秀组织奖；该市所辖的舞钢市、新华区、卫东区、湛河区和叶县获成功组织奖。商丘市国家高等职业教育综合改革试验区建设稳步推进，通过综合改革试验区建设，积极探索地方和行业企业共建，建立由政府、行业企业和学校组成的学校董事会或理事会，优化区域高职教育发展环境，形成合作办学，共同育人的长效机制。

（二）规模缩减与回升

1998 年，全省有普通中专 185 所；招生 12.3 万人，比上年增加 0.95 万人；在校生 33.36 万人，比上年增加 4.33 万人，增长 14.9%。其中，中等师范学校招生 3.92 万人，扣除招收小学计划内民师，省内普师招生 1.72 万人。全省普通中专平均每校拥有学生 1797 人，中等技术学校平均每校 1673 人，中等师范学校平均每校 2183 人。与上年相比，普通中专平均规模增加 228 人，中技增加 241 人，中师增加 187 人。全省平均每 205 万人拥有一所中等师范学校。全省普通中专招生总数中，工科占 27.2%，财经管理占 16.03%，师范占 31.4%，与上年相比，工科上升 3.1 个百分点，财经管理下降 5.97 个百分点，师范上升 0.7 个百分点。在校生总数中，工科占 29.11%，财经管理占 15.68%，师范占 29.54%。与上年相比，工科上升 5.0 个百分点，财经管理下降 6.32 个百分点，师范上升 0.64 个百分点。

全省有职业高中 702 所，平均每 13.2 万人拥有 1 所。招生 23.21 万人，在校生 58.79 万人，分别比上年增加 0.42 万人和 4.13 万人。职业高中专业点和学生数最多的是工科类，分别占 34.0%和 33.3%，其他依次是财经管理、农林、艺术、医药卫生、师范和体育。

1999 年，全省各类中等职业学校 1065 所，比上年减少 22 所。招生 30.58 万人，比上年减少 7.42 万人。在校生 96.82 万人，比上年减少 4.57 万人。其中普通中专招生比上年减少了 0.96 万人，职业中学招生、在校生分别比上年减少了 6.46 万人、5.92 万人。基本上所有的指标都是“减少”。

为遏制中等职业教育滑坡的速度，全省多地于 2001 年前后试行了中职教育每年春秋两季招生、初三分流。地方为了完成中职招生指标，动员初三学生家长和学生报考职业学校。这在一定程度上缓解了“招生难”，但带来的招生成本提高特别是职业学校“招生尊严”逐步丧失的后果也在以后显现。

减少还在继续。到 2002 年，全省各类中等职业学校 822 所，比 1999 年减少 243 所。招生 33.36 万人，比 1999 年增加 2.78 万人。在校生 90.30 万人，比 1999 年减少 6.52 万人。其中普通中专在校生比 1999 年减少了 0.96 万人，职业中学在校生比 1999 年减少了 12.23 万人。本年招生数在高中阶段占比仅为 41.60%，是 1989~1990 年以来 14 年中最低的一年。

2005 年，中职教育在校生降至 39.88 万人，比 1999 年增加了 13.13 万人。同期，普通高中的规模在大幅度增加。中职教育在校生数仅占 39.88%，是 1991~1992 年以来 15 年中最低的一年。

之后，各级政府和中职学校采取措施，中职占高中阶段的两个比例在徘徊中回升。到 2010 年，全省中职学校数达到 1130 所，招生 72.47 万人，在校生 189.31 万人，分别占到 53.56%和 49.63%，接近或超过了高中阶段 1∶1 的比例。

此后，这两个比例又双双滑坡。两项指标到 2016 年跌到谷底，占比为 40.73%、39.11%，招生数创造了 1989 年以来 28 年的最低纪录，在校生创造了 1991 年以来 26 年的最低纪录。两个指标在 2017 年双双回升，为 42.69%和 39.33%。

（三）学校不断努力

1998 年省教委评估认定了河南省化工学校、河南省财经学校、河南省税务学校、郑州人民警察学校、洛阳铁路电务工程学校、新乡市商业学校、驻马店商业学校、济源工业学校、商丘市卫生学校、郑州烟草学校 10 所学校为省部级重点普通中专学校。

济源市一职高与河南师范大学联合开办“3+2”学制的公关文秘和市场营销大专班，市三职高与司法局联合开办了法律专业班；进一步加大示范学校建设力度，市职业中专投资 208 万元建起了学生餐厅、图书馆及 5 个专业实验室，市一职高投资 50 余万元充实内部设施，市职业中专被省教委命名为“省示范性职业学校”；全市职高毕业生的就业率达 81.2%。

省教委认定开封市第三职业中专、新乡市第一职业中专、巩义市第二职业中专、中国长城铝业公司职业中专、济源市职业中专、叶县职业教育中心、河南职业技术师范学院附属职业中专等 8 所学校为省级示范性职业学校。

1999 年，全省共有 15 所国家级重点技工学校，分别是河南电力技工学校、河南省技工学校、郑州铁路运输技工学校、中国一拖集团公司技工学校、洛阳机车厂技工学校、洛阳铁路运输技工学校、平顶山煤矿技工学校、新乡市第一技工学校、新乡市第三技工学校、中原石油技工学校、南阳电力技工学校、河南石油勘探局技工学校、义马煤炭技工学校、焦作市技工学校、河南省烟草技工学校。全省共有 2 所高级技工学校，分别为平顶山煤矿高级技工学校、中国一拖集团公司高级技工学校。

2000 年，河南省交通学校等 25 所中等专业学校、郑州市第四职业中等专业学校等 20 所职业高中（职业中专）成为国家级重点中等职业学校。河南省理工中等专业学校、平顶山煤业集团职业中等专业学校等 102 所学校成为省级重点中等职业学校。

夏邑县李集农业高中形成了长班对口升学、短班推荐就业的办学模式，2000 年对口升学 18 人，推荐就业 273 人，在校生达 300 多人。结合种植、养殖专业办的果园和养鸡场，年产值 20 多万元。

民权县职教中心坚持职业教育为当地经济发展服务的办学方针，采取灵活多样、长短结合的办学形式，开设了计算机、财会、服装设计、幼教、音美、体育、小学教育、种植、养殖、电子电器等专业班，附设了“3+1”初中职教班、初三分流班、食用菌培训班、业余电脑班和全日制职业高中班。

2001 年，省教育厅认定 10 所中等职业示范学校，分别为河南省经济贸易学校、河南省商业学校、河南省农业学校、河南省交通学校、郑州水利学校、郑州工业贸易学校、漯河市卫生学校、信阳市职业教育中心、平顶山市经济管理学校、登封市职业中等专业学校。同时，认定了 9 所中等职业示范学校预备学校，分别为安阳卫生学校、河南省林业学校、郑州市职业教育中心、开封市第二职业高中、灵宝市职业中等专业学校、安阳市第一职业中等专业学校、沁阳市职业中等专业学校、新安县职业教育中心、镇平县职业中等专业学校。

许昌市建立职业学校质量评估制度，实施全面质量管理，对全市中等职业学校进行了教育质量评估。采用听取汇报、查看资料、师生座谈、实地察看等方法对学校的教学基本条件、教学管理、教学质量 3 个一级指标和 29 个二级指标逐项逐条检查核对。经过评估，有 4 所学校被评为教育质量优秀学校，11 所学校被评为教育质量合格学校，3 所学校被评为教育质量基本合格学校。

郑州市技工学校、郑州市财经技工学校、河南省纺织技工学校、河南省医药技工学校、河南省化学工业技工学校 5 所技工学校被劳动保障部批准为高级技工学校。信阳水利技工学校、漯河市技工学校、鹤煤（集团）公司技工学校、郑州市第二商业技工学校、洛阳市交通技工学校、郑州市交通技工学校、郑州市第一商业技工学校达到省级重点技工学校标准，被批准晋升为省级重点技工学校。

2003 年，三门峡中专成立教育扶贫班，面向辖区招收贫困村的贫困生。招收学生 100 名，其中渑池县 12 名，义马市 2 名，湖滨区 7 名，陕县 23 名，灵宝市 16 名，卢氏县 40 名。每名贫困生每年只需缴纳 100 元学费、150 元住宿费，每学期 150 元书本费，其他费用由三门峡中专和市扶贫办分担，教学工作由三门峡中专承担。

荥阳市职业中等专业学校以“不等不靠搞建设，联合办学上层次，规模效益促发展”为办学思想，逐渐形成“注重德育，注重管理，注重技能”的办学特点。坚持育人为本，对师生进行思想教育、创业教育，提高领导班子和教师两支队伍的思想素质和业务素质；实行教职工全员聘任制和目标考核制、中层干部竞争上岗制、领导责任追究制；加强专业、教材改革，适应当地经济建设的需求；深化课堂教学改革，提高课堂教学质量和效率；建立“OSTA 计算机信息技术考试站”、国家职业技能鉴定站，加强周边地区学生、职工、劳动就业者的技能培训鉴定工作；加大依法执教工作力度，强化学校管理，办学质量和效益显著。在省市职校专业技能竞赛中名列前茅，获省电子、计算机专业团体一等奖。对口高考升学率在 90%以上。

林州市第一职业高中坚持“为经济建设和社会发展培养实用人才”的办学宗旨，以能力培养为本位，强化实践性教学。以实习基地为依托，构建现代农业技术实验中心、推广中心、服务中心，使学生在步入广阔天地、开展农技下乡活动中培养实践能力，发展创新精神。

河南省邮电学校立足通信业，坚持“以人为本”的管理理念，不断学习吸收国际上最先进的培训教育理念。以“服务通信，做好支撑”为办学宗旨，不断调整办学思路和办学模式，由原来的全日制学历教育向在职职工培训教育转变。学校以通信技术的发展和企业需求为导向，以培养复合型人才、提高通信员工的整体素质为目的，主动服从和服务于河南通信业的发展战略，初步建立起集远程教育、高等函授、自学考试、专业培训、新技术开发、课题调研、技能鉴定为一体的综合性培训教育基地。

鹤壁工贸学校先后在本地企事业单位和北京、深圳、青岛、大连、西宁、兰州、珠海、广州、郑州等地建立了 100 多个稳固的就业基地，累计为社会输送合格毕业生 1 万余人。

确山县职业中等专业学校牢固树立职业教育质量观，始终把学生“专业化、智能化、综合化”“走出校门、就能上岗，走上岗位、就能做出佳绩”“有文化、懂专业、技能强、能创业”作为成才的标志，教学质量受到学生家长和社会各界的高度评价。学校通过制定和落实素质教育规划及各专业学生素质标准，促进专业技能教学，增进竞争意识，激励学生爱专业、练技能、早成才。

上蔡县职业中等专业学校在全体学生中突出差生转化，使转差工作深入管理的各个层次，树立“转化一个差生和培养一个优秀生”同样光荣的思想，培养学生特长，学生个性得到充分张扬。

2005 年，省教育厅认定信阳市卫生学校等 27 所学校为省级重点中等职业学校。

开封电子科技学校本着用人单位需要学生掌握什么知识，学校就开设什么课的原则，在课堂教学中增添了就业指导、书法、礼仪、音乐欣赏、公共关系、应用文写作等实用性较强的课程。创新教学内容，利用业余时间组织教师对校本教材进行修订与完善，修订与完善后的教材针对性强、实用性强，更加适应企业对人才的需求。

洛阳市卫生学校组织观摩教学、优质课评比，开展了“护士风采”演讲和“基础护理技能竞赛”活动，成功举办了“护理技能竞赛汇报表演”，师生同台表演取得良好效果。

辉县市职业中等专业学校承担辉县市科技局、农业局、劳动和就业保障局、扶贫办的“星火计划”“阳光工程”农村劳动力转移、贫困地区劳动力转移等实用技术培训，为农村、企事业单位培训了大批技术人才。

2006 年，新乡商业学校、驻马店农业学校、洛阳市财经学校、南阳市宛东中等专业学校、信阳市第六职业高级中学、淇县职业中等专业学校和舞钢市职业中等专业学校 7 所学校被认定为国家级重点中等职业学校。

2011 年，由华苑职专和阳平镇、阳店镇、函谷关镇、焦村镇、西闫乡 5 个成人文化学校联办的灵宝市华苑职业高级中学阳平镇教学部畜禽生产与疾病防治专业教学点开班。职业教育教学班进村实验，为农村职业教育改革实验工作提供了新的切入点。该专业教学点采取理论与实践相结合的培养模式，开设食用菌生产技术和畜禽生产与疾病防治 2 个专业，面向社会招收种植户、养殖户、往届初高中毕业生及社会待业青年 492 人，让农民在家门口就能学到技术，受到广大农民欢迎。

信阳市开展“公办民助”“民办公助”“股份制”“建管分离”等多种办学模式，如商城县高科农机农艺服务专业合作社联合商城县职业中专，形成“学校+合作社+农户”模式；华英农业联合潢川县第三职业高中，形成“学校+公司+农户”模式；市第二职业高中以 500 万亩茶园为基地，形成“学校+基地+农户”模式。

南阳市大力推动产教结合和校企结合，镇平县工美职专与当地企业合作，开设玉雕和地毯加工专业，开展“订单式”培养，几年来共为当地培养玉雕和地毯加工人才 2000 多人；社旗县职业中专先后与广东、上海等地的 30 多家企业建立了长期校企合作关系，共安置毕业生 4800 多人。

职业学校的教师和学生在教育教学、服务社会的平凡工作中作出了不平凡的贡献，在特殊时期和特殊情况下能够挺身而出，成为社会学习的榜样。

1999 年 5 月 26 日，在郑州市公安局金水分局刑侦大队实习的河南公安高等专科学校学生沈钦睿、叶绿、蒋鹤三同学在街头执行排查任务，两名持枪歹徒在遭侦查员盘查时，突然开枪。三同学听到枪声后，毫不犹豫追向前去。沈钦睿与一个歹徒搏斗，被歹徒开枪击中。叶绿紧追另一名歹徒，直至将其制服，为整个案件的侦破起到关键作用。蒋鹤及时将沈钦睿送往医院，经抢救无效，沈钦睿同学壮烈牺牲。案件发生后，公安部政治部追授沈钦睿、授予叶绿同学全国公安系统二级英雄模范称号；河南省人民政府追认沈钦睿为革命烈士，共青团河南省委追授沈钦睿河南省青年五四奖章，授予叶绿、蒋鹤河南省新长征突击手称号；5 月 31 日，中共河南省委高校工委、省教委追授沈钦睿、授予叶绿河南省模范大学生称号，授予蒋鹤河南省优秀大学生称号，河南省公安厅为蒋鹤同学记二等功。

7 月 12 日，郑州牧专青年教师王予民在带领学生赴淅川开展大学生暑期科技扶贫社会实践活动途中，遭遇特大交通事故，因伤势过重，抢救无效，不幸殉职。8 月 19 日，省委高校工委、省教委决定，追授王予民“河南省优秀教师”荣誉称号。

2003 年 5 月 12 日，河南职业技术师范学院医院院长孙阳吉在抗击“非典”工作中，因劳累过度，突发心脏病，光荣殉职。15 日，中共河南省委高校工委、河南省教育厅发出《关于全省教育系统向孙阳吉同志学习的通知》。17 日，召开孙阳吉先进事迹座谈会，时任省委副书记王全书、副省长贾连朝到会讲话。6 月，组织编印孙阳吉先进事迹 6000 册和 200 张光盘，发放全省高校进行宣传和学习。王全书为该书题写书名《孙阳吉激扬的人生》，贾连朝为该书作序。省委授予孙阳吉“全国防治非典型肺炎工作优秀共产党员”称号。

五　职业教育攻坚

（1）2008 年 10 月 17 日，河南省人民政府召开职业教育攻坚动员大会。会上，时任教育部部长周济，时任代省长郭庚茂，时任省委常委、宣传部长、副省长孔玉芳分别发表重要讲话；省政府与各省辖市及重点扩权县（市）政府签订了河南省职业教育攻坚目标责任书；河南省人民政府与教育部签订了《共建国家职业教育改革试验区协议》，国家职业教育改革试验区落户河南。

12 月 5 日，省政府印发《河南省人民政府关于实施职业教育攻坚计划的决定》，明确了全省职业教育工作今后五年的指导思想、基本原则、主要目标和政策措施。总体思路是：深入贯彻落实科学发展观，大力实施科教兴豫、人才强省战略，把职业教育特别是中等职业教育作为教育事业发展的战略突破口，以改革为动力，以服务为宗旨，以就业为导向，加强基础能力建设，深化办学体制改革，创新人才培养模式，提升服务社会能力，推动职业教育向规模化、集团化、品牌化发展，促进职业教育与市场需求、劳动就业紧密结合，努力形成与河南经济产业结构相适应、以中等职业教育为主体、中职高职相互衔接、职前职后相互沟通的具有河南特色的职业教育体系。主要目标是：职业教育规模迅速扩大。到 2012 年，全省职业教育（含技工学校）在校生规模达到 262 万人，其中中等职业教育在校生规模达到 190 万人，占高中阶段教育在校生规模的 50%以上；高等职业教育在校生规模达到 72 万人。完成农村劳动力转移、农村实用人才、城镇职工就业和再就业培训等各类职业培训任务。全省重点建设一批省级示范性职业院校和省级职业教育实训基地，重点支持一批薄弱中等职业学校达标建设，力争职业院校的生均校园占地面积、校舍建筑面积、图书、仪器设备及生师比达到国家规定标准。改革创新取得突破性进展。积极推进职业教育体制改革和机制创新，不断深化办学模式和人才培养模式改革，国家职业教育改革试验区建设取得明显成效，适应社会主义市场经济体制、与市场需求和劳动就业紧密结合、满足人民群众终身学习需要的现代职业教育体系基本建立。

办学水平显著提升。建设一支素质较高、结构合理、实践能力较强的“双师型”教师队伍，职业教育教学工作与市场需求结合得更加紧密，教育质量和办学水平显著提升，服务经济社会发展的能力进一步增强。

主要措施，一是继续扩大职业教育规模，二是改善职业院校办学条件，三是加强职业院校师资队伍建设，四是推进职业教育办学体制机制创新，五是推进县域农村职业教育发展，六是促进民办职业教育加快发展，七是深化职业教育教学改革，八是推行职业资格证书制度，九是建立职业教育攻坚经费保障机制，十是落实促进职业教育发展的各项优惠政策。要求加强领导，明确责任，建立考核机制，营造良好氛围。

经费筹措：2008~2012 年，全省多渠道筹措攻坚经费 100 亿元，①财政专项投入 30 亿元（不含人员经费、中央财政支持经费）。其中，省财政专项投入 12 亿元，市、县（市、区）财政专项投入 18 亿元。②教育费附加投入 25 亿元。城市教育费附加用于职业教育的比例不低于 30%。③社会筹资 25 亿元。鼓励行业、企业和其他社会力量投资职业教育。支持学校利用银行贷款加快学校建设，改善办学条件。④职业院校学费投入 20 亿元。职业院校收入的学费用于职业教育攻坚的比例不低于 30%。

在职责分工上，省政府责任：组织领导全省职业教育攻坚工作，制定职业教育攻坚计划，建立职业教育攻坚经费投入机制，明确省辖市、县（市）政府和省政府有关部门攻坚工作责任；督导、检查省辖市、重点扩权县（市）政府和省政府有关部门的攻坚工作；与教育部共同组织实施国家职业教育改革试验区工作。

省辖市政府责任：负责本市职业教育攻坚工作的组织实施，制定职业教育攻坚计划和实施方案，落实职业教育攻坚经费，明确县（市、区）政府和市政府有关部门攻坚工作责任，完成职业教育攻坚任务；督导、检查所属县（市、区）政府和市政府有关部门的攻坚工作；整合职业教育和培训资源，合理调整学校布局，重点建设一批中等职业学校，形成中等职业学校为骨干、辐射乡村的职业教育和培训网络。

县（市）政府责任：负责本地职业教育攻坚工作，制定职业教育攻坚计划和实施方案，落实职业教育攻坚经费，完成职业教育攻坚任务；调整优化高中阶段教育结构，确保初中毕业生就读中等职业学校的比例不低于 50%；整合职业教育资源，集中人力、财力、物力，重点办好 1 所在校生规模达到 3000 人以上的职教中心或中等职业学校；指导乡（镇）办好成人文化技术学校，广泛开展农村劳动力转移、农民实用技术和扶贫开发等各类职业培训工作。

省教育厅责任：负责全省职业教育攻坚工作的组织协调，落实职业教育攻坚计划和国家职业教育改革试验区的相关工作；制定职业教育中长期发展规划，推动职业教育体制机制创新；实施省级示范性职业院校、省级职业教育实训基地、薄弱中等职业学校建设项目，改善办学条件，扩大职业教育规模；推进以就业为导向的职业教育教学改革，建设精品专业、精品课程和精品教材；实施职业院校教师素质提高计划和现代教育技术能力建设计划，开展教学评估工作，提高教育教学质量；协助省发展改革委、财政厅、人事厅、编办、劳动保障厅等部门制定中等职业学校生均公用经费标准、收费标准、教职工编制标准；督促、指导各地按照省政府要求，筹集用于职业教育攻坚的社会资金、学费收入；指导省辖市、重点扩权县（市）教育行政部门做好职业教育攻坚工作。

省发展改革委责任：将职业教育纳入社会发展总体规划，指导教育行政部门制定全省职业教育中长期发展规划；继续落实 2005～2010 年中等职业学校基础能力建设计划；核定各类中等职业学校收费标准；指导省辖市、重点扩权县（市）发展改革部门做好职业教育攻坚工作。

省财政厅、省人事厅、编办、省劳动保障厅、省农业厅、省建设厅、省国土资源厅、省国资委、省扶贫办、省地税局等厅、局、办都有明确的责任分工。

（2）2009 年 2 月 17 日，时任副省长孔玉芳在全省教育工作会议上讲话要求，要强力推进职业教育攻坚。一要科学规划，统筹安排，试点先行，加快推进国家职业教育改革试验区建设，通过体制改革和机制创新，为全省职业教育发展增添动力和活力，促进职业教育规模、质量效益协调发展。二要着力加强职业教育基础能力建设，重点启动实施好示范性职业院校建设、薄弱中等职业学校建设、职业教育实训基地建设三大工程，充分发挥示范性职业院校引领作用，支持专业有特色、就业率高但办学条件相对薄弱的中等职业学校建设，加快构建比较完备的职业教育与产业融合、与就业结合的实践平台。三要调整优化高中阶段教育结构，大力发展中等职业教育，突出抓好职业教育和各类培训，加快发展农村职业教育并逐步实行免费，努力扩大职业教育规模。四要深化职业教育教学改革，以就业为导向，突出办学特色，调整专业结构，优化课程设置，开发精品教材，加强实践教学环节，大力推行工学结合、校企合作、顶岗实习的人才培养模式，提高学生的实践能力和职业技能，增强就业创业能力。

时任省教育厅厅长蒋笃运在全省教育工作会议上的讲话指出，要大力实施职业教育攻坚。一是加快发展农村中等职业教育，探索开展农村中等职业教育免费政策，对涉农专业以及农村家庭困难的学生实行免费。继续开展职业教育强县（市）创建活动。二是突出抓好招生和返乡农民工培训工作。各级教育行政部门要把扩大中等职业教育规模作为加快普及高中阶段教育的重要举措，加大招生宣传力度，落实招生工作目标责任制，将高中阶段教育招生增量部分用于扩大中等职业教育规模。面向返乡农民工开展形式灵活多样的职业技能培养培训。县级职教中心要把返乡农民工列为春季招生重点，组织人员深入返乡农民工集中的村庄，开展专项招生宣传活动。各县（市、区）特别是60个劳务输出基地县的骨干中等职业学校，要根据返乡农民工的就业需求及当地政府的安排，积极参与“阳光工程”“雨露计划”等培训项目，开展各类劳动技能短期培训，并开展送教下乡，方便返乡农民工就近接受培训，为其再就业和创业提供有力支持。三是推动职业教育攻坚计划政策的落实。建立健全职业教育攻坚工作机制，落实部门责任和任务。推动落实支持职业教育发展的优惠政策。启动职业学校布局调整工作，优化职业教育资源配置，推进全省中等职业教育的规模化、特色化和科学化发展。推进职业教育集团化办学，促进河南骨干学校与骨干企业强强联合、优势互补、资源共享。四是启动省部共建国家职业教育改革试验区工作。做好《共建国家职业教育改革试验区协议》的落实工作，探索职业教育服务河南经济社会特别是社会主义新农村建设的新模式。五是全面加强职业教育基础能力建设。抓好50个左右中等职业教育基础能力建设项目，支持有条件的省辖市和职业教育集团建设公共实训基地。

2009年4月20日，省教育厅、省发展改革委、省财政厅、省人力资源社会保障厅联合发布《关于河南省示范性职业院校建设工程的实施意见》，计划2008~2012年，重点建设100所示范性中等职业学校（含技工学校）和11所示范性高等职业院校，按年度、分地区、分批次稳步推进。

实施步骤：2008年，制定实施方案和相关管理办法。2009年，启动第一批30所左右示范性中等职业学校的项目建设，及时总结经验，为以后各批次项目建设提供工作基础。2010年，启动第二批30所左右示范性中等职业学校的项目建设，完成第一批示范性中等职业学校的项目建设并进行验收。2011 年，启动第三批 30 所左右示范性中等职业学校的项目建设，完成第二批示范性中等职业学校的项目建设并进行验收。2012 年，启动第四批 10 所左右示范性中等职业学校的项目建设，完成第三批、第四批示范性中等职业学校的项目建设并进行验收。对示范性中等职业学校建设实施情况进行全面总结。

同一天，省教育厅、省发展改革委、省财政厅、省人力资源社会保障厅联合发布《关于河南省职业教育实训基地建设工程的实施意见》，安排 2008~2012 年，省、市、县财政投入专项资金，在全省职业院校（含技工学校）中支持建设 200 个左右职业教育专业性实训基地。在省会城市集中投入建设 1~2 个资源共享、辐射力强、覆盖面广、服务优质的职业教育公共实训中心，覆盖 4 个以上专业。在有条件的省辖市和省级职教集团建设一批投资规模较大、设备配置较全的职业教育区域性（或行业性）公共实训基地。公共实训基地应覆盖 2~3 个区域性（或行业性）骨干专业。其中，在省级职教集团建设 20 个职业教育行业性公共实训基地，在省辖市建设 10 个区域性职业教育公共实训基地。

同一天，省教育厅、省发展改革委、省财政厅、省人力资源社会保障厅联合发布《关于河南省薄弱中等职业学校建设工程的实施意见》，安排 2008~2012 年，支持 100 所薄弱中等职业学校建设（含技工学校）。重点支持学校办学条件改善、师资队伍建设。通过工程的实施，使一批薄弱中等职业学校的办学规模逐渐扩大，教育教学设施、实习实训等办学条件明显改善，教育教学改革取得突破性进展，服务河南及区域经济社会发展的能力显著提升。

实施步骤：2008~2009 年，制定实施方案和相关管理办法。2009 年，启动第一批 30 所左右薄弱中等职业学校的项目建设，及时总结经验，为以后各批次项目建设提供工作基础。2010 年，启动第二批 30 所左右薄弱中等职业学校的项目建设，完成第一批薄弱中等职业学校的项目建设并进行验收。2011 年，启动第三批 30 所左右薄弱中等职业学校的项目建设，完成第二批薄弱中等职业学校的项目建设并进行验收。2012 年，启动第四批 10 所左右薄弱中等职业学校的项目建设，完成第三批、第四批薄弱中等职业学校的项目建设并进行验收。对薄弱中等职业学校建设实施情况进行全面总结。

5月11~12日，省教育厅、省发改委、省财政厅、省人力资源和社会保障厅召开2009年度省级职业教育攻坚中职建设项目评审会议。会议制定了《2009年度职教攻坚项目评审方案》，经专家评审，认定省级示范性职业院校、省级职业教育实训基地、省级薄弱中等职业学校建设项目103个，省财政支持项目建设资金共计23625万元。其中，中职建设项目76个，省财政支持项目建设资金18175万元；高职建设项目27个，省财政支持项目建设资金5450万元。

8月底至9月初，省政府教育督导团会同省职业教育攻坚工作领导小组成员单位，由省督学带队，抽调省职业教育专家、财会等专业人员组成6个督导检查组对全省贯彻落实省职业教育攻坚动员大会精神情况进行专项督导检查。采取听取政府汇报、查看文件、走访学校、核查落实情况等方式，历时15天，先后深入18个省辖市、6个重点扩权县（市），抽查了37个县（市、区），实地考察90所学校和1个职业教育区域性公共实训基地。通过督导检查，总结了职教攻坚实施近一年来的成绩和经验，查找了问题和不足，提出了整改意见和建议，有力地促进了河南省职教攻坚工作。

10月24日，省政府召开河南省2009年职业教育攻坚工作表彰大会。时任教育部部长周济、省长郭庚茂出席会议并发表讲话，时任省委常委、常务副省长李克主持会议，时任省领导王菊梅、史济春、徐济超、刘满仓、袁祖亮和各省辖市市长、副市长，省直各厅局主要负责人等200多人出席会议。会议印发了《河南省人民政府关于表彰2009年河南省职业教育攻坚工作先进单位的决定》，对新乡市政府等87个先进单位进行表彰。

（3）2010年4月，省教育厅会同省发改委、省财政厅、省人力资源社会保障厅初步建立了河南省职业教育攻坚计划2010~2012年项目库。5月，对列入项目库的2010年职教攻坚项目进行了评审，确定项目91个。省财政共下达了50%的以奖代补资金1.24亿元，地方配套资金均已到位。

5月13日，省人民政府召开职业教育攻坚工作领导小组第二次会议。

时任省职教攻坚工作领导小组组长、省委常委、常务副省长李克主持会议，时任省职教攻坚领导小组副组长、副省长史济春及时任常务副组长、副省长徐济超出席会议。时任省政府副秘书长介新和省发改委、省教育厅、省财政厅、省信息化厅、省人力资源社会保障厅、省编办、省国土资源厅、省住房和城乡建设厅、省农业厅、省国资委、省扶贫办、省地税局等省职教攻坚工作领导小组成员单位的主要负责人出席会议。会议听取了职业教育攻坚工作成员单位履行部门职责推进职业教育攻坚工作的情况汇报。

5月，省职教攻坚工作领导小组办公室印发《关于开展多元化办学模式改革试点的通知》，指导各省辖市按照“政府主导、因地制宜、性质不变、经费不减、稳步推进、政策鼓励”的原则，采用“公办民助”“民办公助”“股份制”等形式开展职业院校多元化办学试点工作。截至年底，开封、三门峡、漯河、鹤壁、濮阳、许昌、平顶山、周口、商丘、焦作、南阳、信阳、驻马店、济源等14个省辖市均制定了实施方案，全省共确定了35所职业院校作为试点学校。

8月5日，省人民政府在安阳召开2010年职业教育攻坚工作推进会，会议对一年来全省职业教育攻坚工作取得的成绩给予了充分肯定，并对下一阶段职业教育攻坚工作进行了部署。省教育厅、省发改委、省财政厅、省工业信息化厅、省人力资源社会保障厅、省编办、省国土资源厅、省住房和城乡建设厅、省农业厅、省国资委、省扶贫办、省地税局12个省职教攻坚成员单位负人出席会议。各省辖市及6个重点扩权县（市）分管教育工作的副市（县）长、教育局局长及教育、发展改革、财政等部门负责职教攻关工作的副局长，滑县、信阳平桥区政府领导和第四批职业教育强县（市）的县（市）长，省属中等职业学校校长和新闻媒体记者等近300人参加会议。会议交流了一年来在职教攻坚工作中涌现出来的先进经验，分析研究了职教攻坚工作中出现的新情况和新问题，对今后职教攻坚工作进行了再动员、再部署。同时对博爱县、长垣县、长葛市、灵宝市、尉氏县、嵩县、安阳县、淮滨县、商水县、内乡县、正阳县、柘城县第四批12个“职业教育强县（市）”进行了表彰。省教育厅、省财政厅、省人力资源社会保障厅及安阳市、许昌市、开封市、鹤壁市、驻马店市、周口市以及信阳市平桥区和滑县有关负责人在会上分别介绍了经验。

2010年，洛阳市扎实推进职教攻坚计划。积极申报22个国家、省财政支持的示范性职业教育实训基地建设项目；争取中央、省级财政支持项目3个，争取资金540余万元；积极筹措职业教育专项资金1510万元，用于市一职高新校区建设和搬迁等项目；栾川县职教中心投资290万元用于购置实训设备；嵩县投入2400万元兴建县职教中心；新安县投资300万元用于县职业高中购置电工电子装备生产线等，极大地改善了职业学校的办学条件。

焦作市全日制中等职业学校由29所调整为22所，城区由16所中职学校调整为10所，形成了3所规模达到5000人以上的中职学校。商丘市职业学校已由2008年底的64所调整至43所（含技工学校10所），学校平均办学规模由1361人提高到2326人，使中职教育资源配置得到明显优化，布局更加合理，招生规模显著扩大。

（4）2011年职业教育攻坚实现新突破。一是中职招生72.47万人，在校生达到189.31万人，分别占高中阶段教育的53.56%和49.63%，均居全国第一。二是多渠道筹措职教经费的新机制初步形成。全省各地、各部门通过财政专项资金、教育费附加、社会融资等多种渠道，采取项目扶持、贴息贷款、土地置换等多种形式，切实加大职教攻坚经费筹措力度。2010年，全省投入职教攻坚项目资金33.8亿元，其中各级财政投入16.67元，社会融资14.7亿元，中央财政支持2.43亿元。三是职教园区建设速度加快，全省有14个省辖市规划建设职教园区规划面积8.8万亩，9个省辖市的职教园区已经开工建设。国家职教改革试验区建设进展顺利。四是教资源整合成效显著。全省1181所中等职业学校调减到890所。五是职教学生技能水平显著提高。在2010年的全国职业院校技能大赛中，河南省代表团共获51个奖项，团体成绩居全国第9位，较上年提升3个位次。2010年，中职招生和在校生分别比2005年增长42.2%、51.5%，基本实现了普通高中与中等职业教育招生规模大体相当的目标。

截至2011年底，全省中职学校由职教攻坚前的1163所调减至874所，校均在校生规模由1613人提高到2166人；全省有88所中等职业学校启动公办民助、民办公助、股份制形式等多元化办学模式改革试点，吸纳社会资金26.4亿元。

（5）2011年河南职业教育事业有了新的发展。突出表现在，一是办学规模不断扩大，连续多年居全国第一。二是布局调整趋于合理，优化了职教资源配置；国家职业教育改革实验区建设持续推进，规划的17个职教园区已有14个开工建设，入驻学校21所，学生8.6万人，提高了集聚发展能力。三是办学质量明显提高。全省共认定国家级重点中职院校165所，确定了28个重点专业，196个重点专业点。中职学校专任教师达到5.83万人，"双师型"专任教师达到1.07万人，比2007年增长13.8%。人才培养与经济社会发展吻合度不断加深，涌现出一批规模大、质量高、信誉好的品牌院校。四是改革创新取得实效。全省88所中职学校进行了多元化办学模式改革，吸纳社会资金26.4亿元；省属中职院校全部实行生均经费财政拨款办法，探索机制创新取得了初步效果；组建了60个职教集团，校企合作逐步深入；全省民办职业院校达到305所，在校生35.3万人，比2007年增加15万人，形成了各级各类院校共同发展的局面。

职业教育服务经济社会发展的能力不断增强。主要表现在，一是有力支撑了经济增长。职业教育的快速推进，为河南经济发展提供了技能人才支撑，扩大了教育需求，推动了经济增长。2008~2011年，全省71个职教强县经济总量和财政收入增速均高于全省县市的平均增速，职业教育促进区域经济发展的作用显著增强。二是明显提升了区域竞争力。2008年以来，全省职业院校累计向社会输送技能和高技能型人才320多万人，全省人力资源优势进一步凸显，成为扩大开放招商、承接产业转移的金字招牌，显著提升了区域竞争力。富士康集团、格力电器等一批境内外知名企业落户河南，很大程度上缘于这一优势。三是有效促进了民生改善。几年来，全省中高职院校毕业生就业率分别保持在95%和80%以上；通过开展各类职业技能培训，促进城乡新增就业450万人，城乡居民收入加快提高，2011年全省劳务收入2340亿元，比2007年翻了一番。

这一时期的职业教育，特别是高等职业教育的发展成效显著。政府和学校都在努力扩大规模，也有头脑冷静的思考者看得更远一些。2013年8月19日，在全省教育培训产业发展座谈会上，郑州职业技术学院党委副书记、副院长王建庄就高等职业教育的发展提出了自己的建议：

面对中原经济区建设的新形势和国际高职教育的发展趋势，我省高职教育必须进一步发展壮大，努力提高人才培养质量，才能适应河南省经济社会快速发展的需要。

河南是农业大省，更是人口大省。河南高等职业教育的社会职能，在过去的三十年，主要是把沉重的人口包袱转化为强大的人力资源，现在这个目标已经基本实现。随着中原经济区建设的全面展开，河南在国家发展大局中的定位更加明晰、地位更加重要，一大批重大项目进入国家规划，有利于更多地争取国家政策支持，培育区域竞争新优势。要实现中原经济区又好又快建设的目标，就必须加快推进产业结构优化升级，转变经济增长方式，提高自主创新能力，不断提升现代化水平，这就给人才培养提出了新的要求。各行各业不但需要一大批科学家、工程师和经营管理人才，而且需要数以万计高素质劳动者和实用性技术人才。高层次科技人才我们可以引进，而高技能、专业化的劳动大军却无法引进，只有靠我们大力发展职业教育尤其是高等职业教育来培养。在未来的十年甚至更长的时间内，高等职业教育将承担起把人力资源转化为高端技能型人才的重任。就目前情况看，我省高职教育理念不清、层次不高、校企合作不实和师资队伍整体素质有待提高等因素制约着高职教育的进一步发展。

针对这些情况，我有六个建议。

一是职业教育内外部要抓紧转变观念，尽快实现由规模扩张向内涵提升转型。

二是通过立法促进企业积极参与职业教育，强化校企合作。高职教育必须走产学结合的发展道路，这是一些发达国家职业教育发展的成功经验，也是我国能否真正办出高职特色的关键所在。要使学校培养的人才适应企业需要、适应社会需要，企业必须参与进来。这有助于解决当前职业教育发展中资金、实训设备和“双师”教师短缺问题，也有助于增强职业教育人才培养的计划性和适应性。

同高职教育较为发达的欧美国家相比，我们的职业教育在师资水平方面差，培养师资的教学条件差，职业教育在实训、实习、实践等环节不如欧美国家，比如德国立法规定企业有义务承担学生实习任务，而我国的企业现在普遍不愿接收学生实习。很多学校为此建立了实训中心进行弥补，但由于资金有限，实习实训条件不能满足教学需求，且效果远不如企业中真刀真枪的实习环境效果好。为此，政府应发挥引导作用，通过立法来促进企业参与高职教育，提高高职教育人才培养质量，使高职教育能真正满足社会经济发展需求。

三是加强河南省职业教育师资培训基地的建设，提高高职教育师资培训质量。职业教育最大的问题是师资。我院重视师资建设，连续多年选派教师参加培训。同深圳、浙江、东三省等地方相比，我省职业教育师资培训基地数量不多，很多学校应付差事，培训效果普遍不好。希望政府以后多些投入，多引导，加强河南省职业教育师资培训基地的建设。

四是加大投入。高等职业教育是职业教育的最高层次，在职业教育体系中处于高端。高等职业教育的任务主要由普通高等专科学校和职业技术院校承担，教育成本远远高于普通教育。河南高等职业教育在全国处在怎样的位置？2010年，从全国情况看，河南省普通高等学校的在校生规模，无论是本科院校还是高职高专院校都高于全国平均值；专任教师中的正高级职称人员数，以及在生均占地、生均图书、生均固定资产和生均建筑面积等方面，又远远低于全国平均水平。

《河南省财政厅、河南省教育厅印发〈关于进一步提高河南省普通本科高校生均拨款水平的实施意见〉的通知》表明：全省高校生均拨款水平到2011年底不低于9000元，2012年底不低于12000元。以后年度结合财力情况等因素，逐步提高生均拨款水平。据了解，深圳职业技术学院生均经费大约12000元，青岛职业技术学院生均经费大约10000元。2012年度我所在的学校生均拨款仅有2700元，与我省本科院校生均拨款水平和发达省份同层次学校的差距较大。

五是尽快启动组团或单独升本。职业教育是一种教育类型，不能政策性地固定在某一层次上。高等职业教育不会也不应该仅仅停留在专科层次。随着经济和社会发展对人才质量提升的需求和全民族文化水平的提高，高职教育的层次必然上移。

2011 年 6 月 8 日，教育部副部长鲁昕在全国高等职业教育引领职业教育科学发展战略研讨班上，发表了题为《引领职业教育科学发展系统培养高端技能型人才》的讲话，其中明确提到："树立系统培养理念，科学布局中等职业教育、高等职业教育、应用型本科和高端技能型专业学位研究生等人才培养的规格、梯次和结构。"

为此，从现在起，我们就要认真盘点一下家底，科学规划全省高职高专院校的发展，打破所有制和管理层次的限制，按照效益最大化的原则，制订资源整合计划，实施河南高职教育由量的发展到质的提高的转变。一旦国家政策许可，我们就可以很快建立职业教育的本科层次，进而发展到硕士、博士层面，形成职业教育的完整体系。

六是建立科学的评价制度。我们的教育评价已经远远落后于教育实际。要从学生的发展来建立对举办者、学校、教师、学生的评价体系。单纯用考分这种终结性评价方法来评价职业学校的学生，无异于用乒乓球的比赛规则来裁判足球比赛。要结合经济社会发展对人才的需求标准，结合人的综合成长要求来全面评价学生，从而推及对教师、学校、办学者的评价。

第四节　守正创新　职业教育科学发展时期（2014 年至现在）

一　顶层设计

关于现代职业教育的顶层设计，2014 年就已经初步成形。

2014 年 6 月 23~24 日，全国职业教育工作会议在北京召开，习近平总书记就加快职业教育发展做出重要指示。他强调，职业教育是国民教育体系和人力资源开发的重要组成部分，是广大青年打开通往成功成才大门的重要途径，肩负着培养多样化人才、传承技术技能、促进就业创业的重要职责，必须高度重视，加快发展。

习近平总书记指出，要树立正确的人才观，培育和践行社会主义核心价值观，着力提高人才培养质量，弘扬劳动光荣、技能宝贵、创造伟大的时代风尚，营造人人皆可成才、人人尽展其才的良好环境，努力培养数以亿计的高素质劳动者和技术技能人才。要牢牢把握服务发展、促进就业的办学方向，深化体制机制改革，创新各层次、各类型职业教育模式，坚持产教融合、校企合作，坚持工学结合、知行合一，引导社会各界特别是行业企业积极支持职业教育，努力建设中国特色职业教育体系。要加大对农村地区、民族地区、贫困地区职业教育的支持力度，努力让每个人都有人生出彩的机会。

习近平总书记要求，各级党委和政府要把加快发展现代职业教育摆在更加突出的位置，更好支持和帮助职业教育发展，为实现“两个一百年”奋斗目标和中华民族伟大复兴的中国梦提供坚实人才保障。

这次会议是改革开放以来国务院召开的第三次全国职业教育工作会议。会议召开前，2014 年 6 月 22 日国务院印发了《关于加快发展现代职业教育的决定》，提出到 2020 年，形成适应发展需求、产教深度融合、中职高职衔接、职业教育与普通教育相互沟通，体现终身教育理念，具有中国特色、世界水平的现代职业教育体系的目标任务。

一是结构规模更加合理。总体保持中等职业学校和普通高中招生规模大体相当，高等职业教育规模占高等教育的一半以上，总体教育结构更加合理。到 2020 年，中等职业教育在校生达到 2350 万人，专科层次职业教育在校生达到 1480 万人，接受本科层次职业教育的学生达到一定规模。从业人员继续教育达到 3.5 亿人次。

二是院校布局和专业设置更加适应经济社会需求。调整完善职业院校区域布局，科学合理设置专业，健全专业随产业发展动态调整的机制，重点提升面向现代农业、先进制造业、现代服务业、战略性新兴产业和社会管理、生态文明建设等领域的人才培养能力。

三是职业院校办学水平普遍提高。各类专业的人才培养水平大幅提升，办学条件明显改善，实训设备配置水平与技术进步要求更加适应，现代信息技术广泛应用。专兼结合的“双师型”教师队伍建设进展显著。建成一批世界一流的职业院校和骨干专业，形成具有国际竞争力的人才培养高地。

四是发展环境更加优化。现代职业教育制度基本建立，政策法规更加健全，相关标准更加科学规范，监管机制更加完善。引导和鼓励社会力量参与的政策更加健全。全社会人才观念显著改善，支持和参与职业教育的氛围更加浓厚。

2017年9月23日，中央全面深化改革领导小组第三十五次会议审议通过，9月24日中共中央办公厅、国务院办公厅印发施行《关于深化教育体制机制改革的意见》。该意见指出，要完善提高职业教育质量的体制机制，强调要健全德技并修、工学结合的育人机制。坚持以就业为导向，着力培养学生的工匠精神、职业道德、职业技能和就业创业能力。坚持学中做、做中学，推动形成具有职业教育特色的人才培养模式。完善专业动态调整机制，完善教学标准，创新教学方式，改善实训条件，加强和改进公共基础课教学，严格教学管理。大力增强职业教育服务现代农业、新农村建设、新型职业农民培育和农民工职业技能提升的能力。要改进产教融合、校企合作的办学模式。健全行业企业参与办学的体制机制和支持政策，支持行业企业参与人才培养全过程，促进职业教育与经济社会需求对接。充分发挥行业主管部门的指导、评价和服务作用，支持行业组织推进校企合作、发布人才需求信息、参与教育教学、开展人才质量评价。明确企事业单位承担学生社会实践和实习实训的职责义务和鼓励政策。这样的顶层设计为新时代的职业教育绘就了发展蓝图。

2018年4月18日，国务院总理李克强主持召开国务院常务会议，确定推行终身职业技能培训制度的政策措施，提高劳动者素质，促进高质量发展。会议指出，推动经济转型升级和高质量发展，既要有先进装备作基础，又要有劳动者素质和技能提升作支撑。按照党的十九大精神的要求，建立并推行终身职业技能培训制度，以促进就业创业为目标，面向城乡全体劳动者提供普惠性、均等化、贯穿学习和职业生涯全过程的终身职业技能培训，并将工匠精神、质量意识融入其中，有利于缓解技能人才短缺的结构性矛盾，提高全要素生产率，推动经济迈上中高端。

2018年11月27日，国务院职业教育工作部际联席会议制度建立。联席会议的主要职能包括贯彻落实党中央、国务院关于职业教育工作的重大决策部署；统筹协调全国职业教育工作，研究解决职业教育重大问题；研究审议拟出台的职业教育法律法规和重大政策，部署实施职业教育改革创新重大事项；听取国家职业教育指导咨询委员会等方面的意见建议；督促检查职业教育有关政策措施的落实情况；完成党中央、国务院交办的其他事项。

联席会议由教育部、发展改革委、工业和信息化部、财政部、人力资源和社会保障部、农业农村部、国资委、税务总局、国务院扶贫办 9 个部门和单位组成，教育部为牵头单位。联席会议设召集人一人，由国务院分管教育工作的领导同志担任；设副召集人两人，由教育部主要负责同志和协助分管教育工作的国务院副秘书长担任；其他成员单位有关负责同志为联席会议成员。根据工作需要，联席会议可邀请其他相关部门和单位参加。联席会议成员因工作变动需要调整的，由所在单位提出，联席会议确定。

2019 年 1 月 24 日，国务院印发《关于国家职业教育改革实施方案的通知》，提出总体要求与目标：坚持以习近平新时代中国特色社会主义思想为指导，把职业教育摆在教育改革创新和经济社会发展中更加突出的位置。牢固树立新发展理念，服务建设现代化经济体系和实现更高质量更充分就业需要，对接科技发展趋势和市场需求，完善职业教育和培训体系，优化学校、专业布局，深化办学体制改革和育人机制改革，以促进就业和适应产业发展需求为导向，鼓励和支持社会各界特别是企业积极支持职业教育，着力培养高素质劳动者和技术技能人才。经过 5 ~ 10 年时间，职业教育基本完成由政府举办为主向政府统筹管理、社会多元办学的格局转变，由追求规模扩张向提高质量转变，由参照普通教育办学模式向企业社会参与、专业特色鲜明的类型教育转变，大幅提升新时代职业教育现代化水平，为促进经济社会发展和提高国家竞争力提供优质人才资源支撑。

2 月 23 日，中共中央、国务院印发《中国教育现代化 2035》，对现代职业教育的发展进行了战略安排：2035 年职业教育服务能力显著提升。健全职业教育人才培养质量标准。推进中等职业教育和普通高中教育协调发展。强化职业学校和高等学校的继续教育与社会培训服务功能，开展多类型多形式的职工继续教育。持续推动地方本科高等学校转型发展。加快发展现代职业教育，不断优化职业教育结构与布局。推动职业教育与产业发展有机衔接、深度融合，集中力量建成一批中国特色高水平职业院校和专业。优化人才培养结构，综合运用招生计划、就业反馈、拨款、标准、评估等方式，引导高等学校和职业学校及时调整学科专业结构。加大应用型、复合型、技术技能型人才培养比重。培养高素质教师队伍，健全以师范院校为主体、高水平非师范院校参与、优质中小学（幼儿园）为实践基地的开放、协同、联动的中国特色教师教育体系。强化职前教师培养和职后教师发展的有机衔接。夯实教师专业发展体系，推动教师终身学习和专业自主发展。鼓励有条件的职业院校在海外建设“鲁班工坊”。

2 月 23 日，中共中央办公厅、国务院办公厅印发《加快推进教育现代化实施方案（2018~2022 年）》，提出要深化职业教育产教融合。构建产业人才培养培训新体系，完善学历教育与培训并重的现代职业教育体系，推动教育教学改革与产业转型升级衔接配套。健全产教融合的办学体制机制，坚持面向市场、服务发展、促进就业的办学方向，优化专业结构设置，大力推进产教融合、校企合作，开展国家产教融合建设试点。建立健全职业教育制度标准，完善学校设置、专业教学、教师队伍、学生实习、经费投入、信息化建设等系列制度和标准，制定并落实职业院校生均拨款制度。建立国务院职业教育工作联席会议制度。

3 月 5 日，李克强总理在十三届全国人大二次会议上所作的《政府工作报告》指出，加快发展现代职业教育，既有利于缓解当前就业压力，也是解决高技能人才短缺的战略之举。要改革完善高职院校考试招生办法，鼓励更多应届高中毕业生和退役军人、下岗职工、农民工等报考，2019 年大规模扩招 100 万人。扩大高职院校奖助学金覆盖面，提高补助标准，加快学历证书和职业技能等级证书互通衔接。改革高职院校办学体制，提高办学质量。中央财政大幅增加对高职院校的投入，地方财政也要加强支持。设立中等职业教育国家奖学金。我们要以现代职业教育的大改革大发展，加快培养国家发展急需的各类技术技能人才，让更多青年凭借一技之长实现人生价值，让三百六十行人才荟萃、繁星璀璨。

中央政府的战略布局，将职业教育提升到了一个全新的高度。根据出席十三届全国人大二次会议代表审议及全国政协十三届二次会议委员讨论提出的意见和建议，3 月 16 日发布的《政府工作报告》，国务院共修改充实了 83 处，其中职业教育部分增补 3 处。

第一处增补，是在《政府工作报告（草案）》“改革高职院校办学体制”后，增补了“加强师资队伍建设”。这样的增补，是将教师队伍建设作为扩招 100 万人的一个前置条件。意思是说，如果只扩招，不注重从社会和企业引进技能型教师、培养双师型教师，高职的教育质量就难以保障。

第二处增补，是在“中央财政大幅增加对高职院校的投入”之前，增补了“引导一批普通本科高校转为应用型大学”。《政府工作报告（草案）》原来的提法，都是指向高职院校的，忽视了还有一批四年制地方普通本科高校也能承担应用型人才的培养。其背后的信号，一方面明确了地方普通院校也可通过转为应用型本科大学，承担扩招任务；另一方面明确了今后的职业教育，既包括三年制的高职，也包括四年制的应用型本科大学，甚至还有少数高层次技能型创新型硕士、博士教育。这就把发展现代职业教育的本义体现得更完整，也改变了过去认为职业教育只是教育层次、不是教育类型的片面观点。这种增补，对于职业教育的发展非常关键。其深层次的含义，就是真正把职业教育看作一个体系，也直接回应了不久前《国务院关于印发国家职业教育改革实施方案的通知》的精神。

第三处增补，是在“支持企业和社会力量兴办职业教育”之后，增补了“加快产教融合实训基地建设”。这处增补，回答了企业和社会力量怎样参与兴办职业教育的问题。它告诉企业和社会力量，要想兴办职业教育，可通过与学校合办实训基地，也可合作把实训基地办在企业，或办在学校。这处增补的针对性非常强。职业教育的本质要求，需要理论结合实际，和产业结合，把论文写在车间、写在大地上，黑板上种不出稻谷。而过去我们在发展职业教育时，每所学校都建实训基地，既没有足够的资金，也没这个必要，完全可以通过机制体制改革，充分利用企业资源，把企业和社会资源变为师生的实训基地。这样，既可补齐职业教育发展“短板”，也有利于培养高质量、上手快的实用型人才，实现学生充分、高质量就业。

2019 年 5 月 6 日，教育部、国家发展改革委、财政部、人力资源社会保障部、农业农村部、退役军人事务部印发《高职扩招专项工作实施方案》，针对退役军人、下岗失业人员、农民工、新型职业农民等群体单列计划，一部分面向退役军人，一部分面向下岗失业人员、农民工和新型职业农民扩大招生计划。在 2019 年高考前组织一次参加高职扩招专项考试的补报名工作，主要面向普通高中毕业生、中职（含中专、技工学校、职业高中）毕业生、退役军人、下岗失业人员、农民工和新型职业农民等报考高职院校的群体，于 10 月面向 2019 年退役的军人再增加一次补报名。对于退役军人、下岗失业人员、农民工和新型职业农民，可免予文化素质考试，由各校组织与报考专业相关的职业适应性测试或职业技能测试。

按照“标准不降、模式多元、学制灵活”原则，提高人才培养的针对性、适应性和实效性。贯彻实施职业教育国家教学标准体系，针对应届与非应届、就业与未就业、不同年龄段等生源多样化特点，分类编制专业人才培养方案，采取弹性学制和灵活多元教学模式，对退役军人、下岗失业人员、农民工和新型职业农民等群体可单独编班。鼓励有机组合师资、教学实训、食宿等资源，提高优质职业教育资源使用效率，用优质校拉动一般校，整体提升办学水平。加强教学常规管理，适应不同生源、不同学习时间、不同学习方式，创新教学组织和考核评价。针对不同生源的从业经历、技术技能基础和学习需求，创新实习管理方式，开展灵活多样的实践教学。加快学历证书和职业技能等级证书互通衔接，有序开展学习成果的认定、积累和转换，积极引导新增生源参与“1+X”证书制度试点，鼓励高校学生积极取得多类职业技能等级证书，拓展就业创业本领。对退役军人、下岗失业人员、农民工和新型职业农民等已积累的学习成果（含技术技能），探索通过水平测试等方式进行学历教育学分认定。

中央财政加大对高职院校扩招的支持力度，引导地方政府落实生均拨款制度、奖助学金提标扩面政策等，加强办学条件薄弱公办高职院校改造，加大政府购买高职教育服务力度。完善和落实相关奖助学金、学费减免等资助政策，退役军人学费资助按高职院校实际收取学费金额执行，每生每年最高不超过 8000 元，超出部分自行负担；按规定给予退役军人学生助学金资助，其他奖助政策按现行规定执行。下岗失业人员、农民工、新型职业农民考入高职院校，按照现行规定享受资助政策。

二　省政府推动

2014 年 9 月 24 日，河南省人民政府发布《关于加快发展现代职业教育的意见》，提出的基本原则和目标任务是：坚持政府推动、市场引导，既要发挥政府保基本、促公平作用，又要充分发挥市场机制作用；坚持加强统筹、分类指导，统筹发展各级各类职业教育，加强行业部门对职业教育的指导；坚持服务需求、就业导向，服务经济社会发展和人的全面发展，重点提高青年就业能力；坚持产教融合特色办学，强化校企协同育人，突出职业教育办学特色；坚持系统培养、多样成才，推进中等和高等职业教育紧密衔接，加强职业教育与普通教育沟通，搭建多元互通的人才成长“立交桥”。

到2020年，形成适应发展需求、产教深度融合、中职高职衔接、职业教育与普通教育相互沟通，体现终身教育理念的现代职业教育体系。结构规模更加合理。保持中等职业学校和普通高中招生规模大体相当，高等职业教育规模占高等教育的一半以上。到2020年，中等职业教育在校生达到160万人，高等职业教育（含专科层次、应用技术类型本科和专业学位研究生）在校生达到130万人。从业人员继续教育达到2500万人次。

院校布局和专业设置更加适应经济社会发展需求。调整、优化职业教育布局和专业结构，到2020年，中等职业学校和高等职业院校（以下统称职业院校）调整到500所左右。重点建设10所示范性应用技术类型本科院校、100所品牌示范职业院校和200所特色职业院校，重点建设30个左右省级品牌示范专业（群）和50个左右省级特色专业（群）。

职业院校办学水平普遍提高。各类专业的人才培养水平大幅提升，办学条件明显改善，实训设备配置水平与技术进步要求更加适应，现代信息技术广泛应用。专兼结合的“双师型”教师队伍建设进展显著。“双师型”、一体化教师占专业课教师的比例达到70%以上；重点建设500个左右具备教学生产、培训和鉴定等多种功能的综合实训基地，其中重点建设100个生产性实训基地；职业院校基本建成标准化数字校园；职业院校毕业生就业率分别保持在95%和90%以上。发展环境更加优化。现代职业教育制度基本建立，政策法规更加健全，相关标准科学规范，监管机制不断完善。引导和鼓励社会力量参与的政策更加健全。全社会人才观念显著改善，支持和参与职业教育的氛围更加浓厚。

2017年2月，按照教育部办公厅《关于开展中等职业教育质量年度报告工作的通知》的要求，全省共有49所国家中等职业教育示范校、3个教育行政部门发布了 2016 年度中等职业教育年度质量报告。按照相关要求，自 2017 年起全省中职品牌示范学校和特色学校要发布质量年度报告，各省直管县（市）教育局都要发布质量年度报告；自 2018 年起，全省中职学校每年都要发布质量年度报告，各省辖市、省直管县（市）教育局都要发布质量年度报告。

5 月 27 日，省教育厅下发《关于加快推进 2017 年优化中等职业学校布局工作的通知》，要求建立中职学校优化布局督查制度、学校备案制度、激励问责机制等。结合中职学校优化布局工作，省教育厅进一步规范了全省各类中职学校的校名；对各地、各部门在中职学校优化布局工作中产生的专业设置、学生学籍、学校资产等问题，及时研讨、及时反馈、及时解决，保障了中职学校优化布局工作扎实有效开展。与各地、省直有关部门多次进行沟通、协调，督促各地、各部门加快推进中职学校优化布局工作。各地教育局也积极行动，及时向党委、政府主要领导汇报本地中职学校布局情况，提交优化方案，协调有关部门解决有关问题。截至年底，已调整到位并在省教育厅和省人力资源社会保障厅备案的中职学校达到 383 所，完成了省政府提出的到 2018 年将中职学校调减至 420 所目标任务的 90%以上。

2017 年，省教育厅对第三批省品牌校、特色校进行了终期检查验收。截至年底，全省已有 287 所项目院校通过了省级验收，基本完成了重点建设 300 所左右品牌示范校、特色校的目标任务，初步形成了一批具有示范、引领、带动作用的骨干职业院校。省教育厅切实加强了对品牌示范院校、特色院校建设的指导和管理，对“一校两牌”、项目外包、未能如期完成建设任务的职业院校，取消其建设资格。

围绕品牌示范校、特色校建设，持续实施“四项计划”。一是实施品牌示范专业和特色专业建设计划，截至年底，全省中职品牌示范专业和特色专业点总数达到了 258 个，打造了一批具有示范引领作用的专业点。二是实施“双师素质”教师队伍建设计划，2017 年培训中职学校教师 9420 人次，全省中职学校“双师型”教师比例比上年提高了 13%，中职学校教师队伍结构不断优化，整体素质明显提高。三是实施示范性实训基地建设计划，省教育厅、省财政厅与京东集团签署了战略合作协议，在全省共同建设 100 个电子商务实训基地，有力地促进了专业建设，提高了实践技能教学的保障水平。四是实施信息化建设计划，重点支持100所中职学校的“智慧校园”和“数字校园”建设，着手进行全省职成教系统的大数据平台建设，全省中职教育的信息化水平不断提升。

2018年3月14~15日，全省职业教育与成人教育工作现场会在驻马店市召开。会议强调了“十个聚焦”：一是聚焦根本任务，系统推进立德树人；二是聚焦产教融合、校企合作，创新技术技能人才培养模式；三是聚焦品牌示范校和特色校建设，持续打造骨干职业院校；四是聚焦中职优化布局，扩大职业教育优质资源供给；五是聚焦中职招生工作，夯实职业教育发展基础；六是聚焦深化职业教育办学体制机制、人才培养模式、财政供给模式改革，激发职业教育办学活力；七是聚焦教育教学改革，提高技术技能人才培养质量；八是聚焦职教脱贫攻坚，助力打赢脱贫攻坚战；九是聚焦职教发展短板，推动职业教育与继续教育融合发展；十是聚焦安全稳定，强化中等职业学校安全教育管理。

2019年1月4日，全省职业教育与成人教育工作座谈会在郑州召开。会议传达了教育部对职业教育与成人教育工作的新要求，研究解决当前职业教育与成人教育工作存在的突出问题，谋划2019年河南省职业教育与成人教育工作。

1月16日，省长陈润儿在河南省第十三届人民代表大会第二次会议上作的《政府工作报告》提出，深入推进产教融合、校企合作和实训基地建设，发展一批高水平职业院校。推动符合条件的普通高校向应用技术型转变。

1月31日，2019年全省教育工作会议在郑州召开。会议部署，启动实施职业教育改革发展行动计划。制定出台《河南省职业教育改革发展行动计划（2018~2022年）》。积极创建国家职业教育改革试验区。进一步优化职业教育布局和专业结构。启动实施“薄弱中等职业学校达标建设工程”，切实改善办学条件；实施“高水平中等职业学校建设工程”，加强职业学校内涵建设。保持高中阶段职普比例大体相当。深入实施高水平高职学校和专业建设计划；做好高等职业教育创新发展行动计划验收工作；加快高等职业教育人才培养模式改革，推进现代学徒制试点；加强教学质量诊断与改进，提高职业院校整体办学水平。加快建立政府、行业、企业、学校、社会协同推进的工作机制，重点建设一批省级产教融合试点、示范性职教集团，认定一批校企合作示范院校。继续实施职业院校教师素质提升计划，加强“双师型”教师队伍建设。

2 月 12 日，《中国教育报》在头版头条报道了河南省职业教育助力脱贫攻坚、服务乡村振兴的做法和经验。3 年来，全省累计向贫困地区中职学校投入 11 亿余元，重点支持贫困地区中职学校改善办学条件；依托 53 个贫困县中职学校，举办了职业教育“精准脱贫技能培训班”，累计培训“建档立卡”贫困人员 1.84 万名；依托 20 个省级新型职业农民培养基地，培养新型职业农民学员 2100 名；实施了贫困县中职学校“兼职教师特聘岗计划”，资助学校聘请 800 名高水平工程技术人员和能工巧匠担任兼职教师；在全省职业院校遴选并支持建设了首批 10 个乡村振兴技能人才培养示范基地和 20 个示范专业。2017 年 10 月，在国务院扶贫开发领导小组主办的“2017 减贫与发展高层论坛”上，河南作为唯一代表省份，围绕“发展职业教育、助力脱贫攻坚”的主题进行主旨发言。

2 月 18 日，省长陈润儿在郑州专题调研职业教育工作并主持召开座谈会，强调要深入贯彻习近平总书记在全国教育大会上的重要讲话精神，加快促进三个转变、大力发展职业教育，为全省经济结构调整和产业升级培养更多技能型人才。

陈润儿强调，要加快促进三个转变。在办学格局上，加快由政府主办为主向政府统筹管理、社会多元办学的格局“转”；在办学模式上，加快由参照普通教育办学模式向企业社会参与、专业特色鲜明的类型教育“转”；在办学取向上，加快由追求规模扩张向提高质量“转”。同时，要着力完善制度体系、调整教育结构、健全保障机制，统筹做好经费保障、队伍建设、职称评定、人才待遇等工作，为职业教育发展提供坚实支撑。

4 月 19 日，省委省政府召开全省教育大会，省委书记王国生讲话指出，要总结推广经验做法，加快地方本科高校向应用型转变，主动面向地方经济社会发展需求、对接产业转型升级需要，提高人才培养和产业需求的契合度。要加快职业教育改革创新，推动职业教育由政府举办为主向政府统筹管理、社会多元办学的格局转变，鼓励引导行业、企业共建产业学校，校企双方深度参与人才培养。集中力量建设一批高水平高职院校和专业群，培养更多技术技能型人才。

省长陈润儿在讲话中强调指出，要突出健全德技并修、工学结合的育人机制。德技并修是职业教育育人机制的思想基础，工学结合是提高职业教育质量的根本保障，二者缺一不可；要推行产教融合、校企合作的办学机制。要坚持政府、行业、企业、学校、社会协同推进，促进教育链、人才链与产业链、创新链有机衔接，推动职业院校与行业企业形成命运共同体；要完善提升技能、促进就业的保障机制。要探索实行毕业证、技能等级证、职业资格证“三证”并轨制度，打通学历、技能、就业通道。要建立“双培型”人才培养模式。坚持工学结合、学历培养与技能培训并重，所有职业院校的专业结构，都要瞄准产业发展的前沿趋势，根据产业发展规划来设置，支持企业全程深度参与职业教育人才培养，大力开展“订单式”、学徒制等“双培型”培养模式，推进校企专业共建、课程共担、教材共编、师资共训、基地共享、人才共育，干什么学什么，产什么教什么，促进校企“双元”育人；要加强“双师型”教师队伍建设。职业教育的特点要求教师要同时具备理论教学和实践教学的能力。在这方面，国家已经从政策上做出了规定，新出台的职业教育改革实施方案要求从 2019 年起，职业院校、应用型本科高校相关专业教师原则上从具有 3 年以上企业工作经历并具有高职以上学历人员中公开招聘，从 2020 年起，基本不再从应届毕业生中招聘。河南要采取切实措施，加大“双师型”教师队伍建设力度；要加强“双训型”基地企业合作。发展职业教育必须有实训基地。必须大力支持企业与职业院校资源共享，合作共建一批集实践教学、社会培训、企业生产等于一体的实训或模拟训练基地，建成一批高技能人才培养培训基地和技术技能创新平台，提升重点专业建设和校企合作育人水平。

2019 年国务院《政府工作报告》提出高职院校当年大规模扩招 100 万人。高职扩招 100 万，生源将发生重大变化。参照 2015 年的招生情况，可以推算出全国扩招 100 万河南需要增加的招生数。当年全国高职高专招生 337.98 万人，其中河南 28.70 万人，占 8.49%。按这个比例，2019 年全国扩招 100 万，河南高职高专的招生数就要比上年增加 8.49 万人。2018 年高职教育生源情况本来就不尽人意，这样大规模的扩招，必须要有特殊的举措。特殊的举措势必改变现有的学生知识结构。学生来自四面八方，专业乃至文化基础严重参差不齐，教学活动怎样开展，教学质量如何保障，必须早做准备，全面应对。高职院校应该清醒地认识到，职业教育就是规范且提高品位的现代技能培训，别再过多强调高职院校的大学身架。我们虽然冠以“高等”，但和传统意义上的大学已经不是一回事了。因此，首先必须转变观念。从一定意义上讲，扩招后教学难度更大，课程设置、教学形式、考核方法可能需要颠覆性改变。

第二章 体系构建与规模现状

第一节 探索发展 现代职业教育体系初步构建

新中国成立以来，河南的职业教育在70年的时间里经过艰苦的探索和实践，实现了前所未有的跨越式发展，在服务河南乃至全国经济社会发展的同时，也初步构建了自己的体系。

20世纪50年代初的河南教育，整体上呈现规模不大、质量不高、基础不牢、体系不全的态势。职业教育更是脆弱。类型单薄，主要是中等技术学校和中等师范学校；层次单一，仅仅停留在中等教育层面。在政治的风浪中也只有随波逐流，起伏发展。经过三年恢复时期和第一个、第二个、第三个五年计划的发展，经历了迅速复苏、大起大落的进程。“三五”“四五”时期，政治形势的波动将教育推向风口浪尖，教育规模、教育体系、教育质量都失去了常态，这种状况一直波及第五个五年计划之后。改革开放使我们看到了与世界发达国家教育的差距，特别是职业教育对社会进步的巨大作用。国家在全面复苏教育的同时，突出发展了中等职业教育。21世纪的前10年，河南的高等职业教育实现了大发展，主要体现在规模扩张上。2012年党的十八大之后，河南的职业教育在规模扩张之后逐渐走上科学发展的道路，更加注重内涵提升，更加注重人才培养质量，与此同时，初步形成了职业教育体系。

1949年新中国成立时，河南全省只有1所大学，在校生804人。中等技术学校（含中等师范学校）一共32所，在校生8376人。当年河南总人口4173.60万人，每万人中仅有2人接受中等职业教育。三年恢复时期过后，到1953年，中等职业教育在校生数达到40738人，每万人口中接受中等职业教育的超过9人，对于当时的经济社会状况来说，这已经是个了不起的进步。到1960年，全省中等职业教育的规模实现了爆发式增长，当年全省总人口为4818.35万人，中等职业教育在校生已达到12.98万人，每万人中接受中职教育的人数达到历史性的27人。此后1961年出现断崖式回落，总规模骤减至4.93万人。1964年更是跌至1.98万人。1965年虽有复苏。也只有4.77万人，每万人口在校生仅有9人，差不多跌回去12年，仅仅相当于1953年的规模。

表2-1　1949~1965年河南中等职业教育规模一览

单位：所，人

年份	1949	1953	1954	1956	1958	1959	1960	1961	1962	1964	1965
校数	32	96	51	78	107	152	359	127	43	47	140
在校生数	8376	40738	27033	34935	48872	68055	129761	49268	21986	19770	47676

注：数据为中等技术学校和中等师范学校之和。

资料来源：河南省档案馆J0109。

新中国成立之初，面临严峻复杂的国际国内形势，全国上下一心，勒紧腰带，咬紧牙关，在和平生活不断受到威胁，经常食不果腹的困境中，奇迹般地奠定了这个落后大国的全面教育基础。在这一过程中，河南面临的挑战更多，压力更大，成就也更加令人瞩目。这样的成就，也为以后河南职业教育的发展奠定了基础，为大规模发展中等职业教育做好了铺垫。

20世纪80年代初到90年代末，河南中等职业教育实现了规模扩张。1977年岁末，国家恢复了高等学校招生考试制度。在中断11年后，这样的考试既仓促又庄重。当年河南省708097人参加了骤然到来的考试。有10231人被高等学校录取，录取率仅为1.44%，有14286人被中等专业学校录取，录取率为2.02%。

随着改革开放的不断推进，经济社会的发展对技术技能型人才的需求越来越迫切。生产力的发展使得生产关系不断调整，这种需求拉开了中等职业教育规模扩张的序幕。

河南省革命委员会教育局1979年1月28日下发的文件表明，1978年全省共有中等专业学校79所，毕业生9689人，当年招生18203人，在校生为33217人。这样的规模还没有达到1952年的水平。

从1978年初开始，省教育行政机构和计划部门就紧密布局。3月28日批复建立沁阳师范学校。4月5日批准恢复河南医学院附属医院护士班。5月16日批准恢复和新建郑州水利学校。5月23日同意改建开封地区第二师范学校。6月申请恢复郑州纺织机电学校。8月12日和10月8日又两次请示省革命委员会，要求恢复和新建郑州建筑工程学校和郑州农业机械化学校等14所中等专业学校。一年当中7次行文，恢复和新建改建19所中专学校，前所未有。

1979年，又密集请示恢复和新建河南省冶金学校、河南省计划统计学校、周口水利学校等23所中等专业学校。

1980年2月，河南省招生委员会发布教育事业计划，全省高校大专学校不再新设点，积极发展和办好中等专业教育。根据中等教育改革的精神，要积极发展职业学校和农业中学。同时明确表示，各市可以试办职业学校，各县可以试办农业中学。这标志着河南中等职业教育已经进入实质性发展阶段。

在这个精神指导下，1980年河南继续密集恢复和新建中等职业学校。从2月1日省政府批复设立许昌商业学校和焦作财会学校开始，到11月29日批复建立人民警察学校止，当年全省共恢复、改建、新建了24所中等专业学校。

1980年，全省中等职业学校数已达107所，在校生超过56000人。之后一段时期，河南中等职业教育的规模连年实现跨越式发展，到1987年，学校数达到625所，在校生达到24.80万人。以后连年增加，1994年学校数突破1000所，达到1088所。1998年，在校生数突破100万人大关，达到101.40万人。到1999年，学校数保持在1065所，在校生为96.82万人（见表2-2）。之后规模不断扩张，到2009年，全省中等职业教育学校数达到1180所，2010年在校生数达到峰值，为189.31万人，是1949年的225.36倍，1965年的39.69倍。

表 2-2　1980~1999 年河南中等职业教育规模发展情况

单位：所，万人

年度	1980	1987	1990	1991	1992	1993	1994	1995	1996	1997	1998	1999
学校数	107	625	751	823	885	986	1088	1113	1117	1110	1088	1065
在校生数	5.60	24.80	32.30	35.60	39.00	47.00	58.80	72.70	83.00	94.00	101.40	96.82

资料来源：根据河南省档案馆 J0109 和历年《河南教育年鉴》整理。

政府的行政作为及时适应市场发展的需要，推动了中等职业教育的规模扩张。1949 年，河南每万人口中仅有 2 人在中职就读，1965 年这个数据是 9 人。1999 年为 102 人。2010 年为 190 人，是 1949 年的 95 倍。

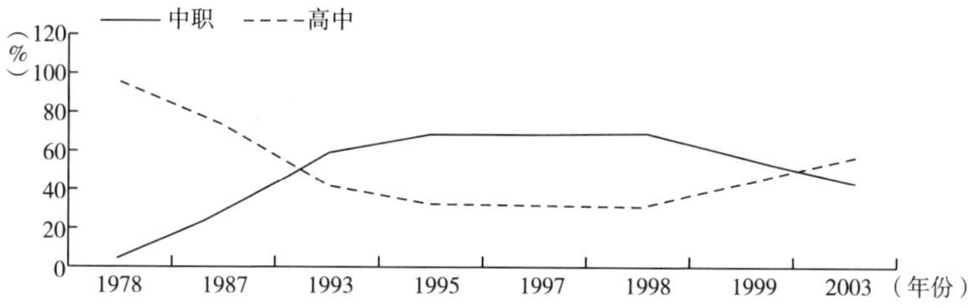

图 2-1　1978~2003 年中等学校职普招生比例变化曲线

资料来源：根据河南省档案馆 J0109 和历年《河南教育年鉴》整理。

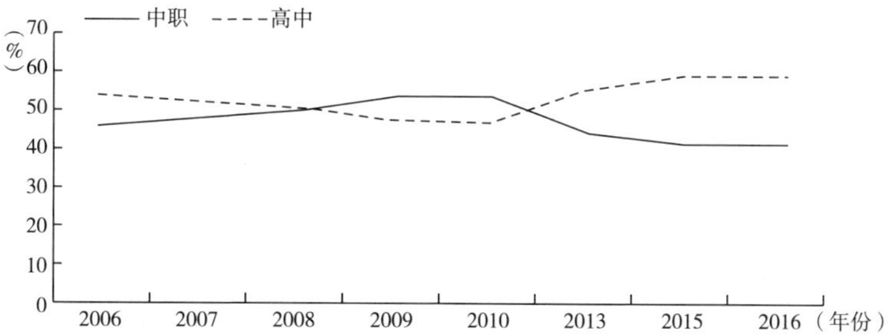

图 2-2　2006~2016 年中等学校职普招生比例变化曲线

资料来源：根据河南省档案馆 J0109 和历年《河南教育年鉴》整理。

进入 21 世纪，河南的高等职业教育得到蓬勃发展，实现了规模的扩张。20 世纪 90 年代末期，中国改革开放已经进行了 20 个年头，义务教育的普及和中等职业教育规模的扩张，为发展更高层次的职业教育提供了可能。

而20年的改革开放，使经济社会发展的步伐一再加快，产业结构调整和生产技术的飞速提升为高等职业教育的发展提供了迫切需求。21世纪前3年，中国的高等职业教育就实现了高速发展。

可以看出，在高等学校规模发展过程中，21世纪初高职高专的发展已经超越了本科教育。2002年以前，在高等教育专科、本科层面，本科招生数长期大于专科招生数。这个局面在2002年被反转，高职高专招生数超越了本科招生数。

河南的高等职业教育也在这个时期实现了大发展。1999年初，经河南省教育委员会向教育部申请，河南省成为按新的管理模式和新的运行机制试办高等职业教育的15个试点省份之一。当年7月，省教育委员会会同省物价局、省财政厅下发了《关于高等职业教育和五年制试验班学费标准及有关问题的通知》，标志着高等职业教育体系的初步确立和“3+2高职”“五年一贯制”高职教育形式的出现。

2000年7月，国务院正式授权河南省设置审批高等职业学校。这标志着河南现代职业教育层次的上移迈出了关键的一步。

2001年，河南省结合本地实际，设置了河南工业职业技术学院等8所高职院校，同时批准了河南农业大学等7所高校举办二级职业学院并同意其与部门所属的中等专业学校联合办学。当年安排高职招生计划6300人，安排高校二级职业院校招生计划1600人。

到2010年，全省高职高专院校已达62所，在校生达到76.95万人，河南高等职业教育专科层次的规模扩张已经达到一个新的高峰。

表2-3　2000~2010年河南中、高职教育指标变化情况

单位：所，万人

年度	2000	2001	2002	2003	2004	2005	2006	2007	2008	2009	2010
高职校数	31	43	41	47	54	55	56	51	51	56	62
在校生数	13.68	20.69	26.05	29.76	38.22	46.25	52.42	58.82	68.44	75.27	76.95
中职校数	1255	1114	1061	988	950	963	1023	1116	1173	1180	1130
在校生数	103.46	90.20	88.96	100.50	112.36	124.96	137.09	156.34	171.75	187.91	189.31

资料来源：根据历年《河南教育年鉴》整理。

表 2-4 2013~2017 年河南高等教育、高中阶段教育基本指标

年份	高等教育				高中阶段教育				
	校数（所）	在校生数（万人）	其中：高等职业教育 校数（所）	其中：高等职业教育 在校生数（万人）	校数（所）	在校生数（万人）	其中：中等职业教育 校数（所）	其中：中等职业教育 在校生数（万人）	其中：中等职业教育 中等职业教育在校生数占高中阶段在校生数比例（%）
2013	120	155.90	73	72.19	1705	366.50	920	173.87	47.44
2014	127	161.83	77	70.81	1675	336.42	899	147.19	43.75
2015	129	167.97	77	72.45	1659	327.13	885	137.58	42.06
2016	129	176.69	77	77.14	1645	325.79	875	131.48	40.36
2017	129	187.48	74	84.06	1592	327.85	800	128.25	39.11

资料来源：根据历年《河南教育年鉴》整理。

从 2012 年开始，河南职业教育层次延伸到本科教育学段，其主要标志是应用型大学的转型发展。

2002 年 7 月 29 日至 8 月 1 日，教育部高教司组织召开“应用型本科人才培养模式研讨会”。2012 年 11 月 17 日，时任教育部副部长鲁昕在谈到不断优化高等教育布局结构时强调，要“引导近年地方已设立的高等学校重新定位，向培养应用型、技术技能型人才转型”。不久，教育部发展规划司启动“应用科技大学改革战略研究试点”工作，并于 2013 年 1 月 25 日召开应用科技大学建设研讨会。6 月 28 日，中国应用技术大学（学院）联盟和地方高校转型发展研究中心在天津成立。2014 年 2 月 26 日，国务院召开常务会议，提出“引导一批地方新建本科高校向应用技术型高校转型”。6 月，国务院在《关于加快发展现代职业教育的决定》中首次提出“采取试点推动、示范引领等方式，引导一批普通本科高等学校向应用技术类型高等学校转型，重点举办本科职业教育”。

2014 年 6 月 22 日，国务院发布《关于加快发展现代职业教育的决定》，明确提出加快构建现代职业教育体系，并从巩固提高中等职业教育发展水平、创新发展高等职业教育、引导普通本科高等学校转型发展、完善职业教育人才多样化成长渠道、积极发展多种形式的继续教育等方面提出了构建现代职业教育体系的基本思路。

2014 年 12 月 23~24 日，全国职业教育工作会议在北京召开，习近平总书记就加快职业教育发展做出重要指示。他指出，要牢牢把握服务发展、促进就业的办学方向，深化体制机制改革，创新各层次各类型职业教育模式，坚持产教融合、校企合作，坚持工学结合、知行合一，引导社会各界特别是行业企业积极支持职业教育，努力建设中国特色职业教育体系。

2015 年 11 月，河南省教育厅、省财政厅联合启动示范性应用技术类型本科院校建设计划，确定黄淮学院、许昌学院、周口师范学院、黄河科技学院、安阳工学院 5 所学校为第一批“示范校”。

2016 年 7 月 20 日，省教育厅、省发展和改革委员会、省财政厅联合印发《关于引导部分本科高校向应用型转变的实施意见》（豫教发规〔2016〕95 号），指导本科高校建设应用型大学。

2017 年 2 月 4 日，中共河南省委高校工委、河南省教育厅印发《2017 年工作要点》，其重点工作是“推动一批普通本科高校向应用技术型转变”。

2019 年 5 月 27 日，教育部正式公布 14 所职业学院更名的消息，周口科技职业学院更名为河南科技职业大学。至此，河南的职业教育初步形成了中职、高职、应用本科的框架，规模也实现了整体推进。

2016 年，河南省高职高专院校达到 74 所，当年毕业 131906 人，招生 200055 人，在校生达到 584084 人。中等职业学校达到 800 所，毕业 423714 人，招生 477911 人，在校生达到 1282509 人。中高职相加，全省职业学校共 874 所，毕业生 555620 人，招生 677966 人，在校生达到 1866593 人。同期全国中等职业学校 1.09 万所，招生 593.34 万人，占高中教育阶段招生总数的 42.49%，在校生 1599.01 万人，占高中教育阶段在校生总数的 40.28%。河南中等职业教育招生数和在校生数占高中阶段总数的 48.14%和 42.38%，均超过了全国的平均数。到 2017 年上半年，全省每万人口中中等职业教育平均在校生数 107 人，高等职业教育为 61 人。也就是说，2017 年，河南每万人口中就有 168 人在职业学校就读。

经过 70 年的发展，河南职业教育已经形成了建立在普通小学、普通初中教育基础上的中等职业教育和高等职业教育体系。中等职业教育属于高中阶段的职业教育，由普通中等专业学校、职业技术学校等组成，其中含有“3+2”高职教育和五年一贯制的前3年。生源一般来自普通初中毕业生，除“3+2”和五年一贯制的形式外，一般不必考试，可以直接注册入学。上学期间政府还有奖励补助等措施。

高等职业教育主要由高等专科学校和高等职业院校承担，生源一般来自高中毕业生，也有少量中等职业学校的对口升学学生。进入高等职业教育层次学习，原则上要参加等同于国家考试的入学考试，主要形式有全国高等学校招生考试、高职高专院校的单独招生考试和中等职业学校的对口升学考试。

2013年1月，河南启动了本科学校转型发展试点工作，确定了5所本科学校（黄淮学院、洛阳理工学院、许昌学院、黄河科技学院、安阳工学院）作为第一批试点学校，这些学校在办学定位、人才培养模式改革、学科专业建设、课程建设、教学管理、师资队伍建设和应用型大学研究等方面都进行了有益的探索。省教育厅于2014年9月对试点学校进行了中期评估。

2014年9月24日，河南省人民政府《关于加快发展现代职业教育的意见》部署，积极引导普通本科高等学校转型发展。采取试点推动、示范引领等方式，引导一批普通本科高等学校向应用技术类型高等学校转型。到2020年，重点建设10所示范性应用技术类型本科院校，在经费投入、专业硕士学位授权点设置等方面予以倾斜支持。调整普通本科招生规模，扩大应用技术类型本科招生计划。独立学院转设为独立设置高等学校时，鼓励其定位为应用技术类型高等学校。鼓励本科高等学校与示范性高等职业学校通过合作办学、联合培养等方式培养高层次应用技术人才。应用技术类型高等学校同时招收在职优秀技术技能人才、职业院校优秀毕业生和普通高中、综合高中毕业生。建立高等学校分类体系，实行分类管理，加快建立高等学校分类设置、评价、指导、拨款制度。地方高校转型发展，建立应用技术类型本科院校，是职业教育向本科层次延伸发展的实质性措施。这样的转型，对于职业教育体系的构建，具有重大的战略意义。

2014年10月27日，河南省教育厅发布《关于做好本科学校转型发展试点工作的通知》，在学校自愿申报、专家评审的基础上，确定了10所学校作为第二批试点学校，其中，整体转型试点：河南工程学院、南阳理工学院、南阳师范学院、周口师范学院、商丘师范学院、平顶山学院、河南牧业经济学院；专业（集群）转型试点：安阳师范学院、郑州轻工业学院、信阳师范学院。通知要求，推动本科学校转型发展试点工作，是当前河南构建现代职业教育体系、提高服务区域经济社会发展能力的重要举措，各试点学校要进一步提高思想认识，充分认清试点工作的重要意义，将转型发展作为学校各项工作的总体要求，着力推动试点工作取得实效。

平顶山市政府出台《关于支持平顶山学院转型发展服务我市经济社会发展的指导意见》，明确将从财政投入、政产学研对接、校企合作育人、建立协调机制等方面支持平顶山学院转型发展。

许昌学院出台《关于进一步深化转型发展的指导意见》，提出走以内涵提升和创新引领为核心的转型发展道路，明确了建设特色鲜明的高水平应用技术大学的转型发展目标，修订完善了职称评审、项目管理、绩效评价等方面的政策，在政产学研合作、校企协同创新、校企合作育人、应用型人才培养等方面进行探索。

洛阳理工学院按照应用型高校转型发展的需要，确立了位居全省同类院校先进行列、办学特色鲜明的应用型本科院校的发展目标。其他各转型高校都根据学校实际和当地经济社会发展需要制订了发展方案。

2018年4月18日，国务院总理李克强主持召开国务院常务会议，确定推行终身职业技能培训制度的政策措施，提高劳动者素质，促进高质量发展。

5月6~7日，中共中央政治局委员、国务院副总理孙春兰在天津调研职业教育工作，并在出席2018年全国职业教育活动周启动仪式暨全国职业院校技能大赛开幕式时强调，加强职业教育标准体系建设，探索完善国家资历框架，推动学历、学位与职业资格及其他学习成果互认衔接。

2019年2月23日，中共中央、国务院印发《中国教育现代化2035》，提出持续推动地方本科高等学校转型发展。加快发展现代职业教育，不断优化职业教育结构与布局。推动职业教育与产业发展有机衔接、深度融合，集中力量建成一批中国特色高水平职业院校和专业。

同一天，中共中央办公厅、国务院办公厅印发《加快推进教育现代化实施方案（2018~2022年）》，提出深化职业教育产教融合。构建产业人才培养培训新体系，完善学历教育与培训并重的现代职业教育体系，推动教育教学改革与产业转型升级衔接配套。

3月5日，李克强总理在十三届全国人大二次会议上所作的《政府工作报告》指出，要以现代职业教育的大改革大发展，加快培养国家发展急需的各类技术技能人才，让更多青年凭借一技之长实现人生价值，让三百六十行人才荟萃、繁星璀璨。

河南建省后，从1949年到1960年，在紧张的稳定社会、巩固政权、发展生产的工作中，12年间就建立了30所中等专业学校。建校密度最大的是1949年和1951年。1949年新中国成立之初建立的郑州师范学校（有文献认为是1948年）和安阳、新乡、开封、许昌师范学校，是新中国成立后河南省第一批中等师范学校，和百泉农业中专部一起，历史地成了当代河南中等职业教育的先遣部队。这一年建校的密度，是从1949年到1963年15年间最大的。1950年，河南又高密度地建设了濮阳、商丘、洛阳、汝阳4所师范学校。连同1949年建校的，新中国成立后两年间河南就快速地建设了8所中等师范学校。新中国刚刚成立的第三个年头，1951年，河南又快速建立了南阳农业学校、信阳农业学校、洛阳林业学校和开封卫生学校4所中等技术学校，加上南阳师范学校，当年共建立了5所中等专业学校，是并列的从1949年到1963年15年间密度最大的，这一年主要是新建中等技术学校。新中国成立第一年多建师范，符合教育发展的需要；第二年多建中专，适应建设的需要，中等职业教育服务经济和社会发展的功能得到了充分发挥。

1958年，河南建立了两所高等专科学校，一所是农业类的百泉农业专科学校，一所是医药类的豫北医学专科学校。严格地讲，这是当代河南高等职业教育的源头。但是由于认识上的倾向，长期以来，对这类学校，社会更多的是看重它的“高等”层次，而回避其“职业”属性。

直到40年后，1997年国家教委把河南列为10个发展高等职业教育试点省市之一，将河南的高等职业教育引进实质性发展的轨道。当年省教育厅就对高职计划实行了单列。

1999年河南省成为按新的管理模式和新的运行机制试办高等职业教育

的15个试点省份之一。国家决定大规模扩招，新高职由试点到全面铺开。设置三门峡职业技术学院、郑州铁路职业技术学院、中原职业技术学院3所专科层次院校。高等职业院校成为实施高等职业教育的主阵地。

2001年，在国务院授权河南省自行审批设置高等职业学校后，省政府批准设置了河南工业职业技术学院等11所高等职业学校。批准河南农业大学等7所高校举办二级职业学院并同意其与部门所属的条件较好的中等专业学校联合办学。

2013年1月，河南启动了本科学校转型发展试点工作，确定了5所本科学校（黄淮学院、洛阳理工学院、许昌学院、黄河科技学院、安阳工学院）作为第一批试点学校。

1949年，应该是河南当代中等职业教育的发轫之年，而河南当代高等职业教育的初始，应为1958年河南百泉农业专科学校和豫北医学专科学校诞生之时。1997年应该是河南高等职业教育登堂入室之年。2013年应是职业教育体系延伸至本科教育层次之年。

第二节　起伏前行　实现战略发展

70年来，特别是进入21世纪以来，河南职业教育框架的搭建进入了实质性施工阶段，到2013年实现了高层突破，职业教育有了本科层次。但总的来说特色还不明显，社会还不认可，规模还不适应。至于完全搭建硕士、博士层面的职业教育，还有艰苦的工作要做。

在河南高等职业教育蓬勃发展时期，中等职业教育在规模达到高峰时回落，经历了一轮缩减的过程。到2011年底，全省中职学校由2009年的1180所调减至961所，在校生由187.91万人减少到184.72万人。学校数减少了219所，在校生数减少了3.19万人。总体上看，学生数减幅不是很大，问题是规模缩减的惯性还在继续。到2015年，学校数减少到875所，在校生数减少到131.48万人。五年间学校数减少了86所，在校生数减少了53.24万人，平均以每年超过10万人的规模在减少。同时减少的，还有高中段的占比。2011年，中职学生占高中段的比例，招生是51.28%，在校生是49.36%。五年后，这两个比例分别是40.73%和39.11%，中等职业教育的规模跌至这个时期的谷底。2017 年，这两个比例分别达到 42.69% 和 39.33%，均止跌回升，超过了上年的水平。

一　国家战略

2014 年 12 月 26 日，李克强总理在国务院常务会议部署加快发展现代职业教育时指出，发展现代职业教育，是转方式、调结构的战略举措。

李克强认为，“中国制造”的差距主要是职业人才的差距。发展现代职业教育也是扩大就业、提升就业质量的重大举措。他说，过去我们的许多产品“萝卜快了不洗泥”，不好用，也不耐用，这些都与职业人才素质关系密切。

李克强强调，职业人才不仅要有技术，更要有一种职业理念。中国经济发展到这个阶段，市场需求已经开始更加看重产品的质量。职业人才的培养既符合市场需求，也有助于解决结构性失业问题。要发展与市场相匹配的职业教育，培养与市场相匹配的职业人才，形成“不唯学历凭能力”的社会氛围。发展现代职业教育，必须要依靠政府、市场和社会三者的力量，职业教育改革要跟上社会步伐。

李克强相对比较赞赏职业教育中推行的“现代学徒制”：职教老师同时也是“师傅”，职校学生同时也是企业的“学徒”。他说，一定要支持社会力量兴办职业教育。

二　地方政府推动

2012 年 5 月 4 日，河南省政府发布《关于创新体制机制进一步加快职业教育发展的若干意见》，明确提出了全省今后一段时期加快职业教育改革创新的重大举措。该意见指出，加快发展职业教育，是河南把人口压力转化为人力资源优势，建设全国人力资源高地的必然选择；是全面提升人口职业素质，提高人民群众就业质量，改善民生的重要手段；是提高河南产业竞争力，支撑转变经济发展方式，推动中原经济区快速发展的有力保障，并提出了一系列促进职业教育健康发展的政策措施。

同一天，省政府印发《河南省职业教育校企合作促进办法（试行）》，这是全国省级政府出台的第一个关于校企合作工作的制度性文件。该办法指出，促进职业教育校企合作是政府、职业院校、行业协会、企业的共同责任。职业教育校企合作实行政府推动、行业协会协调、企业与职业院校共同参与的多元化校企合作机制，遵循自愿协商、优势互补、利益共享、过程共管、责任共担的原则，坚持以市场需求和劳动就业为导向，实现生产、教学、科研相结合，引导学校和企业进行深层次合作。该办法明确了政府、行业、企业、职业院校在校企合作中的权利和义务，强调政府在校企合作中的重要作用，突出了行业在校企合作中的指导作用。

同一天，省政府转发《河南省职业教育品牌示范院校和特色院校建设管理办法》，要求各地、各部门要高度重视，将职业教育品牌示范院校和特色院校建设纳入本地经济社会发展总体规划和教育事业发展规划，把品牌示范院校和特色院校作为今后全省职业教育的支撑予以重点支持，统筹安排，精心组织，认真实施，推动职业院校形成品牌、办出特色，提升职业教育的服务力、吸引力和办学活力，确保实现职业教育品牌示范院校和特色院校建设各项任务目标。

2014 年 6 月 16 日，省政府下发《关于实施职业教育攻坚二期工程的意见》，决定全面实施职教二期攻坚计划，并决定从 2015 年秋季起全省各类中等职业学校全日制正式学籍在校学生全部免除学费。该意见指出，启动实施职业教育攻坚二期工程，是省委省政府全面实施三大国家战略（国家粮食生产核心区、中原经济区、郑州航空港经济综合实验区）规划，加快中原崛起、河南振兴、富民强省的重大决策；是调整优化产业结构、促进经济转型升级的必然选择；是增强开放招商吸引力、促进劳动者就业增收、保障和改善民生的内在要求；是破解职业教育发展瓶颈，集中力量建设一批高水平的品牌示范院校和特色院校，提升职业教育整体水平和服务能力的根本途径。各地、各有关部门要充分认识实施职业教育攻坚二期工程的重要意义，进一步统一思想，提高认识，增强责任感和紧迫感，在职业教育攻坚一期工程的基础上，打好职业教育攻坚二期工程攻坚战，全面提升职业教育服务河南经济社会发展的能力与水平。

7 月 29 日，省十二届人大常务委员会第九次会议举行职业教育专题询问会。时任省委书记、省人大常委会主任郭庚茂到会讲话。时任副省长徐济超，省教育厅、省人力资源和社会保障厅、省发展和改革委员会、省财政厅、省农业厅、省编办等相关部门主要负责人到会听取意见、回答询问。

9月24日，时任省长谢伏瞻主持召开省政府常务会议，研究加快发展现代职业教育等工作。9月26日，全省职业教育工作会议在郑州召开，徐济超主持会议，谢伏瞻到会讲话。省教育厅、省人力资源和社会保障厅、省财政厅、新乡市政府、新安县政府、黄河水利职业技术学院、郑州市科技工业学校等在会上做了典型发言，同时对全国职业教育工作先进单位、先进个人进行了表彰。

2011年，郑州市扩大了学分制试点范围，从7所学校扩大到18所学校，涵盖了城乡、公办、民办、行业办学校。继续建立校企订单培养合作单位50个，新增校企合作单位10个，订单培养学生占在校生总数的比例达到40%。2011年，在全国职业院校技能大赛中郑州市代表队夺得2个一等奖、3个二等奖、11个三等奖。

平顶山市依托各类教育资源，面向社区居民开展教育培训服务，形成县（市、区）、街道办事处、居委会、居民家庭学习点四级社区教育网络体系。承担城市职业教育改革发展试验任务的新华区、卫东区、湛河区和舞钢市均已成立社区教育指导委员会。着力建好社区教育专业工作者、社区教育专家讲师团、社区教育志愿者三支队伍。全市挂牌成立社区学院13所，社区教育中心41个，社区教育学校148所，建成平顶山社区教育网，编印社区教育系列读物5本，培训居民达23万人次。

濮阳市在全市中等职业学校全面开展教学质量评估工作。组织26名职教专家按照《河南省中等职业学校教学质量评估细则》，历时28天，先后对27所中等职业学校进行评估。评出优秀学校6所，合格学校15所，不合格学校3所，缓评3所。

2012年，洛阳市大力推动公办职业学校改革，公办职业学校分别制定了改革方案，积极引进合作伙伴。驻马店市进一步加大引资办学力度，建立多元投资办学机制，对民办学校简化审批手续，实行一个窗口受理、一站式审批、一条龙服务、一次性办结的“绿色通道”，提出了引资办学享受引资办企和发展民营经济的同等优惠政策。焦作市积极开展多元化办学，鼓励支持民办职业学校发展，民办性质的焦作工贸职业学院投入上亿元，办学条件明显改善；焦作护理学校顺利开展股份制改造，焕发新的办学活力。信阳市各县、区也积极开展体制机制改革，淮滨县继平桥区之后，也将各部门培训资金整合，向广大群众发放职业教育代金券；罗山县开展“公办民助”办学试点，息县开展了“民办公助”的办学试点，淮滨县开展了“股份制”办学试点，都取得了明显成效。获嘉县积极推进“民办公助”的办学模式改革，将新乡测绘中等职业学校整合到县职教中心，为其提供办学场地、教学设施、师资、资金等方面的支持，加快了该县民办职业教育健康快速发展。固始县建立多元化投入机制，充分调动民间资本和社会资金大力发展职业教育，出现了民办中等职业教育与公办职业教育平分秋色的局面。

新乡市获嘉县进行跨行业职业教育集团化试验。以建设县职业教育中心为契机，遵循“自愿互利、优势互补、资源共享”的原则，组建以职业学校为主，校企一体、行业参与的获嘉县职业教育集团。牧野区成立职业教育中心，设在新乡市牧野海运中等专业学校。将全区党校培训、阳光工程、下岗职工培训、农村剩余劳动力培训、农机驾驶员培训等统一集中在中心进行，并引导和鼓励企业到中心进行职工培训校企合作。

三　内涵建设

在职教攻坚的过程中，中等职业教育的办学模式也不断丰富。截至2011年底，全省有88所中等职业学校启动公办民助、民办公助、股份制形式等多元化办学模式改革试点，吸纳社会资金26.4亿元，进一步增强了职业教育发展活力。

质量是职业教育发展的永恒主题。2014年6月16日，省政府下发《关于实施职业教育攻坚二期工程的意见》，要求职业教育质量明显提升。重点提高面向现代农业、现代制造业、现代服务业、战略性新兴产业和生态文明建设的人才培养能力，创新人才培养模式，实现专业与企业岗位对接、课程内容与职业技能标准对接、教学过程与生产过程对接，着力提高教师教书育人能力与学生就业创业能力。到2018年，职业院校主要办学条件达到国家规定标准；建设专兼结合、“双师素质”的教学团队，有实践经验的专兼“双师型”、一体化教师占专任教师的比例达到70%以上；学生获取“双证书”（毕业证书、职业资格证书）率达到90%以上；中、高等职业院校毕业生就业率分别保持在95%和90%以上，对口就业率分别达到70%和65%以上。

2011年，省教育厅进一步加强中等职业教育专业建设。一是根据《教育部中等职业学校专业设置管理办法（试行）》要求，在广泛征求意见的基础上，颁布了《河南省中等职业学校专业设置管理实施办法（试行）》，对中等职业学校专业设置条件、设置程序、专业管理与指导、专业规范与检查等都做出明确规定。二是认定2011年河南省中等职业教育省级重点专业点。决定在2001~2006年工作的基础上，继续开展2011年河南省中等职业教育省级重点专业点评估认定工作，在现代农艺技术、畜禽生产与疾病防治、农产品保鲜与加工、数控技术应用、汽车制造与检修、电子技术应用、建筑工程施工、机电技术应用、服装制作与生产管理、旅游服务与管理10个专业中评估认定了河南省工业学校的数控技术应用专业等51个专业点为2011年河南省中等职业教育省级重点专业点。

在2010年开展中等职业学校教学质量评估试点工作的基础上，省教育厅对《河南省中等职业学校教学质量评级指标体系（试行）》进行修改和完善，由9个一级指标、30个二级指标和76个三级指标构成，对影响中等职业学校教学质量的主要因素都给出基本指标。印发《河南省教育厅关于开展2011年度全省中等职业学校教学质量评估工作的通知》，开展中等职业学校教学质量评估工作。参加教学质量评估的学校共计524所，达到优秀的学校222所，达到合格的学校292所，不合格学校10所；申请缓评的学校193所。

2016年4月18日，组织了全省中等职业学校优质课教学评选，共有587名教师获奖。6月30日，召开全省中等职业学校办学能力评估培训工作会议，安排2016年全省中等职业学校办学能力评估工作。当年，省教育厅组织制订了32个专业的教学标准，研发了中职18个专业103本校企合作精品教材，促进了教学标准化建设，提高了课程的针对性和实用性。

2016年，全省在实施职业教育攻坚计划二期工程中，重点实施了“四项计划”：实施品牌示范专业和特色专业建设计划，遴选并重点建设了75个专业点，努力将其培育和打造成为全省职教知名品牌；实施职业教育实训基地建设计划，制定了遴选条件和建设标准，指导职业院校统筹利用各项资金加强基地建设；实施“双师素质”教师队伍建设计划，评审认定了20个基于校企合作的“双师型”教师培养培训基地，20个技能名师工作室，25名中职学校“名校长”，83名教学名师和5000余名“双师型”教师，教师队伍结构不断优化，整体素质明显提升；实施信息化建设计划，在48所中职学校开展了标准化数字校园建设试点，建成了一批中职信息化建设示范学校，全省中职学校信息化水平不断提升。

全省职业教育工作重点推动了三项改革。一是改革封闭式办学模式。坚持以市场需求和劳动就业为导向，推动“产、学、研”紧密结合，形成了政府推动、行业协会指导、企业和职业院校共同参与的校企合作新机制。25个省级职业教育校企合作行业指导委员会基本覆盖了全省骨干产业，有效指导职业院校在专业建设、实训基地建设、技能大赛等方面开展校企共建，初步形成了依靠行业推动校企合作的局面。二是改革单一的政府投资模式。支持、引导行业、企业、社会组织和个人参与职业教育办学，在全省积极开展股份制、混合所有制、“公办民助”、“民办公助”等办学体制改革试验，取得了明显成效。至年底，全省民办职业院校达263所，在校生23.6万人，分别占职业院校总数的27.6%，在校生总数的10.3%。三是改革省级职教奖补资金分配办法。省教育厅、省财政厅主要根据学校的在校生数、主要办学条件、办学质量等因素，进行了职教奖补资金因素法分配改革，奖补资金用于支持“四项计划”建设，有效调动了职业院校改善办学条件、提高办学质量的积极性，增强了职业院校办学活力。

2017年，全省已有287所项目院校通过了省级验收，基本完成了重点建设300所左右品牌示范校、特色校的目标任务，初步形成了一批具有示范、引领、带动作用的骨干职业院校。截至年底，全省中职品牌示范专业和特色专业点总数达到了258个，打造了一批具有示范引领作用的专业点；实施“双师素质”教师队伍建设计划，2017年培训中职学校教师9420人次，全省中职学校“双师型”教师比例比上年提高了13%，中职学校教师队伍结构不断优化，整体素质明显提高；实施示范性实训基地建设计划，省教育厅、省财政厅与京东集团签署了战略合作协议，在全省共同建设100个电子商务实训基地，有力地促进了专业建设，提高了实践技能教学的保障水平；实施信息化建设计划，重点支持了100所中职学校的“智慧校园”

和“数字校园”建设，着手进行了全省职成教系统的大数据平台建设，全省中职教育的信息化水平不断提升。

2018 年 8 月 22 日，国务院办公厅印发《关于规范校外培训机构发展的意见》。该意见针对当前校外培训机构存在的有安全隐患、证照不全、超前培训、超标培训等突出问题，从规范校外培训机构的关键环节入手提出了一系列措施，对于推动各地健全校外培训机构设置标准，加强校外培训机构日常监管，规范校外培训市场秩序，减轻学生过重课外负担具有重要意义。

2018 年 8 月 13 日，河南省教育厅把“证照齐全”和无不良行为的校外培训机构列为白名单，全省共建立校外培训机构白名单 2527 个：郑州市 783 个，开封市 6 个，洛阳市 116 个，平顶山市 151 个，安阳市 147 个，鹤壁市 59 个，新乡市 148 个，焦作市 183 个，濮阳市 37 个，许昌市 223 个，漯河市 64 个，三门峡市 29 个，南阳市 326 个，商丘市 0 个，信阳市 71 个，周口市 2 个，驻马店市 0 个，济源市 73 个；巩义市 36 个，兰考县 0 个，汝州市 36 个，滑县 3 个，长垣县 11 个，邓州市 0 个，永城市 21 个，固始县 1 个，鹿邑县 1 个，新蔡县 0 个。把有安全隐患、无资质和有不良行为的校外培训机构列为黑名单，全省共建立校外培训机构黑名单 7674 个：郑州市 854 个，开封市 15 个，洛阳市 295 个，平顶山市 569 个，安阳市 784 个，鹤壁市 115 个，新乡市 694 个，焦作市 320 个，濮阳市 65 个，许昌市 120 个，漯河市 78 个，三门峡市 436 个，南阳市 375 个，商丘市 423 个，信阳市 342 个，周口市 178 个，驻马店市 999 个，济源市 176 个；巩义市 41 个，兰考县 21 个，汝州市 269 个，滑县 85 个，长垣县 21 个，邓州市 374 个，永城市 12 个，固始县 2 个，鹿邑县 9 个，新蔡县 2 个。

全省开展对校外培训机构的规范整顿。11 月 20 日，教育部在郑州召开推进校外培训机构整改分片调度会，交流整改进度较快省份的经验做法，集中研讨进度缓慢省份面临的困难，部署下一阶段工作。会议指出，在各地的努力下，专项治理取得了明显进展，全国已整改存在问题的机构 16.3 万所，整改完成率近 60%，河南等 18 省份整改完成率超过 60%。12 月 15 日，全国 2963 个县（市、区）已启动专项治理整改有问题的校外培训机构工作，河南等省份及新疆生产建设兵团存在问题机构整改完成率在 95% 以上。

第三节　规模现状

2018 年，全省中等职业学校 755 所，招生 500342 人，在校生 1366338 人。中等职业教育招生数和在校生数分别占高中阶段教育的 40.78% 和 39.41%。教职工 75820 人，其中，专任教师 61662 人。学校产权（不含技校，下同）占地 4.61 万亩，校舍建筑面积 1502.55 万平方米，图书 2179.01 万册，教学、实习仪器设备资产值 374059.02 万元。

全省高职（专科）院校 83 所（其中，公办 63 所），成人高等学校 10 所。普通专科毕业生 29.79 万人，本专科之比为 4.7∶5.3；招生 37.89 万人，本专科之比为 4.7∶5.3；在校生 100.00 万人，本专科之比为 5.3∶4.7（专科毕业、招生、在校学生数包括本科院校培养的专科生）。高职（专科）院校校均规模 9043 人。

全省职业技术培训机构 5223 所，结业生数 130.96 万人次，注册学生数 115.84 万人次；教职工 12218 人，其中，专任教师 6231 人。成人中学 60 所，结业生数 9.02 万人次，注册学生数 8.99 万人次；教职工 378 人，其中，专任教师 289 人。成人小学 1043 所，结业生数 22.07 万人次，注册学生数 20.99 万人次；教职工 2289 人，其中，专任教师 1584 人。

按可比口径计算，2018 年，全省普通中等职业教育学校数比 70 年前的 1949 年增加了 723 所，比 40 年前的 1978 年增加了 630 所，比 20 年前的 1998 年增加了 369 所（当年 722 所农职业中学未计算在内）。在校生比 70 年前的 1949 年增加了 135.79 万人，比 40 年前的 1978 年增加了 130.84 万人，比 20 年前的 1998 年增加了 94.03 万人（当年农职业中学的 60.10 万人未计算在内）。

高等职业教育虽然在新中国成立初期已经起步，但是统计数据长期以来没有单列。专科的数据直到 1988~1989 年才比较明晰。当年全省专科学校 11 所，在校生 0.52 万人。30 年来，全省高等职业教育学校数增加了 72 所，在校生数增加了 75.44 万人。

在规模扩大的同时，河南初步建立了初、中、高等职业教育体系。

第三章　政府导引

第一节　70年来国家层面的要求

新中国成立70年来，在不同的历史时期，党和国家最高领导层和国家教育行政部门对职业教育的发展有着不尽相同的要求。在政治生态正常、社会健康发展时期，总是将职业教育提升到十分重要的位置。本节内容主要选取中共中央、国务院、全国人大、全国政协和教育部以及党和国家领导人对职业教育的文件、讲话和指示，从而显示70年来顶层对职业教育发展的设计思路。

一　1949~1965年

（1）1949年9月29日，《中国人民政治协商会议共同纲领》提出注重技术教育。

12月23日，时任教育部部长马叙伦在第一次全国教育工作会议上的开幕词：我们的教育应该特别注重于工农大众的文化教育、政治教育和技术教育。

新中国成立伊始，技术教育就受了应有的重视，说明新中国政府是有远见的、考虑到发展纵深的领导集体。

1950年1月6日，教育部召开第一次全国教育工作会议，明确指出：全国教育工作情况是中等学校中的普通中学多、技术学校少，不能适应恢复发展经济的迫切需要。

7月28日，政务院批准颁布《专科学校暂行规程》，提出专科学校的具体任务是，培养通晓基本理论并能实际运用的专门人才。

（2）1951 年 2、3 月间，教育部密集发布文件，部署干部教育、职工教育、农民教育，并于 3 月 19~31 日召开了第一次全国中等教育会议。马叙伦在闭幕词中指出，目前经济建设最主要的困难是缺乏人才，不仅需要高级技术人才，更迫切地需要大量的中等技术人才。

6 月 11 日，第一次全国中等技术教育会议开幕。马叙伦在开幕词中指出，我们国家的建设，除了需要工程师、技师、医师等高级技术人才外，更迫切地需要大批中级技术人员。

8 月 26 日至 9 月 11 日，第一次全国初等教育与师范教育会议召开。会议通过了《师范学校暂行规程》《关于高等师范学校的规定》《关于适当改善小学教师待遇的指示》《关于大量培养初等及中等教育师资的决定和加强中、小学教师在职学习的指示》等八个草案，并决定要在五年内培养百万人民教师。

1952 年 3 月 31 日，政务院发布《关于整顿和发展中等技术教育的指示》指出，我们的国家正在积极地准备进行大规模的经济建设，培养技术人才是国家经济建设的必要条件，而大量地训练与培养中级和初级技术人才尤为当务之急。根据各方面的初步估计，在五六年内，全国经济建设约需中级和初级技术干部 50 万人。我国现有的中等技术学校，无论在数量上还是质量上均远不能适应此种需要。为此，各级人民政府应领导各有关部门共同积极整顿与发展中等技术教育，以解决国家建设所迫切需要的中级和初级技术干部问题。从中可以看出国家对于培养技术人才的紧迫感。

7 月 12 日，教育部发布《中等技术学校暂行实施办法》，明确中等技术学校的宗旨与任务是，根据《中国人民政治协商会议共同纲领》文化教育政策的规定，以理论与实际一致的教育方法，培养具有必要的文化、科学的基本知识，掌握一定的现代技术，身体健康，全心全意为人民服务的初级和中级技术人才。这是新中国成立后第一次明确了中等职业教育的宗旨和任务。现在看来，国家早在 68 年前已经对中等职业教育有了清醒的安排，时至今日，总的原则依然可行。

（3）1954 年 3 月，政务院文化教育委员会召开的全国文化教育工作会议指出，培养国家建设人才特别是培养工业建设所必需的科学技术人才和管理人才，是文化教育工作的首要任务。中等专业教育改革的基本任务是，建立一个新的制度，使之能保证有计划地培养具有马克思列宁主义基础知识、普通教育的文化水平和普通技术知识，并能掌握一定专业技术，身体健康，全心全意为社会主义建设服务的中等专业干部。

9 月 26 日，政务院发布《关于改进中等专业教育的决定》指出，目前中等专业教育的状况与国家建设的要求还不相适应，工作中尚存在着很多问题，有些问题且很严重。主要表现在：培养干部工作的计划性不够，在部分学校的调整尚未完成，学校的专业设置不尽合理，还没有按教学计划进行教学，学习苏联先进经验推行教学改革还做得不够，在组织教学工作方面还缺乏适当的制度，教学大纲与教科书还很缺乏，部分学校的教学设备还不能满足教学的最低需要，部分学校还缺乏坚强的领导干部，教师质量一般还不高，学校政治思想领导一般还很薄弱，特别是中央人民政府各业务部门多数对培养建设人才的重要性认识不足，对学校工作还缺乏应有的注意，学校领导多头，有些学校实际上还处于无人管理的状态。

这样的分析十分中肯而且直接，针砭时弊，切中肯綮。这里既可以看出新中国成立初期国家对中等技术人才缺乏状况的忧心，也反映了当时政治的清明。批评到位，问题尖锐，不回避矛盾，在所有的问题中，重点批评“特别是中央人民政府各业务部门多数对培养建设人才的重要性认识不足，对学校工作还缺乏应有的注意”，这在今天十分鲜见。

经过新中国成立 5 年来的探索实践，国家对中等职业教育的认识已经有了质的提高，同时在发展过程中不断总结经验，发现问题，解决问题。

1955 年 3~5 月，高等教育部密集发布了《中等技术学校课程设计规程》《中等专业学校行政和教学辅助人员标准编制》《中等专业学校的设置、停办的规定》《中等专业学校校长（副校长）任免办法》《关于 1955 年中等专业学校招生工作的通知》等文件，规范引导中等职业教育发展。

1956 年 4~5 月，教育部密集发布《师范学校教育实习办法》、《师范学校教学计划》和《幼儿师范学校教学计划》、《师范学校规程》等文件，规范引导师范教育发展。

（4）1958 年 2 月 3 日，时任国务院副总理薄一波在《关于 1958 年度国民经济计划草案的报告》中明确，中等专业学校主要是培养有文化有技术的工人和农民，学生在毕业以后一律参加工业和农业的生产。今后国家所需要的技术干部和管理干部，应当尽可能地从适合条件的工人和农民中提拔。各部门在各地方的中等专业学校，应当接受当地党政的统一领导。

3月19日，陆定一在农业中学问题座谈会上提出，全面发展要和因材施教相结合。用两只脚走路，一个叫普通教育，一个叫职业教育。

4月15日，陆定一在全国教育工作会议上讲话指出，普通教育和职业教育并举，职业学校要多办。

5月30日，刘少奇在中央政治局扩大会议上讲话，提出“我们国家应该有两种主要的教育制度和劳动制度，同时并行。一种是现在的全日制的学校制度，一种是半工半读的学校制度；一种是8小时的劳动制度，一种是4小时工作的劳动制度”。此前，在刘少奇直接关怀下创办的第一所半工半读学校天津国棉一厂半工半读学校开学。全国相继办起各种类型半工半读学校。

1959年3月1日，陆定一在全国教育工作会议上讲话提出，中等专业教育很重要，因为在厂矿、车间里做工作的，不是工程师而是中等专业学校毕业的学生。因此，中等专业教育不能把它削弱了，不要戴了帽子又脱了靴。

（5）1961年2月7日，中共中央批转中央文教小组《关于1961年和今后一个时期文化教育工作安排的报告》。该报告指出，中等专业学校学生从1957年到1960年从77.8万人发展到153万多人；农业中学从无到有，学生已经达到231万多人。提出在数量方面适当控制，质量方面不断提高的要求。农业中学应该改为业余学校，在校人数应该加以控制。农业中学的毕业生都应当留在农村，城市中等专业学校的毕业生也要输送一部分到农村。

1961年，全国中等专业学校招生50万人，比1960年减少11万人。这里发出一个信号：中等职业教育多占用了农村一部分劳动力，要执行调整、巩固、充实、提高的方针。

4月6日，教育部《关于北京地区中等专业学校调整工作的报告》提出，采取定、缩、并、迁、放、停的方式，将原来的130所中等专业学校调整为80所，将在校生总数控制在7万人以内。

8月10日，教育部印发《全国高等学校及中等学校调整工作会议纪要》，安排中等专业学校招生 17.60 万人，其中中等技术学校只招 11.20 万人。提出今后三年教育发展的总原则是缩短战线，压缩城镇中等以上学校在校生人数，控制指标，多出少进。

11 月 11 日，中共中央转发国家计委党组、教育部党组《关于处理停办、合并的高等学校和中等专业学校的校舍、设备问题的报告》。该报告披露，全国中等专业学校（不包括师范）将由 1960 年的 3900 多所调整为 1900 多所。实际情况主要是因为灾荒而缩减学校，下放学生。

1962 年 5 月 16 日，林枫在全国教育工作会议上的讲话指出，这次调整的方针是要把学校数目减下来，规模大的要压缩。调整的原则是，压缩规模，精简人员，提高质量，合理布局。

1962 年 5 月 25 日，中共中央批转教育部党组《关于进一步调整教育事业和精减学校教职工的报告》。该报告提出，要大幅度裁并中等专业学校。1961 年调整后，保留下来的中等专业学校的校数和学生数仍然过多，超过了国家建设的实际需要。但是，由于现有的学校中将近半数是 1957 年以前设立的老校，师资和设备条件较好，拆散了以后再办很不容易，因此，这次大量裁并的是 1958 年以后设立的条件很差的新校和少数布局不够合理、设置重复的老校。会议提出的方案是，保留 1265 所，占原有校数的 46.4%，减少 1459 所，占 53.6%。按照这个方案，一半以上的中等专业学校被裁并。

（6）1963 年 6 月 26 日，中共中央、国务院批转教育部党组《关于高等学校专业调整会议的报告》。该报告认为，过去两年中等专业学校的校数和学生数都减得多了一些，必须提请各地区、各部门予以重视，改善现有状况。

10 月 18 日，周恩来总理对国家计委、教育部、劳动部、团中央、全国妇联等部门负责同志讲话时强调，要重视小学教育和职业教育。

1964 年 1 月 5 日，中共中央转发教育部《关于中小学教育和职业教育七年（1964~1970）规划要点（初步草案）》。该要点提出，积极试办和发展职业教育，7 年内使职业学校在校生由 37 万多人发展到 530 多万人。

1965 年 7 月 14 日，中共中央转发教育部党组《关于全国农村半农半读教育会议的报告》。该报告着重指出，推行两种劳动制度、两种教育制度，是努力促进“文化革命”，逐步消灭工农之间、城乡之间、脑力劳动和体力劳动之间的差别，防止资本主义复辟的大事情，必须引起全党重视。

11月6日，刘少奇在中共中央政治局讨论城市半工半读教育问题时的讲话，提出“四四制”：“现在试行的半工半读已经有几种形式了，我提议再补充一种‘四四’制的形式，这是厂校完全结合的形式。工厂即学校，学校即工厂，要劳动就真正劳动，要读书就真正读书，我们就要试行这种劳动和教育相结合的制度。希望各部试验一下。一个部可以试办两三所这种学校，最好在新开工厂试验。”

从新中国成立到1966年17年间，党中央、政务院、全国人大、全国政协、教育部等和国家主席、总理、副总理、部长等都对职业教育倾注了极大的关心，甚至直接解决职业教育发展的问题。刘少奇一直关心，多次过问，甚至直接提出了“两种教育制度”“四四制”等方案。这些既结合中国国情又着眼长远发展的战略思维，促进了新中国职业教育的发展。在职业教育的发展实践中，由于国际国内政治形势的变换和职业教育自身的原因，也走了一些弯路，但总的势头是健康发展。到1966年初，全国职业教育的形势已经实现了大面积好转，关于职业教育的研究探索也取得了不少成就。可惜的是，不久以后到来的政治运动，使得这一切都发生了变化。

二 1978~1997年

（1）1978年2月11日，国务院批准技工学校综合管理工作由教育部划归国家劳动总局的通知指出，办好技工学校是培养工人掌握现代化设备，提高工人技术水平，补充熟练技术工人的重要方式，对加速发展国民经济、实现四个现代化，具有重要意义。

10月12日，教育部印发《关于加强和发展师范教育的意见》指出，大力发展和办好师范教育，建设一支又红又专的教师队伍，是发展教育事业、提高教育质量的基本建设、百年大计。

1980年1月16日，邓小平在中央召集的干部会议上讲话提出，专不等于红，但是红一定要专。不管你搞哪一行，你不专，你不懂，你去瞎指挥，损害了人民的利益，耽误了生产建设的发展，就谈不上是红。

5月8日、5月12日，中央书记处两次讨论教育问题，提出重点搞职业学校、中等专业学校，提高工人的文化技术水平。

8月22日至11月5日，教育部等部门密集印发《关于进一步加强中小学在职教师培训工作的意见》、《关于办好中等师范教育的意见》、《中等师范学校规程（试行草案）》、《关于师范教育的几个问题的请示报告》、《关于中等教育结构改革的报告》、《全国中等专业教育工作会议纪要》、《中等师范学校和幼儿师范学校教学计划试行草案》、《关于大力办好高等师范专科学校的意见》、《关于确定和办好全国重点中等专业学校的意见》和《关于全日制中等专业学校领导管理体制的暂行规定》等文件，其中不少经国务院转发，显示了中央政府发展规范师范教育的决心。

1980 年 9 月 5 日，国务院批转教育部《关于大力发展高等学校函授教育和夜大学的意见》。该意见指出，发展高等教育应贯彻两条腿走路的方针，采取多种形式办学。

10 月 7 日，国务院批转教育部、国家劳动总局《关于中等教育结构改革的报告》。该报告把改革中等教育结构，大力发展职业技术教育作为教育改革的重要内容之一。

1981 年 2 月 20 日，中共中央、国务院颁布《关于加强职工教育工作的决定》指出，各级党政领导和所有厂矿企业、事业单位的党委、行政、工会、共青团都要十分重视职工教育。各级政府要把职工教育纳入国民经济和国民教育计划的轨道，要使职工教育列入长远规划和年度计划，并且要把它作为一项经常性的重要工作办好。

1982 年 1 月 1 日，中共中央批转《全国农村工作会议纪要》。该纪要强调指出，教育是发展科学技术的基础。要调整和加强农业院校的领导班子，进一步改善办学条件。县级以及县以下农村的中学要设置农业课程，有的可以改为农业专科学校。

2 月 19 日至 10 月 21 日，教育部密集印发《关于加强普通教育行政干部培训工作的意见》《中等专业学校学生守则（试行草案）》《师范专科学校教学工作座谈会纪要》《中等师范学校校舍规划面积定额（试行）》《职工大学、职工业余大学考试试行办法》《县办农民技术学校暂行办法》，转发《辽宁省改革中等教育结构发展职业技术教育经验交流会议纪要》等文件，就干部培训、中专、师范教育、业余大学、教育学院等工作进行了规范设计。

12 月 4 日，五届全国人大五次会议通过的《中华人民共和国宪法》，明确了举办职业教育，明确了对工人、农民、国家工作人员和其他劳动者进行政治、文化、科学、技术、业务的教育。

12 月 10 日，五届全国人大五次会议批准的第六个五年计划，提出大力发展职业技术教育。

1983 年 5 月 7 日，中华职业教育社社员代表会议通过《中华职业教育社章程》。

（2）1985 年 11 月 27 日，国家教委转发《十二省市农民职业技术教育座谈会纪要》。该纪要指出，随着农村改革的深入发展，农村经济在向专业化、商品化、现代化转变，迫切需要在农民中普及科学文化知识和培训各种技术、管理人才。发展农民教育已是当前的一项迫切任务，各级教育部门要认真安排，采取措施，使农民教育有一个较大的发展。在经济发达和比较发达的地区特别要广泛开展农民职业技术教育。

1986 年 4 月 12 日，六届全国人大四次会议批准的《中华人民共和国国民经济和社会发展第七个五年计划》安排，继续调整中等教育结构，在继续办好普通高级中学教育的同时，大力发展职业技术教育，逐步形成具有我国特色的职业技术教育体系。

6 月 5 日至 12 月 15 日，国家教委或单独或与其他部门联合，密集发布《关于制订职业高级中学（三年制）教学计划的意见》《关于经济部门和教育部门加强合作，促进就业前职业技术教育发展的意见》《关于职业中学经费问题的补充规定》《关于中等专业学校经费问题几项原则规定》《关于加强职业技术学校师资队伍建设的几点意见》《关于职业高中毕业生使用的有关问题的通知》《关于调整中等师范学校教学计划的通知》《普通中等专业学校设置暂行办法》《技工学校工作条例》《关于加强干部中等专业教育的意见》等文件。

1986 年 7 月 2~6 日，经国务院批准，由国家教委、国家计委、国家经委、劳动人事部联合召开了全国职业技术教育工作会议。时任国务院副总理李鹏主持会议并做了会议总结。会议确定，“七五”期间全国职业技术教育的发展目标是，在 1990 年前后使全国大多数地区高中阶段职业技术学校的招生数达到与普通高中的招生数大体相当；五年内培养出 800 万新的初级、中级技术人员、管理人员，初步改变人才结构上初级、中级比例过低的不合理状况；要培养上千万新的技术工人，努力提高中级、高级技工的比例；使多数回乡的初中、高中毕业生受到不同程度的职业技术培训；办成一批起示范作用的学校和培训中心；与此同时，积极推行“先培训，后就业”“经过考核，择优录用”的原则，在1990年以前全国大多数地区对技术性、专业性强的岗位实行不经培训合格不得走上工作岗位的制度。这些原则和规定，即使在30多年后的今天也不过时。由此开始，全国中等职业教育进入了又一轮快速发展时期。

1987年8月10~15日，全国中专教改座谈会召开。会议提出要把教学、技术服务（社会服务）、生产实践三结合作为中等专业学校办学的基本路子。

（3）1988年3月25日，在七届全国人大一次会议上，时任国务院代总理李鹏所做的《政府工作报告》要求，为了满足社会多方面的需求，要在城市和乡村进一步开展职业技术教育和成人教育，扩展专业培训的内容，提倡继续教育，鼓励自学成才。在企业里要坚持职工岗位培训制度，提倡干什么学什么，不断提高劳动者的技术水平和工作能力。在农村中，必须继续抓紧扫除青壮年文盲的工作。

1988年2月3日，何东昌同志在国家教委1988年工作会议上的讲话指出，要大力加强职业技术教育。

1989年2月17日，李铁映同志在国家教委1989年工作会议上的讲话指出，发展职业技术教育和以岗位培训为重点的成人教育，是社会化大生产的必然要求，是现代教育的重要组成部分，是把我国丰富的人力资源转化为智力资源，把智力资源转化为生产力的重要桥梁。

1990年3月20日，时任国务院总理李鹏在七届全国人大三次会议上的《政府工作报告》中指出，加快职业技术教育管理体制的改革，促进职业技术教育健康发展。

1991年1月18~21日，国家教委、国家计委、劳动部、人事部、财政部在北京联合召开全国职业教育工作会议，学习贯彻党的十三届七中全会精神，总结十年来我国发展职业教育的经验，明确今后发展职业教育的目标、方针和政策措施。时任国务委员兼国家教委主任李铁映做了题为《大力发展职业技术教育，促进我国经济建设和社会发展的报告》。

（4）1991 年 1 月 24 日，李铁映在国家教委 1991 年工作会议上的报告指出，今后十年教育工作的主要任务和必须遵循的基本原则是，大力发展职业技术教育和培训。继续大力发展多层次、多形式的职业技术教育，逐步使我国的教育体系成为普通文化教育与职业技术教育并重，相互衔接、相互渗透和相互促进的教育体系。

1991 年 10 月 17 日，国务院《关于大力发展职业技术教育的决定》指出，发展职业技术教育，不仅是提高劳动者思想道德和科学文化素质，实现社会主义现代化的一项具有战略意义的基础建设，而且对于进一步巩固以工人阶级为领导的工农联盟为基础的社会主义制度具有特殊重要的意义。因此，必须坚定不移地把教育事业摆在优先发展的战略地位，必须高度重视和大力发展职业技术教育。国务院要求各级政府和有关部门、广大教育工作者及社会各方面，从国家的全局和民族的未来出发，进一步提高对职业技术教育战略地位和作用的认识，采取有力措施，齐心协力大力发展职业技术教育。

1992 年 3 月 20 日，时任国务院总理李鹏在《政府工作报告》中指出，继续采取有效措施，进一步完善基础教育、职业技术教育、高等教育和成人教育体系。

1992 年 10 月 12 日，时任中共中央总书记江泽民在中国共产党第十四次全国代表大会上的报告强调，要优化教育结构，大力加强基础教育，积极发展职业教育、成人教育和高等教育，鼓励自学成才。

1993 年 2 月 13 日，中共中央、国务院印发《中国教育改革和发展纲要》指出，职业技术教育是现代教育的重要组成部分，是工业化和生产社会化、现代化的重要支柱。各级政府要高度重视，统筹规划，贯彻积极发展的方针，充分调动各部门、企事业单位和社会各界的积极性，形成全社会兴办多形式、多层次职业技术教育的局面。到 20 世纪末，中心城市的行业和每个县，都应当办好一二所示范性骨干学校或培训中心，同大量形式多样的短期培训相结合，形成职业技术教育的网络。发展职业技术教育要与当地经济发展的需要相适应。基本普及九年义务教育的地区应以发展初中后职业技术教育为重点；尚未普及九年义务教育的地区，对不能升入初中的小学毕业生，应实行职业技术培训；各地要积极发展多样化的高中后教育，对未升入高等学校的普通高中毕业生进行职业技术培训。普通中学也要分别不同情况，适当开设职业技术教育课程。

各级各类职业技术学校都要主动适应当地建设和社会主义市场经济的需要。要在政府的指导下，提倡联合办学，走产教结合的路子，更多地利用贷款发展校办产业，增强学校自我发展的能力，逐步做到以厂（场）养校。要认真实行“先培训、后就业”的制度。优先录用经过职业技术教育和培训的学生就业，专业性、技术性较强的岗位，应在获得岗位资格证书后上岗。对未经培训已就业的，要进行在岗培训。

1994 年 6 月 14 日，江泽民在全国教育工作会议上的讲话指出，要大力发展各种层次的职业教育和成人教育，使大部分人的思想文化素质和职业技能得到提高。调整教育结构的关键环节，是要多办一些各类职业学校，培养大量的各种初级中级人才。这既有利于学生的分流，又能满足当前经济社会发展的多方面需要。

1994 年 6 月 14 日，李鹏在全国教育工作会议上的报告指出，要克服轻视职业教育的陈腐观念。要通过结构调整，逐步形成初等、中等、高等普通教育和职业教育共同发展、相互衔接、比例合理的教育体系。职业学校的招生要逐步规范化，克服高、初中毕业生交叉报考各种职业学校的混乱现象，提高教育质量。

1994 年 6 月 17 日，时任国务院副总理李岚清在全国教育工作会议上的总结讲话指出，大力发展职业教育和成人教育，是符合我国国情的培养大量应用人才的一条根本出路，也是推进教育现代化、振兴经济的必由之路。

1994 年 7 月 3 日，《国务院关于〈中国教育改革和发展纲要〉的实施意见》提出，有计划地实行小学后、初中后、高中后三级分流，大力发展职业教育，逐步形成初等、中等、高等职业教育和普通教育共同发展、相互衔接、比例合理的教育系列。通过改革现有高等专科学校、职业大学和成人高校以及举办灵活多样的高等职业班等途径，积极发展高等职业教育。

职业教育的培养目标应以培养社会大量需要的具有一定专业技能的熟练劳动者和各种实用人才为主。当前要特别注意培养发展社会主义市场经济急需的财会、税务、金融等各类人才。认真实行“先培训、后就业”“先培训、后上岗”的制度，使城乡新增劳动力上岗前都能受到必需的职业训练。

1994 年 9 月，国家教委下发《关于在成都航空工业学校等 10 所中等专业学校试办五年制高等职业教育班的通知》，对试办高职班提出了基本要求。学校可实行三、二分段形式组织教学。高职班试点工作自 1994 年开始。对高职班毕业生的考核实行学历考试和技能考核相结合的方式，逐步实行双证书制。采取毕业生就业学校推荐、供需见面、双向选择、择优录用和自主择业方式。

1995 年 3 月 5 日，李鹏同志在《政府工作报告》中指出，继续调整教育结构，逐步形成初等、中等、高等普通教育和职业教育的合理比例。大力发展职业教育，有计划地实行初中后、高中后的分流，目前还不能普及九年义务教育的地方，也要进行必要的职业教育。加强成人教育和职业培训，实行职业资格证书制度。

1995 年 3 月 18 日，八届全国人大三次会议通过的《中华人民共和国教育法》第 19 条规定，国家实行职业教育制度和成人教育制度。各级人民政府、有关行政部门以及企业事业组织应当采取措施，发展并保障公民接受职业学校教育或者各种形式的职业培训。国家鼓励发展多种形式的成人教育，使公民接受适当形式的政治、经济、文化、科学、技术、业务教育和终身教育。

1996 年 3 月 5 日，李鹏同志在八届全国人大四次会议上《关于国民经济和社会发展“九五”计划和 2010 年远景目标纲要的报告》中指出，要积极发展多形式、多层次的职业教育和成人教育。优化教育结构，使普通教育和职业教育的比例更加合理。加快教育体制改革，积极探索与我国改革和发展相适应的办学机制和办学模式，努力开创职业教育工作的新局面。

1996 年 6 月 19 日，时任国务院副总理李岚清在全国职业教育工作会议上的讲话指出，大力发展职业教育，是提高劳动者素质和实现现代化的迫切要求，是优化教育结构、提高教育整体效益的根本措施。时任国家教委副主任王明达在全国职业教育工作会议上的总结讲话指出，职业教育从类型上讲，既包括初、中、高等职业教育，又包括各种职业培训；从办学体制上讲，有政府办、部门办、行业办、企业办、社会团体办、公民个人办等多种形式；从学校类型上讲，仅中等职业教育这一块，就包括中等专业学校，职业高中和技工学校三类学校。因此，职业教育的管理也涉及方方面面，必须从有利于事业发展的前提出发，进一步改革和理顺职业教育的管理体制。

1996 年 5 月 15 日，第八届全国人民代表大会常务委员会第十九次会议通过《中华人民共和国职业教育法》，明确了职业教育是国家教育事业的重要组成部分，是促进经济、社会发展和劳动就业的重要途径。国家发展职业教育，推进职业教育改革，提高职业教育质量，建立、健全适应社会主义市场经济和社会进步需要的职业教育制度。各级人民政府应当将发展职业教育纳入国民经济和社会发展规划，行业组织和企业、事业组织应当依法履行实施职业教育的义务。国家根据不同地区的经济发展水平和教育普及程度，实施以初中后为重点的不同阶段的教育分流，建立、健全职业学校教育与职业培训并举，并与其他教育相互沟通、协调发展的职业教育体系。职业学校教育分为初等、中等、高等职业学校教育。初等、中等职业学校教育分别由初等、中等职业学校实施；高等职业学校教育根据需要和条件由高等职业学校实施，或者由普通高等学校实施。其他学校按照教育行政部门的统筹规划，可以实施同层次的职业学校教育。职业培训包括从业前培训、转业培训、学徒培训、在岗培训、转岗培训及其他职业性培训，可以根据实际情况分为初级、中级、高级职业培训。职业培训分别由相应的职业培训机构、职业学校实施。其他学校或者教育机构可以根据办学能力，开展面向社会的、多种形式的职业培训。

1996 年 6 月 7 日，全国人大教科文卫委员会、国家教委、国家经贸委、劳动部、农业部、司法部、全国总工会《关于学习宣传和贯彻实施〈中华人民共和国职业教育法〉的通知》指出，大力发展职业教育，是实施科教兴国战略，提高劳动者素质，促进经济社会发展和劳动就业的重要途径。

1996 年 6 月 17~20 日，国家教委、国家经贸委和劳动部在北京联合召开了全国职业教育工作会议。时任国务院总理李鹏在讲话中肯定了职业教育的重要性和改革开放以来职业教育取得的成绩，再次明确了职业教育的发展目标和各级党委、政府的责任，强调了发展职业教育需要注意的几个问题，并对全体职业教育工作者提出了殷切希望。时任国务院副总理李岚清在讲话中阐明了发展职业教育对实现现代化的重要意义，要求深化改革，走符合我国国情的发展职业教育的道路，强调要为发展职业教育创造更好的条件。

9月9~12日，全国师范教育工作会议在北京举行。会议提出，从现在起到21世纪初师范教育改革和发展的方针是：坚持方向，深化改革，优化结构，促进发展，提高质量，提高效益。

9月12日，党的十五大在北京开幕。江泽民在开幕式上做了《高举邓小平理论伟大旗帜，把建设有中国特色社会主义事业全面推向21世纪》的报告，指出要积极发展各种形式的职业教育和成人教育。

1997年3月1日，李鹏在《政府工作报告》中指出，职业教育是经济发展的重要支柱，要大力发展中等职业教育，通过改革、改组、改制积极发展高等职业教育，农村的义务教育也要增加职业教育的内容，改变目前生产、建设、服务和管理第一线实用人才缺乏的状况。成人教育要与职业教育结合起来，以满足就业和在职提高的需要。

三　1998~2011年

1998年3月5日，李鹏在《政府工作报告》中指出，积极发展中等、高等职业教育和成人教育，开展多种形式的岗位和技术培训。

1999年1月13日，国务院批转教育部《面向21世纪教育振兴行动计划》。该计划提出，积极发展职业教育和成人教育，培养大批高素质劳动者和初中级人才，尤其要加大教育为农业和农村工作服务的力度，努力建立符合我国国情特点的职前与职后教育培训相互贯通的体系，使初等、中等和高等职业教育与培训相互衔接，并与普通教育、成人教育相互沟通、协调发展。

1998年3月16日，国家教委、国家经贸委、劳动部印发《关于实施〈职业教育法〉加快发展职业教育的若干意见》指出，发展职业教育是促进经济、社会发展和劳动就业的重要途径，不仅关系经济发展的速度、产品的质量和服务水平，关系劳动力资源的优化配置，而且关系社会稳定和社会主义精神文明建设。职业教育作为我国教育事业的重要组成部分，对调整教育结构、广开成才之路，对促进义务教育的普及、提高教育整体效益，对全面落实教育方针、增进教育与经济的结合，都具有重要的作用。当前，加快改革开放和现代化建设步伐，实行两个根本性转变和教育的两个重要转变，实施科教兴国战略的新形势，对职业教育提出了更迫切的需求。未来五年和十五年，职业教育改革、发展和提高的任务相当艰巨。

1999 年 6 月 15 日，江泽民在第三次全国教育工作会议上的讲话指出，对于不能进入高等教育行列进行学习的城乡学生和其他群众，应通过大办各级各类职业技术学校，广泛吸收他们学习和掌握一门或几门生产技术与管理、服务方面的技能。要根据需要和可能，采取多种形式积极发展高等教育，特别是社区性的高等职业教育，扩大现有普通高校和成人高校的招生规模，尽可能满足人民群众接受高等教育的要求。

1999 年 6 月 18 日，时任国务院总理朱镕基在第三次全国教育工作会议上的讲话指出，要在切实保证义务教育健康发展的同时，调整现有教育体系结构，扩大高中阶段教育和高等教育的规模，大力发展各级各类职业技术教育，拓宽人才成长的道路，加快教育发展主要靠改革。鼓励社会力量以各种方式举办高中阶段和高等职业教育。

2001 年 3 月 5 日，朱镕基在第九届全国人民代表大会第四次会议上所作的《关于国民经济和社会发展第十个五年计划纲要的报告》指出，大力发展职业教育和职业培训，建立职业教育与普通教育相互沟通的教育体系。发展成人教育和多种形式的继续教育，逐步形成终身教育体系。

2002 年 11 月 8 日，江泽民在中国共产党第十六次全国代表大会上的报告中指出，职业教育要在新形势下取得更大发展。

2002 年 7 月 28~30 日，国务院在北京召开全国职业教育工作会议。会议总结近年来职业教育的成就和经验，分析职业教育的形势，进一步确立职业教育的战略地位，明确“十五”期间职业教育改革发展的指导思想、目标和思路，研究制定推动职业教育改革发展的政策措施，努力开创职业教育工作的新局面。朱镕基在讲话中指出，推进职业教育改革与发展是贯彻“三个代表”重要思想的具体体现，是实施科教兴国战略的重大任务，是当前经济发展和现代化建设新阶段的迫切要求，必须高度重视，切实抓好。要加快体制创新和制度创新，充分发挥地方、企业和各个方面的积极性，面向社会需求，合理配置结构，着力提高职业教育质量，培养和造就亿万高素质的劳动大军，为 21 世纪我国经济和社会可持续发展服务。

8 月 24 日，国务院印发《关于大力推进职业教育改革与发展的决定》，进一步确立职业教育在我国社会主义现代化建设中的重要地位；明确提出坚持大力发展职业教育的方针和改革与发展职业教育的目标、任务；明确要继续深化职业教育管理体制改革，建立并逐步完善在国务院领导下，分级管理、地方为主、政府统筹、社会参与的职业教育管理体制，建立职业教育部际联席会议制度，研究解决职业教育工作中的重大问题。国务院教育行政部门负责职业教育工作的统筹规划、综合协调、宏观管理，劳动保障部门和其他有关部门在各自职责范围内，负责职业教育的有关工作。强化市（地）级人民政府在统筹职业教育发展方面的责任；深化职业教育办学体制改革，形成政府主导、依靠企业、充分发挥行业作用、社会力量积极参与的多元办学格局；深化职业教育的教育教学改革，提高质量，适应经济和社会发展需要；深化职业学校人事制度改革，建立高素质的教师队伍；深化劳动就业制度改革，实施严格的就业准入制度和职业资格证书制度；深化职业教育经费投入体制改革，努力增加对职业教育的经费投入。

2003 年 12 月 19 日，时任中共中央总书记胡锦涛在全国人才工作会议上的讲话指出，要进一步完善普通教育、职业教育、成人教育和高等教育相衔接的教育体系，完善继续教育和培养制度，建立健全人才培养机制。

2003 年 9 月 19 日，时任国务院总理温家宝在全国农村教育工作会议上的讲话指出，职业教育以就业为导向，成人教育以农民技能培训为重点，两者都要实行多样、灵活、开放的办学模式和培训方式，切实培养能真正服务于农村的各类人才，促进农业增效、农民增收，推动农村富余劳动力向第二、第三产业转移。

2004 年 6 月，经国务院批准，教育部、国家发改委、财政部、人事部、劳动保障部、农业部和国务院扶贫办 7 部门在江苏召开全国职业教育工作会议，会后印发了《教育部等七部门关于进一步加强职业教育工作的若干意见》。该意见认为，总体上看，职业教育仍然是我国教育的薄弱环节，一些地方和部门在统筹人力资源开发中仍存在忽视技能人才培养和使用的倾向，在统筹各类教育发展中仍存在忽视职业教育的倾向，推进职业教育改革与发展的措施还不够有力。一方面，生产服务一线技能人才特别是高技能人才严重短缺，广大劳动者的职业技能和创业能力与劳动力市场需求有较大差距；另一方面，职业教育发展面临诸多困难，办学条件比较差，办学机制不够灵活，人才培养的数量、结构和质量还不能很好地满足经济建设和社会发展的需要。尽快改变职业教育发展相对滞后的局面，切实发挥职业教育在经济社会发展中的基础作用，是一项具有战略意义的紧迫任务。进一步加强职业教育工作，加快技能人才培养，全面提高劳动者素质，关系我国劳动就业和社会保障事业的发展，关系我国现代化建设的进程，关系我国国际竞争力的提高。从现在起到 2007 年，在高中阶段教育中，要加大结构调整工作力度，进一步扩大中等职业教育招生规模，使中等职业教育与普通高中教育的比例保持大体相当，在有条件的地方职业教育所占比例应该更高些；在高等教育中，高等职业教育招生规模应占一半以上。要巩固和加强现有职业教育资源，促进职业院校办出特色，提高质量，中等职业学校不再升格为高等职业院校或并入高等学校，专科层次的职业院校不再升格为本科院校。

2005 年 3 月 5 日，温家宝在《政府工作报告》中指出，大力发展各类职业教育，大力发展中国特色的职业教育。

2005 年 11 月 7 日，全国职业教育工作会议在北京召开。温家宝发表重要讲话，强调当前我国就业和经济发展正面临着两个大的变化，社会劳动力就业需要加强技能培训，产业结构优化升级需要培养更多的高级技工，因此，需要大力发展职业教育。做好这项工作，对于把巨大的人口压力转化为人力资源优势，使我国经济建设切实转到依靠科技进步和提高劳动者素质的轨道上来，具有重大意义。

温家宝指出，大力发展职业教育，是推进我国工业化、现代化的迫切需要，是促进社会就业和解决“三农”问题的重要途径，也是完善现代国民教育体系的必然要求。必须完善国民教育体系，合理配置教育资源，把基础教育、职业教育和高等教育放在同等重要的位置。

温家宝强调，中国特色的职业教育，必须服务于社会主义现代化建设，着力培养适应经济社会发展需要的高素质劳动者和技能型人才；必须满足城乡居民对职业教育的多样化需求，为他们就业、创业和成才创造条件；必须与社会主义市场经济体制相适应，实行政府主导、面向市场、多元办学的机制；必须与生产劳动和社会实践紧密结合，实行灵活多样的人才培养模式，逐步形成完备的现代职业教育体系。

温家宝指出，当前和今后一个时期，我国职业教育的重点是对城乡需要就业人员进行职业技能培训，对在岗人员进行技术培训，培养高技能人才。使无业者有业，使有业者乐业。要着力抓好四个方面的工作。一是合理调整教育结构，重点加强职业教育。教育结构调整总的方向是，普及和巩固义务教育，大力发展职业教育，提高高等教育质量。无论是中等教育还是高等教育，都要扩大职业教育的规模。二是推进体制机制创新，形成多元化办学格局。积极办好公办职业院校，大力发展民办职业教育，充分发挥企业、行业和社会力量举办职业教育的积极性。三是以就业为导向，提高职业院校办学水平和质量。深化教学改革，注重学以致用，搞好以敬业和诚信为重点的职业道德教育，突出学生的动手能力和职业技能训练。职业教育要面向企业，培养企业需要的人才。四是重视发展面向农村的职业教育，提高广大农民的职业技能和转移就业能力。

温家宝要求，各级政府要把发展职业教育作为关系全局的大事来抓。要把发展职业教育纳入国民经济和社会发展“十一五”规划，统筹安排，加大扶持力度。要在全社会形成有利于职业教育发展的舆论氛围，使新的求学观、择业观和成才观蔚然成风。

2005 年 10 月 28 日，国务院发布《关于大力发展职业教育的决定》，要求落实科学发展观，把发展职业教育作为经济社会发展的重要基础和教育工作的战略重点

2006 年 8 月 29 日，胡锦涛在中共中央政治局集体学习时的讲话中强调，普及和巩固义务教育，大力发展职业教育，提高高等教育质量，是“十一五”规划纲要对教育事业发展提出的三项主要任务，必须切实抓紧抓实抓好。

2006 年 3 月 5 日，温家宝在《政府工作报告》中指出，发展职业教育是一项重要而紧迫的任务，今后五年中央财政将投入 100 亿元支持职业教育发展。扎实推进教育事业持续协调健康发展。

2007 年 3 月 5 日，温家宝在《政府工作报告》中指出，加快发展职业教育，我们将采取两项重大措施。一是从 2007 年新年开始，在普通本科高校、高等职业学校和中等职业学校建立健全国家奖学金、助学金制度，为

此中央财政支出将由上年的 18 亿元增加到 95 亿元，2008 年将安排 200 亿元，地方财政也要相应增加支出；同时，进一步落实国家助学贷款政策，使困难家庭的学生能够上得起大学、接受职业教育。这是继全部免除农村义务教育阶段学杂费之后，促进教育公平的又一件大事。二是在教育部直属师范大学实行师范生免费教育，建立相应的制度。这个具有示范性的举措，就是要进一步形成尊师重教的浓厚氛围，让教育成为全社会最受尊重的事业；就是要培养大批优秀的教师；就是要提倡教育家办学，鼓励更多的优秀青年终身做教育工作者。

2007 年 9 月 7 日，时任国务院总理温家宝在辽宁考察工作期间，专程来到大连市轻工业学校考察职业教育情况。温家宝说，教、学、做不是三件事，而是一件事，在做中学才是真学，在做中教才是真教，职业教育最大的特征就是把求知、教学、做事和技能结合在一起。职业学校的教师不仅要培养孩子们求知，而且要培养思想道德，学会共处，学会做人。

《国家中长期教育改革和发展规划纲要（2010~2020 年）》提出要大力发展职业教育。发展职业教育是推动经济发展、促进就业、改善民生、解决“三农”问题的重要途径，是缓解劳动力供求结构矛盾的关键环节，必须摆在更加突出的位置。职业教育要面向人人、面向社会，着力培养学生的职业道德、职业技能和就业创业能力。到 2020 年，形成适应经济发展方式转变和产业结构调整要求、体现终身教育理念、中等和高等职业教育协调发展的现代职业教育体系，满足人民群众接受职业教育的需求，满足经济社会对高素质劳动者和技能型人才的需要。

四　2012~2016 年

2012 年 11 月 8 日，时任中共中央总书记胡锦涛在中国共产党第十八次全国代表大会上的报告中要求，加快发展现代职业教育。

2013 年 9 月 10 日，教育部会同国家发展改革委、财政部、人社部、农业部、国务院扶贫办等部门筹备召开全国职业教育工作会议。在系统调研行业、企业、学校及社会等方面需求的基础上，研究起草了《国务院关于加快发展现代职业教育的决定》与《现代职业教育体系建设规划》。这两个文件共同构成今后一个时期指导职业教育改革创新的基本文件，提出了发展中国现代职业教育的总目标，即“到2020年，形成适应发展需求、产教深度融合、中职高职衔接、职普相互沟通，体现终身教育理念，具有中国特色、世界水平的现代职业教育体系”。

2014年3月5日，李克强总理在《政府工作报告》中要求，加快构建以就业为导向的现代职业教育体系。

2014年5月，李克强总理在内蒙古自治区赤峰市考察时，专程来到赤峰工业职业技术学院，在实训车间与师生们交流。他说，职业技能人才应该是高素质、全面发展的人才，更应该是有敬业精神加职业精神的人才。职业教育不仅要培养职业技能，更要培养职业精神。

2014年2月26日，李克强总理主持召开国务院常务会议，部署加快发展现代职业教育。会议认为，发展职业教育是促进转方式、调结构和民生改善的战略举措。以改革的思路办好职业教育，对提升劳动大军就业创业能力、产业素质和综合国力意义重大。必须坚持以提高质量、促进就业、服务发展为导向，发挥好政府引导、规范和督导作用，充分调动社会力量，吸引更多资源向职业教育汇聚，加快发展与技术进步和生产方式变革以及社会公共服务相适应、产教深度融合的现代职业教育，培养数以亿计的工程师、高级技工和高素质职业人才，为广大年轻人打开通向成功成才的大门，提高中国制造和中国装备的市场竞争力，促进经济提质增效升级，满足人民群众生产生活多样化的需求。会议确定了加快发展现代职业教育的任务措施。一是牢固确立职业教育在国家人才培养体系中的重要位置，促进形成“崇尚一技之长，不唯学历凭能力”的社会氛围，激发年轻人学习职业技能的积极性。二是创新职业教育模式，扩大职业院校在专业设置和调整、人事管理、教师评聘、收入分配等方面的办学自主权。建立学分积累和转换制度，打通从中职、专科、本科到研究生的上升通道。引导一批普通本科高校向应用技术型高校转型。三是提升人才培养质量。大力推动专业设置与产业需求、课程内容与职业标准、教学过程与生产过程“三对接”，积极推进学历证书和职业资格证书“双证书”制度，做到学以致用。开展校企联合招生、联合培养的现代学徒制试点，鼓励中外合作。完善企业工程技术人员、高技能人才到职业院校担任专兼职教师的政策。四是引导支持社会力量兴办职业教育。积极支持各类办学主体通过独资、合资、合作等形式举办民办职业教育；探索发展股份制、混合所有制职业院校，允许以资本、知识、技术、管理等要素参与办学并享有相应权利。探索公办和社会力量举办的职业院校相互委托管理和购买服务的机制。社会力量举办的职业院校与公办职业院校具有同等法律地位。推动公办和民办职业教育共同发展。五是强化政策支持和监管保障。各级政府要完善财政投入机制，分类制订和落实职业院校办学标准，加强督导评估。加大对农村和贫困地区职业教育的支持力度，完善资助政策，积极推行直补个人的资助办法。健全就业和用人政策，让职业教育为国家和社会源源不断地创造人才红利。

2014 年 6 月 23~24 日，全国职业教育工作会议在北京召开。中共中央总书记、国家主席、中央军委主席习近平就加快职业教育发展做出重要指示。他强调，职业教育是国民教育体系和人力资源开发的重要组成部分，是广大青年打开通往成功成才大门的重要途径，肩负着培养多样化人才、传承技术技能、促进就业创业的重要职责，必须高度重视、加快发展。

习近平指出，要树立正确的人才观，培育和践行社会主义核心价值观，着力提高人才培养质量，弘扬劳动光荣、技能宝贵、创造伟大的时代风尚，营造人人皆可成才、人人尽展其才的良好环境，努力培养数以亿计的高素质劳动者和技术技能人才。要牢牢把握服务发展、促进就业的办学方向，深化体制机制改革，创新各层次各类型职业教育模式，坚持产教融合、校企合作，坚持工学结合、知行合一，引导社会各界特别是行业企业积极支持职业教育，努力建设中国特色职业教育体系。要加大对农村地区、民族地区、贫困地区职业教育的支持力度，努力让每个人都有人生出彩的机会。

习近平要求，各级党委和政府要把加快发展现代职业教育摆在更加突出的位置，更好支持和帮助职业教育发展，为实现“两个一百年”奋斗目标和中华民族伟大复兴的中国梦提供坚实的人才保障。

国务院总理李克强在该次会议上要求，要用改革的办法把职业教育办好做大。统筹发挥好政府和市场作用，既要加大政府支持，又要通过政府购买服务等方式，更多促进社会力量参与，形成多元化的职业教育发展格局。要走校企结合、产教融合、突出实战和应用的办学路子，依托企业、贴近需求，建设和加强教学实训基地，打造具有鲜明职教特点、教练型的师资队伍。各级党委和政府要采取各种措施，关心和帮助职业教育工作者，推动社会各方形成合力，让现代职业教育助推经济社会取得更大更好发展。

2014 年 6 月 23 日，国务院总理李克强在人民大会堂接见了参加全国职业教育工作会议的代表。他说："我们要用大批的技术人才作为支撑，让享誉全球的'中国制造'升级为'优质制造'。"

李克强指出，职业教育是面向人人、融入社会的行业。要把职业技能和职业精神的教育培训相融合，通过改革的方式办好、办大职业教育，促进充分就业，实现中国经济的提质增效升级。

李克强要求把职业教育的重要意义放在实现中国经济升级、促进充分就业的大背景下通盘加以考虑。他说，中国经济发展已进入换挡升级的中高速增长时期，要支撑经济社会持续、健康发展，实现中华民族伟大复兴的目标，就必须推动中国经济向全球产业价值链中高端升级。要实现这一目标，需要大批的技能人才做支撑。

会前，国务院印发《关于加快发展现代职业教育的决定》，明确了加快发展现代职业教育的指导思想、基本原则、目标任务和政策措施，提出到 2020 年，形成适应发展需求、产教深度融合、中职高职衔接、职业教育与普通教育相互沟通，体现终身教育理念，具有中国特色、世界水平的现代职业教育体系。教育部、国家发展改革委、财政部、人力资源社会保障部、农业部、国务院扶贫办印发《现代职业教育体系建设规划（2014~2020 年）》，提出了优化职业教育服务产业布局、统筹职业教育区域发展布局、加快民办职业教育发展步伐等 12 个方面的任务措施。

这次会议是进入 21 世纪以来以国务院名义召开的第三次全国职业教育工作会议，明确了今后一个时期我国职业教育改革发展的方向和蓝图，对于加快发展现代职业教育，深化实施创新驱动发展战略，创造更大人才红利，加快转方式、调结构、促升级具有重要意义，是我国教育改革和发展史上一个重要的里程碑。

8 月 29 日，习近平总书记主持中共中央政治局会议，审议通过《关于深化考试招生制度改革的实施意见》，国务院于 9 月 3 日印发。该意见要求，要加快推进高职院校分类考试。高职院校考试招生与普通高校相对分开，实行"文化素质+职业技能"的评价方式。中职学校毕业生报考高职院校，参加文化基础与职业技能相结合的测试。普通高中毕业生报考高职院校，参加职业适应性测试，文化素质成绩使用高中学业水平考试成绩，参考综合素质评价。学生也可参加统一高考进入高职院校。2015 年通过分类考试录取的学生占高职院校招生总数的一半左右，2017 年成为主渠道。

2015 年 3 月 5 日，李克强总理在《政府工作报告》中要求，全面推进现代职业教育体系建设，引导部分地方本科高校向应用型转变。

2015 年 6 月 1 日，时任中共中央政治局委员、国务院副总理刘延东在深化职业教育改革创新座谈会上强调，要贯彻落实党中央、国务院决策部署，深化改革、创新模式、完善政策，加快构建现代职业教育体系，为促进大众创业、万众创新和国家现代化建设提供有力人才支撑。

6 月 16~18 日，习近平总书记在贵州调研时强调，职业教育是我国教育体系中的重要组成部分，是培养高素质技能型人才的基础工程，要上下共同努力进一步办好。

在贵州省机械工业学校实训基地，习近平寄语正在实习的同学们，学生时代是美好的，同学们在这里积蓄奋发力量，每一寸光阴都很宝贵。各行各业需要大批科技人才，也需要大批技能型人才，大家要对自己的前途充满信心。希望同学们立志追求人无我有、人有我优、技高一筹的境界，学到真本领，用勤劳和智慧创造美好人生。

2015 年上半年，全国人大常委会开展了职业教育法执法检查。时任全国人大常委会委员长张德江亲自担任检查组组长，亲自作执法检查报告，亲自主持专题询问，这在各类教育执法检查中是第一次，充分体现了对职业教育工作的高度重视。

2016 年 3 月 5 日，李克强总理在《政府工作报告》中要求，大力发展现代职业教育，分类推进中等职业教育免除学杂费，推动具备条件的普通本科高校向应用型转变。

2016 年 12 月 2 日，李克强总理为推进职业教育现代化座谈会作出重要批示。批示指出，加快发展现代职业教育，对于发挥我国人力和人才资源巨大优势，提升实体经济综合竞争力具有重要意义。在各方面共同努力下，近年来职业教育改革发展取得了显著成就，应予充分肯定。“十三五”时期，希望围绕贯彻党中央、国务院重大战略部署，落实新发展理念，切实把职业教育摆在更加突出的位置，加快构建现代职业教育体系。坚持面向市场、服务发展、促进就业的办学方向，进一步深化改革创新，强化产教融合、校企合作，积极鼓励和支持社会力量参与，努力建成一批高水平的职业学校和骨干专业，加快培育大批具有专业技能与工匠精神的高素质劳动者和人才，深度融入大众创业、万众创新和“中国制造 2025”的实践之中，促进新动能发展和产业升级，带动扩大就业和脱贫攻坚，为推动经济保持中高速增长、迈向中高端水平作出新贡献。

五 2017 年至现在

2017 年 3 月 5 日，李克强总理在《政府工作报告》中要求，继续推动部分本科高校向应用型转变，加快发展现代职业教育。

2017 年 10 月 18 日，习近平总书记在中国共产党第十九次全国代表大会报告中要求，完善职业教育和培训体系，深化产教融合、校企合作。

2018 年 1 月 23 日，教育部党组书记、部长陈宝生在全国教育工作会议上的讲话中指出，要持续推进职业教育质量提升。2018 年要印发实施职业学校校企合作促进办法，推进职业教育校企深度合作项目，鼓励大企业举办高质量的职业教育，推进现代学徒制试点，建设一批示范性职业教育集团。要完善具有职业教育特点的教学标准体系，印发新的中职专业目录和部分公共基础课程标准、高职专业教学标准，健全专业随产业发展动态调整机制。实施中国特色高水平高职学校和专业建设计划。创新职业院校评估，提升职业院校办学水平和质量。

2018 年 3 月 5 日，李克强总理在《政府工作报告》中指出，要支持社会力量举办职业教育。

4 月 18 日，李克强总理主持召开国务院常务会议，确定推行终身职业技能培训制度的政策措施，提高劳动者素质，促进高质量发展。一是充分发挥企业主体作用，适应产业升级需求，采取政府补贴培训、企业自主培训、市场化培训等方式，支持企业大规模开展职业技能培训。全面推行新型学徒制度，对企业新招用和转岗人员开展技能培训。二是着力培养高技能人才，重点强化高级技师等培训。教育部、财政部和人力资源社会保障部要抓紧研究支持企业开展技能培训、加快培养高技能人才的措施。三是对高校毕业生、新生代农民工等重点群体广泛开展就业创业技能培训。促进职业技能培训与学历教育相互衔接。四是健全以职业能力为导向的人才评价、技能等级等制度，制定企业技术工人按技能要素和创新成果贡献参与分配的办法，鼓励凭技能创造财富、增加收入。五是大力发展民办职业技能培训，鼓励企业兴办职业培训机构。六是加大职业技能培训经费保障，建立政府、企业、社会多元投入机制。政府补贴的职业技能培训项目全部向具备资质的职业院校和培训机构开放。七是强化培训质量监管，对职业技能培训公共服务项目实施目录清单管理，完善培训绩效评估体系。用更加优质高效的职业技能培训，打造素质高、创新力强的产业工人队伍。

2018 年 5 月 6~7 日，中共中央政治局委员、国务院副总理孙春兰在天津调研职业教育工作，并出席 2018 年全国职业教育活动周启动仪式暨全国职业院校技能大赛开幕式。她指出，推动经济高质量发展，加快发展先进制造业和现代服务业，助力精准扶贫，为青年提供更多人生出彩的机会，迫切需要发展高质量职业教育。要坚持服务发展、促进就业的办学方向，围绕培养社会主义建设者和接班人的根本使命，完善人才培养体系，深化产教融合、校企合作，建设一批高水平职业院校和专业，提升人才培养质量。

9 月 10 日，中共中央总书记、国家主席、中央军委主席习近平出席全国教育大会并发表重要讲话。他强调，要在学生中弘扬劳动精神，教育引导学生崇尚劳动、尊重劳动，懂得劳动最光荣、劳动最崇高、劳动最伟大、劳动最美丽的道理，长大后能够辛勤劳动、诚实劳动、创造性劳动。

李克强总理在会上讲话指出，要大力办好职业院校，坚持面向市场、服务发展、促进就业的办学方向，推进产教融合、校企合作，培养更多高技能人才，提高技术技能人才的社会地位和待遇。

2018 年 11 月 14 日，习近平总书记主持召开中央全面深化改革委员会第五次会议，审议通过《国家职业教育改革实施方案》。

2019 年 1 月 18 日，教育部党组书记、部长陈宝生在全国教育工作会议上的讲话指出，要瞄准服务高质量发展深化改革。2019 年，职业教育要“下一盘大棋”，将印发实施《国家职业教育改革实施方案》，启动“1+X”（学历证书+职业技能等级证书）制度试点，深化产教融合、校企合作，推动办学模式由参照普通教育向类型教育转变。启动实施中国特色高水平高职学校和专业建设计划，建设一批中国特色、世界水平的高职学校和骨干专业，鼓励大企业举办高质量的职业学校。支持职业教育“走出去”，打造“鲁班工坊”等品牌，探索与中国企业和产品相适应的模式。

2019 年 1 月 24 日，国务院印发《国家职业教育改革实施方案》，提出职业教育改革的总体要求与目标，要坚持以习近平新时代中国特色社会主义思想为指导，把职业教育摆在教育改革创新和经济社会发展中更加突出的位置。牢固树立新发展理念，服务建设现代化经济体系和实现更高质量更充分就业需要，对接科技发展趋势和市场需求，完善职业教育和培训体系，优化学校、专业布局，深化办学体制改革和育人机制改革，以促进就业和适应产业发展需求为导向，鼓励和支持社会各界特别是企业积极支持职业教育，着力培养高素质劳动者和技术技能人才。经过 5~10 年时间，职业教育基本完成由政府举办为主向政府统筹管理、社会多元办学的格局转变，由追求规模扩张向提高质量转变，由参照普通教育办学模式向企业社会参与、专业特色鲜明的类型教育转变，大幅提升新时代职业教育现代化水平，为促进经济社会发展和提高国家竞争力提供优质人才资源支撑。具体指标：到 2022 年，职业院校教学条件基本达标，一大批普通本科高等学校向应用型转变，建设 50 所高水平高等职业学校和 150 个骨干专业（群）。建成覆盖大部分行业领域、具有国际先进水平的中国职业教育标准体系。企业参与职业教育的积极性有较大提升，培育数以万计的产教融合型企业，打造一批优秀职业教育培训评价组织，推动建设 300 个具有辐射引领作用的高水平专业化产教融合实训基地。职业院校实践性教学课时原则上占总课时一半以上，顶岗实习时间一般为 6 个月。“双师型”教师（同时具备理论教学和实践教学能力的教师）占专业课教师总数超过一半，分专业建设一批国家级职业教育教师教学创新团队。从 2019 年开始，在职业院校、应用型本科高校启动“学历证书+若干职业技能等级证书”制度试点工作。

2019 年 2 月 23 日，中共中央、国务院印发《中国教育现代化 2035》，对现代职业教育的发展进行了战略安排，提出 2035 年职业教育服务能力显著提升。健全职业教育人才培养质量标准，推进中等职业教育和普通高中教育协调发展。强化职业学校和高等学校的继续教育与社会培训服务功能，开展多类型多形式的职工继续教育。持续推动地方本科高等学校转型发展。

加快发展现代职业教育，不断优化职业教育结构与布局。推动职业教育与产业发展有机衔接、深度融合，集中力量建成一批中国特色高水平职业院校和专业。优化人才培养结构，综合运用招生计划、就业反馈、拨款、标准、评估等方式，引导高等学校和职业学校及时调整学科专业结构。加大应用型、复合型、技术技能型人才培养比重。培养高素质教师队伍，健全以师范院校为主体、高水平非师范院校参与、优质中小学（幼儿园）为实践基地的开放、协同、联动的中国特色教师教育体系。强化职前教师培养和职后教师发展的有机衔接。夯实教师专业发展体系，推动教师终身学习和专业自主发展。鼓励有条件的职业院校在海外建设“鲁班工坊”。

同日，中共中央办公厅、国务院办公厅印发《加快推进教育现代化实施方案（2018~2022年）》，提出深化职业教育产教融合。构建产业人才培养培训新体系，完善学历教育与培训并重的现代职业教育体系，推动教育教学改革与产业转型升级衔接配套。健全产教融合的办学体制机制，坚持面向市场、服务发展、促进就业的办学方向，优化专业结构设置，大力推进产教融合、校企合作，开展国家产教融合建设试点。建立健全职业教育制度标准，完善学校设置、专业教学、教师队伍、学生实习、经费投入、信息化建设等系列制度和标准，制定并落实职业院校生均拨款制度。建立国务院职业教育工作联席会议制度。

3月5日，李克强总理在《政府工作报告》中提出2019年高职扩招100万人。

4月30日，李克强总理主持召开国务院常务会议，确定使用1000亿元失业保险基金结余实施职业技能提升行动的措施，提高劳动者素质和就业创业能力；讨论通过高职院校扩招100万人实施方案，加快培养各类技术技能人才促进扩大就业。

会议确定了实施2019年《政府工作报告》提出的职业技能提升行动的具体措施。一是大规模开展职业技能培训，2019年培训1500万人次以上，三年内培训5000万人次以上。培训重点面向职工，兼顾就业重点群体和贫困劳动力。支持帮助企业特别是小微企业开展职工技能培训和困难企业职工转岗培训。加大高危行业从业人员安全技能培训力度。二是从失业保险基金结余中拿出1000亿元，设立专项账户，统筹用于职业技能提升行动。

强化资金监管和使用情况公开，对以虚假培训等套取、骗取资金的依法严惩。三是支持地方调整完善职业培训补贴政策，符合条件的劳动者均可参加培训并获得补贴。四是深化“放管服”改革，推动职业院校扩大培训规模，支持企业、社会培训机构开展技能培训，民办机构在政府购买服务等方面与公办同类机构享受同等待遇。加强培训质量监管，提高培训针对性、实效性。

会议讨论通过了落实《政府工作报告》提出的2019年高职扩招100万人任务的方案。其主要内容，一是高职扩招重点布局在优质高职院校、发展急需和民生领域紧缺专业、贫困地区。加大东部地区院校向中西部地区招生。对退役军人、下岗失业人员、农民工、新型职业农民等单列招生计划。取消高职招收中职毕业生的比例限制，在学前教育、护理、家政、养老、现代服务业等领域扩大中高职贯通培养招生规模。二是2019年高考前组织一次高职扩招补报名，主要面向普通高中和中职毕业生、退役军人、下岗失业人员、农民工和新型职业农民等。10月面向2019年退役军人再增加一次报名。允许符合条件的往届中职毕业生参加高职招生。三是扩招以高职院校单独考试为主，各地可在高考前、后合理安排考试时间。对退役军人、下岗失业人员、农民工和新型职业农民可免予文化素质考试，由学校组织相关职业适应性测试或技能测试。四是落实《国家职业教育改革实施方案》，采取弹性学制和灵活多元教学模式，保证培养质量。加快学历证书和职业技能等级证书互通衔接，推动高职毕业生在落户、就业、晋升等方面与普通高校毕业生享受同等待遇，为更多青年凭一技之长实现人生价值提供舞台。

2019年8月20日，习近平总书记来到甘肃省张掖市山丹县，考察山丹培黎学校。山丹培黎学校由伟大的国际主义战士、新西兰著名社会活动家路易·艾黎于1942年创办，突出职业教育特色和终身教育理念，培养了大批实用技术人才。习近平听取了学校情况介绍，参观了路易·艾黎故居，随后来到实训教学楼，走进现代制造技术实训室和智能家居实训室，观看职业技能实训，并同师生亲切交流。他指出，实体经济是我国经济的重要支撑，做强实体经济需要大量技能型人才，需要大力弘扬工匠精神，发展职业教育前景广阔、大有可为。山丹培黎学校是一所具有光荣历史和国际主义精神的职业学校。路易·艾黎先生提出“手脑并用，创造分析”的办学宗旨，对今天我们发展职业教育依然有借鉴意义。要继承优良传统，创新办学理念，为新时代推进西部大开发培养更多应用型、技能型人才。他希望同学们专心学习，掌握更多实用技能，努力成为对国家有用、为国家所需的人才。

2020 年 5 月 22 日，国务院总理李克强在第十三届全国人民代表大会第三次会议上所做的《政府工作报告》指出，资助以训稳岗拓岗，加强面向市场的技能培训，鼓励以工代训，共建共享生产性实训基地，今明两年职业技能培训 3500 万人次以上，高职院校扩招 200 万人，要使更多劳动者长技能、好就业。

第二节 35 年来地方政府的态度

从 1949 年到 1978 年新中国成立的 30 年间，河南的职业教育曾经在 50 年代中期到 60 年代中期有过一个快速发展的时期。普通中等专业学校（含中等师范学校）校数和在校生数由 1949 年的 32 所 0.84 万人，发展到 1965 年的 131 所 2.60 万人。16 年间学校增加了 99 所，在校生增加了 1.76 万人，实现了了不起的跨越发展。但之后的发展十分迟缓，甚至出现严重倒退。到 1978 年，学校数减少到 56 所，学生数减少到 1.71 万人，规模退回到了 1956 年的水平。这样的中等职业教育状况，与即将到来的河南经济社会发展的需要极不适应。

在河南这个内陆的人口大省，经济不够发达，但是社会的“正统”观念十分强烈，发展职业教育面临一定的阻力。1978 年，全省各类职业学校占整个高中段学生总数的比例，招生数仅占 4.00%，在校生数为 3.80%，微乎其微。就这样可怜的比例，其中一半还是中等师范学校的数据。

面对这样严峻的形势，政府开始重视职业教育。

一 从落后处急起直追

1985 年 1 月 17 日，省教育厅、计划委员会、劳动人事厅、财政厅向省政府提交报告，要求进一步改革城市中等教育结构，发展职业技术教育。

报告明确了改革发展职业教育的方向：主要是改革高中阶段的教育，使之适应社会主义现代化建设多方面的需要，适应经济体制、产业结构、劳动就业等变化的需要，实行普通教育与职业教育并举、国家与业务部门、厂矿企业单位、集体经济单位办学并举的方针。

在此之前，1985 年 1 月 6 日，河南省教育厅豫教工农字〔1985〕10 号文件一次批准建立了 78 所职工（干部）中等专业学校（班），力度空前，显示了省政府发展职业教育的决心。

1985 年 3 月 6 日，省教育厅发布《试办职业中等专业学校的通知》。

1987 年 3 月 25 日，时任省教委主任于友先在全省教育工作会议上的讲话指出，要从观念上来一个根本转变，摒弃那种鄙薄职业技术教育的错误观点。那种认为科学家、大学生才算人才，职业技术学校毕业生却不算人才的看法，是一种陈腐的观念。职业技术教育与各部门、各行业都有着“一荣俱荣、一损俱损”的关系，希望大家都来办，而且办好。

1987 年 12 月 28 日，河南省人民政府发布《关于进一步做好职业技术教育工作的通知》指出，兴办职业技术教育要同国民经济和社会事业发展相适应。各市县计划、教育、劳动部门要从当前经济建设实际出发，根据本地区经济发展规划的需要，做好人才需求预测工作，确定职业教育的发展规划、专业设置和招生规模，下达年度招生计划，逐步做到培养、安置和使用紧密结合，使职业教育同当地的行业和企业的发展需要挂起钩来，以满足国营新建扩建企业、集体企业和个体经济对各类专业人员的需要，更好地为经济建设服务。

1989 年春节前后，时任河南省委书记杨析综先后在新华社《参考清样》第 115 期和《国际内参》第 8 期上批示，要求省教委、计经委借鉴西德采取“双轨制”发展职业技术教育的“秘密武器”，结合河南实际，研究制订发展河南职业技术教育的意见。

1991 年，省第五次党代会要求全省教育工作要以发展职业技术教育为“突破口”。省政府作出《关于大力发展职业教育的决定》，省教委将本年确定为全省职业技术教育年。

3 月 22 日，时任副省长范钦臣在全省教育工作会议上的讲话强调指出，发展教育要以职业技术教育为突破口，大力培养实用技术人才。

3月25日，时任省教委主任、党组书记徐玉坤在全省教育工作会议上的讲话提出了省政府发展职业技术教育的重要责任目标：1991年中等职业技术教育在校生占整个高中阶段在校生的42.5%，比上年增长2.9%，这个比例不小，不花大力气，不采取特殊措施是难以完成的。各地要层层签订目标责任书，立下军令状，确保当年任务的完成。

5月17日，河南省人民政府发布《关于大力发展职业技术教育的决定》提出，要振兴河南经济，实现到20世纪末河南国民生产总值再翻一番的目标，教育工作的一项重要任务是，加速调整中等教育结构，大力发展中、初级职业技术教育，提高劳动者的素质，把河南丰富的人力资源变为智力优势，把现代科学技术变为现实生产力。提出了今后十年全省职业技术教育发展的总目标："八五"期间，全省职业学校招生数要逐年递增，农村地区的递增率要高于城市，使初中毕业生升入中等职业技术学校的人数超过升入普通高中的人数，到20世纪末，初步形成具有河南特色，从初级到高级，行业配套，结构合理，又能与其他教育相互沟通、协调发展的职业技术教育体系框架，使企业新增职工都能受到必需的职业技术教育，使农村绝大多数新增劳动者受到必需的实用技术培训。

1992年4月13日，时任省长李长春在全省教育工作会议上同市地市长、专员及部分高校校长、院长座谈时强调，省五次党代会明确提出教育要以发展职业技术教育为突破口，要调整教育结构，提高教育质量和水平。省政府专门研究了落实以职业技术教育为突破口的问题，并作出了《关于大力发展职业技术教育的决定》，现在的问题是抓落实。特别是县里的同志要转变观念。县里的职业教育比城市更滞后，要结合当地的资源培养新型农民，培养各行各业的能人，这是兴县富民的当务之急。

1992年4月11日，时任省教委主任徐玉坤在全省教育工作会议上讲话指出，要以农村职教为重点，加快职业技术教育发展步伐，争取使河南各类中等职业技术教育在校生占高中阶段的比例达到45%，接近全国的平均水平。

1993年6月21日，时任省委书记李长春在听取教育工作汇报后指出，要把职业技术教育作为教育工作的"突破口"来抓，"八五"末各类中等职业技术学校在校生占高中阶段在校生总数的比例要达到60%以上。

1993年6月28日，时任省教委主任亓国瑞在省职教现场会上的讲话指出，要结合河南的实际，讨论研究如何尽快地把河南职业技术教育工作推上去，力争在两三年内形成气候，完成省五次党代会对职业技术教育发展提出的要求。

1994年9月15日，时任省委书记李长春在全省教育工作会议上的总结讲话指出，以大力发展职业教育为重点，优化调整中等教育结构。大力发展职业教育，是这次全国教育工作会议突出强调的一个问题，也是河南教育改革和发展的突破口。从近几年河南的实践来看，发展职业教育，是河南社会和经济发展的客观需要，也是广大人民群众的迫切要求。

时任省长马忠臣在全省教育工作会议上的报告指出，大力发展职业教育和成人教育，是河南经济发展的迫切要求，也是河南教育改革和发展的突破口。

1994年10月17日，中共河南省委、河南省人民政府《关于〈中国教育改革和发展纲要〉的实施意见》指出，职业教育和成人教育应面向社会，适应市场，在政府统筹管理下，主要依靠行业、企事业单位、社会团体和公民个人举办或联办。政府主要通过专项补助和贷款等形式给予必要的扶持，并办好示范性骨干学校。职业学校要走产教结合的路子，更多地利用贷款发展校办产业，增强学校自身发展的能力。要建立和完善现代企业教育制度，通过立法，明确企业举办职业教育以及对在职职工进行岗位培训和继续教育的责任。

1996年4月12日，时任国务院副总理李岚清召开了由许昌市委、市人大、市政府、市政协领导、市教委负责同志和城乡部分中小学校长参加的座谈会。李岚清在听取了教育工作汇报后指出，加快培养人才的根本出路是大办教育，尤其是大力发展职业技术教育。第一是初等职业教育。初等职业教育是和义务教育相结合，特别是农村，农科教结合要加大力度。要提高农民的文化、技术水平，农村的初等职业教育是重要的一块。第二是中等职业教育，这是教育的一大块，要大力发展。基本普及九年义务教育是一档，然后，使70%的初中毕业生进入中等职业学校学习，30%的初中毕业生升入高中，高中毕业后，一半上大学，一半进入高等职业学校，这样，使人人都有书读，人人都有成才的机会。第三是高等职业教育，要宽进严出，要面向市场，根据社会需要办学。

1996年2月12日，时任副省长张世英在省教委1996年教育工作会议上的讲话指出，要积极发展职业教育和成人教育，加快培养中初级实用人才。现在河南每年有60万左右中小学毕业生不能升入高一级学校。同时，随着经济体制和经济增长方式的转变，大量的在岗、转岗职工，干部需要接受继续教育和岗位培训，这都要求必须大力发展职业教育和成人教育。发展职业教育和成人教育各级政府负有统筹协调责任，县市政府起着关键作用。政府要统筹协调，使相关学校的教育资源共享，同时在办学经费筹措、专业布局规划、毕业生就业指导等方面做好工作。教育行政部门要加强业务指导和宏观管理。职业学校和成人学校要紧紧围绕社会经济建设需要，根据省计委、人事厅人才需求预测办学。要因地制宜，按需施教，本着实际、实用、实效的原则，不拘一格，广开学路。

河南省第八届人民代表大会常务委员会第二十七次会议于1997年7月25日审议通过、1997年9月1日起施行的《河南省实施〈中华人民共和国职业教育法〉办法》提出，职业教育是教育事业的重要组成部分，是促进经济社会发展和劳动就业的重要途径。实施职业教育要以中等职业教育为重点，积极发展高等职业教育，因地制宜发展初等职业教育，开展各种形式的职业培训，建立健全职业学校教育与职业培训并举，并与其他教育相互沟通、协调发展的职业教育体系。各级人民政府应当将职业教育纳入国民经济和社会发展规划，制定与之相配套的政策和措施；举办示范性骨干职业学校和职业培训机构；扶持农村和贫困地区发展职业教育。县级人民政府应当加强本行政区域职业教育的统筹管理，加快职业教育的发展，结合当地资源条件和产业、技艺优势，因地制宜办好中等职业学校和职业培训机构，开展多形式、多类型的农村实用技术培训。

二　规模扩张的起落

从1978年到1997年，经过20年的快速发展，到1998年，全省中等专业学校达到185所，职业中专、职业高中和技工学校达到923所，全省中等职业教育在校生突破100万人，达到102.70万人。当年全省普通高中在校生为51.13万人。这样算来，1998年河南高中阶段职业学校在校生已经占到 66.76%，远远超出了高中段职普 1∶1 的比例。现在面临的主要问题是，保持规模，提升质量，构建职教体系。

1998 年，全省职业教育把提高教育教学质量作为头等大事和中心工作，采取了一系列措施。省教委先后下发了《关于对普通中等专业学校重新核定办学规模的通知》《关于重新核定普通中等专业学校办学规模的补充通知》《关于普通中等专业学校办学规模核定工作的实施方案》等文件，进行职教师资培训，开展技能竞赛，评估认定了 10 所学校为省部级重点普通中专学校。

1999 年 10 月 12 日，中共河南省委、河南省人民政府发布《关于贯彻〈中共中央、国务院关于深化教育改革全面推进素质教育的决定〉的实施意见》安排，调整优化师范院校结构和布局。到 2005 年，全省基本实现由中等、专科、本科三级师范教育向本、专科两级师范教育过渡，形成以独立设置的师范院校为主体，其他院校积极参与、教师来源多样化的师范教育新格局。

1999 年 10 月 15 日，时任省长李克强在全省教育工作会议上讲话强调，要改变“千军万马过独木桥”的局面，必须积极发展高等教育，大力发展高等职业教育。

1999 年初，经河南省教委向教育部申请，河南省成为按新的管理模式和新的运行机制试办高等职业教育的 15 个试点省份之一。经过广泛协商，确定了试办的 23 所学校及专业，协调出台了新高职的收费、证书等有关政策。

2000 年 1 月 26 日，时任省教委主任王日新在全省教育工作会议上讲话指出，在类别上，在大力发展普通高等教育的同时，要大力发展高等职业教育和远程开放式教育（电大、函授、自考等），逐步构建规模适当、结构合理的高等教育体系。高中阶段教育，在扩大普通高中招生规模的同时，要充分肯定中等职业教育的成绩，巩固提高中等职业教育的成果，继续下决心办好职业教育。

2001 年 1 月 16 日，王日新在全省教育工作会议上讲话指出，对职业教育不是需要不需要的问题，而是如何调整结构、提高质量和效益的问题，特别是农村升不上大学的孩子还很多，没有一技之长，不接受职业教育，就难于立家致富。对此一定要统一思想，坚定信心。要正视职业教育的现状，既不能消极悲观，也不能盲目乐观。

2002 年 2 月 4 日，王日新在全省教育工作会议上讲话指出，当前，中等职业教育发展遇到了一些困难和问题，原因是多方面的，但主要是现有职业教育的办学机制和培养模式难以适应社会和市场的变化，还有家长和学生的观念上的问题。事实上，当前，河南中高级技术工人和现代服务业高素质从业人员严重缺乏，职业教育的发展天地非常广阔。我们必须坚定信心，进一步解放思想，突破那些束缚和制约职业教育发展的传统思维模式，寻求发展创新的新路子。

2003 年 6 月 1 日，《河南省人民政府贯彻国务院关于大力推进职业教育改革与发展的决定的实施意见》指出，推进职业教育的改革与发展是实施科教兴豫战略、促进经济和社会可持续发展、提高市场竞争力的重要途径，是调整经济结构、提高劳动者素质、加快人力资源开发的必然要求，是拓宽就业渠道、促进劳动就业和再就业的重要举措。

2003 年 6 月 20 日，时任省长李成玉在全省职业教育工作会议上讲话指出，必须大力发展教育事业，特别是职业教育事业。发展职业教育是河南现代化建设和经济结构调整的现实选择。

2003 年 10 月 22 日，河南省人民政府《贯彻国务院关于进一步加强农村教育工作的决定的实施意见》要求，各省辖市要统筹规划各类中等职业学校的发展，优化职业学校布局结构，各县（市）要重点建设 1 所具有特色的职业教育中心或 1~2 所中等职业学校。积极鼓励社会力量和吸引外资举办职业教育，促进职业教育办学主体和投资多元化。要实行多样、灵活、开放的办学模式，把教育教学与生产实践、社会服务、技术推广结合起来，加强实践教学和就业能力的培养。在开展学历教育的同时，大力开展多种形式的职业培训，适应农村产业结构调整，推动农村劳动力向第二、第三产业转移。

2004 年 3 月 22 日，中共河南省委、河南省人民政府《关于加快高等教育改革与发展的意见》提出，高等职业教育要紧贴经济社会发展的需求，以就业为导向，转变办学模式，加强与行业、企业、科研和技术推广单位的合作，大力推广“订单式”培养模式，为生产、建设、服务、管理第一线和农村输送急需的实用人才。

2004 年 3 月 26 日，时任省教育厅厅长蒋笃运在 2004 年全省教育工作会议上的讲话指出，我们一定要抓住机遇，深入贯彻落实《河南省人民政府贯彻国务院关于大力推进职业教育改革与发展的决定的实施意见》，实现职业教育的新发展、新突破。

2005 年 1 月 15 日，蒋笃运在全省教育工作会议上的讲话指出，今后一段时期，河南要进一步创新职业教育办学理念、体制和机制，扩大规模，放开搞活，加快发展，努力形成普通高中和中等职业教育比例大体相当、协调发展的格局。

2006 年 4 月 21 日，李成玉在全省职业教育工作会议上讲话指出，职业教育是现代国民教育体系的重要组成部分，在实施科教兴豫和人才强省战略中具有特殊重要地位。这次会议主要是贯彻落实全国职业教育工作会议精神，总结成绩，统一认识，明确任务，进一步加快河南职业教育发展。

2006 年 2 月 27 日，蒋笃运在 2006 年度全省教育工作会议上讲话指出，省教育厅决定把 2006 年定为“职业教育年”。围绕开展“职业教育年”，发展职业教育，主要做好以下几方面工作。一是筹备开好全省职业教育工作会议。认真贯彻落实全国职业教育工作会议精神，结合河南实际，制定出台加快河南职业教育发展的意见，进一步明确河南职业教育发展的目标任务和政策措施。二是进一步扩大招生规模，采取城乡联合招生等强有力的措施，确保 2006 年全省职业学校招生 53 万人。抓好急需的技能型人才培养，积极发展面向农村的职业教育。三是启动实施“四大工程”“四项改革”“五项计划”，大力发展灵活多样的职业教育和培训，深化职业学校教学改革，全面加强职业教育基础能力建设，走规模化、集团化、连锁化办学的新路子。

2007 年 2 月 7 日，蒋笃运在全省教育工作会议上的讲话指出，中等职业教育仍然是河南教育中的薄弱环节。河南一定要充分认识大力发展职业教育的重要性和紧迫性，深入贯彻落实全国、全省职业教育工作会议精神，采取有力措施，巩固并扩大职业教育的发展成果。

4 月 20 日，河南省教育厅《关于印发〈河南省高等职业教育“十一五”发展规划〉的通知》安排，适度扩大招生规模，保持高等职业教育招生规模占高等教育招生规模一半以上，输送 80 多万名毕业生。完成 100 万人次城乡劳动者培训。重点支持建设 5~8 所国家示范性高等职业院校和 10 所省级示范性高等职业院校。建成 30~50 个国家级、60 个左右省级高等职业教育实训基地。建成 25~40 个国家级特色专业群，建成 200~300 门国家级优质专业核心课程。建成 100 个省级特色专业群，建成 800 门省级优质专业核心课程，加大“双师型”教师培养和引进的力度，专业教师中“双师型”教师比例达 60%以上。要充分认识大力发展高等职业教育的重要性和紧迫性，把发展高等职业教育纳入当地国民经济和社会发展总体规划，列入政府的工作目标，切实加强对高等职业教育发展规划、资源配置、条件保障、政策措施的统筹管理，切实转变职能，提高服务水平。

6 月 12 日，河南省教育厅、河南省发展和改革委员会《关于印发河南省教育事业发展十一五规划的通知》指出，以服务为宗旨，以就业为导向，大力发展职业教育。建立完善职业教育和培训网络，构建现代职业教育体系。启动和继续实施“技能型人才培养培训工程”、“农村劳动力转移培训工程”、“农村实用人才培训工程”和“成人继续教育和再就业培训工程”，增强技能型人才的培养培训能力。在合理规划布局、整合现有资源的基础上，新建、扩建一批职业院校。每个省辖市要重点建设一所高等职业技术学院和若干所中等职业学校，每个县（市、区）要重点办好一所起骨干示范作用的职教中心或中等职业学校，大的行业要重点建设好举办的高等职业技术学院。乡镇要依托中小学、农民文化技术学校及其他培训机构开展职业教育和培训。社区要大力开展职业教育和培训服务。

中共河南省委高校工委、河南省教育厅《2010 年工作要点》提出，加快职业教育基础能力建设，落实 100 个左右示范性职业院校、薄弱中等职业学校和职业教育实训基地建设项目。加快推进省职业教育公共实训中心建设。基本完成中等职业学校布局调整。做好国家级示范性高职院校和中等职业学校建设工作。加快推进国家职业教育改革试验区建设，启动省级职业教育重点改革试验。巩固职业教育规模，完成 68 万人的中等职业教育学历招生任务。推进新一轮职业教育教学改革，继续开展职业教育技能大赛活动。加快“双师型”教师队伍建设步伐，继续实施并完成中等职业教育教师素质提高计划和现代教育技术能力建设计划，完成 1 万人的培训任务。

积极促进研究制订职业教育生均经费标准、教师编制标准、职业院校商业银行贷款贴息补助办法和在省级以上重点中等职业学校进行教授级高级讲师的评审试点。

2011 年省财政厅、教育厅、人社厅《关于省属公办中等职业学校生均经费财政拨款标准意见的通知》规定，中等职业学校生均经费财政拨款平均标准为每年 1300 元。

三　推动职教攻坚

从 1998 到 2011 年 13 年间，河南的中等职业教育经历了过山车一样的发展历程，学校数从 1998 年的 1108 所发展到 2009 年的 1180 所，又回落到 2011 年的 961 所；在校生数从 1998 年的 102.70 万人一路增加到 2010 年的 189.31 万人，2011 年开始回落，为 184.72 万人。虽然在校生规模在不断扩大，但是同期普通高中的规模也在增加，而且在一个时期，普通高中的规模扩张速度大大超过了中职学校。高中阶段职业教育和普通高中在校生的比例，2004 年、2005 年连续跌破 40%。2004 年的这个比例，比 1998 年减少了 27.16 个百分点。中等职业教育规模实际上出现了大面积滑坡。

2012 年 5 月 4 日，省政府印发《河南省职业教育校企合作促进办法（试行）》。这是全国省级政府出台的第一个关于校企合作工作的制度性文件。

中共河南省委高校工委、河南省教育厅《2012 年工作要点》提出，启动实施省级示范性职业院校和特色职业院校建设工程。认定一批省级示范性职业院校和特色职业院校，打造一批河南品牌、全国一流的职业院校。继续实施国家示范性高等职业院校、中等职业教育改革发展示范校、中等职业学校基础能力建设和实训基地建设项目。启动实施职业教育品牌专业建设工程，打造具有河南特色的职业教育品牌专业。探索职业教育校企合作新机制。研究制定河南省职业教育校企合作促进办法，明确参与各方的权利、义务和责任，为职业教育校企合作提供制度保障。充分发挥各级政府在校企合作中的主导作用、行业企业在校企合作中的核心主体作用，探索建立由政府部门、行业企业、职业院校等广泛参与的符合河南职业教育规律的新机制，实现职业院校办学与企业生产的紧密结合。构建河南特色现代职业教育体系。建设体现终身教育理念、中等和高等职业教育相衔接、与中原经济区相对接、与经济社会发展相适应、协调发展的现代职业教育体系。改革专升本、对口升学考试和录取办法，鼓励本、专科院校对口招收职业院校毕业生，探索普通高校学生接受职业教育的制度，进一步疏通渠道，扩大规模，建立中职、高职、应用型本科、应用型专业硕士、博士纵向连接，普通教育与职业教育横向沟通的学历教育体系。深入推进省部共建国家职业教育改革试验区建设。

2012 年 12 月 14 日，省财政厅、省发改委、省教育厅、省人社厅印发《关于扩大中等职业教育免学费政策范围，进一步完善国家助学金制度的意见》，明确从 2012 年秋季学期起，对公办中等职业学校全日制正式学籍一、二、三年级在校生所有农村（含县镇）学生，城市涉农专业学生和家庭经济困难学生免除杂费，艺术类相关表演专业学生除外。

2012 年 5 月 4 日，河南省人民政府印发《河南省职业教育校企合作促进办法（试行）》规定，各级政府应支持和促进职业教育校企合作，可以结合本地实际，建立校企合作相关组织，负责统筹协调本地职业教育校企合作的规划、资源配置、经费保障、督导评估等工作，推动职业教育校企合作。

同一天，河南省人民政府发布《关于创新体制机制进一步加快职业教育发展的若干意见》决定，在“十二五”期间，以国家职业教育改革试验区为平台，创新职业教育发展机制，改革封闭式办学模式，积极推进校企合作；改革单一的政府投资模式，建立多元投资办学机制；改革职业院校管理体制和机制，切实增强办学活力；抓好一批具有品牌效应的职业教育示范院校和特色院校建设项目；探索构建现代职业教育体系，带动职业教育整体水平提高，进一步加快河南职业教育发展，增强服务中原经济区建设的能力。

2012 年 5 月 8 日，时任省长郭庚茂在全省职业教育工作电视电话会议上的讲话指出，当前和今后一段时期，河南正处在贯彻落实省九次党代会精神、全面推进中原经济区建设的关键时期，既需要大量的高素质人才，更需要大批的技能型人才，对人力资源的需求比任何时候都更为迫切。特别是在复杂多变的形势下，必须进一步加快职业教育发展，大力提升劳动力素质，实现人口大省向人力资源强省转变，为推进中原经济区建设提供人力资源保障。

中共河南省委高校工委、河南省教育厅《2013 年工作要点》提出要加快发展现代职业教育。坚持职业教育“三改一抓一构建”的工作思路，继续实施职教攻坚计划。改革封闭办学模式，积极推进校企合作；改革单一的政府投资模式，建立多元投资办学体制；改革职业院校管理体制和机制，切实增强办学活力；抓好职业教育示范校和特色院校建设项目；探索构建现代职业教育体系。筹备成立 10 个左右的河南省职业教育校企合作行业指导委员会。继续选择 100 所左右的职业院校推广“公办民助”“民办公助”“股份制办学”等模式，鼓励和引导民间机构和资金投入职业教育。继续实施职业教育品牌示范院校和特色院校项目建设，带动职业教育整体水平提高。完善职业教育技能大赛制度。抓住国家实施农村职业教育示范县创建活动契机，巩固职教强县成果，切实加强农村职业教育工作。

2014 年 5 月 29 日，时任省政协主席叶冬松主持召开河南省政协职业教育月协商座谈会，专题协商全省职业教育工作。叶冬松希望与会职业院校校长和专家，要进一步增强推进全省职业教育发展的责任感、紧迫感，继续把推动河南省职业教育事业发展作为履行职责的一个重点，在理念、规划、体制、机制、改革等方面跟踪调研、建言献策。

2014 年 6 月 16 日，河南省人民政府发布《关于实施职业教育攻坚二期工程的意见》要求，启动实施职业教育攻坚二期工程，是省委省政府全面实施三大国家战略（国家粮食生产核心区、中原经济区、郑州航空港经济综合实验区）规划，加快中原崛起、河南振兴、富民强省的重大决策；是调整优化产业结构、促进经济转型升级的必然选择；是增强开放招商吸引力、促进劳动者就业增收、保障和改善民生的内在要求；是破解职业教育发展瓶颈，集中力量建设一批高水平的品牌示范院校和特色院校，提升职业教育整体水平和服务能力的根本途径。各地、各有关部门要充分认识实施职业教育攻坚二期工程的重要意义，进一步统一思想，提高认识，增强责任感和紧迫感，在职业教育攻坚一期工程的基础上，打好职业教育攻坚二期工程攻坚战，全面提升职业教育服务河南经济社会发展的能力与水平。

其主要目标是职业教育规模基本满足需求。到2018年全省职业院校在校生规模达到320万人，其中中等职业学校在校生规模达到160万人，技工学校、技师学院在校生规模达到30万人，高等职业教育（含专科层次、应用技术型本科和专业学位研究生）在校生规模达到130万人；专业学位研究生达到在读研究生规模的50%以上。

2014年9月24日，河南省人民政府颁布《关于加快发展现代职业教育的意见》要求，以省部共建国家职业教育改革试验区和全国技工院校改革试验区为平台，全面深化职业教育改革，统筹发挥政府和市场的作用，以品牌示范职业院校、特色职业院校建设和部分本科院校转型发展为抓手，加快现代职业教育体系建设，大力推进产教融合、校企合作，培养一大批高素质劳动者和技术技能人才，为全面实施河南三大国家战略（国家粮食生产核心区、中原经济区、郑州航空港经济综合实验区）规划，加快实现中原崛起、河南振兴、富民强省作出新的贡献。

调整、优化职业教育布局和专业结构，到2020年，中等职业学校和高等职业院校调整到500所左右，重点建设10所示范性应用技术类型本科院校、100所品牌示范职业院校和200所特色职业院校，重点建设30个左右省级品牌示范专业（群）和50个左右省级特色专业（群）。

2014年10月27日，河南省教育厅发布《关于做好本科学校转型发展试点工作的通知》指出，推动本科学校转型发展试点工作，是当前河南构建现代职业教育体系、提高服务区域经济社会发展能力的重要举措，各试点学校要进一步提高思想认识，充分认清试点工作的重要意义，将转型发展作为学校各项工作的总体要求，着力推动试点工作取得实效。

2014年，省委全面深化改革领导小组把职业教育工作列入年度重点任务，提出要改革职业院校办学体制，强化企业作为职业教育重要办学主体地位，启动股份制、混合所有制职业院校建设试点，启动多元投资主体共建职业教育集团改革试点；完善公办职业院校经费供给与绩效挂钩的办法，财政奖补资金向招生规模大、就业率高的职业院校倾斜；启动地方本科院校转型试点，确定10所左右新建本科院校和一批本科院校的专业向应用技术类型高等教育转型发展。

2015年河南省人民政府工作报告提出深入实施职教攻坚二期工程，推动 100 所职教品牌示范院校建设，落实普惠性中等职业教育政策，从秋季起对全日制中职在校生全免学费。

2015 年 4 月 12~15 日，时任中共中央政治局常委、全国人大常委会委员长张德江带领全国人大常委会执法检查组，在河南开展《中华人民共和国职业教育法》执法检查。检查期间，张德江在开封召开基层代表座谈会，在郑州主持河南省《职业教育法》实施情况工作汇报会。时任中共河南省委副书记、省长谢伏瞻代表省政府向全国人大常委会执法检查组汇报了河南省贯彻落实《职业教育法》、加快职教改革发展情况。张德江充分肯定了河南省在贯彻《职业教育法》、发展职业教育方面所做的大量工作。他指出，河南省委省政府高度重视、积极部署推动职业教育发展，注重完善政策法规，加大政府投入，加快推进职业教育改革，积极构建产教融合、校企合作的体制机制，重点建设职业教育示范校、特色校，加强“双师型”教师队伍建设，取得了明显成效，积累了宝贵经验。

中共河南省委高校工委、河南省教育厅《2015 年工作要点》提出，加快建设现代职业教育体系，深化以产教融合、校企合作为重点的职业教育人才培养模式改革。出台促进高校分类发展的意见，推进本科院校转型发展，建设一批示范性应用技术型本科高校和职业院校。

2016 年河南省人民政府工作报告提出推进品牌示范和特色职业院校及公共实训基地建设，调整中职学校布局，省属高职高专生均拨款标准再提高 800 元。

2016 年 3 月 1 日，全省职业教育与成人教育工作会议在郑州召开。时任省教育厅副厅长尹洪斌讲话强调，2016 年是“十三五”规划的开局之年，更是深入实施职教攻坚二期工程的关键之年，要加快建立具有河南特色的现代职业教育体系，促进职业教育工作上新水平、上大台阶。

中共河南省委高校工委、河南省教育厅《2016 年工作要点》提出，加快发展现代职业教育。研究制订加快推动职业教育攻坚计划二期工程实施的意见，扎实推进品牌示范校和特色校建设，持续实施品牌示范专业和特色专业建设、示范性实训基地建设和信息化建设计划。建立中等职业学校布局调整工作推进机制，落实布局调整任务。推进高等职业教育创新发展行动计划。建设优质高等职业院校、高职实训基地、骨干专业和教学资源库。开展职业院校技能大赛和信息化教学大赛。

2018 年河南省人民政府工作报告提出完善职业教育体系，深化产教融合、校企合作。

2018 年 3 月 14~15 日，全省职业教育与成人教育工作会议以现场会的形式在驻马店市召开。会议强调了“十个聚焦”：一是聚焦根本任务，系统推进立德树人；二是聚焦产教融合、校企合作，创新技术技能人才培养模式；三是聚焦品牌示范校和特色校建设，持续打造骨干职业院校；四是聚焦中职优化布局，扩大职业教育优质资源供给；五是聚焦中职招生工作，夯实职业教育发展基础；六是聚焦深化职业教育办学体制机制、人才培养模式、财政供给模式改革，激发职业教育办学活力；七是聚焦教育教学改革，提高技术技能人才培养质量；八是聚焦职教脱贫攻坚，助力打赢脱贫攻坚战；九是聚焦职教发展短板，推动职业教育与继续教育融合发展；十是聚焦安全稳定，强化中等职业学校安全教育管理。

2019 年河南省人民政府工作报告提出，规范校外培训机构。改善普通高中办学条件。深入推进产教融合、校企合作和实训基地建设，发展一批高水平职业院校。

1 月 31 日，全省教育工作会议召开。会议对职业教育工作进行了安排，启动实施职业教育改革发展行动计划。制定出台《河南省职业教育改革发展行动计划（2018~2022 年）》。积极创建国家职业教育改革试验区。进一步优化职业教育布局和专业结构。启动实施“薄弱中等职业学校达标建设工程”，切实改善办学条件；实施“高水平中等职业学校建设工程”，加强职业学校内涵建设。保持高中阶段职普比例大体相当。深入实施高水平高职学校和专业建设计划；做好高等职业教育创新发展行动计划验收工作；加快高等职业教育人才培养模式改革，推进现代学徒制试点；加强教学质量诊断与改进，提高职业院校整体办学水平。加快建立政府、行业、企业、学校、社会协同推进的工作机制，重点建设一批省级产教融合试点、示范性职教集团，认定一批校企合作示范院校。继续实施职业院校教师素质提升计划，加强“双师型”教师队伍建设。

2 月 18 日，省长陈润儿在郑州专题调研职业教育工作并主持召开座谈会，强调要深入贯彻习近平总书记在全国教育大会上的重要讲话精神，加快促进三个转变，大力发展职业教育，为全省经济结构调整和产业升级培养更多技能型人才。

陈润儿强调，要加快促进三个转变。在办学格局上，加快由政府主办为主向政府统筹管理、社会多元办学的格局“转”；在办学模式上，加快由参照普通教育办学模式向企业社会参与、专业特色鲜明的类型教育“转”；在办学取向上，加快由追求规模扩张向提高质量“转”。同时，要着力完善制度体系、调整教育结构、健全保障机制，统筹做好经费保障、队伍建设、职称评定、人才待遇等工作，为职业教育发展提供坚实支撑。

4 月 3 日，省委书记王国生到郑州铁路职业技术学院调研并召开职业教育工作座谈会，强调要深入学习贯彻习近平总书记关于职业教育的重要指示和党的十九大精神，紧跟时代、提升认识，贴近需求、强化措施，为河南高质量发展提供更多创新型、技能型、实用型人才。

第四章　质量保障与社会服务

职业教育的社会存在，取决于它的社会需求。质量是职业教育的生命，决定着其存在价值。提升职业教育的人才培养质量，需要政府、社会和职业教育自身共同努力。

第一节　办学条件

一　组织保证

教育要解决的是“为谁培养人、培养什么人、怎么培养人”的问题，因此，加强党的领导，保证教育的社会主义办学方向是各级党组织一直十分重视的问题。在河南职业教育蓬勃发展的同时，党的组织建设也在同步加强。

许昌、安阳、洛阳、南阳、商丘、周口师范专科学校，洛阳、开封医学专科学校，郑州畜牧兽医专科学校，豫西农业专科学校的行政领导班子及其成员，在 1983 年机构改革时，实行的是任期制，由于领导管理体制几经变化，到 1987 年已超过任期时间，需要换届；新建的新乡、开封、驻马店、平顶山师范专科学校的领导班子需要组建。为了推进干部管理的民主化、科学化、制度化，加强党内外群众对领导班子和领导干部的监督，改进领导作风，提高领导干部素质，搞好领导班子建设，从 1987 年 10 月开始，省教委党组和省委组织部联合组织考察组，分两批对省属专科学校的领导班子和领导干部进行了考察。考察采取定性和定量相结合、民主评议和民主推荐相结合的方法，充分发扬民主，贯彻群众路线。考察的内容是整个领导班子工作的主要成绩和存在的主要问题，以及每个被考评者的德能勤绩，重点是履行岗位责任制的工作实绩。考察的主要程序是：①领导班子和领导干部做述职报告；②民主评议：分集体口头评议和书面评议，穿插个别谈话；③综合群众评议意见，向领导班子和领导干部反馈；④召开民主生活会，认真开展批评和自我批评，制订整改意见；⑤总结，向参加评议的同志报告评议情况，公布整改意见。至 12 月，除洛阳医学专科学校没有换届外，14 所学校的换届和组建工作基本结束。

在完善组织建设的基础上，为了在中心工作中统一领导，协调行动，各级政府在不同时期设立常设机构和临时机构，推动职业教育发展。

1991 年是河南职业教育的关键之年。2 月 23 日，时任省长李长春主持召开省政府第 12 次常务会议，研究教育问题，提出要大力发展职业技术教育。为了加强对职业技术教育工作的领导和协调，确定成立省职业技术教育工作协调小组，由胡笑云同志任组长，于友先同志和分管文教工作的副省长任副组长，省教委、计经委、科委、农经委、农牧厅、劳动厅、人事厅、财政厅、税务局等部门的负责同志参加。协调小组办公室设在省教委。

1992 年，信阳地区行署成立“经（农）科教办公室”，在地区经科教领导小组领导下，负责协调、筹划、督促发展全区职业教育工作，全区 9 县 1 市也相继成立了“经（农）科教协调领导小组”办公室。信阳市、罗山县、商城县协调领导小组都由县（市）长任组长。全区 70%的乡、镇成立机构，统筹职业教育的协调发展。

2010 年 3 月，新乡市成立职业教育局。其职责是，在隶属不变的前提下，统筹规划、综合协调和宏观管理全市高等职业教育、中等职业教育、民办职业教育及职业培训、成人技术教育，指导高等、中等职业教育进行教育教学改革，开展师资培训和招生工作等。

2014 年，濮阳市市政府建立了校企合作联席会议制度。11 月 21 日，第一次联席会议召开，市教育局、市工信局以及濮阳市濮耐集团、贝英数控等 20 家企业和濮阳市职业中专、濮阳县职业技术学校等 6 所示范性中职学校负责人参加。会上，校企双方分别介绍本单位基本情况、特色优势及人才供需等情况，进行深入交流，沟通洽谈，部分学校和企业达成合作意向。

这样的机构 70 年间在全省有许多家，基本上都是临时性的机构。具有政府行政常设机构性质的，只有新乡市职业教育局。因为体制等方面的原因，这个举措虽然有利于推动职业教育快速发展，但是没有在全省推行。

二　物质条件

职业教育强调的是培养学生的动手能力，因此，实践性教学尤为重要，新中国成立之初这个认识就比较明确。1950 年 8 月 26 日，河南省文教厅为复示通许职业学校应如何办理回复专署教育科："初级职业学校系以培养初级技术人才为主旨，应有正规学制课程及一切必要设备。"

1950 年 12 月 16 日，省文教厅向省政府主席呈文指出："技术学校需要有完整的科学设备，始可培养有用技术人才。"

1950 年，《陕县高级棉科职业学校设立计划意见》专门列出实习基地，"拟设棉田 300 亩，以 80 亩做学生实习用（每人一亩），其余作改良棉作试验之用"。

1959 年，叶县组织工农教育的经验之一，就是以大队为单位，对所有学员的"文房四宝"（课本、作业本、笔、书包）全部检查，逐人对照，看能否达到每人一套，差啥补啥。仅稍岗、潘井、刘集三个乡不完全统计，就添买新书 9000 多册，作业本 11000 多本，钢笔、铅笔 11000 多支，书包 1120 个。学员说："文房四件宝，人人不缺少，经常随身带，写练呱呱叫。"

1964 年，南阳农业专科学校行文省教育厅，请示将该校农机专业恢复为南阳农业机械化学校。具备的办学条件为：价值 7000 元的图书；仪器设备：拖拉机三部，康拜因收割机、脱谷机、圆盘耙、钉齿耙各一部，播种机两部，拖车两部，各种铧犁三部。

1964 年 2 月 26 日，郑州农业机械化学校修理专业实验设备购置计划预算，1964 年为 15000 元，1965 年为 5000 元。其中有万能轴承镗床、高压油泵实验台、电气万能实验台、电镀设备、金属喷镀、东方红-54 拖拉机、铁牛-40 拖拉机、解放牌汽车、压力机、镗缸机、门式吊架、各种量具、各种仪器、拆装工具、主轴承、镗床等。

1964 年 6 月 17 日，河南省纺织工业局举办纺织职业学校的报告，列举的办学条件如下：

1. 工资按教职工 111 名，平均月工资 70 元计算；

2. 补助工资包括探亲假、旅费，按工资 0.6%计算，共计 1.5%，职工福利按工资 5%计算；

3. 公务费：办公费、邮电费、器具保养修理费按学生人数每人每月 1.5 元计算，水电费按教职员工及学生总人数，每人每月用电 3 度、水三吨计算；

4. 设备购置费：按学生实际人数每年 19.80 元计算；

5. 业务费：教学实验费及生产实习费，按学生实际人数每人每月 3.2 元计算，学生医药费按实际学生人数每人每月 0.7 元计算；

6. 人民助学金，按学生人数每人每月 10.5 元计算，分配办法为 9.5 元用于伙食，一元由学校掌握用于特殊困难、集体福利和文化生活补助费；

7. 以上公务费、设备购置费、业务费参考 1963 年 6 月 1 号省财政厅、劳动厅联合转发中央《关于修订技工学校经费预算及开支标准的通知》，结合我校实际情况，适当压低编制；

8. 3 年合计数，凡有关学生人数的经费均按三年制 160 名，二年制 300 名考虑；

9. 其他经费主要为水电补贴。

1964 年 9 月 10 日，平舆县初级职业学校请示教育厅：

学校房舍常年全部严重漏雨，门窗发券大部有倒塌的危险，以因陋就简的原则，房顶插补需草 10 万斤，门窗修补需砖 8000 块，需修盖男生厕所 3 间，女生厕所 2 间。添置学生铺床 35 张。办公桌 5 套，图书仪器架 5 个，生产劳动工具百余件，黑板 5 块，灯光电话设备等才能维持现状，现县文教局没有教育事业款，无法解决，同时我校原来设备基础过差，教学仪器各方面都需急待解决，为此特请省教育厅拨款补助，合计需要经费 17211.4 元。

1978 年，在新增或改建中等专业学校时，还是比较注重办学条件的。

表 4-1　1978 河南省农机局年增设普通中等学校规划意见

<table>
<tr><td>学校名称</td><td colspan="2">南阳农业机械化学校</td><td>学校类别</td><td colspan="2"></td><td>学校地址</td><td>南阳市南郊</td></tr>
<tr><td>学校面向</td><td colspan="2">河南省</td><td>领导体制</td><td colspan="2">省市两级农机局，以地区为主</td><td>学制</td><td>二年和三年</td></tr>
<tr><td>在校学生规模</td><td colspan="2">1000 人</td><td>建校时间</td><td colspan="2">1978 年</td><td>开始招生年度</td><td>1979 年</td></tr>
<tr><td>建校理由</td><td colspan="7">根据中央 1978 至 1985 全国教育事业规划纲要，每地区都要建立一所农业机械化学校的要求，以及我区农机管理、供应部门和修理厂、研究所的需要</td></tr>
<tr><td>专业设置</td><td colspan="3">农业机械化专业</td><td colspan="2">建校方式</td><td colspan="2">恢复</td></tr>
<tr><td>现有教职工数</td><td>28 人</td><td colspan="2">其中教师数</td><td colspan="2">13 人</td><td>需增教职工</td><td>115 人</td></tr>
<tr><td>其中教师数</td><td colspan="2">87 人</td><td colspan="3">增加教职工的来源</td><td colspan="2">省、地分配及地区调剂</td></tr>
<tr><td>现有占地面积</td><td>42 亩</td><td colspan="2">现有校舍面积</td><td>1950 平方米</td><td colspan="2">需增校舍建筑面积</td><td>13530 平方米</td></tr>
<tr><td>建校需投资</td><td>116.34 万元</td><td colspan="2">负责投资单位</td><td colspan="2">省、地两级财政</td><td>建校起止年限</td><td>1978 年至 1980 年</td></tr>
<tr><td>备注</td><td colspan="7">原南阳农机校校舍被卖掉，财产、教具处理一空，教职员工全部调离。1978 年开始恢复，进行筹备工作，在新地址新建。</td></tr>
</table>

注：当年恢复或新建中等专业学校必须填写此表，要具备开办的基本条件，主管部门要批准，并以红头文件形式上呈省革委。

资料来源：根据河南省档案馆 J0109 整理。

1978 年 9 月 17 日，平顶山市革命委员会计划委员会、平顶山市革命委员会卫生局向省革委计划委员会、省革委卫生局上呈请示，要求建立平顶山中等专业卫生学校：

第一期工程：

土建面积 8748 平方米，投资 72.43 万元；教学楼 2400 平方米，投资 19.2 万元，食堂 1300 平方米，投资 10.4 万元，学生宿舍 3600 平方米，投资 28.8 万元，实验楼 1248 平方米，投资 11.23 万元，新增土地 39960 平方米，投资两万元，室外厕所 200 平方米，投资 0.8 万元；学生课桌 500 套，投资 1.9 万元，学生双人床 600 张，投资 5.1 万元，教职工双人床 120 张，投资 1.02 万元，教职工单人床 200 张，投资 1.2 万元，办公用具 250 套，投资 1.63 万元，教具柜 20 个，投资 0.2 万元。

第二期工程：

职工宿舍楼 4580 平方米，投资 36.64 万元；解剖室 100 平方米，投资 1 万元；阶梯教室 400 平方米，投资 4 万元；办公楼和仓库 1000 平方米，投资 8 万元；汽车库 50 平方米，投资 0.35 万元；土建面积合计 6130 平方米，投资合计 49.99 万元。

1978 年 12 月 7 日，河南省革命委员会第一轻工业局请示省革命委员会，要求筹建河南省轻工业学校，投资估算和建设进度为，总投资 450 万元，其中建筑工作量 178.96 万元，主要建筑有教学楼 4800 平方米，职工及学生单身宿舍楼 4100 平方米，家属宿舍楼 4800 平方米，食堂兼礼堂 1030 平方米，实习工厂及实验室 8000 平方米等。设备工器具购置 176 万元，安装工程 43.04 万元。1979 年开始筹建，1981 年全部建成，开始招生。

1979 年 5 月 23 日，河南省革命委员会水利局报告省计委、农办、省教育局，要求建立周口地区水利学校，认为条件比较具备，周口地区革委会很重视，地区水利局负责同志亲自抓建校工作。现在学校领导人员已定，教师调配 7 人，校舍有 35 间，土地 60 亩，教育经费也有来源，因此，同意周口中等水利学校当年先开两班，招收 80 人，学制二年。

1979 年 7 月 25 日，河南省革命委员会批复同意建立河南省轻工业学校、开封工艺美术学校、郑州煤炭工业学校、周口水利学校、安阳市中医药学校、焦作市中医中药学校、平顶山市卫生学校、河南省电影技术学校 8 所中等专业学校。

1980 年 8 月 26 日，孟县革命委员会请示河南省人民政府，要求将孟县五七学校改办为县农民技术学校。关于教师配备，县里提出，保证公办教职员工与学生的比例为 1∶7，教学人员占教职员工总数的 50%以上。关于经费，预计经费每年需要 15 万元，主要是三个来源：一是要求省地每年拨款 12 万元；二是县财政每年拨款 1 万~2 万元；三是学校积极开展勤工俭学，增加收入，弥补不足。关于办学条件，县里决定投资 7 万元修好通往学校的柏油马路，为学校购买一部大轿车和一台铁链拖拉机；为学校专门建设电话线路保障，通信畅通；划拨耕地 100 多亩，加上学校原有的 300 亩，共计 400 多亩，保证校办农场、林场、牧场科研用地和生产用地。

省里要求举办农民技术学校，要有申请报告，说明学校的规模和开设的专业、招生计划、领导班子和教职员的配备、经费、基地、校舍和教学设备、教学大纲和课程设置、组织领导等内容；要填写农民技术学校基本情况登记表，教职员工人数栏目为学校领导干部、专职教师、兼职教师、职员、工人以及其他，还有校办工厂的职工；学校现有的场地面积，包括校园面积、果园面积、农场可耕地面积、畜牧兽医场占用面积等；还要填写校舍建筑面积、教师办公室面积、实验室面积、图书室面积、教职工宿舍面积、学生宿舍面积、教职工及学生食堂面积、校办工厂面积、校办农场面积和其他面积；还要填写校办工厂和勤工俭学的收益情况；最后要填写教师配备情况。登记表涉及每一位教师的姓名、性别、年龄、毕业学校、专业、参加工作时间、政治面貌、技术职称、担任课程、是专职或者是兼职、任教年限、工资级别、健康状况等。

三　经费投入不断增加

1978 年，全省中等师范学校生均教育经费 757.50 元，1988 年为 909.99 元，1998 年为 1016.90 元，2000 年为 1344.04 元，2001 年为 1344.00 元，2002 年为 1814.90 元，2003 年为 1914.46 元。2000 年，职业中学生均教育经费 631.20 元，2001 年为 631.20 元，2002 年为 991.96 元，2003 年为 1083.36 元。省政府还通过以奖代补等方式加大对职业教育的投入。

1988 年经过各地市申报，省教委审查，确定了 24 所示范性职业学校（其中，18 所为正式学校，6 所为预备性学校），省里补助 400 万元，各地、市落实配套投资 630 万元，修建校舍 22929 平方米，新增课桌凳 7254 套（单人），购置仪器设备 25606 件，图书资料 71361 册。

按照国家教委关于搞好中等师范学校标准化建设的要求，结合河南实际，经各地申报，省教委审查确定并重点支持了 18 所中等师范学校为首批办好的标准化学校：郑州师范、郑州幼师、开封二师、洛阳师范、平顶山师范、汲县师范、焦作师范、安阳一师、濮阳师范、鹤壁师范、许昌师范、漯河师范、南阳师范、邓县师范、潢川师范、淮阳师范、驻马店师范、商丘师范。为搞好这些学校的建设，1988 年省教委投资 620 万元，各地市落实配套投资 933 万元，共修建校舍 31985 平方米，添置课桌凳 2493 套（单人），添置仪器设备 9185 件，图书资料 62172 册，受到了国家教委的表彰。

1990 年，是河南省首批 18 所中等师范学校进行标准化建设的最后一年。为保证这批学校如期达到目标，省教委投资 750 万元，市（地）投资 1090.9 万元，在建、续建项目 26 个，建筑面积达 42528 平方米。教学仪器、设备、图书等方面的办学条件也有较大改善，学校管理工作进一步加强，已有 10 所学校基本达到了标准化要求，未进行标准化建设的师范学校的办学条件也有了一定改善。

1990 年，郑州市政府对市第一职业中专、第四职业中专和郑州市服装学校进行重点投入，共计 160 多万元，使三所学校分别新建了一定水平和规模的教学、生产实习大楼。

1991 年 3 月 22 日，时任副省长范钦臣在全省教育工作会议上的讲话强调指出，要多渠道筹措资金，努力增加对职业技术教育的投入。各级政府和有关部门要千方百计拓宽职业技术教育的经费来源。可以考虑从教育费附加中抽取一定的比例用于职业技术教育。根据职业技术学校的特点，大力发展校办企业，增强学校自我发展的能力，也是解决经费不足的一条重要渠道。政府和有关部门要给职业技术教育的繁衍生息创造条件，帮助它们筹集起步资金，疏通供销渠道，银行要在贷款方面给予优惠，税务部门要对校办企业的营业税、产品所得税给予减免。当年省职教补助专款由上年的 560 万元提高到 800 万元，加上中央补助的专款，总数达到 1000 万元。专款主要用于职教师资培训、职业教育先进市地的奖励和省级重点职业中学的建设。省政府要求各市地也要从机动财力中增加专项职教补助款。

1991 年 2 月 23 日，时任省长李长春主持召开省政府第 12 次常务会议，研究教育问题，提出要大力发展职业技术教育。会议同意对省内多渠道筹措资金改善办学条件的先进单位进行表彰，除省教委拿出一部分资金外，再由省财政拨付 100 万元。同时，继续采取学校筹一点、教职工个人集一点、省教委拿一点、省财政补一点的办法，建设高校教职工住房。今后三年（至 1993 年）继续由省财政每年安排 300 万元补助款，从省长预备费中列支。

1988~1991 年，全省用于中等师范学校标准化建设的投资达 4419.6 万元，其中省教委投资 1825 万元，市、地投资 2590.6 万元（不含学校自筹）。一是校舍建设成就显著，新建项目 81 个，新增建筑面积 15.44 万平方米，占现有建筑面积的 37.4%。大部分学校校舍已经配套，基本上达到标准化要求。二是教学仪器设备和图书资料得到充实，新购仪器设备占现有仪器设备总值的 41.8%，18 所中师的生均图书已达 55 册。三是师资队伍建设得到加强，18 所中师的教师学历达标率为 82%，高于全省平均水平 15.6 个百分点；讲师以上占 31.4%。四是学校的管理水平得到提高，校园文化建设初见成效，多数学校已达到绿化、美化、净化的要求，为教书育人、管理育人、服务育人奠定了物质基础。

1991 年，尉氏县在县财政困难的情况下，全县用于职业教育的经费投入达 60 余万元，其中教育费附加的 74%用于职业教育。全年的经费投入超过了以往任何一年，为全县职业教育进一步发展奠定了坚实的基础。

安阳市政府通过五条渠道统一筹集职业技术教育经费：一是城镇企事业单位按职工工资总额的 5%征收经费，用于发展城镇职业教育；二是农村按每人每年一元钱征集农村职教经费；三是每年市财政列支 50 万元，各县和郊区财政列支 20 万元，建立职业教育专项基金；四是各县和郊区从教育费附加提留部分中划出 20%，乡镇划出 5%用于发展当地职业教育；五是各职业学校积极为社会服务，创收养校。

1994 年 10 月 17 日，中共河南省委、河南省人民政府《关于〈中国教育改革和发展纲要〉的实施意见》要求，各级政府要设立和增加职业教育、扫盲、师资培养培训、中小学校舍修缮和扶持贫困地区实施义务教育等专项经费。在省本级发展教育事业专款 4337 万元的基础上，从 1995 年起，省财政每年按 10%以上的幅度递增，由省教委根据教育事业发展需要统筹设立。各市地、县（市、区）也要设立和增加上述专项经费。

1997 年 9 月 1 日起施行的《河南省实施〈中华人民共和国职业教育法〉办法》规定：

第十二条　职业学校学生人数平均经费标准应当高于同级普通学校。其经费标准由省教育行政部门、劳动行政部门会同财政部门制定。

各级人民政府及有关部门应当保证用于职业教育的经费逐年增长。职业学校举办者须按照学生人数平均经费标准足额拨付职业教育经费。

第十三条　职业教育经费通过下列渠道依法筹措：

（一）财政拨款；

（二）办学主管部门或单位自筹；

（三）教育费附加；

（四）收取学费；

（五）校办产业收入；

（六）社会捐资和贷款；

（七）法律、法规规定的其他用于职业教育的经费。

2000年5月29日，省教委、省财政厅联合发出《关于重点装备第三批骨干职业学校的通知》，决定2000年在全省重点装备32所县级骨干职业学校，省级拨出职业教育专款800万元，市、县按1∶1配套。11月30日，省教育厅、省财政厅联合在郑州召开河南省第三批重点装备骨干职业学校开标大会，会后对35所职业学校进行了重点装备。至此，全省重点装备的县级骨干职业学校达到了100所。

2003年6月1日，《河南省人民政府贯彻国务院关于大力推进职业教育改革与发展的决定的实施意见》要求，各级政府要加大对职业教育的经费投入。省财政、教育行政等部门要制定职业学校生均经费标准并依法督促各类职业学校举办者足额拨付职业教育经费。各级政府和有关部门用于举办职业学校和职业培训机构的财政性经费应当逐年增长，确保公办职业学校教师工资按时足额发放，并监督民办职业教育机构按时足额发放教师工资。从2003年起，城市教育费附加用于职业教育的比例不低于20%，主要用于职业学校更新实验实习设备和改善办学条件。省财政要增加职业教育专项经费，重点用于补助农村职业教育师资培训、课程教材开发和多媒体教育资源建设以及骨干职业学校建设。省辖市、县（市、区）财政都要设立职业教育专项经费并逐年有所增加。继续落实《河南省实施〈中华人民共和国职业教育法〉办法》关于“各级人民政府应将农村科学技术开发、技术推广经费的百分之十至百分之二十用于农村职业教育”的规定。各级政府和有关部门要把扶贫资金的5%作为农村劳动力培训经费；在安排农业基础设施建设投资时，要优先安排农村职业学校和成人学校的建设。

2003 年 6 月 20 日，时任副省长贾连朝在全省职业教育工作会议上讲话要求，各级政府要加大对职业教育的投入，确保用于职业教育和职业培训机构的财政性经费逐年增长，确保公办职业学校教师工资按时足额发放，并监督民办职业教育机构按时足额发放教师工资。省里已经增加了职业教育专项经费，以后还要逐年增加，重点用于补助农村职业教育师资培训、课程教材开支、多媒体教育资源建设以及骨干职业学校建设。各省辖市、县（市、区）财政都要设立职业教育专项经费并逐年有所增加。从 2003 年起，各级政府要确保城市教育费附加用于职业教育的比例不低于 20%，要按照《河南省实施〈中华人民共和国职业教育法〉办法》的规定，将农村科学技术开发、技术推广经费的 10%~20%用于农村职业教育。各级政府和有关部门要把扶贫资金的 5%作为农村劳动力培训经费；在安排农业基础设施建设投资时，要优先安排农村职业学校和成人学校的建设。各类企业都要按照规定承担职业教育和培训费用。

2006 年，全省职业教育专项经费投入 661 万元，重点支持了 35 所县级职教中心和 36 所示范性乡（镇）成人学校建设。截至 2006 年，省级财政安排 1861 万元专项资金，采取“以奖代补”的办法，顺利完成了“双百工程”建设任务，在全省重点建设了 100 所县级职教中心和 100 所省级示范性乡（镇）成人学校。省教育厅会同省发改委、省劳动厅编制了《河南省 2005~2010 年中等职业教育基础能力建设规划》，规划项目 206 项，总投资 10.6 亿元，其中，2006 年中央和省财政投入专项资金 7200 万元，落实 31 个建设项目。

2007 年 4 月 20 日，河南省教育厅关于印发《河南省高等职业教育“十一五”发展规划》的通知要求，完善以政府投入为主、以其他多渠道为辅的经费筹措机制。逐步增加政府对高等职业教育发展的投入，制定高等职业教育生均经费标准。到“十一五”末，保证示范性高等职业院校的生均预算内拨款达到同等类型普通本科院校的生均预算内经费标准。地方财政按照项目学校隶属关系，对示范性高等职业院校、实训基地、师资培养等进行经费支持，对获得中央财政专项建设资金支持的项目，落实项目建设配套资金。积极稳妥地利用国内、国外货款，防范信贷风险。鼓励企事业单位、社会团体和个人投资办学、捐资助学，并落实国家规定的税收优惠政策，逐步形成以政府投入为主，多渠道筹措高等职业教育经费的机制。

2008 年 12 月 5 日，河南省人民政府发布《关于实施职业教育攻坚计划的决定》，安排 2008~2012 年，全省多渠道筹措攻坚经费 100 亿元。（1）财政专项投入 30 亿元（不含人员经费、中央财政支持经费）。其中，省财政专项投入 12 亿元，市、县（市、区）财政专项投入 18 亿元。（2）教育费附加投入 25 亿元。城市教育费附加用于职业教育的比例不低于 30%。（3）社会筹资 25 亿元。鼓励行业、企业和其他社会力量投资职业教育。支持学校利用银行贷款加快学校建设，改善办学条件。（4）职业院校学费投入 20 亿元。职业院校收入的学费用于职业教育攻坚的比例不低于 30%。

2009 年 5 月 22 日，河南省人民政府、中华人民共和国教育部印发《共建国家职业教育改革试验区实施方案》，安排河南省 2008~2012 年多渠道筹措 100 亿元，保障攻坚目标的如期实现和试验区工作任务的完成。其中，省级及以下各级财政将攻坚经费纳入预算，投入不低于 30 亿元，加大支持力度。河南省人民政府制定职业院校生均公用经费标准，核定职业院校收费标准，依法督促学校举办者按标准落实。2008~2012 年，城市教育费附加用于职业教育的比例不得低于 30%，职业院校收取的学费用于学校基础能力建设的比例不得低于 30%。积极鼓励和引导行业、企业和民间资金投入职业教育。探索建立职业教育办学成本分担机制。

2010 年，在中央财政和省财政引导资金的带动下，各省辖市、重点扩权县（市）政府也不断调整财政支出结构，优先安排职教经费，发挥了市、县本级财政对教育投入的主渠道作用。此外，各市、县还积极拓宽投资渠道，吸引民间资本投资职业教育，进一步加快了职业教育发展步伐，初步建立了多渠道筹措职教攻坚经费的机制，有力地支持了全省职业教育的快速发展。截至年底，全省职业教育经费当年投入 33.8 亿元，其中中央财政投入 2.44 亿元（其中，国家改革示范中职学校投入 1 亿元，中央财政支持的实训基地建设 0.26 亿元，中央财政支持的中职基础能力建设 1.1 亿元，国家级教师培训 0.08 亿元），省财政投入 1.74 亿元（其中，职业教育专款 0.34 亿元，省职教攻坚项目投入 1.24 亿元，落实中央财政支持的实训基地建设项目配套资金0.16亿元），市县两级财政投入14.93亿元（其中，市级财政投入11.27亿元，县级财政投入3.66亿元），吸纳社会资金及其他投入14.70亿元。

2011年，河南省财政厅、教育厅、人社厅联合发布《关于省属公办中等职业学校生均经费财政拨款标准意见的通知》规定，从2011年开始，中等职业学校生均经费财政拨款平均标准为每年1300元，不同专业类别根据学生培养成本、学费标准等因素综合考虑后按不同折算系数计算生均经费财政拨款标准，其中理工类折算系数为1.0，即生均经费财政拨款标准为每年1300元，含农林、资源与环境、能源、土木水利工程、加工制造、交通运输、信息技术等专业；文科类折算系数为0.8，即生均经费财政拨款标准为每年1040元，含财经、社会公共事务、商贸旅游、师范等专业；体育、卫生、艺术类折算系数为1.1，即生均经费政拨款标准为每年1430元，含文化艺术与体育、医药卫生等专业。为激励中等职业学校提高毕业生就业率，从生均经费财政拨款中安排10%根据毕业生就业率进行调整，其中年度就业率达到95%的，财政按规定标准拨款；就业率每高于95%一个百分点，奖励规定生均经费财政拨款标准1个百分点；就业率每低于95%一个百分点，相应扣减规定生均经费财政拨款标准2个百分点，直到扣完10%部分为止。

2012年5月8日，时任省长郭庚茂在2012年全省职业教育工作电视电话会议上讲话指出，对于河南这样一个财政穷省、教育大省来讲，仅靠政府投入是远远不够的，必须树立大家办教育、办大教育的思想。要在进一步加大各级财政投入的同时，多在体制机制创新上做文章，形成政府主导、行业指导、企业和社会共同参与的多元办学机制。一要创新职业院校办学机制。大力推广“公办民助”“股份制办学”“公有民办”等新模式，鼓励和引导民间机构和资金投入公办职业院校，参与内部管理，增加公办职业院校的活力。要大力发展民办职业教育，推广“政府引导、民办公助”新机制，推动民办职业教育在发展中规范，在规范中发展，形成公办、民办、股份制职业教育共同发展的格局。二要加大财政支持力度。各级政府要将职业教育作为新增教育财政支出的重点投入领域，确保财政性教育经费支出用于职业教育的投入明显增加。要扩大中等职业教育免学费政策覆盖范围，逐步实现免费中等职业教育。要统筹安排地方教育费附加支持职业教育发展，确保教育费附加用于职业教育的比例不低于30%。三要扩大职业教育开放合作。加大对外开放力度，积极开展多层次、宽领域的职业教育合作，吸引国内外职业教育机构到河南设立分支机构或联合办学，及时兑现各项优惠政策，有诺必践，优质服务，为投资者营造良好的发展环境。

2012年12月14日，省财政厅、省发改委、省教育厅、省人社厅印发《关于扩大中等职业教育免学费政策范围，进一步完善国家助学金制度的意见》，明确从2012年秋季学期起，对公办中等职业学校全日制正式学籍一、二、三年级在校生所有农村（含县镇）学生，城市涉农专业学生和家庭经济困难学生免除杂费，艺术类相关表演专业学生除外。

2014年6月16日，河南省人民政府《关于实施职业教育攻坚二期工程的意见》安排，改革职业教育财政投入机制。在全省所有职业院校实行按专业大类、在校生规模和就业状况核定财政拨款的办法。逐步提高中等职业学校和高等职业院校生均经费标准。要进一步加大对职业教育的专项投入，对公办职业院校实行“以补促改”，对民办职业院校实行“以奖代补”。落实各级政府发展职业教育的责任，进一步完善职业教育投入机制。实行中等职业教育全免费。将中等职业教育学历教育纳入公共财政支出范围，从2015年秋季学期起，对各类中等职业学校全日制正式学籍在校学生全部免除学费。

2014年9月24日，河南省人民政府发布《关于加快发展现代职业教育的意见》提出，要完善经费稳定投入机制。各级政府要多渠道筹措资金，建立与办学规模和培养要求相适应的经费投入制度。各级财政要加大职业教育投入力度，职业教育财政投入逐年增长，重点支持职业教育品牌示范院校、特色院校和专业、实训基地、“双师型”教师队伍、信息化等建设计划实施及课程体系建设。逐步提高职业院校生均经费标准。教育费附加和地方教育附加用于职业教育的比例均不低于30%。加大县级以上政府经费统筹力度，发挥企业职工教育培训经费以及就业经费、扶贫和移民安置资金等各类资金在职业培训中的作用，提高资金使用效益。县级以上政府要建立职业教育经费绩效评价制度、审计监督公告制度、预决算公开制度。

进一步健全公平公正、多元投入、规范高效的职业教育国家资助政策。

实行普惠性的中等职业教育政策，从2015年秋季学期起，对各类中等职业学校全日制正式学籍在校学生全部免除学费。逐步建立职业院校助学金覆盖面和补助标准动态调整机制，加大对农林水地矿油核等专业学生的助学力度。有计划地支持集中连片特殊困难地区内限制开发和禁止开发区初中毕业生到省内外经济较发达地区接受职业教育。

2018年4月18日，河南省人民政府办公厅印发《河南省深化省属本科高校和职业院校生均拨款制度改革实施方案》。省属高职院校生均基本支出标准为每年5955~8355元；省属技师学院在校生中的高级工和预备技师，生均拨款为每年7551~9229元；省属中职学校生均拨款标准为每年5751~9229元。同时按一定的权重拨付专项业务经费。

2016年2月24日，时任教育部部长袁贵仁在第十二届全国人民代表大会常务委员会第十九次会议上受国务院委托，所做的《关于落实职业教育法执法检查报告和审议意见的报告》指出，在职业教育经费投入方面，一是制定实施生均拨款标准。在2014年建立高职院校生均拨款制度，要求到2017年各地高职院校年生均财政拨款水平应当不低于12000元；财政部、教育部、人力资源社会保障部2015年11月联合印发《关于建立完善中等职业学校生均拨款制度的指导意见》，要求到2016年底地方应建立中职生均拨款制度，中央财政采取“以奖代补”措施，引导各地开展工作。截至2015年12月，全国所有省份均已出台了高职生均拨款制度，26个省份出台了中职生均拨款制度。

二是实施重大财政专项。实施现代职业教育质量提升计划，中央财政持续投入，引导和支持各地提高高职生均拨款水平，改善中职办学条件特别是实训条件，加强“双师型”教师队伍建设，2015年投入近150亿元。国家发展改革委、教育部、人力资源社会保障部实施中等职业教育基础能力建设项目，支持中等职业学校加强基础设施建设，2015年投入近40亿元。同时，财政部、教育部开展了中央财政“以奖代补”资金使用管理情况专项检查，督促各地专款专用，提高资金使用效益。

三是健全学生资助政策体系。中职免学费政策覆盖92%学生，15个省份出台中职学生全部免学费政策。中职助学金覆盖近40%学生，资助标准从年生均1500元提高到2000元，高职助学金覆盖25%以上学生。

四是积极引导社会资本投入。配合全国人大做好《民办教育促进法》修订工作。修订完善关于鼓励社会力量办学、促进民办教育健康发展的改革文件，抓紧制定配套细则。探索通过购买服务、专项债券等方式，吸引社会资本投入建设实训设备、技术、师资、课程等资源。

在经费投入方面，地方进一步加大了力度。江苏提出到2020年，建成100所左右的现代化示范性中职校、一批具有中国特色的世界一流高职院校和国内一流的应用技术型本科高校。河北、河南、甘肃采取“生均标准+绩效奖励”的办法，建立与办学规模和培养要求相适应的财政投入制度。广西从土地出让收益计提教育资金中安排一定资金用于发展农村中等职业教育。河南、广西对民办及企业办职业院校实行“以奖代补”。四川支持社会力量以购买、承租、委托管理等方式改造办学活力不足的公办职业院校。

第二节　师资队伍

职业教育的师资队伍建设历来就是人才培养质量提升的关键因素。和其他类型的教育相比，职业学校的教师要更多地拥有实践技能和实际工作经验。长期以来，由于体制的原因，职业学校很难得到合适的教师，因为在相当长的一段时期内，省属职业学校隶属教育行政部门管理，教育行政部门派来的教师基本上都是师范院校的毕业生。工科和其他院校的毕业生是职业学校开展专业教学活动必需的教师人选，但是这些人的分配派遣不归教育行政部门管，人进不来。因此，职业学校只好“黑板上修拖拉机”。最好的时候在教室里能装收音机。1987年2月，河南技术师范学院建立后，这个问题有所缓解，但由于毕业生少，专业覆盖面小，依然是杯水车薪。直到2000年以后，高校招生并轨，毕业生不包分配，双向选择就业，这个问题才初步得到解决。

但是新的矛盾又来了。职业教育的社会使命，是为当地经济和社会发展培养高中初级技术技能型人才，要求社会需要什么人，职业学校就要及时培养什么人。随着科技的不断进步，新材料、新工艺、新产业不断涌现，职业学校面临着培养新兴产业所需人才而该专业选择教师的困难。新产业的兴起很快，发展之初肯定没有该行业的本科、硕士、博士生，省内一般的高职院校动辄要求新进教师必须是硕士以上学位学历的，甚至还要求“985”“211”的。这种教育人才的高消费和超前消费，使引进专业教师成为空话，即使勉强进来的硕士博士，也很难与学生互动接轨。职业学校的学生，都是不善考试者，而硕士博士们则多是在考场上拼搏出来的，让“985”毕业的博士来教高考平均成绩在300分左右的职业学校的学生，其间距离有多大，不言自明。

其实职业学校的学生有着自己的优势。由于不适应考试，高考成绩不高，但这不代表着他们各方面成绩都不行。长期以来，社会习惯以考分论英雄，不但抹杀了许多孩子的发展潜力，也使部分职业学校的教职工对自己的学生失去了正确的评价。因此，职业学校合格的教师，首先需要有对学生正确的评价。

新兴专业没有高学历教师的问题，必须通过实行校企合作，通过行业企业选派能工巧匠来指导实践，解决问题。

新中国成立以来河南省职业教育在发展中对师资的要求越来越高，但由于条件限制，生师比在一些年份不尽合理。

一 政府推进职业教育师资队伍建设

教师是教育活动中最重要的资源，教师队伍的水平和水平的发挥，决定着人才的培养质量，决定着职业学校核心竞争力的强弱。职业教育的教师和其他教育的师资相比，在教学活动中有着更直接、更具体的教育特色。因此，从国家到地方，再到学校以及社会的方方面面，在推动教育发展和衡量学校的竞争力时，都会把师资队伍建设情况提升到重要的地位。

1985年5月27日下发的《中共中央关于教育体制改革的决定》指出，师资严重不足是当前发展中等职业技术教育的突出矛盾。各单位和部门办的学校，要首先依靠自身力量解决专业技术师资问题，同时可以聘请外单位的教师、科学技术人员兼任教师，还可以请专业技师、能工巧匠来传授技艺。要建立若干职业技术师范院校，有关大专院校、研究机构都要担负培训职业技术教育师资的任务，使专业师资有一个稳定的来源。

1994年1月1日起施行的《中华人民共和国教师法》在第3章第11条规定，取得高级中学教师资格和中等专业学校、技工学校、职业高中文化课、专业课教师资格，应当具备高等师范院校本科或者其他大学本科毕业及其以上学历；取得中等专业学校、技工学校和职业高中学生实习指导教师资格应当具备的学历，由国务院教育行政部门规定。

1996 年 9 月 1 日起施行的《中华人民共和国职业教育法》第 24 条规定，设立职业学校必须具备的基本条件之一，就是要有合格的教师。第 36 条规定，县级以上各级人民政府和有关部门应当将职业教育教师的培养和培训工作纳入教师队伍建设规划，保证职业教育教师队伍适应职业教育发展的需要。职业学校和职业培训机构可以聘请专业技术人员、有特殊技能的人员和其他教育机构的教师担任兼职教师。有关部门和单位应当提供方便。

1991 年 3 月 22 日，时任河南省副省长范钦臣在全省教育工作会议上的讲话强调指出，加强师资队伍建设是加速职业技术教育发展的关键。针对发展职业技术教育师资特别是专业师资缺乏的状况，当前，要抓好专业课和实习指导教师队伍的建设，积极扩大这部分师资的来源。要重视吸引各方面的科技人员和能工巧匠做专、兼职教师。高等学校在培养师资方面肩负着重大的责任，只要使得上劲的，都要为发展职业技术教育出力。

时任省教委主任、党组书记徐玉坤在会议上讲话指出，师资是职教质量的保证，职业技术教育大发展，必须有相应的师资队伍。要逐步建立起稳定的师资培训基地。省职业技术师范学院要面向社会调整专业结构，扩大招生规模。各高等院校都有责任和义务为职业技术教育培养师资。要抓住各条战线安排毕业生的暂时困难，尽可能多地接收高等院校毕业生从事职业技术教育。职业技术教育的特点是专业种类多，单靠专职教师难以完成教学任务。在城市，要坚持走联合办学的道路，充分发挥厂矿企事业和科研单位科技人员的作用，聘请他们为职业技术学校的兼职教师；在农村，要实行农科教统筹，从各行各业聘请科技人员、能工巧匠做兼职教师，逐步形成一支专兼结合、以专为主的职业技术教育师资队伍。

1991 年 5 月 17 日，河南省人民政府《关于大力发展职业技术教育的决定》要求，职业学校要建设一支稳定的文化课和专业课师资队伍。当前要着力加强专业课、技能课师资队伍的建设，广开补充渠道，如调进现有科技人员、文化课教师经专业培训后改任等。专业课和技能课教师队伍可实行专职和兼职相结合以专职为主的办法，在这类师资不足的情况下，可聘请科技人员、工人技师和能工巧匠任教。可以选留中等职业技术学校优秀毕业生，经培训进修后充任实习指导教师。对选留的实习指导教师，人事部门应在增干计划内划给适当的指标予以录用。

职业技术教育发展所需的新增专业课师资，主要依靠省职业技术师范学院和设有相关专业的高等院校培养，由教育部门统一分配，保证到岗到位，任何部门不得截留。做好现有职业技术教育干部、教师的培训提高工作，充分发挥他们的骨干作用。对不合格的专业课教师，要限期达标或调整工作。

1994 年，省教委把师资队伍建设作为一项重点工作。第一，对全省职业中学教师情况进行全面的调查分析，汇总出全省职业中学 60 个专业所需教师的数量，为高等学校职业师资班的专业设置和招生提供了依据。第二，举办服装、家电、机电、果林、食品加工、中草药栽培与炮制、花卉和饮料加工等 10 个专业的教师培训班，共培训 500 名专业课教师。第三，对职业中学专业课教师职务评聘实行优惠政策，并在省高评委中增设了职业中学专业课教师综合学科组，解决了多年来职业中学专业课教师职务评聘挂靠在普通中学各学科的问题。第四，安排了本年高校职业师资班的招生。本年高校职业师资班招 3200 多人，比上年增加 2000 多人。在 3200 多人中，有 835 人是对口从职业中学应届毕业生中招收的，其中，本科 300 人，专科 535 人。第五，要求各地按“专兼结合，以兼为主”的原则，解决职业中学师资问题。第六，农村职业中学师资问题通过农科教统筹加以解决。

1994 年 4 月 5 日，时任省教委主任亓国瑞主持召开委主任办公会，研究落实省委关于改办职业技术师院，加快培养职教师资的问题。会议决定采取 5 条措施加快职教师资培养：一是拟改一所普通师专为职技师院，每年培养本科职教师资 150 人，分配到职业中学任教；二是 3 所本科师范高校增加职教师资培养任务，每年招收本科师资 800 人，其中河南大学培养 300 人，河南师范大学培养 350 人，信阳师范学院培养 150 人；三是河南职技师院全部招收本科生，每年培养 700 人；四是郑州大学、河南农业大学、河南医科大学、河南中医学院、河南财经学院每年招收职教师资 500 人；五是继续请部属、军事院校每年为本省培养职教师资 1000 人，主要招收本科生。这样每年可以培养本科职教师资 3150 人。培养职教师资采取从职业学校对口招生，单独考试专业课，单独划定录取分数线（专业课占 60%，文化课占 40%）的办法，毕业后分回职业学校任教。

1995 年，省教委把职业中学校长岗位培训和专业课师资队伍建设作为提高职业学校办学质量和促进全省职业教育发展的一项重要措施来抓。校长培训方面：制订了加强职业中学校长岗位培训工作的实施意见；为尚未建立省级示范性职业学校的 44 个县（市）举办了一期农村职业学校校长培训班，培训骨干；培训内容既有职业教育和社会主义市场经济的基本理论知识，又有办学成绩突出的职业学校校长讲授管理经验，每期还安排一段时间外出实地考察学习。1995 年举办了 4 期职业中学校长培训班，培训校长近 200 人。专业课师资队伍建设方面，一是增加了高等院校培养职教师资的任务。1995 年高等院校对口招收职业教育师资 1198 人，比上年增加 172 人。二是扩大了培训规模。先后在河南职业技术师范学院、信阳师范学院、开封市二职高等学校举办了农村机电、计算机、果林、服装等 17 个专业师资培训班，共培训专业课教师 900 多人。三是要求各职业学校积极主动外聘科技人员和能工巧匠到学校上课。四是在全省分 8 片对普通中专和职业中学的政治课教师普遍培训一遍，国家教委职教司曾为此专发一期简报，予以推广。

2014 年 1 月 22 日，河南省教育厅、河南省人力资源和社会保障厅、河南省财政厅、河南省机构编制委员会办公室联合发布《关于加强河南省中等职业学校“双师型”教师队伍建设的若干意见》，明确提出要建立一支“双师型”的职业学校教师队伍，并提出了保障措施。

一是多渠道筹措“双师型”教师队伍建设经费。要求各级财政要健全政府购买服务的经费保障机制，把“双师型”教师队伍建设经费作为新增教育经费的投入重点之一，列入财政预算，确保经费投入到位。省财政、教育、人力资源社会保障等部门要切实加强经费监管，确保专款专用，提高经费使用效益。

二是加强中等职业学校“双师型”教师的管理和政策激励。开展“双师型”教师认定工作。制定《河南省中等职业学校“双师型”教师基本能力标准》，明确与职业教育培养目标要求相适应的不同等级的“双师型”教师标准、条件，建立教师、学生和行业组织参与的“双师型”教师能力评价模式。建立“双师型”教师认定制度，每年定期开展“双师型”教师的认定工作。建立“双师型”教师人才库。

三是加大对“双师型”教师的政策激励。实施河南省中等职业学校教学名师培养资助计划，在优秀“双师型”教师中培养一批教学名师，由省人力资源和社会保障厅、省教育厅定期开展评审认定表彰活动，形成由职业教育教学专家、教学名师、专业带头人构成的中等职业学校教师人才梯次。在职业教育教学专家评审时，对具有高级职称、高级职业资格证书的“双师型”教师优先推荐。省教育部门优先安排“双师型”骨干教师到国内知名院校和国外研修培训。省人力资源社会保障部门要会同业务主管部门，不断完善河南中等职业学校教师专业技术职务任职资格标准条件，逐步把具备“双师型”素质列入专业课教师申报中、高级专业技术职务的评审条件。学校在职称申报推荐工作中，要把具备“双师型”素质作为中等职业学校专业课教师申报中、高级专业技术职务任职资格的优先申报推荐条件。对在任现职内按照要求完成教师教育培训或企业实践任务的教师，学校或业务主管部门应优先推荐其申报高一级教师系列专业技术职务。

四是提高“双师型”教师的相关待遇。各中等职业学校要坚持按劳分配、优绩优酬的原则，建立和完善与教师岗位职责、工作业绩、实际贡献紧密联系和鼓励创新的分配激励机制，绩效工资分配对实行理论与实训一体化教学的“双师型”教师按一定比例倾斜，对具有高级职称、高级职业资格证书的“双师型”教师给予更大比例倾斜，充分发挥绩效工资分配的激励导向作用。

五是加强“双师型”教师队伍建设工作的考核督导。要把中等职业学校“双师型”教师队伍建设工作列入对市、县政府教育督导的重要内容，适时开展督导检查工作。要建立“双师型”教师队伍建设工作公示制度，定期对市、县和省属中等职业学校“双师型”教师队伍建设成效进行年度公示。要把“双师型”教师队伍建设情况作为市、县教育工作和学校办学水平评估的重要内容。“双师型”教师所占比例达不到全省平均水平的中等职业学校在评先评优、重点学校和示范学校建设等方面采取一票否决制度。

2014 年 2 月 21 日，河南省教育厅发布《关于进一步加强我省职业院校“双师型”教师队伍建设有关问题的通知》，就“双师型”教师的待遇问题做了具体的规定：要加大对“双师型”教师的政策激励，提高“双师型”教师课时补贴等相关待遇，进行理论与实训一体化教学，在正常课时补贴标准基础上可上浮 20%；对具有高级职称、高级职业资格证书的“双师型”教师，课时补贴可上浮至 50%；在职业教育专家评审时，“双高型双师”优先推荐。

为了推动职业教育师资队伍建设，各地也采取了许多积极措施。

1989 年，信阳地区四次举办职业高中师资培训班，培训教师 117 人，并争取一批农林院校毕业生到职业高中任教。全区职业高中已有专业课教师 212 人，平均每校 8 人，其中大专及大专以上学历的 142 人，占 67%。另有兼职教师 36 人，其中大部分是有关部门的科技人员，一部分是社会上的能工巧匠。

1991 年，尉氏县各职业学校通过分配、调入、培养等办法共新增专业课教师 21 人，是原有专业课教师的 1 倍。

焦作市优先从大中专毕业生中分配给职业学校专业教师 95 名，并通过培、调、挖、聘等办法，有效地缓解了专业课师资严重缺乏的矛盾。

2004 年，郑州市在地方高校市级以上重点专业（学科）中设立高层次人才特聘岗位。首批设立高层次人才特聘岗位的专业（学科）10 个，每个设岗专业（学科）面向全市公开招聘一名高层次人才，聘期 2 年，聘期内发给特聘津贴，专职 16000 元/年，兼职 3000 元/月。聘期内设岗高校为特聘高层次人才配备助手并提供良好的工作和生活条件。首批设立的特聘岗位学校及专业（学科）为：中州大学的装潢设计专业、旅游管理专业、秘书专业、计算机信息管理专业，郑州师范高等专科学校的汉语言文学教育专业、思想政治教育专业、数学教育专业、物理教育专业，郑州广播电视大学的计算机应用专业，黄河科技学院的经济学学科。

方城县培训中心在配备 7 名专职教师的基础上，聘请县内法律、城建、食品加工、计算机、服装设计与加工等方面的专业技术人员 35 名，聘请省、市海洋捕捞、化工等方面的两位专家作为兼职教师，初步建立一支高素质的教师队伍。全县外出务工农民受训率达到 70%以上，其中 20%的民工拥有专业技能资格证书。

2014 年，漯河市职业教育名师工作室启动。通过个人自荐、学校推荐申报、专家评审和公示，张学全食品工作室、陈晓华计算机工作室、刘盘业现代农业工作室、万国栋德育工作室4个漯河市首批职业教育名师工作室正式启动。通过建设和发展名师工作室，进一步推进名师引领，加强团队合作，加快优秀教师发展，加快培养出一批职业学校专业领军人物和优秀骨干教师队伍，形成以名教师为核心的高层次骨干教师团队和专家型的教师研究、服务群体，促进产学研用的紧密结合，带动教师队伍整体素质的提高。

省市县三级政府和学校、行业、企业共同努力，有力地推动了河南职业教育师资队伍的建设。

二　建设什么样的职业教育师资队伍

职业教育的教师特别是专业课教师，要具有知识传授和技能培养的双重能力，要求既要具备理论知识，还要具有技术技能，在这个基础上，具备传授知识和技能的能力。

（一）从“双师”到“双师型”再到“双师素质”

职业学校最需要什么样的教师？最早提的是“双师”教师。职业教育在发展初期就面临着不同于普通教育的教师紧缺问题，许多有识之士提出了建设“双师（即文化课和专业课教师）”队伍的问题。但是“双师”教师队伍的建设面临着体制机制等方面的障碍，一味地强调绝对纯粹的“双师”难以实现。2007年4月20日，河南省教育厅关于印发《河南省高等职业教育“十一五”发展规划》的通知要求加强师资队伍建设。启动实施高等职业院校“双师型”教师队伍建设计划。提出了建设“双师型”教师队伍的要求。明确提出要聘请一批精通企业行业工作的技术骨干和能工巧匠到学校兼职，增加专业教师中具有企业工作经历的教师比例，完善“双师”结构。造就一批基础理论扎实、教学实践能力突出的专业带头人和教学骨干。适应高等职业教育的特点，改进高等职业院校教师专业技术职务评聘标准和办法。以后一段时期，“双师型”教师的提法密集出现在政府文件和各种材料中，成为职业教育师资建设的重中之重。

2012年5月4日，河南省人民政府印发《关于创新体制机制进一步加快职业教育发展的若干意见》要求，加快建设职业院校“双师型”教师队伍。制定《河南省职业教育“双师型”教师队伍建设意见》，建立职业院校“双师型”教师长效补进机制，提高职业院校教师素质。明确“双师型”教师基本标准，开展“双师型”教师认定工作。建立全省职业院校“双师型”教师人才库，探索职业院校之间“双师型”教师互聘互用机制。不断完善职业教育教师专业技术职务评审办法，鼓励和支持职业院校教师到企业实践，有企业工作或生产一线服务经历的职业院校专业课教师优先晋升高一级专业技术职务；鼓励和支持企业技术人员兼任职业院校专业课教师、申请教师系列专业技术职务，有辅导学生实习经历的企业职工优先晋升高级专业技术职务。

2012 年发布的《河南省教育人才发展中长期规划（2011～2020 年）》提出，要重点建设职业学校“双师型”教师队伍。依托职业教育攻坚计划和技能人才振兴工程，加大职业教育教师培养力度，在有条件的高等学校设置职业教育师范专业。加快培养“双师型”教师，支持高等学校和大中型企业共建“双师型”教师培养培训基地，提高“双师型”教师技能操作水平和实践教学能力。拓宽“双师型”教师来源渠道，聘任具有实践经验的专业技术人员、高技能人才及具有特殊技能的能工巧匠担任专兼职教师。到 2015 年，培育 5000 名以上职业学校专业带头人和骨干教师，2020 年达到 1 万名以上。

2014 年 1 月 22 日，河南省教育厅、河南省人力资源和社会保障厅、河南省财政厅、河南省机构编制委员会办公室联合发布《关于加强河南省中等职业学校“双师型”教师队伍建设的若干意见》，要求进一步提高对加强“双师型”教师队伍建设紧迫性的认识，提高“双师型”教师队伍的数量和水平，实施河南省中等职业学校教师“双师素质”提高计划，进一步拓宽“双师型”教师培养渠道，积极推进中等职业学校高技术技能型人才引进工作，完善符合职业教育特点的中等职业学校教师准入标准，适时调整中等职业学校教职工编制，优先保证“双师型”教师和专业课教师的编制需要。

2014 年 6 月 16 日，河南省人民政府《关于实施职业教育攻坚二期工程的意见》安排，加强“双师素质”教师队伍建设。实施职业教育“双师素质”教师队伍建设计划，采取引进、培养、聘用等办法，建设一支结构合理、素质优良、专兼结合的“双师素质”教师队伍。加快建立职业院校“双师型”教师长效补进机制，可以将编制总数的30%用于聘任高技能人才和能工巧匠作为兼职教师；新增编制主要用于引进“双师型”教师；到2018年，职业院校“双师型”、一体化教师占专业教师总数的比例达到70%以上。制定中、高级以上专业技术职务的企业工程技术人员进入职业院校任教的具体办法。制定和完善高等职业院校教师职称评审标准和评审办法，探索建立符合高等职业院校特点的职称评价机制。继续开展河南省职业教育教学专家评选工作。启动开展河南职业教育教学名师评审工作，每年评审、认定100名左右河南省职业教育教学名师。支持建成100个左右由职业教育教学专家、教学名师或行业协会、企业专家领衔的技能大师工作室。

（二）选拔适应实现人才培养目标的职教师资

1983年6月6日，第六届全国人民代表大会第一次会议上的《政府工作报告》指出，要进一步抓紧中等教育结构的改革，有计划地发展职业技术教育。为了推动这一改革，要加快职业技术教育师资的培训，提倡具备条件的科学技术人员和能工巧匠到职业学校兼职兼课，提倡厂矿和正规学校联合办学。

2000年3月21日，河南省教委公布《河南省中等职业教育培训骨干教师“221工程”实施方案》，提出到2005年，培养20名中等职业教育教学专家，200名学科带头人，1000名骨干教师。2000年，首批267名教育教学专家、学科带头人和骨干教师的培训工作已安排就绪。4月11日，省教委印发《关于加强中等职业教育师资队伍建设的意见》，提出在加快国家重点职教师资培训基地河南职业技术师范学院建设的同时，在全省高校和部分有特色的中等职业学校中遴选6个职教师资培训基地，从而形成功能齐全、布局合理的全省职教师资培训网络。6月，根据教育部《关于2000年开展中等职业学校教师在职攻读硕士学位的通知》精神，推荐“221工程”原定教育教学专家及学科带头人培养对象98人，参加教育部组织的中等职业学校教师攻读硕士学位。

2003年6月1日，《河南省人民政府贯彻国务院关于大力推进职业教育改革与发展的决定的实施意见》要求，加强教师队伍建设，提高教师整体素质。加强职业教育教师培养培训基地建设，逐步完善职业教育师资培养培训网络。积极开展以骨干教师为重点的全员培训，提高教师的职业道德、实践能力和教学水平。加快中等职业学校专任教师的学历达标进程，到2005年全省中等职业学校85%的专任教师达到本科学历，5%以上的专任教师具有硕士学位或同等学力。要努力提高职业学校教师的专业技术水平，专业课、生产实习课指导教师要逐步取得相应的职业资格证书。广泛吸引和鼓励企事业单位工程技术人员、管理人员和有特殊技能的人员到职业学校担任专、兼职教师。

（三）鼓励支持，严格要求

2007年7月11日，省教育厅印发《关于公布第二批河南省中等职业教育教学专家、学科带头人和骨干教师名单的通知》，截至7月，河南省已评审认定职教专家50名，学科带头人163名，骨干教师860名，有效地促进了全省中等职业教育师资队伍建设水平的提高。

2008年3月10日，河南省教育厅发布《关于“十一五”期间加强中等职业学校教师队伍建设的意见》提出，教师队伍的结构进一步优化，整体素质明显提高。专任教师学历达标率达到90%以上，其中，国家级重点中等职业学校达到98%，省级重点中等职业学校达到95%，省辖市属学校达到90%以上，县属学校达到85%以上，省属学校研究生学历教师的比例达到20%以上；专业课教师和实习指导教师中持有相关专业技术资格或职业资格的专任教师人数，国家级重点中等职业学校不低于60%，省级重点中等职业学校不低于55%，省辖市属学校不低于50%，县级学校不低于40%；教师普遍树立现代教育理念，中青年教师都能熟练掌握现代教育技术；师德水平普遍提高，涌现出一大批师德高尚、爱岗敬业、开拓创新的优秀教师，造就一支河南省职业教育教学专家、专业带头人和骨干教师队伍。

“十一五”期间，各级政府和教育行政部门从两个方面积极扩大职业教育师资队伍规模。一是选拔优秀人才充实专任教师队伍。各级教育部门和学校主动采取措施，引进普通高等学校和全国知名职业技术师范院校的优秀毕业生到学校任教，同时，面向社会广泛吸引具有丰富工作实践经验、符合教师资格要求的优秀人才到中等职业学校担任专任教师。二是多渠道吸引专业技术人员到职业学校兼职任教。职业学校从教育教学的需要出发，聘请了一批具有丰富实践经验的在职、离职、退休的专业技术人员、高技能人才、特殊技能的能工巧匠充实到教学一线兼职任教，承担专业课或实习指导教学任务。各省辖市按照有关要求，制定了具体的聘用和管理的实施办法，认真解决兼职教师的报酬和待遇问题。

在扩大规模的同时，各地教育行政部门和各学校采取措施，提高教师履职水平。一是实施“中等职业学校教师素质提高计划”，加强专业骨干教师培训工作。采取基地集中培训的方式，以树立现代职业教育教学理念，改进专业教学方法和提高教学能力、实践操作能力为主要内容，培训了8500名中等职业学校专业骨干教师，培养了一批在教育教学工作中起骨干和示范作用的“双师型”优秀教师。

二是实施“中等职业学校教师教育技术能力建设计划”，加快教师现代教育技术培训步伐。采取基地集中培训的方法，以提高教师运用现代教育理论和现代信息技术的能力，实现教学资源的设计、开发、利用、评价和管理的科学化、系统化。以进一步优化教学手段为主要内容，轮训4万名中等职业学校中青年教师，推动现代教育技术在职业教育教学中的广泛应用。各省辖市教育局、农村职业学校有组织、有计划地对教师开展了现代信息技术培训，为实施中等职业学校教师教育技术能力建设计划打牢基础。

三是加大中等职业学校教师学历达标工作力度，提高教师学历层次。各级教育行政部门和学校把教师学历达标作为一项重点工作，摆上了重要议程。积极开展教师继续教育，通过在职、脱产学习等多种形式，采取有力措施，加快教师学历达标工作。学历未达标的骨干教师，省教育行政部门在学校推荐、省辖市职成教科资格审核的基础上，对参加全国成人高校本科招生考试者采取降低30分择优录取的办法支持其学历提高。国家级重点学校采取措施，积极鼓励教师接受各种形式的研究生教育，不断提升教师学历层次。省教育行政部门把学历达标情况列入对中等职业学校考核评估的一项内容，加强督导检查。

四是大力推进教师到企业实践工作，提高教师实践教学能力。各中等职业学校按照关于建立学校教师到企业实践制度的要求，把企业实践作为教师继续教育的一种重要形式，落实教师到企业实践登记制度，依靠校企合作的平台，发挥全省职教集团企业成员的资源优势，落实专业课教师、实习指导教师每两年必须有两个月以上时间到企业或生产服务一线实践的要求。通过企业实践，跟踪生产服务一线的技术发展，切实提高实践教学能力。

五是积极开展校本培训。各学校充分利用校内和校外资源，广泛开展老教师对新教师"传帮带"活动和教学研究、教学成果展示交流活动，不断提高教师的专业理论水平和教学能力。邀请有关专家和企业管理人员、专业技术人员到学校举办培训、讲座，开展技术指导，开阔教师视野，跟踪教育教学和学术、技术发展。

除了理论水平、专业知识、技术技能之外，职业教育的教师还必须具备高尚的师德，这是教师立德树人的根本。中等职业学校教师承担着引导广大中等职业学校学生健康成长、办好人民满意职业教育的重任。教师的师德师风，直接影响着中等职业学校的校风、学风和人才培养质量。2013年12月19日，河南省教育厅转发教育部《中等职业学校教师专业标准（试行）》。该标准从专业理念与师德、专业知识、专业能力三个维度，以及职业理解与认识、对学生的态度与行为、教育教学态度与行为、个人修养与行为、教育知识、职业背景知识、课程教学知识、通识性知识、教学设计、教学实施、实训实习组织、班级管理与教育活动、教育教学评价、沟通与合作、教学研究与专业发展15个领域提出了60项基本要求。

2015年10月26日，河南省教育厅发布《关于进一步加强中等职业学校教师师德师风建设的意见》提出，进一步加强中等职业学校教师的师德师风建设，是建设高素质专业化教师队伍的迫切要求，是加快发展现代职业教育的重要内涵，是中等职业教育科学发展的重要保证。各级教育行政部门、各中等职业学校要建立师德师风问题报告制度，将师德师风考核作为教师（含专任教师和兼职教师）思想和工作考核的核心内容，积极构建学校、教师、学生、家长和社会多方参与的师德师风评价体系和考核办法，加强对教师思想政治素质、思想道德品质等师德师风各方面的考评鉴定工作。科学运用师德师风考评结果。考核结果要记入教师档案，作为教师年度考核、职务聘任、进修培训、奖励惩戒、绩效工资分配等的重要依据。考核结果应通知教师本人，对考核优秀的应当予以公示表彰；对师德表现不佳的要及时劝诫，劝诫仍不改正的，要进行严肃处理；确定考核不合格的，应当向教师说明理由，听取教师本人意见；对师德考核不合格者，实行“师德一票否决制”，不再续聘；对有严重失德行为、影响恶劣的专任教师，一律撤销教师资格并予以解聘。

三　职业教育师资队伍建设进程

新中国成立初期，河南职业教育层次不高，体量不大。中等职业学校的主体是农科。“1952 年第一学期农林中等技术学校基本数字统计表”显示，这类学校的生师比不尽相同，但大都在 17∶1 到 25∶1 之间。其中郑州农业学校在校生 608 人，教员（不含职员、工人）25 人，生师比为 24.32∶1；陕州棉业学校学生 235 人，教员 11 人，生师比 21.36∶1；汝阳农业学校学生 241 人，教员 14 人，生师比 17.21∶1；南召蚕丝学校学生 311 人，教员 15 人，生师比 20.73∶1；汝南农业学校学生 221 人，教员 13 人，生师比 17∶1。其他中等专业学校的情况也基本如此。

1953 年的“技术学校基本概况表”显示，当年上半年全省技术学校 23 所，学生 5651 人，教师 417 人，生师比 13.55∶1。其中工科类学校 3 所，学生 2406 人，教师 102 人，生师比 23.59∶1；农林科学校 6 所，学生 1797 人，教师 127 人，生师比 14.15∶1；卫生科学校 12 所，学生 1149 人，教师 119 人，生师比 9.66∶1；水利科学校 1 所，学生 410 人，教师 40 人，生师比 10.25∶1；铁路科学校 1 所，学生 249 人，教师 29 人，生师比 8.59∶1。

1953 年的“中等师范学校基本概况表”显示，当年中师学校 108 所，学生 34358 人，教师 2010 人，生师比 17.09∶1。

1959~1960 年，全省中等专业学校 71 所，在校生 40109 人，专任教师 2471 人，生师比 16.23∶1；中等师范学校 90 所，在校生 28228 人，专任教师 1579 人，生师比 17.88∶1。这个时期，中等专业学校的规模和生师比已经趋于合理。

在 1959~1960 年中等师范学校的 1579 名专任教师中，拥有本科及以上学历的 389 人，占 24.64%；具有专科学历的 511 人，占 32.36%；中等学校学历的 207 人，占 13.11%；初等学校学历的 440 人，占 27.87%；其他 32 人，占 2.03%。可以看出，由于当时职业教育的发展，教师队伍的规模基本达标，但学历层次偏低。

1963 年“中等技术学校报表”显示，当年全省中等技术学校在校生 15131 人，专任教师 1515 人，生师比 9.99：1。在这 1515 名专任教师中，本科以上毕业的 934 人，占 61.65%；专科毕业的 369 人，占 24.36%；本专科肄业的 55 人，占 3.63%；高中及以下学历的 157 人，占 10.36。这个时期，是新中国成立以来河南中等职业教育生师比数值最低的时期。专任教师的学历水平也较先前有较大提升。

1973 年，河南省革命委员会教育局发布的“中等专业学校和技工学校基本情况表”显示，当年全省中等专业学校 35 所，在校生 15778 人，专任教师 1566 人，生师比 10.08：1；技工学校 5 所，在校生 2300 人，专任教师 100 人，生师比 23：1。

改革开放以后，河南的中等职业教育迎来了大发展时期，师资队伍的建设也一步步引起各级政府和大中专院校的重视。

（一）措施得力

2008 年，省职业技术教育教学研究室完成了承担的专业骨干教师省级培训工作。一是省教育厅专门成立了河南省中等职业学校专业骨干教师省级培训项目管理办公室，设在省职教教研室，并且明确了办公室的主要职责。二是组织制定了计算机与应用等 10 个专业的骨干教师省级培训标准。为进一步规范中职学校专业骨干教师培训工作，设立专项经费，组织开发了计算机与应用、计算机网络技术、电子电器、数控技术、汽车应用与维修、护理、旅游服务与管理、饭店服务与管理、会计、工业与民用建筑 10 个专业的骨干教师省级培训标准，并结集公开出版，促进了专业骨干教师省级培训的科学化、标准化。三是组织进行了专业骨干教师省级培训督导检查。省教育厅组织了 4 个检查组，分赴 7 个省辖市的 20 个培训基地进行检查评估，有效地指导和促进了专业骨干教师省级培训工作。四是圆满完成了省教育厅下达的 2000 名专业骨干教师省级培训任务。

2009 年 5 月 22 日，河南省人民政府、中华人民共和国教育部印发《共建国家职业教育改革试验区实施方案》提出，实施职业院校教师素质提高计划和现代教育技术能力建设计划，每年培训 1 万名教师，2008~2012 年将全省职业院校专任教师轮训一遍。培养一批知名校长、教学名师、骨干教师和优秀教学团队，提升职业院校教师队伍的整体素质。建立职业教育教师到企业实践制度，专业教师每两年必须有两个月到企业或生产服务一线实践。坚持专兼结合、按需设编的原则，探索体现职业教育特点的教师编制和管理办法。通过设立特岗，采取特聘、特邀等多种形式，积极吸引行业、企业学有所长、实践经验丰富的在岗或离退休工程技术人员到职业院校兼职任教；探索职业院校专业课教师和实训指导教师队伍建设新途径。通过培养、培训和引进等多种形式，使“双师型”教师占专业课教师的比例达到60%。在中等职业学校教师专业技术职务系列中增设正高级专业技术职务岗位。参照河南省特级教师评审办法，评审省职业教育教学专家并使其享受相应待遇。逐步形成吸引人才、稳定队伍促进事业发展的灵活用人机制。建立健全各级职业教育教科研机构，加强人员配备，提高研究队伍素质和研究能力。

2009 年，全省共完成国家级中等职业学校教师培训任务 510 人，其中，428 人参加国家级中等职业学校骨干教师培训，66 名中职学校校长参加全国职成教管理人员高级研修班，16 名中职学校专业骨干教师参加教育部组织的出国进修学习。完成省级中职学校骨干教师及职成教管理人员培训 9905 人。其中，中职学校专业骨干教师培训 1742 名，现代教育技术能力培训 8063 名，中职校长现代教育技术培训 100 名。

2010 年，省教育厅向教育部推荐 435 人参加中等职业学校骨干教师国家级培训，9 人参加国家级出国培训。争取教育部中等职业学校紧缺专业特聘兼职教师资助经费 325 万元，对全省 54 所学校的 470 名教师进行了资助。本年，省教育厅继续实施全省中等职业学校教师素质提高计划和现代教育技术能力建设计划。省财政投入专项资金 720 万元，共完成省级中职学校骨干教师及职成教管理人员培训 10312 人，其中中等职业学校专业骨干教师培训 2077 人，现代教育技术能力培训 8170 人，中职校长培训 65 人。通过加大中职教师的培养培训工作，使全省中职教师素质得到显著提升。截至年底，全省专任教师中“双师型”教师达 1.05 万人，占专任教师总数的 17.38%，比上年提高 2.08 个百分点；“双师型”教师占专业课教师总数的比例达到 31.04%，比上年提高 3.11 个百分点；专任教师学历合格率达

83.06%，比上年提高 3.15 个百分点。

“十一五”期间，各地和各职业学校不断完善中等职业学校教师管理制度。一是逐步完善中等职业学校教师资格制度。各级教育行政部门和学校严格执行《中华人民共和国教师法》及《教师资格条例》，严把教师入口关，要求专任教师必须具备中等职业学校教师资格。二是逐步完善中等职业学校教师职务制度。鼓励中等职业学校专业实践性较强的专业课教师取得相应专业技术资格或职业资格证书。逐步调整和完善中等职业学校教师职务评审办法，改善中等职业学校教师职务结构，为职业学校教师提供了更为广阔的职业发展空间。三是逐步建立完善了中等职业学校教师任用、分配制度。各中等职业学校按照国家关于事业单位人事制度改革的有关政策和工作要求，全面推行教职工全员聘用制，探索专职和兼职相结合的设岗、用人办法，建立充满活力的学校用人机制。一些中等职业学校尝试建立以岗定薪、优劳优酬的收入分配办法，将教师收入与学校发展、所聘岗位及个人贡献挂钩，充分发挥收入分配的激励作用。民办中等职业学校按照国家有关规定，逐步落实了教师的医疗、养老保险等社会保障制度。

2012 年 3 月 23 日，河南省教育厅、财政厅联合印发《河南省高等职业院校教师素质提高计划（2011～2015）》，系统安排了高职教育师资的国家、地方、校本培训任务。

2011～2015 年，组织 28935 名高等职业院校专业骨干教师参加培训，提高教师的教育教学水平特别是实践教学和课程设计开发能力。支持高等职业院校设立兼职教师岗位，优化教师队伍人员结构。支持国家师资培训基地和国家示范性高等职业院校重点建设 100 个职教师资专业点，开发 100 种职教师资专业的培养标准、培养方案、核心课程和特色教材。加强培训基地的实训条件和内涵建设，完善教师专业化要求的国家、省、校三级高等职业教育骨干教师培养培训体系。

高等职业学校专业骨干教师国家级培训：2011～2015 年，全省高等职业院校组织 3185 名专业骨干教师参加国家级培训。其中国外培训 160 名，国内培训 1425 名，企业顶岗培训 1600 名。国内培训中 143 人到省外参加培训。国内培训任务原则上由国家职教师资培训基地、国家示范性高等职业院校及其他有条件的高校、单位和大中型企业承担。培训期 4 周，采取集中培训、企业实践、小组研讨等形式组织，主要学习专业领域新理论、前沿技术和关键技能。国外培训机构必须具备合法运营资质，享有较好的国际声誉。培训期 4 周，主要学习职业教育教学理论与方法、先进教育技术和课程开发手段。企业顶岗培训必须是行业内领军型企业，在技术、规模、产值等方面均处于同行业领先地位。培训期 8 周，重点熟悉相关行业企业先进技术、生产工艺与流程、管理制度与文化岗位规范、用人要求等。中央财政将根据培训任务完成情况，对成绩突出的地方给予适当奖励，奖励资金继续用于师资培训工作。

省级培训：2011~2015 年，全省组织 10750 名专业骨干教师参加省级培训。其中，邀请国外 50 名专家授课，企业顶岗培训 5750 名。培训对象为全国非示范（骨干）高等职业院校未参加国家培训、具有中级以上教师职务的专业教师。省内培训任务的承担单位、培训内容和形式参照国家培训的要求进行。省财政将对成绩突出的基地和院校给予适当奖励，奖励资金继续用于师资培训工作。

校级培训：2011~2015 年，根据中原经济区建设和各地市产业结构调整优化升级需求，各高等职业院校启动专业骨干教师校级培训。全省高等职业院校组织 15000 名左右专业骨干教师参加校级培训。其中校内培训 6000 名，企业顶岗培训 9000 名。培训对象为全省高等职业院校具有中级以上职务未参加国家级、省级培训的专业教师。通过五年培训，基本实现全省高等职业院校专业骨干教师轮训一遍的目标。省财政将对成绩突出的院校给予适当奖励，奖励资金继续用于师资培训工作。

具体进度为：国家级培训，每年完成培训 637 名，其中国内 285 名，国外 32 名，企业顶岗 320 名，共完成培训 3185 名；省级培训，每年完成培训 2150 名，其中邀请 50 名国外专家授课，企业顶岗 1150 名，共完成培训 10750 名；校级培训，每年完成培训 3000 名，其中校内 1200 名，企业顶岗 1800 名，共完成培训 15000 名。

2014 年，省教育厅先后组织开展中等职业学校骨干教师省级培训、局长培训、县（区）职业教育管理人员培训、中职学校教学副校长培训、班主任培训、教育教学研究人员培训、信息化工作者培训、出国培训等工作，全年共完成 6100 人的培训任务。积极推动兼职教师队伍建设。实施“金工计划”，省政府拨付400万元专项资金支持一批职业学校聘请企业技能型人才和能工巧匠作为兼职教师，补充本省“双师型”教师数量，全面提升职业教育教学水平。继续实施“中等职业学校青年教师企业实践项目”。省教育厅会同省财政厅组织370名中职青年教师到39个企业实践基地进行为期半年的企业实践工作，利用企业设备、技术、人才、信息等资源优势，加快提高中等职业学校青年教师的产业文化素养和专业技能水平。

2015年中等职业学校教师队伍建设取得明显成效。一是完善了中等职业学校“双师型”教师认定制度，开展了2015年度中等职业学校“双师型”教师认定工作。进一步完善了河南省中等职业学校教师电子信息管理系统，充分发挥网络管理平台作用，依托河南省中等职业学校教师电子信息管理系统，充实了河南省中等职业学校“双师型”教师库，加强了对中职学校教师队伍管理工作。

二是继续落实教育部、财政部职业院校教师素质提高计划。按照教育部、财政部要求，共组织520名中职专业教师参加了会计电算化、机械制造技术等50个专业的2014年度国家级培训学习，组织421名中职专业教师参加了61个专业的2015年度国家级培训学习。全省19个省级培训基地共完成24个专业1387名专业骨干教师的省级集中培训任务，16个省辖市共协助完成1570名专业骨干教师的省级培训任务。省级培训期间，省中等职业学校专业骨干教师省级培训项目管理办公室组织7个督导检查组，对全省19个省级培训基地及16个省辖市进行了督导检查。先后组织开展了中等职业学校教学校长培训、班主任培训、教育教学研究人员培训等培训工作，培训各级各类教师4000余人次。创新开展首届中职学校班主任素质能力展示等活动，有效提高了职业教育工作人员整体素质。

三是打造职业教育领军团队。2015年持续开展了河南省中等职业学校教学名师评选和中等职业教育专业技能名师工作室评选工作，共评选出101名中等职业学校教学名师和22个由省职业教育教学专家、教育教学名师或行业企业专家领衔的技能名师工作室。

四是积极推动了兼职教师队伍建设。2015年积极实施“金工计划”，省财政拨付资金600万元支持一批职业学校聘请企业技能型人才和能工巧匠作为兼职教师，补充了全省“双师型”教师数量，全面提升了职业教育教学水平。

五是继续实施“中等职业学校青年教师企业实践项目”。会同省财政厅组织中职学校青年教师到企业实践基地进行为期半年的企业实践工作，利用企业设备、技术、人才、信息等资源优势，加快提高中等职业学校青年教师的产业文化素养和专业技能水平。2015 年，共有 430 人参加了企业实践项目，由 25 家企业承担，涉及 42 个专业，有效提高了教育教学质量。

2016 年，省教育厅印发《河南省中等职业学校教师培训规划（2016~2020 年）》，对“十三五”期间全省中职学校师资培养培训工作做出了总体部署和安排，明确了全省中职学校教师队伍建设的指导思想、目标任务、五项工作重点和四项保障措施，在培养培训模式、体系、制度建设等方面提出了新要求、新举措，完善了中职学校教师培养培训机制。面向全省有关高等学校和中职学校、行业企业、职业教育集团遴选认定了 20 个职业教育“双师型”教师培养培训基地，采取“行业+学校+企业”的模式，理论学习和技能培训相结合，学校与行业企业共同完成教师提升理论、提高技能、丰富经验的培养培训任务，全面提高了全省“双师型”教师的培养培训水平。依托省内高校、省属中职学校和省辖市教育局组织开展 2016 年中职学校专业骨干教师省级培训，培训专业 42 个，培训专业骨干教师 3510 名。在上海同济大学举办了全省中等职业教育师资培训专家能力提升培训班，对全省 204 名中等职业教育师资培训专家库成员进行了培训。举办了职业教育教师队伍建设、教学管理干部和教研员 3 个培训班，有效推动了中等职业学校“双师型”教师队伍建设。评审认定了 83 名中职教学名师和 20 个技能名师工作室，4700 余名中职学校教师被认定为“双师型”教师，造就了一批职业教育教学的骨干力量。成立了省中等职业学校班主任工作研究与指导中心，为教育行政主管部门和职业院校提供信息咨询和决策参考。

2017 年省级财政投入近亿元，依托 35 个省级“双师型”教师培养培训基地，采取“学校+企业（行业）”的模式，对 3472 名中职学校教师开展了为期 2 个月的培训，这一做法得到了教育部领导的充分肯定，新华社以《河南：数千名职教老师教师节进企业“上课”》为题发布新闻通稿予以专题报道。评审认定了 87 名中职教学名师和 21 个专业技能名师工作室，培养培训骨干教师近万人次，进一步增强了全省中职教师队伍的骨干力量，加强了中职教师团队建设，有效带动、促进了教师队伍整体素质的提高。

（二）发展情况

随着经济社会的发展进步，职业教育的规模在一步步扩大，职业教育的层次也不断提升，与此相对应的是职业教育师资队伍的壮大和提升。

表 4-2　1949~1987 年河南省中等专业学校专任教师及学生情况

	年份	1949	1956	1965	1978	1986	1987
中等专业学校	专任教师（人）	408	2231	2839	3225	10263	11800
	学生（万人）	0.84	3.49	3.31	3.39	9.73	10.67
	生师比	20.59：1	15.64：1	11.66：1	10.51：1	9.48：1	9.04：1
其中：中等技术学校	专任教师（人）	84	1362	2023	1894	7133	8394
	学生（万人）	0.16	1.76	2.60	1.71	5.66	6.25
	生师比	19.05：1	12.92：1	12.85：1	9.29：1	7.93：1	7.55：1
其中：中等师范学校	专任教师（人）	324	869	816	1331	3130	3406
	学生（万人）	0.68	1.73	0.71	1.68	4.07	4.42
	生师比	20.99：1	19.91：1	8.70：1	12.62：1	13：1	12.98：1

资料来源：根据河南省档案馆 J0109 和历年《河南教育年鉴》整理。

表 4-3　1994~2003 年河南省中等专业学校专任教师及学生情况

单位：万人

年份	1994	1995	1996	1997	1998	1999	2000	2001	2002	2003
专任教师	1.35	1.41	1.49	1.56	1.67	1.68	1.66	1.52	1.39	1.22
学生	18.43	21.43	24.86	29.03	33.36	34.70	33.48	33.40	33.76	36.43
生师比	13.65：1	15.20：1	16.68：1	18.61：1	19.98：1	20.65：1	20.17：1	21.97：1	24.29：1	29.86：1

资料来源：根据历年《河南教育年鉴》整理。

表 4-4　2004~2018 年河南省中等专业学校及专科院校专任教师及学生情况

单位：万人

层次	中等职业学校			专科院校		
项目	在校生	专任教师	生师比	在校生	专任教师	生师比
2004 年	109.95	5.10	21.59∶1	22.15	1.50	14.77∶1
2007 年	156.34	6.21	25.18∶1	38.86	2.19	17.74∶1
2008 年	171.75	6.52	26.34∶1	44.73	2.36	18.95∶1
2009 年	187.91	6.92	27.15∶1	50.62	2.68	18.89∶1
2010 年	189.31	7.12	26.59∶1	53.05	2.90	18.29∶1
2011 年	184.72	6.81	27.12∶1	53.06	3.06	17.34∶1
2012 年	173.87	6.76	25.72∶1	53.52	3.22	16.62∶1
2013 年	147.19	6.34	23.22∶1	50.02	3.23	15.49∶1
2014 年	137.58	6.28	21.91∶1	50.77	3.31	15.34∶1
2015 年	131.48	6.29	20.90∶1	75.96	3.44	22.08∶1
2016 年	128.25	6.13	20.92∶1	58.41	3.49	16.74∶1
2017 年	133.23	6.38	20.88∶1	66.83	3.89	17.18∶1
2018 年	133.63	6.17	21.66∶1	75.96	4.32	17.50∶1

资料来源：根据历年《河南教育年鉴》整理。

第三节　质量提升

提升人才培养质量，适应经济和社会发展对合格人才的需求，是职业教育发展的永恒话题。社会在要求，学校在努力。

1980 年 8 月 6 日，河南省教育厅印发《河南省县办农业技术学校试行方案》，要求农民技术学校必须以教学为中心，要建立健全学校的正常教学制度和教学秩序，要妥善安排好劳动和学习时间。要求平均每年的理论教学时间不少于 7 个月，在教学中必须正确处理理论联系实际的原则，加强基础理论、基本知识的教学，加强基本技能的训练。指出搞好教学实验和教学实习，是提高教学质量的重要保证。要求各个学校必须根据专业的需要和可能条件，逐步购置必要的教学仪器、设备，并动员广大师生因陋就简自己动手采置各种教具、仪器、模型、标本、图表、实物等，努力办好实验室、标本陈列室，图书阅览室。同时要办好教学实习工厂、农场、林场，切实加强直观教学和教学实习活动，也可以与校外农场、林场、农科所等单位建立固定的联系进行教学实习。一定要使每个学生都扎扎实实学好所规定的课程，并具有一技之长。

教师来源除教育部门认真选调基础课教师外，还应在县委和人民政府的统筹安排下，由县委组织部门和农、林、牧等有关部门选调一些专业课教师，还可以聘请一定数量的兼职教师。凡是调到农民技术学校的公办教师，都应享受普通中等专业学校教师的同等待遇。

1989 年，全省各类专业合格证书考试共报考 7.78 万人 14.2 万科次，分别比上年增长 2.7%和 11%；实际参加考试 6.03 万人 11.39 万科次，缺考率比上年下降 14 个百分点；及格 40544 人 58349 科次，分别比上年增长 63.5%和 59.1%；中小学专业合格证书考试及格科次均比上年增长 70%以上；单科及格率为 51.2%，比上年提高 6%。此外，在小学任教的高中毕业参加教育学、心理学补课考试的 62754 人，及格 39160 人，及格率为 62.4%，及格人数比上年增长 28.6%。

1990 年 2 月，省教委发出通知，决定在 1990 年、1991 年两年中对全省中等专业学校办学条件进行评估，并制订《河南省中等专业学校办学条件评估标准》及《实施办法》。开展中专学校办学条件评估的目的，一是促进学校自我了解、自我优化和校际交流，使学校管理由经验型转为科学型。二是通过评估，使学校主管部门深入了解学校实际情况，改善办学条件，提高教育质量。三是通过评估，省教委了解普通中专学校对国家方针、政策的贯彻执行情况，以便加强和改善宏观管理工作。

1990 年省教委等联合制订、印发职业高中 7 个专业的教学计划：《河南省职业高级中学（三年制）机械加工专业教学计划（试行）》《河南省农村职业高级中学（三年制）畜禽养殖专业教学计划（试行）》《河南省职业高级中学（三年制）幼儿师范专业教学计划（试行）》《河南省职业高级中学（三年制）烹饪专业教学计划（试行）》《河南省农村职业高级中学（三年制）家庭生产经营专业教学计划（试行）》《河南省职业高级中学（二、三年制）土木建筑专业教学计划（试行）》《河南省职业高级中学（三年制）旅游服务类专业教学计划（试行）》。同时，省教委职业教育教研室印发《职业高级中学教学计划汇编》第二集，供职业学校安排教学工作时参考。

1990 年，河南机电专科学校对大、中专五个专业分别进行了 CAD 绘图，C、F、B 三种语言及数据库上机操作。对计算机 88 级在完成三门专业基础课的基础上，进行了综合课题“DWK 设计安装与调试”的课程设计，使学生掌握专业基础的总体技能，强化了能力培养和应用。对 1990 年三个专业的 140 名毕业生的毕业设计做到了精心组织，严格要求。完成了 29 个设计题目，设计的选题与工业生产、管理应用相结合，培养学生综合分析和应用能力。

5 月 17 日，《河南省人民政府关于大力发展职业技术教育的决定》要求，办好现有各类职业技术学校，努力提高教育质量和办学水平。地方职业大学要努力办出特色，培养高级实用型技术和管理人才。普通中等专业教育要调整服务方向和专业结构，利用现有条件，挖掘内部潜力，扩大招生规模，充分发挥骨干作用。技工教育要根据城市调整产业结构和大中型企业需要，积极发展，扩大规模，改善条件，提高质量。

1992 年，根据各职业大学所在地经济和社会发展的需要及学校的实际，本着统筹考虑、立足本地、发挥优势、各具特色、各有侧重的精神，3 月、12 月两次对中州大学等 6 校所设 134 个专业进行调整，最后确定为 72 个专业。调整后各校的专业设置如下。

（1）中州大学：机械制造工艺与设备、电气技术、食品工艺、化工工艺、中文、工艺美术、工业与民用建筑、仪表自动化、市场营销、旅游经济、财务会计、思想政治教育。

（2）洛阳大学：英语、物理、数学、中文、历史、地理、装潢美术（如招师资，可按“美术”专业名称）、机械制造工艺与设备、金属材料与防腐、化工工艺、电器、财务会计、工业与民用建筑、应用电子技术。

（3）平原大学：中文、生物、体育、市场营销、财务会计、精细化工、工业与民用建筑、机械制造工艺与设备、应用电子技术化工工艺、硅酸盐生产工艺。

（4）安阳大学：工业电气自动化、电机电器、化工工艺、精细化工机械制造工艺与设备、化工机械、工业财务会计、工业与民用建筑、中文、工艺美术、淡水养殖、贸易经济、工业经济。

（5）焦作大学：机械制造工艺与设备、化工机械、化工工艺、工业与民用建筑、工业财务会计、工艺美术、中文、体育、有色金属冶炼、市场营销、工业电气自动化、应用电子技术。

（6）开封大学：机械制造工艺与设备、工业与民用建筑、电气技术、财务会计、中文、历史、英语、数学、市场营销、热加工工艺及设备。

1992 年，在上年评估 69 所技工学校的基础上，各市、地劳动部门及联评组对其余符合评估对象条件的技工学校进行认真评估。截至年底，全省 177 所技工学校中符合评估对象条件的 146 所已全部评估完毕，共评出优级技校 45 所，良级技校 90 所，合格技校 10 所，不合格技校 1 所。

郑州牧业工程高等专科学校继 1990 年始实行双循环的人才培养模式后，1992 年，学校根据不同生源地区对人才的不同需求，研究制订了“大专业招生，按需要分流，双循环培养”的新模式。即招生按大专业进行，前三学期按大专业进行基础课、专业基础课学习，第四学期进行生产实习，此为第一个循环；第五个学期根据生源地区经济建设的实际需求，进行合理分流，因地施教，专门化培养；第六个学期进行毕业实习，此为第二个循环。

1993 年 2 月 11 日，省教委下发了《关于巩固和发展普通中等专业学校办学水平评估成果的意见》，要求学校和学校主管部门都要对办学水平评估工作进行总结，对评估中发现的问题和不足，要研究制订改进意见和具体措施，提高办学水平和办学效益。做好国家级、省部级重点中专学校的评估工作。

1994 年 3 月下旬，省教委组织人员对第一、第二批省级示范性职业学校进行检查评估。大多数省级示范性学校办学指导思想明确，办学条件得到改善，教育质量明显提高，在为当地经济建设服务方面闯出了新路，起到了带头作用。但也有少数农村学校办学指导思想不明确，办学条件差，没有特色，省教委对这些学校亮了黄牌，要求限期达标，否则，取消示范性学校的称号。

1994 年，部分城市职业学校的技术等级证书考核工作已走上正轨，取得了比较理想的成绩，向社会展示了教育教学成果。洛阳市有 20 所职业高中、职业中专的 1302 名学生参加 43 个专业（工种）的技术等级考核，获四级工证书的 570 人，三级工及以下的 515 人，获证率为 83%。新乡市有 11 所职业高中、职业中专的 579 名学生参加 18 个专业（工种）的技能等级考核，发证率为 80%，其中电波研究所职业高中制描图专业中级工发证率达 89%。平顶山市 11 所职业高中、职业中专的 490 名学生参加 10 个专业（工种）的技术等级考核，发证率为 96%。焦作市有 5 所职业高中、职业中专 175 名学生参加车工、钳工、电工、营业员、烹饪 5 个工种技术等级考核，65 人获中级工证书，80 人获初级工证书。

10 月，在焦作市举办全省职业学校服装专业技能竞赛，17 所职业高中、职业中专的 34 名选手参赛。开封市二职专获团体一等奖，该校学生姚香玉获个人一等奖。在洛阳市举办全省职业学校美术职业技能竞赛，23 所职业高中、职业中专的 74 名学生参赛。郑州市一职专、安阳市一职专获团体一等奖，安阳市一职专方向明获全能一等奖，驻马店艺术学校朱志俊获素描一等奖，郑州市一职专申宾洁、平顶山市艺术学校刘怀鹏获色彩画一等奖，郑州市一职专的申宾洁还获得了图案画一等奖。

1994 年 8 月 22 日，国家教委确定郑州铁路机械学校、黄河水利学校、中原机械工业学校、信阳卫生学校、河南省农业学校、河南省粮食学校、河南省交通学校、郑州铁路卫生学校、郑州水利学校 9 所普通中专学校为国家级重点普通中等专业学校。

1995 年，省教委在全省 22 所省级重点职业高中的基础上遴选出 11 所学校作为争创国家级重点职业高中预备学校。8 月 9 日，在商丘市职业中专召开争创国家级重点职业高中现场会，11 所预备学校校长和有关市地教委副主任、职教科长等 40 余人参加会议，交流经验，对争创工作进行部署。9 月 17~30 日，省教委组织评估组，根据国家级重点职业高级中学标准和评估指标体系，对 11 所争创预备学校进行评估，并确认这 11 所学校基本达到国家级重点职业高中办学条件和办学水平，经省政府同意后报国家教委认定。

1995 年 3 月，省劳动厅下发了《关于 1995 年各类职业技术学校毕（结）业生职业技能鉴定工作的意见》，规定了职业技能鉴定的对象、范围和程序。各工种（专业）的试题均由省工考办统一组织命题，试卷由省工考办统一印制。4月，公布了《河南省1995年各类职业技术学校毕（结）业生职业技能鉴定工种（专业）目录》，包括商业、旅游、农业、机械、电力、水利、建设、冶金、化工、纺织、轻工、铁道、交通、建材、邮电、新闻、出版、烟草、医药、电子、有色金属、矿山采选、地质等23个行业的140多个工种（专业），并制定了考核大纲。5月下旬至6月上旬，分市、地组织了技术等级理论考试和实际操作考核工作。参加考核的除技工学校毕（结）业生外，还有相当大的一部分是职业高中、职业中专的毕业生，也有部分大中专毕业生。

1995年，洛阳工业高等专科学校制定了《加强教学工作，争取示范性高工专重点建设学校的实施意见》，提出了加大教改力度、增加教学投入、提高教学质量的具体要求和措施。列入国家教委教改试点的硅酸盐工艺、建材机械制造及维修两个专业，已初步形成新的课程体系。并分别对教改方案进行了充实、完善，强化实践教学环节，围绕专业教改编写了十余种教材和讲义；各系都落实了教改专业，加强了课程建设，制定和修订了各门课程的教学大纲；制订了分三个阶段实现教考分离的计划。40门课程初步建立了试卷库和试题库，汇集了400套考题；“两课”教师还配合教改编写了专科教材。

1996年10月29日，时任省教委主任亓国瑞在全省职业教育工作会议上讲话要求，提高质量和办学效益，是河南今后发展职业教育狠抓不放的一个重点。

1997年，省教委将提高职业学校教育教学质量作为职业教育的重点工作。一是加强专业课教师业务进修和培训工作，二是加强职业学校校长岗位培训工作，三是突出实践性教学环节，四是对全省职业中等专业学校进行评估，五是组织全省职业学校部分学科结业考试。

1999年，平顶山市教委在中等职业学校深入开展“教育质量年”活动，采取一系列措施提高教育质量。开展了职业学校校长和专业课教师培训，培训校长36人，专业课教师24人；规范了职业学校教材，统一了文化课教学大纲、计划和进度；成立了职业学校中心教研组，充实完善了职教教研队伍，在职业学校组织开展了论文评选和优质课教学评比活动，评出优质课教师 40 多人；开展了部分专业竞赛和技能考核，对文化课实行统考，在校园内形成了老师认真教、学生刻苦学的良好氛围。在一年一度的技能考试中，93%的学生取得了及格以上的好成绩。

1999 年，安阳市教委多次组织机关干部深入各校检查指导，加大常规管理和教学质量监控力度，促进教学工作健康发展，教学质量得到提高。制定严格的统考纪律，以考风促学风，以学风促教风，在文化课、专业课、毕业统考、专业技能统考中均取得较好成绩，同时对各类违纪考生 50 人进行了严肃处理。11 月，组织了一年一度的“技术练兵月”活动，进一步提高了学生动手动脑专业技能本领。12 月，对全市 30 多所职校进行了全面检查评估，为全市教育工作会议的召开提供了决策依据。

2002 年 1 月 22 日，省教育厅下发《关于 2002 年中等职业学校重点专业点评估认定工作的通知》和计算机及应用、电子技术应用、工业与民用建筑、种植、养殖、农副产品加工 6 个重点专业的“重点专业点评估指标体系”。4 月 9 日，省教育厅下发《关于支持 10 所中等职业示范学校建设的意见》，从经费、招生、专业建设、师资培训等方面对 10 所省示范性中等职业学校予以重点支持。6 月，组织专家开展重点专业点评估工作。7 月 3 日，省教育厅发文认定河南省商业学校等 43 所学校的 47 个专业为首批河南省中等职业学校重点专业点。11 月 12 日，省教育厅下发《关于重点装备中等职业示范学校和重点专业点的通知》，安排 330 万元职教经费扶持示范学校建设，奖给每个重点专业点 5 万元，用于充实专业实验设备，并要求学校所在省辖市按 1∶1 比例进行配套，加快示范学校和重点专业建设步伐。

9 月，郑州牧专、郑州旅游学校被教育部、财政部确定为中央财政重点支持的示范性职业院校，郑州市机电学校的机电技术应用专业、河南信息工程学校的电子技术应用专业、河南省交通学校的汽车运用与维修专业、平顶山市卫生学校的护理专业、郑州旅游学校的饭店服务与管理专业、河南省农业学校的种植专业被教育部确定为全国中等职业教育首批示范专业（点）。

经过一年多的考察论证，2002 年焦作大学出台《专业教学与学习指导纲要》。该纲要就各专业必须达到的培养目标途径、课程设置、实验实训、多证书制度等进行了详细说明，并汇编成册，发至教师和学生，起到了导教导学的作用。对部分专业的教学体系、教学内容进行了改革，在专业教学改革上做了有益的探索。

2003 年 6 月 1 日，《河南省人民政府贯彻国务院关于大力推进职业教育改革与发展的决定的实施意见》要求，加强实践教学，提高受教育者的职业能力。职业学校要把教学活动与生产实践、社会服务、技术推广及技术开发紧密结合，把职业能力培养与职业道德培养紧密结合，把学历教育与职业标准要求有机衔接，强化职业技能训练和考核，保证实践教学时间，努力提高学生的专业技能和实际动手能力。

2003 年 6 月 20 日，时任省长李成玉在全省职业教育工作会议上讲话要求着力提高职业教育质量。

2004 年 4 月 14 日，省教育厅下发通知，决定从 2004 年开始将全省中等职业学校重点专业由 10 个增加到 15 个，把数控技术应用、汽车运用与维修、护理、医学检验、口腔工艺技术 5 个专业列入重点专业，同时将“十五”期间重点专业点建设计划由 100 个增加到 150 个。10 月 18 日，在学校和有关部门申报的基础上，经组织专家评审，省教育厅发文认定了 43 所学校为第三批“河南省中等职业学校重点专业点”，使省级中等职业学校重点专业点数量达到了 118 个。

在全省中等职业学校逐步推行学分制。4 月 7 日，省教育厅印发《关于在全省中等职业学校逐步推行学分制的意见》，在 2001 年以来进行学分制试点的基础上，决定从 2004 年秋季起，在全省各类中等职业学校逐步推行学分制。全省 49 所学校被教育部公布为新调整认定的首批“国家级重点中等职业学校”。

“三重”（市级重点专业、课程、实验室）建设工程是郑州市多年来在地方高校中实施的重点工程。2004 年，在市级重点专业建设的基础上启动了市级示范性专业的建设工作。制定印发了《郑州地方高校市级示范性专业标准（试行）》，并首次将此项工作的范围扩大到本专科民办高校。坚持以评促建、以评促改、评改结合、重在建设的方针，从省会重点高校聘请优秀专家组成评审组，对学校申报的 15 个重点专业、6 个示范性专业和 4 个重点实验室进行实地评审（评估），学校在接受评审的同时，得到了有针对性的指导。

濮阳市制定《中等职业学校教学管理规程》，共 6 章 34 条，内容包括总则、教学事务管理、教学文件管理、主要教学环节管理、教师教学业务管理和附则。

2005 年，平顶山工业职业技术学院在实行“4.5+1.5”模式的基础上，2005 级部分专业实行了“2+1”教学模式；根据企业生产实际，对紧缺人才专业实行“1.5+0.5”教学模式。部分专业进行了学分制试点。新设置 3 个专业，调整 8 个专业方向。对 2004 级 2 个专业、2005 级 24 个专业教学计划进行全面修订和规范。在 2004 年 4 个专业被确定为省级教学改革试点专业的基础上，2005 年又有 3 个专业通过了省级教学改革试点专业遴选。在实验实训教学上，院士实验楼投入使用，对实验实训教学仪器设备进行更新、补充，根据开设专业的需要，新建 25 个配套实验实训室（车间）。新建实训基地 8 个，对实验实训指导教师进行了培训，提高了实验实训效果。在师资队伍建设上，引进 46 名急需的专业教师，从企业聘任 41 名教授级高工、112 名高级工程师来学院任教。

2005 年，开封电子科技学校创新课程设置，本着用人单位需要学生掌握什么知识学校就开设什么课的原则，在课堂教学中增添了就业指导、书法、礼仪、音乐欣赏、公共关系、应用文写作等实用性较强的课程，利用业余时间组织教师对校本教材进行修订与完善，使教材增强了针对性、实用性，更加适应企业对人才的需求。

2007 年 4 月 20 日，河南省教育厅印发《河南省高等职业教育“十一五”发展规划》，要求加快重点专业和精品课程建设。结合河南经济结构、产业特点和人力资源需求状况，启动实施高等职业教育重点专业建设和精品课程建设计划。面向先进制造业、现代农业、现代服务业及河南优势产业，选择基础条件好、特色鲜明、办学水平和就业率高的 100 个专业进行重点建设，形成以重点建设专业为龙头、相关专业为支撑的特色专业群。建设 100 门工学结合的省级精品课程。

2007 年 9 月 26～27 日，在北京举行的全国大学生电子设计大赛全国总决赛上，郑州铁路职业技术学院作为河南赛区高职高专组唯一的代表，获得高职高专组唯一的最高奖“索尼杯”。

12 月 4 日，第一届全国水利高职院校“黄河杯”技能大赛在黄河水利职业学院举行，来自全国21所职业技术学院的384名学生参加了4个项目的角逐。

2007年10月26日，河南工业职业技术学院的数控技术、漯河医学高等专科学校的护理、三门峡职业技术学院的建筑技术、永城职业学院的煤矿安全、郑州交通职业学院的汽车维修技术、漯河职业技术学院的生物技术6个实训基地被确定为国家高等职业教育实训基地建设项目单位，获得中央财政支持980万元。11月，确定郑州牧业工程高等专科学校的动物生产等17个实训基地为河南省首批建设项目。

2007年5月7日，河南交通职业技术学院正式启动教学督导工作机制，制定了《河南省交通职业技术学院2007年学风建设活动方案》。采用教学督导专家和系部教师随堂听课、学生参与教学考核的三级评教体系。

2007年平顶山工业职业技术学院以职业岗位（群）标准为依据，与企业共同制定课程标准，共同开发课程，构建以工学结合优质核心课程为主体的课程体系。完成了19门工学结合优质核心课程的课程标准制定，建成了矿井瓦斯防治技术和微机维修技术2门国家级精品课程和2门省级精品课程、4门院级精品课程。

2008年，省职业技术教育教学研究室继续推进“三精工程”（精品教材、精品课件、精品教学光盘建设工程）建设。一是重点抓好精品教材建设。邀请全国著名专家王立善教授主持开发了中职学校《英语》精品教材。同时组织精干力量开发了《基础会计》《机械基础》《计算机网络技术》《电子技术基础》等精品教材，在2008年秋季开学时投入使用。二是协助省电教馆认真抓好精品课件和示范性精品教学光盘的制作工作。先后完成了基础会计、财政与金融基础知识、成本会计、正常人体学基础、急救知识与技术5门课程的配套精品课件的制作工作，完成了植物生产与环境、畜禽营养与饲料、汽车底盘构造与维修、市场营销知识、旅游概论5门课程的50节示范性精品教学光盘的制作工作。

2009年11月26日，黄河水利职业技术学院、平顶山工业职业技术学院首批国家示范性高职院校顺利通过国家验收，并获验收一等奖，分别获得奖金500万元。商丘职业技术学院立项建设顺利实施，河南职业技术学院建设方案和建设任务书通过国家审核。

在 2010 年开展中等职业学校教学质量评估试点工作的基础上，省教育厅对《河南省中等职业学校教学质量评级指标体系（试行）》进行修改和完善，由 9 个一级指标、30 个二级指标和 76 个三级指标构成，对影响中等职业学校教学质量的主要因素都给出基本指标。印发《河南省教育厅关于开展 2011 年度全省中等职业学校教学质量评估工作的通知》，开展中等职业学校教学质量评估工作。在省、市两级中等职业教育教学质量评估委员会和参评学校的共同努力下，经过参评学校自评、专家组复评和抽查验收三个阶段的工作，评估工作顺利结束。参加教学质量评估的学校共计 524 所，结论达到优秀的学校 222 所，达到合格的学校 292 所，不合格学校 10 所；申请缓评的学校 193 所。

2011 年，黄河水利职业技术学院制定《教学团队建设管理办法》。完成对全院 6 个教学团队的考核工作。组织教师参加境内外各类培训 137 人次。制定《黄河水院“十二五”师资建设规划》，规范专业教师下企业锻炼管理工作。申报正高级职称 4 人，副高级职称 15 人，全部通过了省高评委评审，通过率首次达到 100%。组织青年教师教学技能大赛、说课竞赛，参与省教育工会组织的劳动竞赛，加强教师职业理想和职业道德教育，提高教师教学技能。

2014 年 9 月 24 日，河南省人民政府发布《关于加快发展现代职业教育的意见》，要求全面提高人才培养质量。职业教育必须坚持育人为本、德育为先，把立德树人、成人成才作为根本任务，把社会主义核心价值观融入人才培养全过程。职业院校要根据学生毕业后主要在生产服务一线工作的特点，切实加强职业精神、职业道德、法律意识、合作意识、交流能力、学习能力、创新能力等职业素质培养，着力培养学生的诚信品质、敬业精神、责任意识，提高劳动者的综合职业素养和适应能力，培养德技双馨、身心双健的技术技能人才和高素质劳动者。

重点建设 100 所品牌示范职业院校和 200 所特色职业院校，引领、带动全省职业院校深化改革、提高质量、培育特色、打造品牌，在构建现代职业教育体系中发挥示范引领作用。建立面向市场、优胜劣汰的专业动态调整机制，重点加强特色优势专业（群）建设。实施职业教育品牌示范专业和特色专业建设计划，重点建设 300 个左右品牌示范专业点和 500 个左右特色专业点，重点培育和打造“少林武术”“漯河食品”“长垣厨师”“林州建工”“邓州护理”“信阳茶艺”等一批具有地方产业特色的职教知名品牌。推进专业设置、专业课程内容与职业标准相衔接，推进中等和高等职业教育培养目标、专业设置、课程体系、教学过程等方面的衔接，重点开发50个中高职衔接、特色鲜明、动态调整的专业课程体系，研发一批校企合作精品教材。全面实施素质教育，科学合理设置课程，将职业、人文素养教育贯穿培养全过程。实施职业教育示范性实训基地建设计划，重点建设500个左右具备教学、生产、培训和鉴定等多种功能的综合实训基地，其中重点建设100个左右生产性实训基地。

2014年9月，省教育厅、省人力资源和社会保障厅、省财政厅、省发展和改革委员会联合确定郑州旅游职业学院等6所院校为高职品牌示范校立项院校，每校支持资金500万元；河南医学高等专科学校等15所院校为高职特色校立项院校，每校支持资金300万元。

2014年，漯河医学高等专科学校深化临床医学专业医教协同人才培养模式改革，实施临床医学专业病理诊断与技术方向、医学影像诊断与技术方向、全科医生方向等学分制人才培养方案，更贴近行业，特色更鲜明。临床医学专业人才培养模式改革获国家级教学成果二等奖。以临床医学专业教学改革为引领，带动口腔医学专业“校院一体、医教结合”、护理学专业“专业+方向”及订单式人才培养模式、药学专业“专业+平台”人才培养模式改革。

在2016年全国职业院校技能大赛中职学校组比赛中，全省共派出43所中等职业学校170名选手参加43个项目的比赛活动。有140名选手共夺得大赛奖项102个，其中一等奖10个，二等奖39个，三等奖53个，获奖率高达82%，高于全国60%的平均获奖率。与历史上获得大赛成绩最好的2010年相比，获奖总量净增47个，其中一等奖增加2个，二等奖增加16个，三等奖增加29个。获奖质量有所提升，沙盘模拟企业经营、服装设计两个项目均获全国一等奖第一名，护理技能项目获二等奖第一名；获奖项目覆盖面有所提高，由2015年5个项目上升到8个项目；获奖学校覆盖范围有所扩大，由以省属学校为主扩展到省市协同发展。这是21世纪以来河南在11次全国职业院校技能大赛中，夺取奖项最多、一等奖最多的一次。

在全国参赛的 37 个代表团中，河南省中职团体成绩是 4 个直辖市和 5 个沿海省之外的最好成绩，竞赛成绩取得了历史性突破，跃居全国第一方阵。

2016 年 2 月 23 日，省教育厅转发教育部《关于开展中等职业教育质量年度报告工作的通知》。该通知规定，从 2016 年起，国家中职示范校要发布质量年度报告，各省辖市教育局要发布质量年度报告；从 2017 年起，省中职品牌示范学校和特色学校要发布质量年度报告，各省直管县（市）教育局都要发布质量年度报告；从 2018 年起，全省中职每年都要发布质量年度报告，各省辖市、省直管县（市）教育局都要发布质量年度报告。

2017 年，省教育厅对第三批省品牌校、特色校进行了终期检查验收。截至年底，全省已有 287 所项目院校通过了省级验收，基本完成了重点建设 300 所左右品牌示范校、特色校的目标任务，初步形成了一批具有示范、引领、带动作用的骨干职业院校。省教育厅切实加强了对品牌示范院校、特色院校建设的指导和管理，对“一校两牌”、项目外包、未能如期完成建设任务的职业院校取消其建设资格。

2017 年，按照教育部关于开展中等职业教育质量年度报告工作的要求，全省共有 49 所国家中等职业教育示范校、3 个教育行政部门发布了 2016 年度中等职业教育年度质量报告。

2018 年 7 月 15 日，《2018 中国高等职业教育质量年度报告》在北京发布，黄河水利职业技术学院进入全部三个“50 强”，即“教学资源 50 强”、“服务贡献 50 强”和“国际影响力 50 强”，是河南省唯一获得三项荣誉的高职院校。

2019 年 3 月 25 日，河南省教育厅发布的《河南省中等职业教育质量年度报告（2018 年）》显示，2018 年全省中职学校 414 所（含技校），比上年减少 341 所，招生 50.03 万人，比上年减少 2.84 万人，下降 5.37%；在校学生 136.63 万人，比上年增加 3.4 万人，增长 2.55%，中等职业教育招生数占高中阶段教育的 40.78%，比上年下降 1.91 个百分点；在校生数占高中阶段教育的 39.41%，比上年提高 0.08 个百分点。

全省中等职业学校（不含技工学校）占地 4.61 万亩，比上年减少 0.03 万亩；校舍建筑面积 1502.55 万平方米，比上年增加 3.09 万平方米；生均图书 20 册，比上年增加 1 册；生均教学仪器设备值 3396 元，比上年增加

247 元。

全省中等职业学校教职工 7.58 万人，其中专任教师 6.16 万人，专任教师占比为 81.27%，双师型教师 1.5 万人，专任教师学历合格率 90.22%，研究生及以上学历占总数的 8.48%。

中等职业学校学生文化课合格率为 95.5%，专业技能合格率为 97.1%，体质测评合格率为 90.1%，毕业率为 98.1%，相比上年，体质测评合格率略有下降。

对照国家颁布的《中等职业学校专业目录（2010 版）》，全省实现了 19 个专业大类全覆盖。其中，覆盖率超过 60%的有信息技术类、财经商贸类、加工制造类、文化艺术类、交通运输类，覆盖率较低的为司法类（2%）、能源与新能源类（4%）。

全省共设 5176 个专业点，专业点设置最多的五个大类分别是信息技术类、交通运输类、财经商贸类、文化艺术类、教育类，上述五个专业大类的专业布点数约占全省专业布点数的 65%。

全省中等职业学校建立常态化人才培养质量机制，优化专业技能考核方案，完善学生技能考核制度；开展学业水平测试，优化文化基础学科学业水平测试题库，完善中等职业教育教学质量监控和评价体系；开展中职学校教学诊断工作，加快全员覆盖进程，推动全省中职学校教学质量不断提升。

2018 年，河南省中职学校在全国职业院校技能大赛中获得一等奖 12 个，二等奖 34 个，三等奖 44 个，获奖率达 81.8%，高于全国 60%的平均获奖率，竞赛成绩稳居全国第一方阵。11 月 6 日，在教育部召开的 2018 年全国职业院校技能大赛总结会上，河南做了典型发言。省教育厅先后举办了全省中职学校文明风采竞赛、中华优秀传统文化大赛、中职素质能力大赛、教师教学能力大赛和创新杯说课大赛等竞赛活动。省财政投入 4000 多万元，重点建设了 15 个集研究、培训、竞赛等于一体的省级技能大赛基地。

通过开展“中等职业学校师德师风主题教育月”、师德师风宣讲，举办全省中等职业学校师德师风建设培训班等活动，有效提升了中职学校教师的思想政治素质、道德水平。河南省教育厅联合省人力资源社会保障厅、省财政厅印发了《关于进一步加强全省中等职业学校教师培养培训管理工作的通知》，用制度对专业骨干教师省级培训项目、“双师型”“一体化”教师培养培训项目进行规范管理，确保有关项目的顺利实施。投入专项资金7300万元，依托35个省级职业教育“双师型”教师培养培训基地，采取“行业+学校+企业”的模式，理论学习和技能培训相结合，学校与行业企业共同完成教师提升理论、提高技能、丰富经验的培养培训任务，全年共培养培训“双师型”教师3305人，认定“双师型”教师2800人。完成了专业领军带头人研修、卓越校长专题研修、青年教师跟岗访学、教师企业实践等9个国家级教师培训项目和省级培训项目，共培训中职学校教师1100余人次，教师企业实践395人，支持贫困县中职学校聘任兼职教师近300人。依托省内高校、省属中职学校和省辖市组织开展2018年度中职学校专业骨干教师省级培训，培训骨干教师近3852人。组织开展了中等职业教育管理人员、教学管理干部、教研员、教学名师、财务管理人员、招生和就业管理人员、师资培训专家等12期培训班，共培训各级各类中职学校管理人员和教师1400余人。依托河南信息统计职业学院、省商务学校、省轻工业学校和信阳航空服务学校开展了不同类型、不同层次的班主任培训，共培训中职学校班主任500人次。河南省教育厅联合省人力资源社会保障厅举办了2018年全省中职学校班主任素质能力展示活动，来自全省中等职业学校、技工学校、技师学院和有关高等职业院校中专部的260余名班主任老师参加了活动。2018年，向教育部推荐了2名国家“万人计划”教学名师，其中1名得以认定；同时，组织评审认定了22名中等职业学校名校长、97名教学名师和20个专业技能名师工作室，先后选派了100名省职教教学专家、骨干教师到美国、英国、澳大利亚、德国进行研修和交流，造就了一批职业教育教学的骨干力量，有效地促进了教师队伍整体素质的提高。

2018年，全省中等职业学校学生参加顶岗实习28.6万人。其中，由学校统一组织实习人数约占总人数的76%，学生按规定经批准自行选择实习单位人数约占总人数的24%，参加顶岗实习的学生签订实习协议的比例达到98%。

第四节 抱团发展

职业教育是面向生产、面向生活的教育，怎样也关不进“象牙塔”内。与同类合作、与企业合作，是实现社会价值的最好选择。

河南省 1988 年尝试在成人高等教育基础较好、职工大学比较集中的洛阳市进行区域性职工大学联合试点，由市教育行政部门牵头，将该市 8 所职工大学联合起来，成立联合校务委员会，主要负责研究总校及分校发展规划（包括专业设置、改善办学条件），审定年度工作计划和招生计划，制定统一规章制度等。联合职工大学统一使用教师，统一教学计划，统一教研活动，统一使用实验设施，统一考试，统一学籍管理。这种联合不改变各校性质和隶属关系，仍保持各校的相对独立性，仅在教学领域和办学条件方面互相协作，互通有无，互惠互利。

1996 年，郑州市组建“预备军人职教集团”，使该市职教集团增加到 8 个，进一步提高了规模效益。

2004 年 10 月 9 日，省教育厅印发《关于组建职业教育集团的若干意见》，提出了组建职教集团的目标任务、基本原则、基本形式、报审程序，制定了有关支持政策。10 月 12 日，批准成立了以河南农业职业学院为依托的河南省农业职业教育集团，以河南省交通职业学院为依托的河南省公路交通职业教育集团，以河南信息工程学校为依托的河南省信息技术职业教育集团，以河南省财经学校为依托的河南省财经职业教育集团，以安阳卫生学校为依托的河南省卫生职业教育集团，以河南省建筑工程学校为依托的河南省建筑职业教育集团，以郑州旅游职业学院为依托的河南省旅游职业教育集团，以河南机电学校为依托的河南省机电职业教育集团，以河南省工艺美术学校为依托的河南省工艺美术职业教育集团。各职教集团是以依托学校为龙头，以骨干特色专业为组带，各成员单位自愿参加的协作组织，通过加强学校之间、校企之间的交流与合作，充分发挥集团优势，实现资源共享、优势互补，提高人才培养的质量和效益，打造河南职业教育品牌。

2005 年 5 月 8 日，省教育厅印发《关于加强省级职业教育集团建设的意见》，决定成立由时任副厅长崔炳建任组长的职教集团建设工作领导小组，负责统筹、协调、指导、督促各职教集团开展工作，带动本省职业教育向规模化、集约化、连锁化方向发展。

2006 年 4 月 21 日，时任省长李成玉在全省职业教育工作会议上讲话指出，近年来，河南按照“市场运作、龙头带动、城乡联姻、校企结合”的原则，以骨干职业院校为龙头，以特色专业为纽带，先后组建了农业、公路交通、信息技术、财经、建筑、旅游、工艺美术等 13 个省级职教集团，共吸纳成员单位 425 家，其中职业院校 233 所，行业协会 7 个，企业 174 个，科研机构 11 个。这些职教集团组建以来，共招收农村学生 2.6 万多人，安置中等职业学校毕业生近 8000 人，吸纳企业资金近 6000 万元，不仅促进了省、市、县三级合作办学，加强了城乡中等职业学校的合作，也强化了校企合作，初步实现了校企资源共享、优势互补，推动了公办职业学校集团化、规模化发展，在全国产生了较大影响，得到了国家有关部门和领导的重视和肯定。

2006 年 3 月 23 日，河南省教育厅发布《关于推进中等职业教育为建设社会主义新农村服务的意见》，要求加强省、市两级职教集团建设，增强职教集团服务社会主义新农村建设的能力。在做大做强省职教集团的同时，支持有条件的省辖市组建城乡联合的专业类职教集团，努力使职教集团覆盖河南所有主导产业领域和 44 个贫困县的中等职业学校，充分发挥职教集团的示范带动作用，带动农村职业教育加快发展步伐，更好地为农村经济社会发展提供服务。

2006 年，依托河南省轻工业学校等 5 所国家级重点学校，成立了轻工、化工、信息咨询、艺术、医药 5 个新的省级职教集团。截至 2006 年，共成立了 14 个省级职教集团和郑州市、信阳市、开封县、襄城县 4 个区域性职教集团。18 个职教集团共吸纳成员单位 789 家，其中，职业学校 34 所，行业协会 79 个，企业 344 个，科研机构 32 个。18 个职教集团组建以来，共招收农村学生 22.2 万人，安置毕业生 23.9 万人，吸纳企业资金 1.3 亿元，有效地引入社会资源发展职业教育。河南省组建职教集团的做法，在全国产生了较大影响。

2007 年 4 月 20 日，河南省教育厅印发《河南省高等职业教育“十一五”发展规划》，要求积极探索发展高等教育的新模式，以高等职业院校为龙头，促进校企之间、校际资源共享，优势互补，组建不同特色的区域性、行业性职业教育集团。强化产学研合作机制，以人才培养、职业培训、技术开发、技术服务为纽带，以自愿、平等、互惠、互利为原则，以协作、参股、转让托管、租赁等为合作形式，走规模化、集团化、连锁化办学的路子，提升职业教育综合实力，打造河南职业教育知名品牌，促进河南高等职业教育办出特色、办出水平。

2007 年 8 月 6 日，《中国教育报》报道了河南省组建职教集团、创新职教发展模式的做法。职教集团的模式得到教育部和其他省份单位的认可，时任教育部部长周济专门批示，要求总结河南职教集团化办学的成功经验。

2008 年，省级成立了河南省冶金职业教育集团、河南省食品职业教育集团 2 个职教集团，南阳市成立 4 个市级和 1 个县级职教集团，鹤壁市成立 1 个市级职教集团，安阳市滑县成立 1 个县级职教集团。截至年底，全省职教集团数量达 27 个，其中，省级职教集团 16 个，市级职教集团 7 个，县级职教集团 4 个，共吸收成员单位 790 家。

2009 年，河南省批准成立了河南省商贸职教集团、河南省科贸职教集团和河南省地质职教集团 3 个省级职教集团。加上市、县层面，全省职教集团达 60 个，吸纳职业院校、行业协会、企业、科研机构等成员单位 2054 家。其中，中职职教集团 47 个，成员单位 913 家；高职职教集团 13 个，成员单位 680 个。11 月底，召开了河南省行业职教集团建设工作研讨会，总结交流了职教集团建设经验，研究探讨了下一步加强职教集团建设的政策措施。

2010 年，商丘市成立了 4 个职业教育集团，推动了全市职业教育向规模化、集团化发展。

漯河医学高等专科学校牵头成立了河南豫健医药卫生高等职业教育集团，漯河食品职业学院牵头成立了河南省食品职业教育集团，漯河高级技工学校牵头成立了漯河市机电技工教育集团，漯河职业技术学院牵头成立了漯河市职业教育集团。职教集团的建立，壮大了学校规模，扩大了社会影响，促进了产学互动。

2012 年 5 月 8 日，时任省长郭庚茂在全省职业教育工作电视电话会议上讲话要求，要在整合高职、中职、技校职教集团的基础上，成立全省性行业职教集团，促进行业内校企合作。

河南的职教集团基本都是以专业为纽带，联合同类专业的职业学校和相关行业、企业及科研单位组建的；其专业链和服务行业基本上涵盖了国家确定的技能紧缺专业和河南省的支柱产业，分别是农业、交通、信息、财经、卫生、建筑、旅游、机电、工艺美术、信息咨询、艺术、轻工、化工、医药、冶金、食品、商贸、科贸、地质、国防科技、牧业、煤炭等。理事会或董事会是河南省职教集团化办学的基本组织架构。各职教集团先后都成立了理事会或董事会，并加强了集团内的组织机构建设，制定了职教集团章程。在“平等自愿、互惠互利、共同发展”的原则下，凡自愿遵守职教集团章程，具有独立法人资格的职教机构和企事业单位均可加入集团；集团成员单位的原隶属关系不变、产权性质不变、教职工身份不变。政府部门高度重视、积极推动是河南省职教集团化办学的重要前提条件。在 2008 年召开的全省职业教育攻坚动员大会上，郭庚茂强调指出要“进一步探索集团化办学模式，加强职业教育集团内涵建设，增强职业教育集团发展活力”。省教育厅成立了河南省职教集团建设工作领导小组，支持和推动职教集团建设。河南省创建职教集团的经验和做法，在全国产生了较大的影响，引起了国家及教有部领导的重视和关注。2005 年 8 月，时任国务委员陈至立到河南专题视察职教集团工作并给予充分肯定。2007 年 8 月 6 日，《中国教育报》在头版头条发表了该报记者撰写的题为《职教“航母”的聚变效应——河南探索职业教育集团化发展之路》的长篇通讯，同时配发了题为《改革创新做大做强职教》的评论员文章。同年 8 月 9 日，周济阅后做了“派出工作小组、帮助河南省总结成功经验”的重要批示。2009 年 2 月，在海南召开的 2009 年度职成教工作会暨全国职业教育集团化办学经验交流会上，时任河南省教育厅厅长蒋笃运就河南职教集团的做法做了典型发言。河南的经验也被教育部称为“河南模式”。

职教集团化办学为城乡之间、校际、校企之间的全方位合作提供了平台，初步实现了资源共享、优势互补，促进了职业学校在招生、就业、教学和技能鉴定等方面实现“一体化”，有效地扩大了河南职教规模，提升了河南职教质量，带动了全省职业教育向规模化、集约化、连锁化方向发展，推动了河南职教规模、结构、质量和效益的协调发展。以职教集团化办学为标志，河南中等职业教育进入一个新的发展阶段。

第五节　校企合作

1987 年，全省已有 80 多所职业学校成立了由县各业务局委负责人参加的校务委员会，有 67 名县长或副县长兼任职业高中的校长或名誉校长。

1991 年 3 月 22 日，时任副省长范钦臣在全省教育工作会议上讲话要求，广泛发动和依靠各行各业、各种社会力量共同兴办职业技术教育，形成多渠道、多层次、多规格的办学体制。要在地方政府的统筹下，大力倡导行业、部门办学以及行业、部门、企事业单位之间的联合办学，鼓励和支持有技术经验的能工巧匠举办多种形式的技术培训。要重视利用企业的优势发展职业技术教育，把发展职业技术教育作为企业发展的重要组成部分。有关企事业单位要从大局出发，积极接纳职业技术学校学生上岗实习，凡是承担实习任务的企业，教育经费可以多提留一点。农村的荒山、荒坡、公共积累田要划出一块作为职业技术学校的实习场地。

1991 年 3 月 25 日，时任省教委主任徐玉坤在全省教育工作会议上讲话指出，教育与生产劳动相结合是职业技术教育最显著的特点，加强实习基地建设，是培养学生动手能力，提高职业技术教育质量的重要条件。各地都要重视和加强实验实习基地的建设，逐步建立与职业技术教育相适应的校内、校外实验、实习基地。“八五”期间，要努力做到：工科专业保证每个实习学生有一个工位，农学专业每生有半分实验基地，果林专业每生有一分果园或林地，牧医专业有养殖场、兽医门诊部。此外，还要鼓励和帮助学生建立与专业对口的家庭实习基地。

1991 年 5 月 17 日，河南省人民政府发布《关于大力发展职业技术教育的决定》，要求职业技术学校必须培养学生具有动手能力。要重视和加强实验、实习基地建设，建立与专业对口的校内实验、实习基地和稳定的校外实验、实习基地。厂矿企业要为职业学校学生提供实习条件，不再收取实习费用。

1991 年 2 月 23 日，时任省长李长春主持召开省政府第 12 次常务会议，研究教育问题。会议提出，有关厂矿企业要向职业技术学校提供必要的实习场地，免费实习；学校可在新产品开发、技术转让等方面给企业以适当优惠。可以考虑对担负实习任务的企业，允许从工资总额中多提一些教育经费。农村要划拨一些荒山荒坡地或集体积累田作为职业中学的实习基地。

2012 年 5 月 4 日，河南省人民政府发布《关于创新体制机制进一步加快职业教育发展的若干意见》，要求改革封闭式办学模式，大力推进校企合作。一是构建促进职业教育校企合作组织框架。探索建立由政府强力推动，政府部门、行业协会、企业、职业院校等广泛参与的符合河南职业教育实际的校企合作新机制。二是发挥校企合作促进会的推动作用。省政府制定《河南省职业教育校企合作促进办法》，明确参与各方的权利、义务和责任，为校企合作提供制度保障，实现职业院校办学与企业生产紧密结合。三是发挥指导委员会和职教集团的载体作用。四是发挥企业和职业院校的主体作用。省内规模以上企业要积极参与校企合作，主动与职业院校共建实训基地，接纳职业院校学生和教师分别进行顶岗实习、实践。职业院校要适应企业用工需求，推行弹性学制、学分制等学习制度，参与企业职工培训、技术改造和产品研发等。用三年时间，在合作企业认定 500 个左右省级示范性综合实训基地，年接纳 20 万名左右学生进行实习实训。

2012 年 5 月 8 日，时任省长郭庚茂在全省职业教育工作电视电话会议上讲话指出，近年来，河南在校企合作方面进行了积极探索，积累了一定经验，比如西华县推进富士康实训基地建设，河南机电职业学院建设“工厂式学院”等，都取得了良好效果。但从整体上看，校企合作机制不活、深度不够、水平不高等问题还比较突出，已经成为制约职业教育质量水平的主要症结所在。我们必须摆脱封闭办学、用办普教的方式来办职教的思维定式，着力在校企合作的途径和机制上取得新突破。为此，省政府专门出台了《河南省职业教育校企合作促进办法》，各地要抓好落实，积极探索。一要建立校企合作新机制。加快构建校企合作组织框架，建立政府强力推动、多方广泛参与的运行机制。要在整合高职、中职、技校职教集团的基础上，成立全省性行业职教集团，促进行业内校企合作。要全面实施“工学结合、校企合作、顶岗实习”技能型人才培养新模式，以产业和专业为纽带，实现学校培养培训与区域经济发展及企业需求对接，专业与产业对接，教学过程与生产过程对接，课程内容与职业标准对接。二要发挥企业和学校的主体作用。认真落实税收、土地、财政、金融等方面的优惠政策，加快制定和完善校企合作的一系列配套制度，引导、推动职业院校与企业、行业加强双向沟通和对接，形成“人才共育、过程共管、成果共享、责任共担”的校企紧密合作新局面。三要加快建设“双师型”教师队伍。以具有职业资格证书为基本要求，建立“双师型”教师培养、引进的长效机制，推动现有职业院校教师提高水平，引导企业专业技术人员到职业院校任教，力争通过3~5年的努力，建设一支教学和实践经验丰富的“双师型”教师队伍。

2007年，鹤壁职业技术学院牵头成立了鹤壁高职教育校企合作集团，积极推进校企合作、工学交替的循环式教学改革，初步探索了“专科+高级工”人才培养模式，学生报考高级工的过关率达87.4%，毕业生的专业技能水平明显提高。

2010年12月2日，郑州市委市政府召开全市人才暨教育工作会议，出台了《郑州市人民政府关于加强职业教育校企合作的若干意见》，明确指出要建立由政府相关职能部门、企业负责人、行业协会和职业学校组成的校企合作指导委员会，进一步强化政府职能，明确校企双方责任义务，促进职业教育校企合作全面开展。一要建立校企互派人员挂职制度，二要实行校企联合办学，三要实行“订单式”人才培养，四要建立校企合作顶岗实习制度，五要校企共建实习实训基地。

2011年，郑州市继续推动，建立校企订单培养合作单位50个，新增校企合作单位10个，订单培养学生占在校生总数的比例达到40%。

实际上，职业学校在办学过程中时刻面临着师资结构性短缺，实验实习场地、仪器、设备不足等矛盾，这些短板正是行业企业的强项。而企业在发展过程中，也面临着人才老化、技术陈旧等困难。这些问题又是职业学校可以解决的。学校与企业实现不同程度的合作，相互取长补短，真诚交流，完全可以实现“双赢”，取得“1+1>2”的效果。20世纪末中等职业教育的规模发展势头趋缓，使一些学校积极寻求转型，注重人才培养质量提升。转型面临的最大问题就是专业教师严重短缺，发展逼得职业教育主动寻求企业合作。起初企业并不主动，表现为学校热、企业静。很多校企的小合作基本上是学校主动。进入 21 世纪后，不少企业意识到了与职业学校合作的战略意义，加上政府的推动，河南的校企合作呈现蓬勃发展之势。当高等职业教育规模发展的高潮发轫之初，一些从事高职教育的实践者和思考者已经敏锐地发现了这个问题，并及时在规模扩张的同时主动寻求与企业合作。

2011 年 8 月 2 日，信阳职业技术学院与江苏省常熟市联合举办的政校企合作论坛在常熟市召开。常熟市人民政府与人力资源和社会保障局有关领导，常熟市 40 余家大中型企业代表及学院 30 余人参加论坛。学院与常熟市人力资源和社会保障局签订了政校合作协议，互授基地牌匾。

2012 年 5 月 4 日，河南省人民政府印发《河南省职业教育校企合作促进办法（试行）》，提出促进职业教育校企合作是政府、职业院校、行业协会、企业的共同责任。职业教育校企合作实行政府推动、行业协会协调、企业与职业院校共同参与的多元化校企合作机制，遵循自愿协商、优势互补、利益共享、过程共管、责任共担的原则，坚持以市场需求和劳动就业为导向，实现生产、教学、科研相结合。要求各级政府应支持和促进职业教育校企合作，定期对职业教育校企合作项目及其实施情况进行检查、评估和督导，对校企合作工作成绩突出的企业、学校及个人予以表彰、奖励，并通过主流媒体向全社会广泛宣传。

各级教育、人力资源社会保障、发展改革、财政、科技、工业和信息化、国土资源、国资、农业等部门在各自职责范围内制定相关优惠政策，引导和推动职业教育校企合作。发展改革、科技等有关部门对在职业教育校企合作工作中成绩突出的企业，在技术改造、新产品研发等项目建设上予以优先支持。国资、工业和信息化等有关部门应将企业的职业教育校企合作情况作为考核与评价企业和企业负责人业绩的重要内容。教育、人力资源社会保障等有关部门对校企合作成绩突出的职业院校，在品牌示范性学校、实习实训基地等建设上予以优先支持。

教育、人力资源社会保障部门应制定鼓励与支持政策，推动职业院校教师到企业实践，促进企业的高技能人才、专业技术人员兼任职业院校专业课教师或实习指导教师。有企业工作或生产一线服务经历的职业院校专业课教师优先晋升高一级专业技术职务，有辅导职业院校学生实习经历的企业职工优先晋升高一级专业技术职务。各地可以建立职业院校“双师型”教师人才库，探索职业院校之间“双师型”教师互聘互用机制。

各级政府应整合职业教育相关专项资金，引导和鼓励职业教育校企合作。各行业协会可以牵头成立由有关职业院校和企业参加的全省性行业职业教育集团。在校企合作促进会的推动下，充分发挥职教集团的载体作用，以产业和专业为纽带，统筹行业、企业和职业院校等资源，积极开展专业建设、师资队伍建设、实习实训基地建设、实习就业指导等，实现专业与产业对接、教学过程与生产过程对接、专业课程内容与职业标准对接。

要求企业应积极与职业院校开展多种形式的合作，可以与职业院校共建对口专业，联合建立实习实训基地，合作培养师资，合作培养企业急需人才，共同开发教材，合作进行产品设计和技术创新，合作组建产学研联合体等，共同搭建服务区域产业发展平台。企业可以通过参股、入股等多种形式，与职业院校联合组建办学实体或独立举办职业院校。

企业应根据实际生产需求，合理确定实习环节和实践内容，接纳职业院校学生顶岗实习并给予上岗实习学生适当的劳动报酬。企业应按照与职业院校的合作协议，与职业院校共同组织和管理学生实习，制定实习计划，提供实习场地和设备设施，并指定专人负责学生实习工作，安排有经验的技术或管理人员担任实习指导教师，做好实习、实践前的安全培训和实习、实践期间的劳动保护、安全等工作。禁止企业安排实习学生从事不符合实习特征或与实习内容不一致的劳动生产。

鼓励企业积极接纳职业院校教师进行教学实践或建立教师培训基地，帮助职业院校教师和管理人员进行实践锻炼和岗位体验。企业可以与教师合作开展产品研发、技术改造等工作。企业应按照不低于职工工资总额的2.5%提取教育培训经费并列入成本开支，所提取经费主要用于企业职工特别是一线职工的教育培训。企业应严格遵守劳动就业准入制度，可以优先录用与合作职业院校共同培养的人才。

企业接纳学生顶岗实习并支付给实习学生的报酬，可以在计算缴纳企业所得税前扣除；企业发生的职工教育经费支出和用于职业教育事业的公益性捐赠支出，可以在计算企业应纳税所得额时扣除；企业委托职业院校开发新产品、新技术、新工艺发生的研究开发费用，可以享受企业所得税优惠政策；企业举办职业教育机构或设立实习实训、实践基地的，可以参照执行公益事业用地的有关政策，并享受税收优惠政策；企业接纳职业院校、职业培训机构学生实习实训、教师实践的，根据接纳的人数及岗位的特殊性，享受税收优惠政策或补贴政策；企业为职业院校学生提供的奖学金、助学金费用等可列入企业教育培训经费，作为企业成本列支，享受有关税收减免政策；企业为职业培训开发的培训教材，经相关机构和专业教学指导委员会审定，可以在职业院校中使用，按教育部门相关规定享受补贴政策。

鼓励企业为职业院校提供资助和捐赠。企业可以通过多种捐助形式支持职业院校建设和发展，可在职业院校设立奖学金、助学金、奖研金、奖教金、创业就业基金等资助项目。要求职业院校应根据经济社会发展和市场需求，主动与企业在学生实习、专业设置与课程开发、订单式教育与就业推荐、师资交流与培训、职工培训与继续教育、产品研发、技术攻关等方面开展合作。

职业院校应积极实行“双证书”（学历证书与职业资格证书）制度，在教学中引入职业技能鉴定标准，实现专业课程内容与职业技能鉴定标准对接，并向合作企业优先推荐毕业生。职业院校应聘请企业的高技能人才、专业技术人员兼任专业课教师或实习指导教师，鼓励职业院校聘请企业的高技能人才、专业技术人员到校任教或参与管理工作，参与职业院校的培养目标设定、专业设置、课程改革、教学评价等人才培养的全过程。

职业院校应建立学生和教师到企业实习实践制度。职业院校在校学生按有关规定应到企业或生产服务岗位参加上岗实习，实习成绩计入规定的学分；专任教师应定期到企业或生产服务岗位实践，并将实践情况作为教师考核的重要内容。

职业院校应优先安排与其建立校企合作关系的企业职工进校接受职业技能培训或继续教育。职业院校应积极参与企业的技术改造、产品研发和科技攻关等项目，促进科技成果转化。

职业院校应加强对实习学生和实践教师的职业道德教育和安全教育，并指派指导教师，按照《河南省工伤保险条例》为实习学生统一办理意外伤害保险。实习学生和实践教师应遵守企业制度和劳动纪律，保守企业商业秘密。

职业院校按照国家有关规定可以通过参股、入股的形式，与相关企业联合组建经济实体或独立举办经济实体。

这是河南省有史以来出台的第一个关于校企合作的文件，也是全国省级政府出台的第一个关于校企合作工作的制度性文件，极大地推动了河南职业教育校企合作又好又快发展。

2012 年 9 月 20 日，省教育厅印发《关于表彰河南省职业教育校企合作工作先进单位的通知》，对职业教育校企合作工作取得显著成效的 60 所职业学校，58 家企业、行业、协会（学会）等单位予以表彰。这是全国省级职业教育表彰活动中，第一次对校企合作中的“企业”进行表彰奖励，《中国教育报》专发消息《河南：2000 万元重奖鼓励职业教育开展校企合作》。12 月 13 日，《河南省人民政府办公厅关于成立河南省职业教育校企合作促进委员会的通知》正式印发，在全国职业教育校企合作制度顶层设计的组织构架方面取得重大突破。

2012 年 7 月 25 日，省教育厅、省人力资源社会保障厅、省财政厅、省发展改革委联合发布《河南省职业教育品牌示范院校和特色院校建设管理办法》，要求深化校企合作。

2012 年，郑州市制订《中等职业学校校企合作工作评估细则》，重点支持建设 10 个县区中职学校实习实训基地，市政府把此项工作列入 2012 年市政府农村重点工作，市财政给予每个项目 100 万元的建设资金，共计投入 1000 万元支持县区职业学校进行基地建设。遴选出富士康、格力电器、宇通客车、三全食品等 8 家企业，由市政府命名为首批郑州市职业教育校外实习实训基地。

洛阳市成立“洛阳信息产业培训联盟”综合性校企合作平台，分别于 5 月底、6 月底和 12 月中旬，组织 3 次校企合作供需见面会，校企双方围绕校企合作的具体问题进行交流，为企业用人和学生就业搭建平台。

新乡市举办为期三天的新乡市职业教育成果展暨新乡市校企合作推介会活动。30 家大型企业、全市 30 所职业学校、市民政局退役军人培训中心等单位参加。市区 45 所初中学校的初三毕业生共计有 3200 人参会，210 名学生现场报名；职业学校共接待咨询 1 万余人次，和企业签订合作意向 19

个，订单培养100人；中职学校学生220人参加活动，16名学生签订就业协议。

2014年9月24日，河南省人民政府发布《关于加快发展现代职业教育的意见》，要求完善产教融合、校企合作机制。进一步发挥省职业教育校企合作促进委员会的作用，建立教育与产业对话协作机制，健全行业职业教育校企合作指导委员会，完善校企合作规划、合作治理、合作培养机制，搭建对话协作平台，促进职业教育与产业深度融合。建立职业院校与企业工作联系制度，职业院校要主动与企业在学生实习、专业设置与课程开发、订单式教育与就业推荐、师资交流与培训等方面开展合作。建立职业教育校企合作奖励制度，各级政府要对校企合作成绩突出的企业和职业院校给予奖励。

2014年10月27日，河南省教育厅《关于做好本科学校转型发展试点工作的通知》要求，要积极调整学校发展理念，将产教融合、校企合作融入整个办学过程当中。建立由行业、企业全方位参与学校管理、专业设置、人才培养和课程设置的新型管理体制。探索建立有行业和用人单位参与的学校发展咨询委员会，科学制定学校发展规划，积极开展校企合作以及专业设置、课程设置、人才培养模式等方面的改革。全面推动校企战略合作，根据产业链的发展方向、行业企业合作伙伴的要求，科学设置专业课程、制定人才培养方案、聘用兼职教师等。

2014年，焦作市举办校企共建洽谈会，搭建校企合作平台，共建实训基地、引企入校。共引进3家企业进校开展车间化教学，选派30名专业教师到企业实践，选聘35名企业专业技术人员到职业学校做兼职教师。截至年底，全市所有职业学校与53家企业进行合作办学。

濮阳市政府建立了校企合作联席会议制度。11月21日，濮阳市深化产教融合校企合作第一次联席会议召开，市教育局、市工信局以及濮阳市濮耐集团、贝英数控等20家企业和濮阳市职业中专、濮阳县职业技术学校等6所示范性中职学校负责人参加。会上，校企双方分别介绍本单位基本情况、特色优势及人才供需等情况，进行深入交流，沟通洽谈，部分学校和企业达成合作意向。

2014年，信阳航空服务学校引进华翼航模科技公司和瑞蓝仿真科技公司入驻平桥职教园区，基本达到一个专业对接一个校企合作企业，初步实现专业与产业对接、教学过程与生产过程对接。信阳市六职高与超越服饰深度合作，2014 年又引进、创办了高铁服务专业并招生 200 余人。罗山县中等职业学校与县产业聚集区金利源电子厂、大中电子厂等企业共建培训基地。

2016 年，全省职业教育坚持以市场需求和劳动就业为导向，推动“产、学、研”紧密结合，形成了政府推动、行业协会指导、企业和职业院校共同参与的校企合作新机制。25 个省级职业教育校企合作行业指导委员会基本覆盖了全省骨干产业，有效指导职业院校在专业建设、实训基地建设、技能大赛等方面开展校企共建，初步形成了依靠行业推动校企合作的局面。

2016 年，在原有 15 个省级职业教育校企合作行业指导委员会的基础上，又成立了 10 个省级职业教育校企合作行业指导委员会，基本形成了政府推动、行业协会指导、企业和职业院校共同参与的校企合作新机制。

在不断的探索中，职业学校积极寻求突破，开展各种形式的校企合作模式。河南机电职业学院引企入校，将生产企业办进校园，使教育教学和生产经营有机结合起来。郑州职业技术学院建校之初就十分重视校企合作，到 2014 年，该院就形成了校、系、专业三级校企合作模式。在学院层面，与宇通公司、四维集团等广泛合作，开设“订单班”，开展职工培训，选派教师到企业顶岗实习；在教学系层面，与河南省生物工程技术研究中心合作联合举办生物工程系；在专业层面，与北京女人天地集团和华夏星博教育科技有限责任公司等企业联合举办人物形象设计、室内装饰等专业，实现了学校、企业、学生的共赢。

第六节　社会服务

职业院校在努力培养合格的高、中、初等人才的同时，积极利用自己的专业优势，为社会服务。

1987 年 11 月，郑州畜牧兽医专科学校组成了由 18 名教师、专业技术骨干参加的科技扶贫工作团进驻固始县（河南省贫困县），开展科技扶贫工作。经过考察和反复论证，确定了 7 个科技扶贫示范项目，并选择该县汪棚、段集两乡作为综合示范点，往流乡作为单项示范点。1988 年，示范点的经济效益达 290 万元，社会数益达 3373 万元。汪棚乡候岗村的 20 个示范户搞商品瘦肉型生猪生产，截至 1988 年 10 月，户均收入 1009 元，人均收入 202 元，不到一年就达到了脱贫目标。段集乡五尖山村的 10 个示范户共栽培香菇袋料 2 万袋，产值达 8 万元。该乡建立了“五尖山食用菌开发中心”和食用菌菌种厂，生产菌种 1 万瓶，解决了群众购种难问题，促进了该乡食用菌的开发。在做好示范推广的同时，认真搞了技术培训工作，1988 年举办各种培训班 19 期，培训各种技术人员 1023 人。

河南职业技术师范学院从 1989 年开始，组织大学生开展“科技承包农户”活动，主要做法是：就近就便与周围农村建立固定联系，班包村，组包户，把高低年级学生交叉组合，3～5 人一组承包一户，让学生结合所学专业，利用课余和星期天，深入农家院落和田间开展科技宣传指导，调查总结群众经验，参加农忙时节的生产劳动。承包小组首先对农户过去的生产基础和现有的生产能力、规模进行调查，建立生产发展档案，然后制订发展规划和目标，逐年记载，观察成效。及时提供生产技术，帮助农民致富。科技承包农户活动开展以来，已有四届 308 人参加，先后与辉县市的 4 个村建立了固定联系，重点承包了 35 个农户，初步取得成效。培养了学生的思想和品德，加强了对国情民情的了解，增强了社会责任感和使命感；促进了专业学习，提高了教学效果；使学生直接投身科技兴农的主战场，取得可喜效益，赢得群众赞誉。学生尚增强在一位农户家的 14 亩土地搞吨粮田开发，小麦亩产 400 多千克，玉米亩产达 550 多千克，比邻户平均亩产增产 150 千克，取得较好的经济效益。

1991 年，濮阳市开展职业技术教育“为民服务周”活动，职业中专 400 余名师生走上街头，开展职教咨询、自行车、家用电器维修等活动，服务群众 2000 余人次。

南阳师范专科学校暑假期间组织 74 个社会调查小分队，在西峡、桐柏等县建立 2 个社会实践建设营、11 个活动指导站，举办各种文化补习班、培训班 39 个，培训各类人员 573 人，上交社会实践调查报告及主题征文 1100 份，建立中长期社会实践固定联系单位 6 个。

1995 年，信阳农业高等专科学校成立校办产业管理办公室和科技开发公司，科技开发公司采取内引外联的方式引进资金，利用学校的科学技术优势开展各种社会有偿服务，先后与信阳市湖东经济开发区、信阳市五星乡签订联合开发水面和荒山各 100 亩的协议，水面开发初见成效，荒山开发已全面展开，种植果木 8000 多株。

河南公安高等专科学校利用节假日，开展“假日警长”活动，协助基层公安机关维护社会治安秩序，参与值班、巡逻。组织普法宣传队，深入固始县进行普法宣传活动，受到当地群众欢迎。开展“青年志愿者”活动，让学生走向社会，了解社会，便民利民，服务社会。参加社会实践活动的学生覆盖面达 100%，被评为省直院校社会实践活动先进单位。

1997 年，郑州牧业工程高等专科学校以灵活教学形式，分别在乡村成校举办植桑养蚕、淡水养殖、果树修剪、家电维修、食用菌栽培、家禽饲养等专业培训班 5450 期，培训学员 25.8 万人次，推广秸秆氨化、种子精播、地膜覆盖、果树嫁接、大棚养殖等种、养、加工技术 40 项。

1998 年，平原大学与对口帮扶点卫辉市拴马乡南寨沟村进行 8 次交流，提供信息技术服务。

济源职业技术学院注重为地方经济建设服务，开展了大量社会培训和服务工作，2002 年共为省文物局和济源市水利局、公安局、人事局、妇联及商业系统培训人员 1689 人次。申报了“工商管理资格培训点”“再就业培训定点学校”“国家信息化技术证书教育考试培训点”并获得批准。学院研制开发的高压防爆开关智能保护器被市高压开关厂采用。学院计算机网络中心为市政府网络建设做了大量技术工作。

2007 年，杞县先后在职业中专、各农村高中和镇成人学校建立“农民工培训基地”，坚持“以市场需求为导向，以注重实效为原则，以提高就业能力和就业率为目标”的方针，有针对性地进行农村劳动力转移培训 3.57 万人次，提高了农村劳动力的综合素质。

2007 年 5 月 31 日，濮阳市在清丰县举办农村成人职业技术培训班。清丰县职业技术学校专业教师王同贵、清丰县仙庄乡成人教育学校专业教师崔高善分别主讲了人工养殖蚱蝉、蝈蝈技术和林下双孢菇种植技术。集中培训结束后，又组织人员分别到清丰县仙庄乡“林下双孢菇种植基地”、

“尖椒深加工生产基地”和清丰县马村乡“獭兔养殖基地”进行现场参观学习。

2007 年 9 月 30 日，商丘职业技术学院与商丘市委市政府合作共建的市院共用图书馆面向社会开馆。新图书馆建筑面积 24155 平方米，纸质藏书 503882 册，电子图书 35 万册，满足了社会各阶层读者对文献信息的需求。

济源职业技术学院围绕济源经济建设和企事业单位需求，在教学创建任务繁重的情况下，积极面向社会开展社会培训，2007 年为社会培训和鉴定各类人员 2700 多人；积极开展百村富民工程，为所驻行政村修建道路、安装路灯、培训人员，帮助开展全民素质教育；主动为企事业单位开展技术服务，服务项目达到 15 项；深入开展社会实践和科技文化下乡活动，主动为济源市社会主义新农村建设服务，被授予济源市五一劳动奖状。

2011 年，郑州牧业工程高等专科学校先后组织教师深入基层开展科普活动 50 余次，举办各类培训班 20 期，培训人员 3500 余人次；承担河南省科普、科技特派员项目 14 项；利用设在学校的 3 个省级工程中心，协助政府部门检测样品 7768 个，接收科研检测样品 895 个，与企业开展科研合作 10 余项；学校与省畜牧局联合举办了首届中原畜牧业发展论坛、河南省肉羊产业化发展论坛暨“中原肉羊产业发展联盟”成立大会、河南省第 24 次科学养鹅暨产业工程研讨会等行业协会活动。

焦作师范高等专科学校新增“国培计划”小学语文等 13 门学科 6 个培训项目，实现培训人数和培训项目“两个增加”。成立学前教育中心，服务地方社会。利用焦作太极拳资源，完成 2 期共计 50 余人的发展中国家外国留学生太极拳培训。广泛参与焦作经济文化建设，先后组织覃怀文化研究所成员赴沁阳、孟州、温县等地实地考察，完成“焦作古代书院调查”项目，参加中央电视台拍摄的七集电视片《河内名郡》样片的审查工作，参与编写《焦作文化大典》，获河南省非物质文化遗产研究基地称号。

2011 年，三门峡职业技术学院参与研究制定的《三门峡市生物技术产业发展规划和三门峡市酶制剂技术路线图》通过省科技厅专家论证；“三门峡生物产业技术创新战略联盟”正式在学院成立。学院被推选为常务理事单位和秘书处常设单位。

漯河职业技术学院承建的国家发改委批准立项的漯河市食品产业发展

服务平台为全市食品行业培训各类人才 2800 余人，提供技术咨询和服务 1 万人次。积极实施开放办学、走出校园办教育战略，建立校外教学点 13 个，分别与漯河际华 3515 制革制鞋集团、源汇区教师进修学校联合举办了不同类型的职业技能培训班等。

2012 年 5 月 8 日，时任省长郭庚茂在 2012 年全省职业教育工作电视电话会议上讲话指出，职业教育服务经济社会发展能力不断增强。主要表现在，一是有力支撑了经济增长。职业教育的快速推进，为河南经济发展提供了技能人才支撑，扩大了教育需求，推动了经济增长。据统计，2008～2011 年，全省 71 个职教强县经济总量和财政收入增速均高于全省县市的平均增速，职业教育促进区域经济发展的作用显著增强。二是明显提升了区域竞争力。2008 年以来，全省职业院校累计向社会输送技能和高技能型人才 320 多万人，河南人力资源优势进一步凸显，成为扩大开放招商、承接产业转移的金字招牌，显著提升了区域竞争力。富士康集团、格力电器等一批境内外知名企业落户河南，很大程度上缘于这一优势。三是有效促进了民生改善。几年来，河南中高职院校毕业生就业率分别保持在 95% 和 80% 以上；通过开展各类职业技能培训，促进城乡新增就业 450 万人，城乡居民收入加快提高，据统计，2011 年全省劳务收入 2340 亿元，比 2007 年翻了一番。

2014 年，河南检察职业学院共举办各类培训班 29 期，开发相关课程 56 门，培训检察干警 4496 人（次），完成了省人民检察院交办的培训任务，参训干警满意度创历史新高。

河南质量工程职业学院对平顶山市中学部分新生开展质量教育系列讲座，培训人数达 1800 人次；为舞阳钢铁有限公司开展管理层全面质量管理培训；参与河南省首部住宅物业管理服务质量地方标准——平顶山市地方标准《住宅物业管理服务质量标准》的制定工作；承接 2014 年平顶山市机关事业单位公务员专业技术人员、工勤人员、物业管理人员等共计 5964 人的培训、考务组织等工作，开展全国职业资格统一考试平顶山市点 4000 余人次和国家职业资格技能鉴定考试 27 个工种 4206 人次的考务组织工作。

鹤壁职业技术学院与鹤壁市地恩地公司、河南鑫科分析仪器有限公司等企业进行了 13 个技术难题对接，与鹤壁市工信局合作进行了鹤壁市中小企业技术难题征集并组织相关二级学院进行对接。《鹤壁市镁产业技术路线图》计划通过审核出版，《鹤壁市食品产业路线图》计划通过专家论证。完成了“鹤壁市特色文化与产业发展调查研究”“基于多学科设计优化的数控磨床可靠性设计技术研究”等12项服务地方产业发展、经济文化繁荣和旅游开发项目的研究工作。

三门峡职业技术学院组织召开豫晋陕黄河金三角职教集团理事会暨书记、院长高峰论坛，集团12所高职院校领导参加会议。

许昌职业技术学院组织1000余名大学生志愿者参加暑期文化、科技、卫生“三下乡”社会实践活动；组织学生参加许昌第八届三国文化旅游周开幕式并组队参加第八届三国文化旅游周大学生电视辩论赛；在许昌市创建全国文明城市活动中，组织大学生志愿者到责任路段担当文明天使；组织志愿者担任361°中国男排联赛河南赛区主场服务工作，并义务组织排球宝贝表演助威；组织师生到许昌部分企业进行顶岗实践，进行技术理论指导，为许昌经济发展服务。

济源职业技术学院开展全民技能振兴工程项目，完成各类培训和技能鉴定1万余人次，开展技术服务和科技文化下乡330余项次。服务社会发展，新增图书近5万册，开展公益讲座6场，接待读者60余万人次。开展“图书漂流”活动，为山区学校捐赠图书2000余册。资助清涧村党员群众综合服务中心和思礼学校少年宫的建设。洪森诵读、博士爱心团、图书馆被确定为市级志愿服务站。

鹤壁汽车工程职业学院组建硕士服务团，主动服务鹤壁市产业集聚区、大中型企业，在职工培训、技术改造和新产品开发等方面为企业提供支持。已与河南永达、鹤壁奥博特等企业在人才培养、自动生产线改造、编程设计、共建研发中心等方面签订了合作协议，与鹤壁航盛电子、鹤壁华晨汽车、鹤壁富士康等40多家大中型企业签订了合作协议。

河南省医药学校开办执业药师资格考前培训、制药企业岗前培训、制药企业CMP培训、经营企业岗前培训、经营企业CSP培训，药物制剂工（高级）、药物制剂工（中级）、中药液体制剂工（高级）、中药液体制剂工（中级）、药物检验工（中级）、计算机操作工（中级）、普通话水平测试、高级营销员和高级物流员等项目培训及鉴定工作，总计培训1.2万余人次。

河南省农业经济学校驻村工作组为驻村东南村推进扶贫资金整村道路建设项目。该项目道路建设 5.05 千米长，3 米宽，15 厘米厚，水泥路面，已完成约 3 千米。建成后实现了户户通，道路和村容村貌进一步得到改观。

2017 年，全省职业教育助力脱贫攻坚成效显著。一是提升贫困地区职业学校办学水平。坚持资源、资金、项目持续向贫困县职业学校倾斜，累计投入超过 8 亿元，支持贫困县中职学校改善办学条件、提升办学水平。二是有效开展精准脱贫技能培训。进一步加大经费支持力度，投入资金 2004.5 万元，在全省贫困县中职学校开设“精准脱贫技能培训班”，累计培训贫困人员 1.1 万余名，有效服务了全省脱贫攻坚工作，促进了贫困家庭实现脱贫减贫。三是大力开展新型职业农民培养工作。投入资金 700 余万元，依托 20 个新型职业农民培养基地，培养了 1286 名新型职业农民学员，在田间地头、养殖基地和果蔬基地开展教学，面对面、手把手地传授科技知识，培养造就了一批脱贫致富的带头人。四是实施了贫困县中职学校“兼职教师特聘岗计划”。投入专项经费 1500 万元，设立 500 个特聘岗位，资助贫困地区中职学校聘请高水平工程技术人员和能工巧匠担任兼职教师。10 月，在国务院扶贫开发领导小组主办的“2017 减贫与发展高层论坛”上，河南作为唯一代表省份，围绕“发展职业教育、助力脱贫攻坚”主题进行了主旨发言。

2018 年，全省中等职业学校主动承担助推脱贫攻坚和乡村振兴职能，积极开展支持贫困地区学校建设，助力乡村振兴战略，广泛开展职业技能脱贫培训和新型职业农民培养，发挥职业学校在脱贫攻坚中的作用。一是重点支持贫困地区职业学校建设。三年来，累计向贫困县职业学校投入 10 亿多元，开展专业、实训基地、师资队伍和信息化建设。持续实施贫困县中职学校“兼职教师特聘岗计划”，累计投入 2400 万元，资助学校聘请高水平工程技术人员和能工巧匠担任兼职教师。二是开展职业教育“精准脱贫技能培训班”。省财政持续投入资金 1629 万元，依托 53 个贫困县中等职业学校，对 6400 余名“建档立卡”贫困人员进行了技术技能培训。三是开展新型职业农民培养工作。省财政投入 900 万元，依托 20 个省级新型职业农民培养基地，培养了 1800 名新型职业农民学员。

第五章　已经与未来

70 年来，职业教育在河南经济发展中的地位越来越重要，在全国职业教育发展的大盘子中，有着自己鲜明的特色。

第一节　数据链条①

一　70 年间河南各类职业教育学校数和在校生数

表 5-1　1949～1988 年河南中等职业教育学校数和在校生数

单位：所，万人

类别	1949 年		1956 年		1965 年		1978 年		1986 年		1988 年	
	校数	在校生数	校数	在校生数	校数	在校生数	校数	在校生数	校数	在校生数	校数	在校生数
普通中专	32	0.84	78	3.49	153	3.31	84	3.39	187	9.73	216	12.43
其中：中技	8	0.16	30	1.76	131	2.60	56	1.71	147	5.66	175	7.23
其中：中师	24	0.68	48	1.73	22	0.71	28	1.68	40	4.07	41	5.20
职业中专									34	0.55	50	1.27
技工学校					21	0.89	41	1.24	140	3.21	157	4.57
农职中学					5115	31.58			370	11.92	378	11.94

① 本节表格数据，除特别注明的外，一般未包含本科院校的专科学生数。

续表

类别	1949年		1956年		1965年		1978年		1986年		1988年	
	校数	在校生数	校数	在校生数	校数	在校生数	校数	在校生数	校数	在校生数	校数	在校生数
成人高校					34	1.03		0.31	68	7.99	54	8.14
成人中专						4.09		0.85	250	9.51	3008	63.98
中初等文技教育						269.54		19.92		110.30	12094	98.08

资料来源：根据河南省档案馆J0109和历年《河南教育年鉴》整理。

从普通中等专业学校发展情况看，1949~1965年17年间，学校数和在校生数是一个持续发展的态势。1965~1978年14年间，学校数大幅减少，在校生数基本持平，从整体上看规模没有发展。1979~1988年10年间，学校数和在校生数双双实现了快速增长。

表5-2 1989~1998年河南职业教育学校数和在校生数

单位：所，万人

类别	1989年		1990年		1995年		1996年		1997年		1998年	
	校数	在校生数	校数	在校生数	校数	在校生数	校数	在校生数	校数	在校生数	校数	在校生数
职业大学	7	0.49	7	0.49	8	0.96	8	1.04	8	1.20	9	1.38
中专学校	165	12.70	170	13.73	182	21.43	184	24.86	185	29.03	185	33.36
其中：中技	124	6.94	127	7.67	137	13.89	139	16.69	140	20.05	140	23.45
其中：中师	41	5.76	43	6.06	45	7.53	45	8.16	45	8.98	45	9.92
技工学校	163	5.18	168	5.64	204	9.32	211	10.35	200	10.67	201	9.24
农职中学	466	14.50	480	15.61	785	45.86	761	51.18	742	56.84	722	60.10
成人教育	2849	197.30	2480	209.23	23128	399.38	29246	386.46	33271	455.03	34798	412.07

资料来源：根据历年《河南教育年鉴》整理。

从1989年到1998年，高等职业教育开始起步，但整体上看规模扩张的幅度不大。中等专业学校数比10年前有所减少，但在校生规模一直在持续增长。

表 5-3　1999~2001 年河南职业教育学校数和在校生数

单位：所，万人

类别	1999 年		2000 年		2001 年	
	校数	在校生数	校数	在校生数	校数	在校生数
职业大学	14	1.96	14	3.50	25	5.66
中等专业学校	180	34.71	176	33.48	160	31.40
其中：中等技术学校	137	24.41	135	24.65	121	24.32
其中：中等师范学校	43	10.30	41	8.83	39	7.08
技工学校	201	9.24	193	6.75	193	6.25
农职业中学	696	53.75	609	48.27	520	38.71
成人教育	34765	403.12	36809	453.87	35740	398.13

资料来源：根据历年《河南教育年鉴》整理。

表 5-4　2002 年河南职业教育学校数和在校生数

单位：所，万人

类别	学校数	毕业生数	招生数	在校生数
专科	42	4.79	10.21	26.05
中职（含中专、中师）	158	10.14	12.55	33.76
技工学校	180	2.26	3.76	8.02
职业中学	484	12.57	17.05	41.52
成人高等学校	24	4.91	11.13	25.40
成人中专	249	3.75	3.37	6.94
成人中学	68	2.65	2.09	2.87
成人技术培训学校	35380	620.90	647.09	318.93
成人初等教育	18730	49.96	48.24	43.91

资料来源：根据 2002 年《河南省教育统计提要》整理。

表 5-5　2003~2007 年河南职业教育学校数和在校生数

单位：所，万人

类别	2003 年		2004 年		2005 年		2006 年		2007 年	
	校数	在校生数	校数	在校生数	校数	在校生数	校数	在校生数	校数	在校生数
专科院校	47	19.16	54	22.15	55	29.90	56	36.83	51	24.94
中职教育	988	100.49	948	109.95	23	21.93	23	25.51	21	156.34

续表

类别	2003年		2004年		2005年		2006年		2007年	
	校数	在校生数	校数	在校生数	校数	在校生数	校数	在校生数	校数	在校生数
职业初中	11	0.82	7	0.68	959	124.96	1023	137.09	1116	212.63
成人高校	24	29.08	23	19.74						
成人学校	17585	102.95	206	79.97	292	53.28	315	65.46	271	430.41
技培学校	26408	446.70	23830	420.82	18425	364.85	20213	435.45	19369	38.86

注：中等职业教育含普通中专、成人中专、职业高中、技工学校，成人学校含成人中小学。
资料来源：根据历年《河南省教育统计提要》整理。

表5-6　2008~2012年河南职业教育学校数和在校生数

单位：所，万人

类别	2008年		2009年		2010年		2011年		2012年	
	校数	在校生数	校数	在校生数	校数	在校生数	校数	在校生数	校数	在校生数
专科院校	51	44.73	56	50.62	62	53.05	70	53.06	73	53.52
中等职业教育	20	26.88	18	27.78	15	25.89	14	25.65	14	29.81
职业初中	1173	171.75	1180	187.91	1130	189.31	961	184.72	920	173.81
成人学校	309	65.09	327	56.10	265	54.35	6144	50.05	4749	70.98
技培学校	20668	456.63	21260	475.30	18007	417.28	14685	347.28	13018	307.17

注：中等职业教育含普通中专、成人中专、职业高中、技工学校，成人学校含成人中小学。
资料来源：根据历年《河南省教育统计提要》整理。

表5-7　2013年河南职业教育学校数和在校生数

单位：所，万人

类别	学校数	毕业生数	招生数	在校生数
专科院校	77	18.34	17.69	50.02
成人本专科教育	13	10.59	15.41	33.64
中等职业教育	899	59.64	53.06	147.19
成人中小学	3637	62.56		55.04
成人技术培训学校	10435	262.39		240.24

注：中等职业教育含普通中专、成人中专、职业高中、技工学校。
资料来源：根据2013年《河南省教育统计提要》整理。

表 5-8　2014 年河南职业教育学校数和在校生数

单位：所，万人

类别	学校数	毕业生数	招生数	在校生数
专科院校	77	15.86	18.05	50.77
成人本专科教育	12	13.77	16.51	35.89
中等职业教育	885	50.69	49.39	137.58
成人中小学	2537	45.81		43.75
成人技术培训学校	10187	279.44		266.00

注：中等职业教育含普通中专、成人中专、职业高中、技工学校。
资料来源：根据 2014 年《河南省教育统计提要》整理。

表 5-9　2015 年河南职业教育学校数和在校生数

单位：所，万人

类别	学校数	毕业生数	招生数	在校生数
专科院校	77	24.00	28.70	75.96
成人本专科教育	12	14.54	15.20	35.91
中等职业教育	875	47.28	47.89	131.48
成人中小学	2036	36.78		33.61
成人技术培训学校	7997	233.61		230.67

注：中等职业教育含普通中专、成人中专、职业高中、技工学校。
资料来源：根据 2015 年《河南省教育统计提要》整理。

表 5-10　2016 年河南职业教育学校数和在校生数

单位：所，万人

类别	学校数	毕业生数	招生数	在校生数
专科院校	74	15.82	23.06	58.41
成人本专科教育	11	15.65	11.78	31.55
中等职业教育	800	42.37	47.79	128.25
成人中小学	1604	33.48		31.45
成人技术培训学校	7545	220.66		215.14

注：中等职业教育含普通中专、成人中专、职业高中、技工学校。
资料来源：根据 2016 年《河南省教育统计提要》整理。

表 5-11　2017 年河南职业教育学校数和在校生数

单位：所，万人

类别	学校数	毕业生数	招生数	在校生数
专科院校	79	16.28	25.30	66.83
成人本专科教育	11	15.92	12.50	28.22
中等职业教育	789	40.38	52.87	133.23
成人中小学	1234	29.10		28.14
成人技术培训学校	7088	216.07		207.66

注：中等职业教育含普通中专、成人中专、职业高中、技工学校。
资料来源：根据 2017 年《河南省教育统计提要》整理。

表 5-12　2018 年河南职业教育学校数和在校生数

单位：所，万人

类别	学校数	毕业生数	招生数	在校生数
专科院校	83	20.28	29.89	75.96
成人本专科教育	10	12.30	18.17	33.86
中等职业教育	755	39.94	50.03	136.63
成人中小学	1103	31.09		29.98
成人技术培训学校	5223	130.96		115.84

注：中等职业教育含普通中专、成人中专、职业高中、技工学校。
资料来源：根据 2018 年《河南省教育统计提要》整理。

二　几个时期不同层次、不同类别的教育数据

表 5-13　1953～1957 年河南中等专业学校发展计划

单位：所，人

专门技术分类	1952 年实际		1953 年计划		1954 年计划		1955 年计划		1956 年计划		1957 年计划		
	学校数	新招生数	学校数	新招生数	学校数	新招生数	学校数	新招生数	学校数	新招生数	学校数	新招生数	在校生数
合计	126	8456	86	6229	47	3921	43	5890	44	5870	40	5990	17819
农业	6	498	5	152	4		4	680	4	680	4	680	2040
林业		161	1	95	1	41	1	120	1	120	1	120	360
保健	12	725	7	399	7	480	5	640	6	720	7	840	2269

续表

专门技术分类	1952 年实际		1953 年计划		1954 年计划		1955 年计划		1956 年计划		1957 年计划		
	学校数	新招生数	学校数	新招生数	学校数	新招生数	学校数	新招生数	学校数	新招生数	学校数	新招生数	在校生数
中等师范	18	1984	16	3103	17	3300	23	4150	23	4150	25	4150	12450
初等师范	90	5088	57	2480	18		10	300	10	200	3	200	700

资料来源：根据河南省档案馆 J0109 整理。

表 5-14　1953~1957 年河南省中等职业教育事业修正计划

单位：人

1953 年		1954 年		1955 年		1956 年		1957 年	
招生数	到达数	招生数	到达数	招生数	到达数	招生数	到达数	招生数	到达数
5987	34276	8300	26456	11476	23564	12176	25246	11476	29122

资料来源：根据河南省档案馆 J0109 整理。

表 5-15　1960 年国家给河南省下达的高中、中等专业学校招生计划

单位：人，%

	1959 年招生数				1960 年计划							
					第一方案				第二方案			
	共计	中师	中技	占比	共计	中师	中技	占比	共计	中师	中技	占比
中技	29601	12257	17344	45.60	52000	24000	28000	57.78	56000	25000	31000	56
高中	35320			54.40	38000			42.22	44000			44

资料来源：根据河南省档案馆 J0109 整理。

从表 5-15 可以看出，1959 年河南中等职业教育的招生数，已经占到整个高中阶段的 45.60%。根据国家给河南下达的招生计划，按第一方案计算，1960 年河南的中职教育招生数要占到高中阶段总招生数的 57.78%；即使按第二方案，也会达到 56%。但是由于 1960 年的政治经济因素，国家计划被一再调整。

1960 年 9 月 20 日，第三次调整教育事业计划：中等专业学校，全省招生 20000 人，比原计划 25470 减少 5470 人，中师招生 11000 人，短期师范招生 2000 人，比原计划减少 2000 人。中幼师招生 3440 人，比原计划减少 5600 人；初幼师招生 5560 人，比原计划增加 560 人。农业中学招生 15 万人，比原计划减少 6 万人，技工学校暑期一律不招新生。

1961 年 7 月 17 日，《河南省人民委员会关于调整 1961 年文教事业计划的通知》规定中等专业学校招生 2500 人，其中工科 200 人，农科 1320 人，林科 100 人，水利 80 人，医科 800 人。中等师范学校招生 2500 人。

表 5-16　1964 年河南职业学校概况

校数（所）	班级数（个）	在校生数（人）	专任教师数（人）	职员数（人）	工勤人员数（人）	工人数（人）
50	153	6936	413	262	87	15

资料来源：根据河南省档案馆 J0109 整理。

表 5-17　1964 年河南技工学校概况

校数（所）	班级数（个）	在校生数（人）	专任教师数（人）	职员数（人）	工勤人员数（人）	实习工厂工人数（人）
20	286	8493	748	577	382	774

注：学校总数中已建立党支部的 19 所，专职党支部书记 23 人，教职工中政治工作人员 338 人，党员 171 人，团员 115 人。

资料来源：根据河南省档案馆 J0109 整理。

表 5-18　1957~1965 年河南全省集体办的中等教育事业情况

年份	合计			农业中学			普通中学			占中学总数的比例（%）	
	校数（所）	学生数（人）	教职工数（人）	校数（所）	学生数（人）	教职工数（人）	校数（所）	学生数（人）	教职工数（人）	学生	教职工
1957	1749	149644	5257				1749	149644	5257	29.2	19.3
1958	2117	315148	11461	608	90850	3702	1509	224298	7759	41.6	31.6
1962	371	40595	1679	14	1357	60	357	39238	1619	10.6	5.6
1963	566	59849	2660	121	9018	423	445	50831	2237	15.1	8.8
1964	1331	125692	5465	781	53628	2441	550	72064	3024	25.7	15.5
1965	5365	355631	15424	5062	303758	13432	303	51873	1992	47.1	43.2

资料来源：根据河南省档案馆 J0109 整理。

表 5-19 1957~1965 年河南省集体举办的小学教育事业发展情况

年份	合计			耕读小学			全日制小学			占小学总数的比例（%）	
	校数（所）	学生数（人）	教职工数（人）	校数（所）	学生数（人）	教职工数（人）	校数（所）	学生数（人）	教职工数（人）	学生	教职工
1957	3447	235054	6952				3447	235054	6952	4.76	4.63
1958	11906	1601632	42548				11906	1601632	42548	24.40	25.03
1962	12996	1232346	41948				12996	1232346	41948	26.10	24.08
1963	12817	1169602	44019				12817	1169602	44019	25.10	24.61
1964	49206	2142894	90453	30807	607699	34265	18399	1535195	56188	35.40	39.90
1965	114740	3943462	170705	100000	2456280	118020	14740	1487182	52685	49.30	54.10

资料来源：根据河南省档案馆 J0109 整理。

表 5-20 1965 年春河南省中等专业学校统计

单位：所，人

	校数	学生数	教职工数	全日制			半工半读		
				校数	学生数	教职工数	校数	学生数	教职工数
总计	150	38334	9173	107	32454	6759	43	5889	1414
中级技术学校	39	13570	4294	27	15134	3629	12	1436	665
初级技术学校	23	2502	110				23	2502	110
技工学校	19	8489	1707	15	7229	1161	4	1269	546
职业学校	50	6936	782	46	6254	689	4	682	93
中等师范学校	19	3837	1280	19	3837	1280			

资料来源：根据河南省档案馆 J0109 整理。

表 5-21 1965 年春河南省各级学校基本情况

单位：所，人

	合计			国家办			集体办		
	校数	学生数	教职工数	校数	学生数	教职工数	校数	学生数	教职工数
总计	131985	8035080	347744	26624	4378909	188842	105361	3656171	158902
高等学校	12	14597	7603	12	14597	7605			

续表

<table>
<tr><th rowspan="2"></th><th colspan="3">合计</th><th colspan="3">国家办</th><th colspan="3">集体办</th></tr>
<tr><th>校数</th><th>学生数</th><th>教职工数</th><th>校数</th><th>学生数</th><th>教职工数</th><th>校数</th><th>学生数</th><th>教职工数</th></tr>
<tr><td>中等学校</td><td>4279</td><td>601145</td><td>47585</td><td>1082</td><td>401029</td><td>38932</td><td>3197</td><td>200116</td><td>8653</td></tr>
<tr><td>其中：中专</td><td>150</td><td>38334</td><td>9173</td><td>150</td><td>38334</td><td>9173</td><td></td><td></td><td></td></tr>
<tr><td>高中</td><td>183</td><td>59277</td><td rowspan="2">38412</td><td>168</td><td>57037</td><td rowspan="2">29759</td><td>15</td><td>2240</td><td rowspan="2">8653</td></tr>
<tr><td>初中</td><td>3946</td><td>503534</td><td>764</td><td>305658</td><td>3182</td><td>197876</td></tr>
<tr><td>小学</td><td>127269</td><td>7367515</td><td>286106</td><td>25143</td><td>3915098</td><td>136111</td><td>102126</td><td>3452417</td><td>149995</td></tr>
<tr><td>幼儿园</td><td>414</td><td>51086</td><td>6290</td><td>376</td><td>47448</td><td>6036</td><td>38</td><td>3633</td><td>254</td></tr>
<tr><td>盲聋哑学校</td><td>11</td><td>737</td><td>160</td><td>11</td><td>737</td><td>160</td><td></td><td></td><td></td></tr>
</table>

资料来源：根据河南省档案馆 J0109 整理。

表 5-22 1979 年河南省中等专业学校基本情况

单位：所，人

	学校数	毕业生数	招生数	在校生数	教职工数		兼职教师
					合计	专任教师	
总计	107	978	24006	56030	10668	4712	308
中等技术学校	78	978	11536	27026	7969	2791	287
中等师范学校	29		12470	29004	3599	1921	21

资料来源：根据河南省档案馆 J0109 整理。

1977 年 11 月 22 日，河南省革命委员会教育局呈报教育部的河南省 1977 年度学校报表显示，全省中等专业学校（含师范）63 所，在校生 30166 人，教职工 7996 人，专任教师 3198 人。中等专业学校校办工厂 27 个车间，总产值 149.44 万元，农场 5721 亩，林场 36 亩，果园 120 亩，粮食总产量 91.11 万斤，农副业总收入 8.07 万元。技工学校 3 个车间，总产值 94.81 万元。

1979 年，河南省 24 所高等学校毕业的 4079 人，全部是专科生。当年招生，本科生数为 5919 人，专科生数为 4750 人，本科多于专科。在校生 30322 人，专科生为 12401 人，占 40.90%，从这一年开始，河南高等学校本科层次的招生数和在校生数均超过了专科层次。招生数是可比指标，但在校生数需要再计算，因为本科在校生学制多为四年，而专科在校生多为三年，但就整个体量上看，本科规模超过了专科。

三　中等职业学校招生数和在校生数占整个高中段的比例

表 5-23　1978~2018 年河南中等职业学校学生占高中段的比例

单位：%

年份	1978	1988	1989	1992	1993	1994	1995	1996	1997	1998
招生数	4.0	39.4	42.9	51.4	58.4	65.0	68.4	68.5	69.7	70
在校生数	3.8	33.4	37.9	45.8	51.8	58.0	62.9	65.3	66.8	66.5
年份	1999	2000	2001	2002	2003	2004	2005	2006	2007	2008
招生数	55.59	51.32	48.23	41.60	43.80	42.23	42.14	46.07	48.14	49.71
在校生数	61.33	57.93	48.77	41.47	40.70	39.97	39.88	40.48	42.38	45.32
年份	2009	2010	2011	2012	2013	2014	2015	2016	2017	2018
招生数	53.13	53.56	51.28	48.74	44.53	43.37	41.33	40.73	42.69	40.78
在校生数	48.29	49.63	49.36	47.44	43.75	42.06	40.36	39.11	39.33	39.41

资料来源：根据河南省档案馆 J0109 和历年《河南教育年鉴》整理。

1987 年，中等职业技术学校招生数占高中阶段招生总数的比例，全国为 47%，河南为 35.3%，居全国第 23 位；在校学生数占高中阶段在校学生总数的比例，全国为 40%，河南为 31%，居全国第 24 位。同时，河南省农职业中学招生连续两年下降，1986 年比 1985 年减少 4200 人，1987 年比 1986 年减少 4300 人。

从 1998 年开始，原来一路增长的中等职业学校学生在整个高中段的比例开始下滑，10 年后的 2008 年，招生占比比 10 年前降低了 20.29 个百分点，在校生占比比 10 年前降低了 21.18 个百分点；之后继续缓慢下滑，到 2018 年，占比基本保持在 40%左右。

四　全国位次

（一）与中职教育在校生数较多的10省（区）比较

选取2017年中等职业学校（含普通中专、成人中专、职业高中，不含其他）在校生数较多的10个省区，查阅它们1990年以来的学校数、招生数和在校生数，予以比较，可以看出河南的数据和位次变化。

表5-24　1990年10省（区）中职教育部分数据

省（区）	学校数（所）	招生数（万人）	在校生数（万人）	每万人口中的在校生数（人）	位次
河北	306	3.55	10.76	17.47	4
江苏	195	4.28	13.99	20.67	1
浙江	141	2.23	6.67	16.00	7
安徽	135	2.67	8.22	14.48	9
山东	236	4.86	14.85	17.48	3
河南	170	5.11	13.73	15.87	8
湖南	141	3.21	9.93	16.20	6
广东	224	4.19	12.08	19.04	2
广西	121	2.18	7.17	16.83	5
四川	173	5.20	15.40	14.25	10

注：不包含技工学校数据。
资料来源：根据《中国教育年鉴1990》整理。

1990年，河南中职每万人口中的在校生数排在10省（区）第8位。

表5-25　2007年10省（区）中等职业教育部分数据

省（区）	学校数（所）	招生数（万人）	在校生数（万人）	每万人口中的在校生数（人）	位次
河北	942	48.61	118.02	169.98	3
江苏	634	52.27	152.53	200.04	1
浙江	544	26.45	76.42	151.03	7
安徽	652	37.46	93.59	152.97	6
山东	982	61.91	160.05	170.87	2
河南	1129	67.31	158.68	169.53	4

续表

省（区）	学校数（所）	招生数（万人）	在校生数（万人）	每万人口中的在校生数（人）	位次
湖南	848	39.32	98.90	155.63	5
广东	812	54.69	136.57	144.53	8
广西	468	27.96	63.58	133.35	10
四川	699	50.28	111.63	137.36	9

注：不包含技工学校数据。
资料来源：根据《中国教育年鉴2007》整理。

到2007年，河南中职每万人口中的在校生数排在10省（区）第4位。

表5-26　2008年10省（区）中职教育部分数据

省（区）	学校数（所）	招生数（万人）	在校生数（万人）	每万人口中的在校生数（人）	位次
河北	919	51.38	127.35	182.21	3
江苏	521	47.24	138.68	180.64	4
浙江	504	28.20	73.16	142.89	10
安徽	631	35.41	95.63	155.88	7
山东	905	55.21	156.13	165.80	6
河南	1179	73.88	189.47	200.94	1
湖南	810	40.93	97.26	152.45	8
广东	812	79.73	184.57	193.39	2
广西	445	31.95	73.09	151.76	9
四川	677	59.24	136.58	167.83	5

注：不包含技工学校数据。
资料来源：根据《中国教育年鉴2008》整理。

到2008年，河南中职每万人口中的在校生数排在10省（区）第1位，走在了全国前列。

表5-27　2009年10省（区）中职教育部分数据

省（区）	学校数（所）	招生数（万人）	在校生数（万人）	每万人口中的在校生数（人）	位次
河北	919	47.32	127.91	189.66	3
江苏	482	47.83	133.55	176.89	5

续表

省（区）	学校数（所）	招生数（万人）	在校生数（万人）	每万人口中的在校生数（人）	位次
浙江	479	28.06	75.10	160.57	7
安徽	614	37.85	95.59	147.95	9
山东	849	56.39	152.93	166.59	6
河南	1109	73.62	191.54	194.99	2
湖南	755	36.24	93.74	139.95	10
广东	812	102.33	230.33	274.24	1
广西	409	43.24	91.77	187.71	4
四川	674	56.36	137.84	157.98	8

注：不包含技工学校数据。

资料来源：根据《中国教育年鉴 2009》整理。

表 5-28　2010 年 10 省（区）中职教育部分数据

省（区）	学校数（所）	招生数（万人）	在校生数（万人）	每万人口中的在校生数（人）	位次
河北	894	41.24	121.46	169.05	6
江苏	533	42.16	123.26	156.70	8
浙江	500	27.73	76.56	140.66	10
安徽	630	43.13	101.91	171.28	5
山东	842	59.41	155.86	162.71	7
河南	1000	68.01	184.99	196.76	3
湖南	723	33.14	95.21	144.96	9
广东	830	85.22	237.18	227.40	1
广西	377	37.32	95.70	207.91	2
四川	681	56.57	140.26	174.41	4

注：不包含技工学校数据。

资料来源：根据《中国教育年鉴 2010》整理。

表 5-29　2013 年 10 省（区）中职教育部分数据

省（区）	学校数（所）	招生数（万人）	在校生数（万人）	每万人口中的在校生数（人）	位次
河北	806	27.10	88.78	131.82	9
江苏	396	35.87	105.43	142.84	7
浙江	403	22.89	69.71	150.01	6

续表

省（区）	学校数（所）	招生数（万人）	在校生数（万人）	每万人口中的在校生数（人）	位次
安徽	549	38.76	101.69	160.44	3
山东	732	50.77	140.15	154.32	4
河南	899	52.27	146.50	152.40	5
湖南	625	26.95	81.14	122.40	10
广东	745	74.79	228.50	290.75	1
广西	357	34.68	92.62	192.08	2
四川	590	52.91	130.55	135.19	8

注：不包含技工学校数据。
资料来源：根据《中国教育年鉴 2013》整理。

表 5-30　2014 年 10 省（区）中职教育部分数据

省（区）	学校数（所）	招生数（万人）	在校生数（万人）	每万人口中的在校生数（人）	位次
河北	631	22.41	66.54	91.31	9
江苏	260	23.44	72.36	91.13	10
浙江	304	17.91	53.38	97.16	7
安徽	431	33.42	91.47	132.01	3
山东	460	31.91	94.82	98.99	6
河南	702	39.34	110.39	117.27	5
湖南	501	22.71	64.48	96.37	8
广东	495	41.70	128.22	120.46	4
广西	295	27.12	78.27	148.18	1
四川	483	44.38	107.92	133.12	2

注：不包含技工学校数据。
资料来源：根据《中国教育年鉴 2014》整理。

表 5-31　2015 年 10 省（区）中职教育部分数据

省（区）	学校数（所）	招生数（万人）	在校生数（万人）	每万人口中的在校生数（人）	位次
河北	628	24.32	61.29	85.30	10
江苏	248	22.87	68.02	85.88	9
浙江	286	18.71	52.36	93.27	6
安徽	412	30.68	83.78	140.81	2

续表

省（区）	学校数（所）	招生数（万人）	在校生数（万人）	每万人口中的在校生数（人）	位次
山东	435	29.40	85.73	89.50	8
河南	691	37.82	104.04	110.82	5
湖南	471	23.78	64.80	91.02	7
广东	481	39.54	117.21	112.38	4
广西	280	25.69	73.64	157.62	1
四川	467	40.08	98.75	122.67	3

注：不包含技工学校数据。

资料来源：根据《中国教育年鉴 2015》整理。

表 5-32　2016 年 10 省（区）中职教育部分数据

省（区）	学校数（所）	招生数（万人）	在校生数（万人）	每万人口中的在校生数（人）	位次
河北	609	27.43	65.81	91.59	8
江苏	235	22.09	65.25	81.57	9
浙江	262	18.84	52.07	93.15	7
安徽	374	30.58	78.18	126.20	1
山东	428	28.82	80.98	81.42	10
河南	651	37.49	101.58	106.57	4
湖南	460	23.13	66.09	100.62	6
广东	468	35.19	106.57	102.18	5
广西	276	25.63	69.86	125.22	2
四川	445	37.48	91.44	110.68	3

注：不包含技工学校数据。

资料来源：根据《中国教育年鉴 2016》整理。

表 5-33　2017 年 10 省（区）中职教育部分数据

省（区）	学校数（所）	招生数（万人）	在校生数（万人）	每万人口中的在校生数（人）	位次
河北	609	28.71	70.62	93.91	7
江苏	228	22.60	65.15	81.14	9
浙江	251	18.47	53.19	94.03	6
安徽	359	28.79	76.07	121.61	2
山东	401	26.12	79.34	79.29	10

续表

省（区）	学校数（所）	招生数（万人）	在校生数（万人）	每万人口中的在校生数（人）	位次
河南	640	42.04	106.52	111.43	3
湖南	467	25.02	68.65	100.07	5
广东	459	32.23	99.39	88.99	8
广西	271	25.28	68.68	140.59	1
四川	436	34.93	86.00	103.59	4

注：不包含技工学校数据。
资料来源：根据《中国教育年鉴 2017》整理。

从 1990 年到 2017 年 28 年间，河南省中职教育的实际规模在全国（在校生数较多的 10 个省区）的位次，由第 7 位上升到第 3 位，其中在 2008 年排在第 1 位领跑全国。其他的年份都在第 5 位左右。

（二）与 GDP 相同或相近的 10 省（区）比较

这里选取 2014 年人均 GDP 与河南相同或相近的 10 个省（区）进行对比。从比较结果可见，在河南这个人口多、底子薄、观念相对传统的省份，人均 GDP 虽然不高，但每万人口中接受职业教育的人数是比较高的，在人均 GDP 相同或相近的省区中排名并列第 2 位，远远高出除新疆和四川外的其他省（区），总规模在全国依然排在前列。

表 5-34　2014 年 10 省（区）职业教育相关数据比较

省（区）	人口（万人）	GDP 总量（亿元）	人均 GDP（万元）	普通专科在校生数（人）	成人专科在校生数（人）	中等职业教育在校生数（人）	职业机构学生数（人）	在校生数（人）	每万人口中在校生数（人）
全国	137462	676708	4.92	13799641	3733295	14163127	42377220	74073283	539
海南	867.00	3702.80	4.27	87268	11407	129497	37719	265891	307
新疆	2181.33	9324.80	4.27	195432	60119	219483	1442258	1917292	879
河北	7185.40	29806.10	4.15	648938	150433	655366	1181460	2636197	367
湖南	7119.34	29047.20	4.08	612192	141195	644800	517988	1916175	269
黑龙江	3831.22	15083.70	3.94	310106	94973	243190	454833	1103102	288

续表

省（区）	人口（万人）	GDP总量（亿元）	人均GDP（万元）	普通专科在校生数（人）	成人专科在校生数（人）	中等职业教育在校生数（人）	职业机构学生数（人）	在校生数（人）	每万人口中在校生数（人）
河南	9388.00	37010.25	3.94	927572	203029	1103864	2659967	4894432	521
四川	8050.00	30103.10	3.74	882200	100011	1079228	2128854	4190293	521
江西	4503.93	16723.80	3.71	532998	114225	437172	51546	1135941	252
西藏	281.00	1026.39	3.65	22159	6693	16990	5632	51474	183
广西	4602.66	16803.12	3.65	491027	145093	782675	49967	1468762	319

数据来源：根据《中国教育年鉴（2014）》整理。

第二节 发展贡献

一 70年间全省普通中专毕业生数

表5-35 1949~1996年河南省普通中专情况

年间	年数（年）	毕业生数（万人）	占48年总数的比例（%）	年均毕业生（万人）	占48年总数的比例（%）
1949~1965	17	11.64	14.05	0.68	0.82
1966~1973	8	3.31	4.00	0.41	0.50
1974~1979	6	4.90	5.91	0.82	0.99
1980~1985	6	13.90	16.78	2.32	2.80
1986~1990	5	17.47	21.09	3.49	4.21
1991~1996	6	31.63	38.18	5.27	6.36

资料来源：根据河南省档案馆J0109和历年《河南教育年鉴》整理。

从表5-35可以看出，1949~1996年48年间，全省普通中等专业学校共毕业828390人，按各期所占比例，1949~1965年17年间毕业人数占14.05%，1966~1979年14年间占9.91%，而1980~1996年17年间就占76.05%。

从各个时期的年均情况看，1949~1965年17年间毕业116393人，年均

6847 人；1966~1973 年 8 年间毕业 33077 人，年均 4135 人；1974~1979 年 6 年间毕业 48990 人，年均 8165 人；1980~1985 年 6 年间毕业 138956 人，年均 23159 人；1986~1990 年 5 年间毕业 174722 人，年均 34944 人；1991~1996 年 6 年间毕业 316252 人，年均 52709 人。

表 5-36　1997~2017 年河南中等专业学校毕业生数

单位：人

1997 年	1998 年	1999 年	2000 年	2001 年	2002 年	2003 年
73005	82285	98716	112019	121349	101419	100630
2004 年	2005 年	2006 年	2007 年	2008 年	2009 年	2010 年
105462	123212	146879	171236	180306	188561	209148
2011 年	2012 年	2013 年	2014 年	2015 年	2016 年	2017 年
153351	174940	191192	153964	134483	125096	109724

资料来源：根据历年《河南教育年鉴》整理。

2018~2019 年，全省普通中等专业学校毕业生 114120 人。

1997~1998 年至 2018~2019 年 22 年间，全省普通中等专业学校共毕业 2971097 人。其中 1997~1998 年至 2005~2006 年 9 年间毕业 918097 人，年均 102011 人；2006~2007 年至 2010~2011 年 5 年间毕业 896130 人，年均 179226 人；从 2011~2012 年至 2018~2019 年 8 年间毕业 1156870 人，年均 144609 人。

2006~2010 年年均毕业生数，是 1966~1973 年年均毕业生数的 43.34 倍。也就是说，这个时期一年的中等专业学校的毕业生，比那个时期 43 年的总和还要多。

简单统计，新中国成立以来，河南省的普通中等专业学校共培养毕业生 3799487 人。这些活跃在各行各业的中初级技术人员，成为推动全省经济社会发展的中坚力量。

二　职业教育的柔性贡献

（1）数目庞大的在职教育和职业培训，弥补了学校教育的不足，使得毕业生和在职人员通过培训适应了经济和社会发展的需求。

（2）推动了技术革新和社会进步，改变了河南省第一、第二、第三产业的产业结构和从业结构，推动了产业进步。

（3）毫无疑问，在提高了全民技术水平的同时，提升了全省居民的文化水平和基本素质。

（4）丰富完善了河南的教育体系，在“6334”学制之外，在不同时期出现的“3+2”“2+3”“五年一贯制”等中、高等职业教育的直通方式，适应了经济发展不同时期对人才的需求。

（5）推动了高等教育大众化的实现。在高中教育阶段使职业教育和普通高中学生的比例基本保持在合理区间，为完善河南人才结构提供了重要支撑。

中高等职业教育比例的变化，拐点出现在 2008 年，此前全省的中等专业学校毕业生数一直大于普通高等职业教育毕业生数。到 2008 年，全省普通专科层次毕业生数达到 187684 人，超过普通中等专业学校毕业生数（180306 人），这样的变化，一方面说明全省一线技术技能型人才的学历层次发生了大面积提升，另一方面也说明职业教育层次的提升带动了社会发展对人才需求层次的提升。

第三节 就业状况

1998 年，河南省高等教育学校 51 所，其中本科院校 18 所，专科院校 33 所；普通高校毕业生 3.96 万人，其中专科 2.51 万人；招生 5.02 万人，其中专科 2.75 万人。之后，这三项指标高等专科教育一直领先了 15 年。到 2013 年，招生形势发生了变化，当年本科院校招生数为 25.94 万人，专科层次招生数为 24.90 万人，在有系统统计数据记录的历史上，本科招生首次超过了专科，2014 年后又反转，直到 2016 年。从 2016 年起，河南普通高等教育的本科毕业生又超过了专科，2016 年超出 0.26 万人，2017 年超出 0.35 万人。总体来看，全省高等教育本、专科毕业生的数量已经基本持平。

毕业生的就业状况是反映教育结果的重要参数。

一　高等职业教育

（一）整体看来，高等职业教育毕业生就业率一直保持在高位

新锦成研究院 2017 年 7 月 24 日至 9 月 17 日的调研统计分析报告结果（以下简称“报告”）显示，河南省 2016 届专科毕业生就业率为 94.24%。其中制造大类就业率最高，达 95.45%。

河南省教育评估中心依据 2017 年河南省高校毕业生就业数据库信息（截止时间为 2017 年 12 月 5 日），采用该中心自主开发的“大中专学生培养与就业状况调查分析平台”，于 2017 年 12 月 5～25 日对全省 2017 年高校毕业生进行了就业状况问题调查（以下简称“调查”）。结果表明，2017 年河南省专科学历层次毕业生就业率为 95.09%。

（二）就业特色

1. 就业率

“调查”显示，在对 48.94%的专科毕业生问卷调查样本分析的基础上，发现 2017 年专科就业率的前 5 个专业为：工业分析与检验、会展策划与管理、楼宇智能化工程技术、焊接技术及自动化和铁道车辆。这 5 个专业的样本显示就业率均为 100%。

专科生就业率的后 5 个专业为：食品机械与管理（78.57%）、包装技术与设计（77.36%）、制冷与冷藏技术（76.56%）、供热通风与空调工程技术（76.27%）和经济管理（76.09%）。

2. 就业去向

专科生的主要就业去向是民营企业，2016 年为 33.41%，2017 年为 28.30%。

3. 职业类别

2016 届专科生初职成为“医药卫生专业人员”的比例最高，为 14.66%。

2017 届专科生就业前 5 位的职业为：其他人员（18.54%）、工程技术人员（15.16%）、卫生专业技术人员（13.40%）、教学人员（10.07%）和

其他专业技术人员（8.44%）。

4. 行业特色

2016、2017 两届的专科生就业量最大的行业门类都是卫生和社会工作，2016 届为 15.97%，2017 届为 13.84%。

5. 就业地域

2016 届专科毕业生在省内就业的比例为 74.85%，超过了研究生（71.50%）和本科生（62.48%）。

2017 届专科毕业生在省内就业的比例为 68.18%，高于本科生（51.36%），低于研究生（71.21%）。

（三）就业满意度

1. 工作满意度

“报告”将毕业生工作满意度的五个等级分别赋予分值，并采用等权分配计算满意度的十分制评分结果，分数越高代表越满意。2016 届专科毕业生的工作满意度为 6.45 分，高于本科毕业生（6.04 分）和毕业研究生（5.89 分）。

“调查”显示，2017 年专科生的就业满意度为 63.67%，高于本科生（57.24%）和研究生（52.54%）。

2. 薪酬情况

“报告”显示，2016 届专科毕业生月平均收入为 3734 元，其中月平均收入最高的五个专业是会计与审计（5958 元）、铁道机车车辆（5807 元）、侦查（5406 元）、供热通风与空调工程技术（5107 元）、电气化铁道技术（5022 元）。月平均收入最低的五个专业为语文教育（2651 元）、医学影像技术（2492 元）、数学教育（2467 元）、音乐教育（2384 元）、美术教育（2286 元）。

“调查”显示，2017 年河南省专科毕业生平均薪酬为每月 3579.03 元。其中交通运输大类毕业生月平均薪酬最高，为 4288.73 元。排在第二至第五位的依次为：制造大类（4101.00 元）、电子信息大类（3956.94 元）、财经大类（3902.61 元）、资源开发与测绘大类（3720.05 元）。

（四）未就业毕业生情况

2016 届专科毕业生未就业者中，“正在选择就业单位”的比例最高，占 32.39%。

对 8682 名待就业毕业生的调查显示，河南省 2017 届高校毕业生（含研究生、本科生、专科生）待就业的原因反馈最多的是“求职中”，占比为 44.35%。

（五）自主创业

“报告”显示，河南省 2016 届专科毕业生自主创业的比例为 0.18%，创业动机主要是“对创业充满兴趣、激情（62.42%）”，创业资金的主要来源为个人赚取（59.65%）。

“调查”显示，河南省 2017 届专科毕业生自主创业的比例为 3.12%，高于研究生（0.78%）和本科生（1.93%），呈现出随学历层次降低，自主创业比例增高的趋势。

（六）专业需求

“调查”认为，2017 届河南省高校毕业生（含研究生、本科生、专科生）就业行业分布比例居第一位的是教育，为 13.86%；居第二位的是建筑业，为 10.35%；居第三位的是信息传输、软件和信息技术服务业，为 9.74%；居第四位的是制造业，为 9.60%；居第五位的是卫生和社会工作，为 8.16%。

二 中等职业教育

2018 年，河南省中等职业学校（含普通中专、职业中专、职业高中、成人中专）毕业生数为 311194 人，就业人数为 299503 人，总体就业率为 96.24%，比 2017 年上升了 1.08 个百分点。就业率连续多年保持 95% 以上。直接就业率 67%，比 2017 年降低了 1.41 个百分点；对口就业率 70.66%，比 2017 年增加了 0.59 个百分点；初次就业月收入平均 2680 元，比上年略有提高（见表 5-39）。

表 5-37　2017～2018 年河南全省中等职业学校毕业生就业情况

年份	毕业生人数（人）	就业人数（人）	就业率（%，百分点）	直接就业率（%，百分点）	对口就业率（%，百分点）	平均月收入（元）
2017	445936	424334	95.16	68.41	71.25	2560
2018	311194	299503	96.24	67.00	70.66	2680
2018 增加	-134742	-124831	1.08	-1.41	-0.59	120

资料来源：河南省职业教育与成人教育网。

在就业学生中，到国家机关、企事业单位就业的 102621 人，占就业总人数的 34.26%；合法从事个体经营的 41704 人，占 13.92%；升入各类高一级学校就读的 98836 人，占 33.00%；以其他方式就业的 56342 人，占 18.81%。就业质量稳步提升。

第四节　发展中的问题

一　内在因素

长期以来，一般认为职业教育发展的障碍主要是环境、经费等外部因素，很少考虑内部因素。因此，在职业教育内部总会有一种情绪，抱怨社会对职业教育的不公。当河南的职业教育经过 70 年的发展，已经初步形成体系、已经具备规模的时候，应该客观地正视职业教育自身的问题。

在今天，制约河南职业教育发展的主要矛盾在职业教育自身。

一是一些学校没有树立科学发展的观念。少数学校抱着“正统”的教育理念和模式不放，教材讲究“统一”，上课讲究“正式”，考试讲究“正规”，将一些连普通教育都在改革的落后的东西照搬复制过来，强着要把职业教育这样的“新酒”装进传统教育管理的“旧瓶”。这样的生产关系脱离了职业教育的实际，把本来应该生机勃勃的职业教育人为地搞成一潭死水，而始作俑者还自以为是“专家”。与之相反的，是走向另一个极端。在面对职业学校规模远远超出了资源的承受能力时，个别职业学校的校长曾说“一只羊是放，一群羊也是赶”的话，把职业教育当成了荒野放羊。这也代表了少数管理者的心态。实际上，近 40 年来河南的职业教育在规模上实现了大跨度的扩张，不少学校特别是公立的高等职业学校大多都有点资源不足捉襟见肘的问题。但是一些学校通过优化体制、精简课程、科学制定人才培养方案和校企合作措施等来化解矛盾，人才培养工作得以正常运转。少数学校在一味地规模扩张后没有及时解决主要矛盾，而是不顾教育规律和人的成长规律，教育教学工作走形式，煮夹生饭，水过地皮湿，使得学生走出校门后痛说三年没有学到东西，对学校失去感情。深层次的损失，是砸了职业教育的招牌。

二是更多地强调了“术”而忽视了人。职业教育是就业的教育，同时也是人的发展的教育，而且人的发展应该放在首位。专业教育是通过系统的某一学科的专门知识的传授和学习，培养具有一定专业知识和专门技能人才的教育；人文教育是通过人文知识的传授和学习，实现培养人文素养目标的教育，核心是培育人文精神。《中共中央国务院关于深化教育改革全面推进素质教育的决定》中要求：“高等教育要重视培养大学生的创造能力、实践能力和创业精神，普遍提高大学生的人文素养和科学素质。职业教育和成人教育要使学生在掌握必需的文化知识的同时，具有熟练的职业技能和适应职业变化的能力。”把人文素养和科学素质摆到重要位置，凸显了学校人文素养教育的必要性。《教育部关于加强高职高专教育人才培养工作的意见》中要求，要将素质教育贯穿于高职高专教育人才培养工作的始终。并明确指出，素质教育就是要使受教育者坚持学习科学文化与加强思想修养的统一。素质教育相对于科学教育而言就是人文教育，其核心是培育人文素质。教育的根本是育人，育人的本质是培养人格健全的人。职业教育必须重视培养学生的人文素养。在我们的学生应该具备的所有素质中，最基础、最重要的素质是包括爱国守法、尊师敬业、正直诚信等内容在内的人文素质。现在这些品质在高职生身上正在逐步淡化。在校时缺乏对老师、对知识应有的尊重，遇事皆从个人利益出发；工作后朝三暮四、急功近利，对待遇斤斤计较，只顾眼前不看长远，甚至对父母师长都缺乏感情，致使社会在对他们寄予厚望的同时，也充满了担忧。我们的职业教育必须使学生先成人，再成才。而我们职业学校的管理者要么忙于扩招、忙于宣传、忙于升格、忙于开会，想不到这一点，要么想到了也很少有措施去推动。

三是抱怨和跟风。抱怨社会不重视，抱怨学生差，抱怨师资队伍不行，抱怨经费不足等，很少从自身找原因，很少认真厘清自己的职业教育理念。在专业设置、人才引进，甚至在建筑规划、评优评先等方面都不去考虑自己的实际情况和发展需要而跟风照搬，使得同质化倾向日益突出。职业教育和普通教育的主要区别，是其鲜明的、既不同于其他教育也有别于同类的特色。经济和社会的发展是全方位的、立体的、多样化的，职业教育当然应该如影随形，丰富多彩。遗憾的是，我们的职业教育在还不成熟时往往一哄而起，一拥而上。例如在开设专业方面，这个特征就十分明显。据对河南 11 所高职院校的随机调查，发现专业设置雷同化现象比较严重。一些专业，如计算机类、管理类等几乎所有学校都有开设。另据对省内 30 所有学历教育资格的高职院校随机考察，发现其中 20 家开有空中乘务专业。客观地说，结合郑州航空港建设的需要培养未来的人才，说明了河南职业教育对当地经济发展的敏锐反应，也体现了职业教育对发展的远见。但是否有必要开设这么多的相同专业，航空港未来需要多少这方面人才，是应当进行科学论证的。

四是重形式。老是认为别人看不起，为了树立形象，就将自己认为的优势一再放大。少数学校说大话，说空话，虚张声势，动辄就说“我是万人大学”，殊不知懂行的人并不认同。发达国家发展高等职业教育的经验表明，这样的学校规模最佳区间在 6000~8000 人。河南高职院校的情况是，到 2017 年，在全省 59 所公办高职高专院校中，有 29 所在校生规模超过了1 万人。规模最大的已经超过了 2 万人。这样的规模，对于年轻的高职学院来说，或多或少会出现“腰围大于身高”的窘境。资源与规模严重不匹配，会带来一系列问题，严重影响人才培养质量。

五是刻舟求剑。一些职业学校的管理人员很少研究职业教育的内在规律，而热衷于教育以外的精神劳动。个别学校多年班子会议不研究教学工作，个别学校引进的博士工作不到一年就到处要求解决“副科级”职务。这些都是个别现象，但是对于教育的危害却是致命的。

时代前进了，学生变化了，科学技术日新月异，但我们的管理体制、机构设置、考试评价、观念认识等都还存在因循守旧的现象。现代科技对教育技术的冲击，直接挑战传统教育模式，而手机的普及对传统的课堂教学的冲击更是致命的，尤其是在职业教育阶段。一般来说，小学阶段的课堂教学，由于学生年龄和教育氛围等因素制约，教师的控制能量仍比较强大，学生上课玩手机的现象很少，有些学校和班级甚至没有。普通初中、高中阶段的学生迫于升学压力，对课本外的兴趣只能限于课堂之外。考入本科阶段就读的学生尽管在课堂上有着相当大的自由度，但他们在初中、高中时期差不多都是应试教育的优秀者，对课堂教学的敬畏有着一定的惯性，而且本科教育的学科性决定了学生对课堂教学的专注度。

高等职业教育招收学生有两个途径，一是自主招生。自主招生是学校命题、学校批卷、学校自主录取，基本上没有门槛，少数学校甚至在学生报名时就承诺录取。二是通过高考录取的新生。参加高考的考生，按照高考成绩，在本科录取之后，才是高职院校录取。这个批次录取的考生，高考成绩大都不太理想。2016 年高招录取，河南高职高专院校录取考生最低线定在 180 分，但 150 分就能录取。满分 650 分的试卷，按百分制换算，只要得 23 分就能上大学，应该说，这个门槛并不高。高职高专的学生虽然文化考试成绩不佳，理论知识不牢，但是思维活跃，动手能力较强。他们一般不适应古板僵化的传统课堂教学模式。

高职学生的这种特点，加上课堂自由度比高中要大得多，没有升学压力，如果课堂教学没有强大的吸引力，学生就会逐步选择用“不配合”来消极抵制，课堂上玩手机的现象比比皆是。据对不同学校、不同专业、不同年级的 566 位高职在校生上课情况的随机调查发现，有 95% 左右的学生上课玩手机，其中 30% 左右的人一直玩，一节课没有玩手机的人只有 6% 左右。其中有一节课，两个班 110 人，只有一个学生没玩手机。教材与知识脱节、教学与实际脱节、培养方法与培养目标脱节，使高职课堂教学难以为继，实际上，一节课中如有 10% 的学生听课就已经很不错了。这种状况要求现有高职课堂教学模式必须进行革新。

中职的情况和高职一样。在入学方面比高职的门槛更低。中职生对传统的教育和考试制度更不适应。

课堂教学是学校实现人才培养目标的最基本的生产单位。传统的模式、僵化的教法面对如狂风暴雨般袭来的信息化浪潮，使其与这种模式、方法极不适应的新的形势下的受教育者之间的矛盾越来越激化。教育者尽力希望在维护传统模式的前提下做出小步改良，而受教育者偏偏排斥这些正统的模式和方法，课堂教学仅靠微弱的制度在勉强维持。

六是评价方法严重脱离人才培养实际。长期以来，我国传统的评价学生的尺度是以所学知识的多少来衡量的，是一种唯知识的质量观。而对培养生产、建设、管理、服务第一线和基层部门实际工作者的职业教育来说，这种教育质量观必须转变，而代之以技术应用能力和创新能力为主体的综合素质质量观。目前，职业教育中存在教学内容过于陈旧、学生缺乏实践和实践教学环节难以有创新举措等不足，都不同程度地阻碍了创新人才的培养。中国目前的高考制度，只是在不得已的情况下而选择的一种淘汰手段，但是各级各类学校几乎都把考试当成了评价学生的唯一手段。这种方法，尤其不适合对高等职业院校学生的评价。令人欣慰的是，经过多年的努力，关于职业学校学生评价的问题，已经在一定范围内引起了重视。但是对于职业学校教师工作的评价，长期以来既没有脱离普通教育对教师评价的窠臼，更可怕的是没有引起广泛的重视。职业学校的培养目标和培养对象，都和普通高中有着较大的不同，但是学校对教师的评价，大多照搬普通教育的模板。这就导致真正切合职业教育的方法无法实现，真正在职业教育实践中有思想的教师不敢创新，真正符合经济和社会发展需要的人才无法培养。

河南的职业教育，已经有了可观的规模，积累了丰富的经验，但是真正的核心竞争力还没有形成。

二　客观原因

（一）职业教育的体系尚未完全建立

随着一批地方高校转型为应用型高等学校，河南职业教育的体系延伸到了本科层次。但这并不意味着已经建立了完善的职业教育体系。中职学生通往高职的道路已经打通，但是高职学生通往本科院校的门槛依然太高，职业教育仍然停留在专科层次，尚未形成体系。“立交未交，直通不通”的局面虽然有所改善，但是依然没有实现“交、通”。

（二）校企合作止于形式

高等职业教育需要建立校企合作的办学机制和工学交替的教学模式，

而无论是校企合作还是工学交替，都离不开行业企业参与。虽然许多学校都建立了专业建设指导委员会和实习实训基地，事实上这些合作很少能全面实施，多数的合作都源于学缘、友缘、亲缘关系。还有就是处于浅层次的，学校为就业率考虑，企业为短期用人考虑的合作。在这样的合作中，企业的积极性大多在于：我需要时有人，我生产旺季时有学生供我使用。很少考虑教育自身的特点和规律。先前的校企合作停留在浅表层面，基本上是学校一头热，其实真正热的是理论。根本原因在于企业没有积极性，没有积极性的原因在于没有真正效益。近年来，随着政府加大对公办职业院校的投入，校企合作一头热的天平有了倾斜，倒是有些学校开始有了底气，在校企合作方面占据主动。个别学校考虑更多的是自己的权益而强调企业的义务，忽略了人才培养目标的实现对行业企业的依赖，使得校企合作运转不畅。有的学校注重外在形式而忽视合作实质，签了不少意向和协议，但少有落实的。这样的校企合作基本上没有含金量。说的是“双赢”，其实是谁都不赢，最没有赢的是学生。

（三）政策和环境

在落实了中职学生学费和高职生均经费后，公办职业院校的经费供给有了较大的改善，但是钱怎样花，支出怎样实现最佳，如何在严格的财政制度下把经费用在刀刃上，一些院校还在摸索。

两次职业教育攻坚工程，政府对职业教育的支持政策日趋完善，对职业教育的投入不断增加。这种投入给的是“真金白银”，大大缓解了职业教育硬件不硬的矛盾，但是一些政策措施还可以完善。比如中职教育的“注册入学”，这样看起来是降低了职业学校的入学门槛，但在社会心理方面造成了对职业教育的轻视和鄙薄。

（四）社会对职业教育的认识还没有根本改变，鄙薄职业教育的观念还有市场

在中职阶段，考生大多是注册入学的，即凭初中阶段的毕业证书即可到校就读，入校没有门槛。在高职教育层次，许多考生都是在高考时未能被本科录取，无奈才报考高等职业院校，家长也认为是学习不好的孩子才

上高职。在义务教育阶段和高中教育阶段，学校教育的氛围是指向重点大学、本科大学的。这些偏见，导致了职业学校学生的自卑心理，影响了他们的职业生涯规划。其实这些学生大多数是优秀的，考试成绩不好，只是他们不适应这种评价方式，而我国经济和社会发展也不仅仅需要考试型人才。

人们对职业教育缺乏全面的认识和评价，少数地方和部门领导重经济、轻教育，少数业内人士重普通教育、轻职业教育。一些高中教师和学生家长在指导学生填报志愿时，也会对职业教育鄙薄轻视。即使是广大考生，也只有在选择重点高校、一般本科院校和复读无望后，才会选择高等职业院校。普通百姓对高等职业院校的理解和认识不深。一方面，社会偏见使学生和家长产生职业教育是“二流教育”和“落榜生教育”等错误认识，加上用人单位片面追求高学历，使学生和家长认为上了职业学校前途无望，这无疑给职业教育的发展雪上加霜；另一方面，大多数学生和家长不自觉地把职业教育与业余教育和专业培训联系在一起，总感觉在教育前面加上“职业”二字低人一等，使得职业教育的地位一直无法和它的社会贡献所匹配。

（五）师资队伍建设依然没有走出困境

职业教育不像普通本科教育那样有着相对完善的学科体系，也不像基础教育那样有着成熟的知识体系，它涉及经济社会发展各个行业、各个层面的教育，仅教育部再次发布的《普通高等学校高等职业教育（专科）专业目录》就有 19 个专业大类 99 个专业类 747 个专业（由原来的 1170 个调减），主要对应职业类别 291 个。这样的培养范围决定了职业教育师资的短缺，而且职业教育的特点要求本身必须适应现实发展，经济和社会发展需要什么人才就要及时培养什么人才。既然是需要的，必然是紧缺的，其高学历高职称的能够担任专业教师的人才更加紧缺。因此，在现有机制下，职业教育的师资队伍建设不可能真正优化。职业教育紧跟当地经济社会发展的实际，新开设的专业都是社会紧缺专业。这里实际上有一组矛盾，即人才培养的长期性和社会急需的紧迫性。一个新的专业出现了，市场急需这方面的人才，恰恰因为急需，才需要抓紧培养，而培养又没有成熟的教师队伍。国家规定的高职院校教师的资格，需要学历、职称等条件。实际上在目前，没有硕士及以上学位的高等教育毕业生很难进入高职院校。能够承担紧缺专业教学任务的，多是在实践中锻炼出的能工巧匠，这些人可能不具有硕士及以上学位，更不会有副教授及以上职称，往往还不具备高校教师资格。即使学校降格以求，但又受编制等方面的制约进不来。如果聘任，给的课时费往往偏低。这就造成了高职院校永远处在师资紧缺又急需培养的矛盾之中。

（六）理论研究滞后

到 2019 年，河南职业教育在校（册）人数已经达到 407.43 万人，全省平均每 100 人中就有 4 个在职业院校就读。面对这么庞大的群体，面对这么有生机的教育，对于职业教育的理论研究还很薄弱，鲜见有特色、有质量，能预测职教发展的研究报告和成果。理论研究的滞后，导致职业教育探索成本的增加和发展后劲的不足，有些积弊一旦形成，要花相当长的时间和精力、财力才能消解。

第五节　面临的挑战

一　产业结构调整与升级带来的挑战

未来 50 年是我国产业结构调整并同时实现产业结构升级的重要时期。但从目前我国从业人员的教育水平来看，低层次的劳动力依然占绝对多数，这将严重制约国家产业结构发展目标的实现。

为与我国产业结构调整和升级同步，需要加强对从业人员中低学力劳动力培训的力度，主要指高中及以下文化程度者；需强化从业人员的继续教育与培训，包括大专及以上学历的从业人员。在职业教育追赶产业升级的过程中，产业的升级还在不断进行，这将带来一系列新情况、新问题。

二　科学技术升级带来的变化

日新月异的科技发展已经导致了人们生活方式的改变，手机支付、高铁民航购票、远程视频、网购等以前人们想也想不到的事物已经成为大多数民众的生活习惯。当油灯进入电灯时代、石磨进入电磨时代时，人们害怕停电；今天人们在惧怕停电的同时，还担心“停网”；明天人们还会担心什么？

三 高职扩招带来的挑战

2019 年 3 月 5 日，李克强总理在十三届全国人大二次会议所作的《政府工作报告》中提出，要加快发展现代职业教育，改革完善高职院校考试招生办法，鼓励更多应届高中毕业生和退役军人、下岗职工、农民工等报考，2019 年大规模扩招 100 万人。2017 年，全国有高职（专科）院校 1388 所，要将 100 万人分解，每个学校平均要增加招生 720.46 人。河南高职院校的招生情况本来就不尽如人意，一些学校的单招实际上就是走个过场，再扩大招生，生源哪里来？可以预想的办法就是放开招生，不再考试，像中职那样持高中阶段的毕业证就可注册上学。这样的结果是倒逼职业学校苦练内功，办出特色。

四 社会认知带来的挑战

经济社会的发展，使人们对职业教育的要求越来越高。用人单位更看重学生的综合素质，家长在关注学生职业技能提高的同时，还有不少希望孩子提高学历层次。职业学校的毕业生既承载着生存发展、家庭生活质量提升的责任，还担负着塑造职业教育形象的义务。因此，学校的人才培养过程面临着许多挑战。

在职业教育内部，僵化的体制、固化的机构、陈旧的观念依然有着一定的市场。全新的发展和落后的意识的碰撞，将会带来痛苦的嬗变。

五 职业教育体系构建带来的变化

目前我国的教育体系呈“h”型。普通教育已经建立并完善了从初级、中级、高级到硕士、博士的体系，而职业教育还停留在专科教育层次，虽然地方高校正在转型发展，但真正的职业教育的本科层次还没有完全建立，还有以后的职业教育的硕士、博士层次，普教长、职教短的现状还没有得到根本改变。随着发展，我国的教育体系必将形成“H”型，职业教育的高层次发展是必然趋势。这样的发展必然带来现有职业教育的变化。

六　办学条件不足的挑战

多数高职院校存在资源不足和规模过大的矛盾。最重要的是教师队伍问题。教师队伍的问题，主要是数量和质量。当前最迫切的是数量不足。尽管在报表显示中所有学校的生师比都达到了国家的要求，实际上还有学校高于 18∶1 的比例。个别公办高职学校编制不到 600 人，专任教师不到 400 人，但是在校生早已突破了 1 万人。1 万人的学校，国家要求专任教师不低于 555.56 人，实际差距太大。2019 年要扩招，再增加 800 人，现有的教师都远远不够，如何承担更多学生的教学任务？

第六节　思考与对策

至少有五个方面的因素促进现代职业教育体系的建立。一是经济社会发展需求。随着国家粮食生产核心区、中原经济区和郑州航空港经济综合实验区建设的不断深入，2016 年 12 月 26 日，国务院又批复同意支持郑州建设国家中心城市，河南在全国经济社会发展中的地位愈发重要。这个重要，决定了职业教育健康快速发展的命运。二是政府的主动作为，随着近年来河南整体实力不断提升和在全国发展中责任的增加，为了实现未来发展的人才支撑，政府会一步步加大对职业教育的重视程度。三是科学技术发展带来的巨大冲击，职业教育传统、保守、僵化的培养模式和粗放的发展模式将被打破。四是社会对职业教育的认识正在日益提高，这样的提高不但会优化职业教育的发展环境，还会进一步提振职业教育自身的信心。五是职业教育自身将发生变革，内在的发展冲动必然会带来外在的巨大变化。

中等职业教育：巩固提高发展水平。河南的中等职业教育经历了大发展的历程。20 世纪 90 年代中期，全国各地甚至联合国教科文组织等都多次组团到郑州学习取经，在国内外都有一定的影响。近年来，虽然受大气候的影响，规模有所回落，但底气仍在。根据省政府的总体要求，到 2020 年，中等职业教育在校生要达到 160 万人，与当前比，规模还要增加。在继续增加规模的同时，人才质量的进一步提升已经迫切地摆在了中职教育面前，无法回避，必须应对。

高等职业教育：创新发展。除在现有基础上进一步提升人才培养质量外，还要进一步探索发展本科层次职业教育的路子，培养本科层次技术技能人才。并且要逐步建立以职业需求为导向，以实践能力培养为重点，以产学结合为途径的专业学位研究生培养模式。也就是说，职业教育的直通车要一直通到研究生层次，真正成为一种教育类型。但是原则上现有职业院校不再升格，这就要求河南高等职业教育的存量部分开拓提升人才培养质量的视野，走出“乡镇企业型”办学人的思维圈子，破冰解困，内生动力，实现健康发展。

一 重视管理者综合素质及其人格的培养

职业院校的领导应当有坚定正确的政治方向和远大的理想，有全心全意为人民服务的意志，热爱职业教育工作，懂得教育规律和市场经济规律，了解职业教育的基本规律和发展趋势，有开拓进取和自力更生、艰苦创业的精神，有密切联系群众的工作作风，有坚持实事求是、理论联系实际的思想作风，有远见卓识和较强的管理能力。目前河南职业院校的领导者，基本已具备了上述条件中的一些条件，但对教育规律和职业教育的了解还不够，有必要对职业学校的院校长不断进行任职内强化培训，严格要求，补上理论这一课，同时要加强其综合素质及人格的培养。

二 加强师资队伍建设

职业教育院校教师的专业结构和普通院校不同，其学科门类非常庞杂，并且随着产业结构的变化，专业设置应不断调整。作为教师，应该胜任本专业中的多门课程，在教学中能做到理论与实践相结合，同时，教师本身应具有很强的专业应用能力，或称之为专业实施能力。结合河南省职业院校人才培养工作的实际和体制机制的壁垒影响，有必要更新观念，进一步加大职业院校师资队伍建设力度。继续大量培养“双师型”素质的教师，适当培养和引进具有博士学位、具有正教授职称的专业带头人。职称评审已经落实到学校，有发展远见的管理者能够科学运用这个杠杆，结合职业教育特点和学校实际，根据个人实际水平评聘一批能在职业教育领域内有影响的骨干教师，有效解决教师职称偏低的问题。

职业学校师资队伍建设必须正视的一个问题，就是破解迷信高学历、高职称的难题。

三　促进改革，强化竞争机制

政府要认真落实《民办教育促进法》，在规范管理的基础上，推进分类管理。同时要加大对民办职业教育的支持力度，鼓励民办职业教育发展，扶持其成为教育改革的重要力量。要鼓励公办职业学校进行体制机制创新，加强内部管理体制改革，提高办学效益。职业院校要积极深化内部管理体制改革，用经营的理念办学校，全面提高学校办学效益。推行人事、工资分配、后勤服务社会化等方面的改革，建立全员聘用，能上能下、能进能出的有利于高素质人才引进和发展的用人机制，建立与工作岗位相配套、与能力水平相适应、与业绩贡献相衔接的具有激励作用的工资分配机制。根据工作岗位，建立科学的考核机制。积极推行学校后勤服务社会化改革，引入市场机制，运用经营理念，优化资源配置，保障后勤供给，促进教职工和学生的利益与学校的运行和谐发展。同时，学校要建立健全有效的监督机制，加强民主管理，保障平稳运行。要花大力气做好建章立制工作，加强各项管理的规范化建设。学校管理运作模式、规范体系应与办学层次、办学规模相适应。

要清醒地认识到办学层次的提高、办学规模的扩大给学校管理带来的难度和复杂性，加强对管理规范化建设中必要的投入，从而在较短的时间内建立起正常、稳定的教学、科研秩序和其他工作秩序。与此同时，不要忽视管理的改革与创新。要办出特色，实现协调、可持续发展，就要改革与创新管理思想及观念，构建更加符合职业教育规律和自身办学定位的、有利于学校可持续发展的管理新思想、新模式。要实行灵活的用人机制，实行聘任、雇用、借用等多种人事管理方式。管理组织机构体系要抓住转型机遇进行优化调整，朝着扁平化、柔性化方向发展，减少中间环节，提高管理效率，以适应发展的新要求。

四 重视人文教育

第一，开展人文教育首先要正确把握“人文”内涵。人文素质是指人通过人文知识的学习，以及由这些知识内化而成的在精神面貌、道德修养等方面所具有的综合品质或达到的发展程度。人文素质基本内容是人文知识，其形成主要有赖于后天的人文教育。人文素质教育的目标是提高受教育者的人文素养。人文精神是人文素养的灵魂。

第二，要在专业教育中渗透人文精神教育。职业院校开展“人文教育”和“素质教育”，不能简单等同为普通教育中的“通识教育”。职业技术院校的学制较短，学生还要接受大量的实践教育，课时有限。在专业教育中渗透人文精神教育，让学生在课堂上逐渐培育人文精神，然后再借助课堂外的隐性教育使学生掌握更多的人文知识，提高自身的人文素质，才是切合职业院校实际的人文教育之路。在专业教育中渗透人文精神教育，就是要实现科学精神与人文精神的“融合”，使学生在开展学习应用、创新技术的活动中，或者是在探索人类精神、关注人的本性的人文社会活动中，能够受到精神指引，使自身的专业技术同人文素养协调发展。

第三，要围绕职业道德和敬业精神开展人文教育。职业教育人才培养目标十分明确，就是培养生产、建设、管理、服务一线所需的技术技能应用型专门人才。这种专门人才需要全面发展，前提是应具有良好的职业道德和敬业精神。这种职业道德和敬业精神正是职业院校人文素质教育的核心，正是专门人才得以健康成长和持续发展的内在因素。职业的社会特性反映出不同的职业承担着不同的社会责任，职业学校学生要做到乐岗敬业，必须具备良好的职业道德和敬业精神。职业院校围绕职业道德和敬业精神开展人文教育，其内容要针对未来从事行业职业的特点，重点开展与未来职业紧密相关的法律教育，诚信、责任、创业、敬业的教育，培育突出职业特点的人文素养。

实验、实训、实习是职业教育人才培养的关键环节，工学结合已成为职业教育创新人才培养的重要切入点，这是职业教育的自身特点和发展要求所决定的。重视在各实践环节中渗透人文教育，尤其是抓住学生顶岗实习的契机，利用不同企业的文化给学生带来的强烈体验，加强学生的职业素质教育，会收到事半功倍的效果。在专业教育与人文教育融合的其他途径上，一是要重视校园文化环境建设。要把校园物质文化环境的建设纳入人文教育的总体规划，在校园环境的美化中体现人文教育和专业教育融合的理想诉求。在培育校园文化建设中，要关注人文精神的渗透。二是要加强教师的人文素质建设。提高学生的人文素质，关键在于提高教师的人文素质修养。只有提高教师的人文素养，在专业课教学中融入人文素养教育的理念才能成为现实。提高教师的人文素养，重要的是要在制定有效措施和建立长效机制上下功夫。三是以课程改革为努力方向。要重点开发整合职业道德、职业意识、职业心理、职业精神等职业人文素质的养成课程，通过加强就业指导课程等加强人文课程建设，形成人文教育的基本课程模块。注重开设富有地方特色的人文实践课程，帮助学生了解掌握当地的风俗、习惯等，既有利于人文知识的传授，又有利于学生快速融入当地的人文环境。同时，还可以将企业文化融入课程，结合“订单式”培养模式，将订单培养企业的文化内容分解在专业教学之中。

五 建立科学的评价机制

这里的评价涉及三个方面，一是对院校的评价。评价一所职业院校，不能简单地看它的校舍、图书和仪器，也不能一味地看它的教授多少、科研水平多高，更不能简单地衡量它的就业率和升学率，而是要有一个科学的评价系统，看它培养的学生在当地经济和社会发展中起了怎样的作用，看这个院校的核心竞争力到底怎样等。二是要改变对学生学业的评价，要改以考试为主要手段的终结性评价为全面衡量学生素质的真实性评价，促进学生整体素质的提高。三是要匡正对教师工作的评价，可以通过听课、说课、专业剖析等方式来检验教师对专业知识的理解和对教育教学工作设计的科学性，也要通过学生发展来综合评价教师的工作付出。以此为契机，改变职业院校的教学过程、教学方法和教学手段，使我们的学校真正成为经济社会发展的人才库，使我们的教师真正成为学生成长的引路人，使我们的学生真正成为社会需求的人才。

（一）建立高效的职业教育教学评价机构

从世界经验看，职业教育教学评价机构都是以政府的信任和支持为运作条件的，离开政府的资助与支持就难以发挥应有的作用。评价机构将评价结果向社会公开，既是对国家、学校、受教育者、家庭、地方政府及其他投资者负责，也是为了向社会各界提供信息，帮助学生选择学校，引导教育投资等，同时也有利于全社会对职业教育系统的监督。评价机构的信息要为政府的行政决策服务，如果得不到政府的信任和支持，等于“产品”失去了用户，也就丧失了存在和发展的条件。要做好这一工作，第一，进一步健全在教育行政部门指导下的职业教育监控与评价系统。要建立一个集系统性、科学性、层次性、多样性、灵活性于一体的第三方评价系统，以国家的基本标准为底线，设立分门别类的质量标准和评价体系，在国家法律和政策的框架内，对职业学校实施监控与评价。第二，系统要吸取职业教育专家、校长代表、行政管理官员、企业界代表、社会人士代表和学生家长代表参与，组成独立的、非营利的质量评价机构。政府可授权其对办学质量做出评价报告，规范其行为，定期向社会公布评价结果并报教育行政主管部门备案，这也是对官方评价的有益补充。第三，政府可以通过立法程序和市场原则来加强和规范民间评价机构，对违法者给予处罚，缺乏信誉者自然被市场淘汰，以此促进民间教育评价机制的发育形成和健康发展，从而在客观评价的基础上，推动职业教育又好又快发展。

（二）制定科学的评价方法，引导职业院校办出教育特色

评价体系、指标、方法要科学，教育质量调控方法要规范。由于职业教育发展的局限，无论是教师或教学管理人员都存在着一个逐步积累经验与不断探索的过程。要通过评价机构的导向作用，鼓励、引导职业院校逐步形成自己的教育特色。在整个职业教育教学环节中，注重质量、形成特色是教学评价与监控的着力点所在。评价方向应注重社会发展和经济发展，以使评价有社会导向的功能，通过评价指标和内容的设计，引导优化专业结构。院校应根据评价机构的评价结果及时调整专业，培养市场需要的人才，并注重跟踪毕业生就业及其发展情况。

（三）应用现代管理科学建立教育教学质量监控与评价体系

把现代管理理念应用于职业教育，这种教育就是一种服务，而学生、家长及社会则为“消费者”或“顾客”，学校要满足他们的不断的需求。一是要从“服务的角度”看待学校的一切工作，包括对内和对外的工作。二是培养人才的质量形成是从学生进校到毕业全过程的教育和管理。三是必须使影响“产品”质量的全部因素始终在教育和管理过程中处于受控状态。四是使学校具有持续提供符合社会所需人才的能力。五是学校要建立质量体系，坚持进行质量改进，以持续提高教育质量。在职业教育教学管理和教学过程中引入这一体系，目的是建立起有效的、规范师生员工行为的约束机制，规定学校每个部门、每个岗位及每个参与人员的职责和权利，使其各负其责；也规定了各部门、各岗位之间的工作接口，避免部门之间由于职责不清导致的“踢皮球”现象。

（四）建立多元化的评价主体，发挥评价导向作用

建立包括政府、中介评价机构、学校、学生、企业在内的多元化的教学质量监控与评价体系，形成对教学质量多角度、多方位、多层次的监控与评价。首先，政府应以发展性评价的观念来指导评价，实现“以评促建，以评促改”的评价目标，对职业教育进行宏观监控。并根据评价结果对高职高专院校进行资金投入。其次，健全教学管理职能部门，发挥其在教学质量监控与评价中的常规主体作用，教务处、教学系（部）与教研室（处）是在第一线教学活动的直接组织者、实施者和管理者，在教学管理监控中是教学质量保证的直接责任者。再次，发挥学生对教学质量的监控评价作用，院校可通过问卷调查、问卷评分对教师做出某些方面的评价或综合评价。由于教师的教学工作直接对象就是学生，学生对老师的教学态度、教学水平、教学数量、示范水平最了解。最后，要引进用人单位与社会有关标准，使教学质量监控与评价更具科学性。

（五）建立“三个结合”职业教育人才培养模式

一是校企结合。校企合作共同组建专业建设指导委员会，共同实施人

才培养，学校和企业、学生签订培养协议，企业参与学校人才培养并提供一部分双师型师资，并在企业设立实训基地、就业基地，优秀毕业生毕业后直接由企业聘用。通过共建队伍、共建基地、共建方案、共建课程、共建课堂来助推人才培养模式一体化的有效实现。

二是工学结合，体现为职业核心能力的学习、培训过程与工作岗位结合，构建“边工作边学习，为工作而学习”培养模式，学生掌握基本的专业知识和专业技能后，安排1~2个学期直接到用人单位的具体岗位顶岗实习，在实际工作实践中深化对知识的理解，提高专业技能。

三是双证结合。双证结合是指职业院校毕业生在完成专业学历教育获得毕业文凭的同时，必须通过与其专业相衔接的国家就业准入资格考试并获得相应的职业资格证书，把学历教育与国家职业资格证书体系衔接起来，以职业能力和职业资格标准为核心，突出实践动手能力的培养，使学生掌握最新的工艺和技能，将其贯穿于学历教育的全过程，以此来组织教学内容和课程体系。

附录　当代河南职业教育大事记

1949 年

5 月 10 日，河南省人民政府在开封成立。

上半年，河南全省技术学校 5 所，在校学生 1020 人；师范学校 5 所，在校学生 1123 人。

9 月 29 日，《中国人民政治协商会议共同纲领》规定，有计划有步骤地实施普及教育，加强中等教育和高等教育，注重技术教育。

1950 年

1 月 6 日，教育部《关于第一次全国教育工作会议的报告》披露全国教育工作情况，中等学校普通中学多，技术学校少，不能适应恢复发展经济的迫切需要。

6 月 1 日，政务院发布《关于开展职工业余教育的指示》。

7 月 28 日，政务院批准颁布《专科学校暂行规程》，专科学校的具体任务是，培养通晓基本理论并能实际运用的专门人才，如工业技师、农业技师、教师、医师、药剂师、财政经济干部、文艺工作人员等。

8 月 7 日，省教育厅行文省农业厅，请着手办理设立许昌专区高级农业职业学校，恢复陕州高级棉业职业学校，设立南阳专区蚕桑职业学校。

8 月 26 日，省教育厅就通许职业学校办学宗旨回复陈留专署教育科，“初级职业学校系以培养初级技术人才为主旨”。

9 月 18~29 日，第一次全国工农教育会议召开。

11 月 21 日，省教育厅行文南阳专署，要求就拟设立的蚕业职业学校进行调查并提出意见。

12 月 20 日，教育部公布《各级职工业余教育委员会组织条例》。

12 月 21 日，政务院批准教育部《关于开展农民业余教育的指示》。

1951 年

2 月 27 日，政务院文化教育委员会批准《职工业余教育暂行实施办法》。

3 月 19~31 日，第一次全国中等教育会议召开。时任教育部部长马叙伦强调，目前经济建设最主要的困难是缺乏人才，不仅需要高级技术人才，更迫切地需要大量的中等技术人才。

5 月 17~24 日，河南省第二届工农教育会议召开。

8 月 10 日，周恩来总理在政务院第 97 次政务会议讨论《关于改革学制的决定》时指出，中等专业学校由各业务部门或企业单位办理，师范教育由教育部门办理。

9 月，《中南区中等技术学校调整原则》发布。

10 月 1 日，政务院发布《关于改革学制的决定》，规定中等专业学校学制 2~4 年，师范学校为 3~4 年，专科学校修业年限为 2~3 年。

本年，河南省发布《中等技术学校发展调整计划（草案）》，计划到 1954 年中级农林学校每年保持 96 班，1955 年起初级农村学校每年保持 560 班；河南省发布《中等技术教育委员会组织条例（草案）》。

1952 年

3 月 31 日，政务院发布《关于整顿和发展中等技术教育的指示》。

4 月，洛阳农林中等技术学校试用五级分记分制度。

7 月 12 日，教育部发布《中等技术学校暂行实施办法》。

7 月 16 日，教育部颁布试行《关于高等师范学校的规定》、《师范学校暂行规程》和《关于大量短期培养初等及中等教育师资的决定》。

7 月 30 日，教育部发布《各级中等技术教育委员会暂行条例》。

9 月 5 日，政务院第 149 次会议批准《教育部 1952 年工作计划要点》，就高等师范学校、中等技术学校、中等师范学校的学生发展规模做了具体安排。

9月30日，教育部发布《关于中小学教师进修问题的通报》，要求建立系统的教师进修制度，筹办教师进修学院、教师业余进修学校。

9月，中南教育部翻印《中等技术学校专业设置一览表》，设置287个专业。

10月7日，教育部发布部分中等技术学校教学计划。

10月17日，中共中央批转教育部党组6、7月份的报告，初步拟定五年计划要点：5年内中等师范学生达到136万人，中等专业学校学生32.50万人，成人初等教育1.7亿人。

本年，省教育厅发布《一九五二年农业技术教育计划》，拟在开封筹建水利专科学校并发布农业技术教育各科教学计划；工商联提案，周口市赵国壁请示在周口建立中等技术学校；1952年工业性质中等技术学校招收新生人数，河南五校共1050人，后又代中央林业部中等技术班加招50名。

1953年

3月27日，中南区发布《工业性质中等技术学校整顿、调整和发展计划》。

4月2日，高等教育部、财政部联合发布关于中等技术学校调整招生及基建等几项问题的通知。

4月4日，高等教育部、农业部、林业部发布中等技术学校调整整顿原则。

5月13日，中南区发布中等农林技术学校调查、整顿方案。

6月25日，中南区发布中等农林技术学校调整整顿方案。

7月4日，高等教育部发布关于中等技术学校（中等专业学校）设置专业的原则的通知。

7月31日，政务院发布《关于加强高等学校与中等技术学校学生生产实习工作的决定》。

10月8日，省农林厅通报，发布郑州农业学校《关于克服混乱现象扭转失败情绪的工作报告》。

本年，省教育厅发布中等技术学校试行组织编制。

1954 年

5 月 15 日，高等教育部发布《高等学校与中等技术学校学生生产实习暂行规程》。

6 月 7 日，时任高等教育部副部长曾昭抡在全国中等专业教育行政会议上发布整顿、改革中等专业教育的总结及今后工作的基本任务。

6 月 8 日，教育部发布《关于师范学校今后设置发展与调整工作的指示》。

6 月 9 日，教育部发布《关于举办小学教师轮训班的指示》。

6 月 12 日，教育部颁发《四年制初级师范学校教学计划（修订草案）》。

9 月 26 日，政务院发布《关于改进中等专业教育的决定》。

1955 年

3 月 14 日，高等教育部发布《中等技术学校课程设计规程》。

3 月 16 日，高等教育部发布中等专业学校行政和教学辅助人员标准编制。

3 月 22 日，高等教育部发布中等专业学校的设置、停办的规定。

1956 年

4 月 28 日，教育部发布《师范学校教育实习办法》。

5 月 19 日，教育部颁布《师范学校教学计划》和《幼儿师范学校教学计划》。

5 月 29 日，教育部发布《师范学校规程》。

1957 年

10 月 25 日，国务院关于中等专业学校毕业生见习期间的临时工资待遇规定发布，最低 20 元，最高 36.50 元。

1958 年

1 月 20 日，《人民日报》发表河南省长葛县第三初中、贵州仁怀县群力农场业余初级中学勤俭求学的新闻，并发表社论《两个好榜样》。

3 月 19 日，陆定一在农业中学问题座谈会上提出，全面发展要和因材施教相结合。用两只脚走路，一个叫普通教育，一个叫职业教育。

3 月 19 日，教育部要求中等专业学校组织部分学生下放劳动。

3 月 22 日，中共中央发布《关于高等学校和中等技术学校下放问题的意见》。

4 月 15 日，陆定一在全国教育工作会议上讲话指出，普通教育和职业教育并举，职业学校要多办。

4 月 21 日，《人民日报》发表社论《大量发展民办农业中学》。

4 月，时任河南省教育厅副厅长王锡璋在全国教育工作会议上发言提出，1958 年，全省建立农业中学约 5000 所，学生 30 万人；职业技术学校约 250 所，学生 25000 人。缩减人民助学金享受面。所有中等技术学校和技工学校都应实行半工半读。

5 月 29 日，《人民日报》发表社论《举办半工半读的工人学校》。

5 月 30 日，刘少奇在中央政治局扩大会议上讲话提出“我国应有两种教育制度、两种劳动制度”。

6 月 20 日，陆定一向出席全国教育工作会议的人员传达刘少奇副主席在听取全国教育工作情况时的讲话，提出要办两类学校。

9 月 22 日，《人民日报》刊登《中共中央、国务院关于教育工作的指示》，提出“全国将有三类主要的学校”。

1959 年

3 月 1 日，陆定一在全国教育工作会议上讲话提出，中等专业教育不能戴了帽子脱了靴。

4 月，河南省教育行政会议发布整顿巩固提高业余红专学校方案。

11 月 26 日，陆定一在全国文教书记会议上讲话要求各行各业都要办中等专业学校。

11 月，全国农村扫除文盲、业余教育工作会议介绍河南商丘县双八、任店半耕半读师范学校和郸城县人民公社业余师范班的做法。

1960 年

1 月 13 日，林枫在全国职工业余教育工作会议上讲话，提出要大办职工业余教育，迅速培养技术力量。

1 月 16 日，中共中央、国务院建立业余教育委员会。

3 月 14 日，河南省《教育工作简报》第二号：目前全省农村参加扫盲和业余教育的有 1400 余万人，比 1959 年同期多出 600 余万人。

3 月 30 日，时任国务院副总理李富春在第二届全国人民代表大会第二次会议上作《关于 1960 年国民经济计划草案》的报告提出，1960 年全国中等专业学校招生 60 万人，农业中学和其他职业中学招生 280 万人，高等农业学校招生 24000 人，中等农业技术学校招生 8 万人。

1961 年

2 月 7 日，中共中央批转中央文教小组《关于 1961 年和今后一个时期文化教育工作安排的报告》。该报告指出，1957 年到 1960 年，中等专业学校学生从 77.8 万人发展到 153 万多人；农业中学从无到有，学生已经达到 231 万多人。提出在数量方面适当控制、质量方面不断提高的要求。农业中学应该改为业余学校，在校人数应该加以控制。农业中学的毕业生都应当留在农村。城市中等专业学校的毕业生，也要输送一部分到农村。

4 月 6 日，教育部《关于北京地区中等专业学校调整工作的报告》提出，要采取定、缩、并、迁、放、停的方式，将原来的 130 所中等专业学校调整为 80 所，将在校生总数控制在 7 万人以内。

7 月 16 日，郑州市安排院校调整压缩工作，至 7 月 28 日，已停办河南财经学院，郑州商品技术学校等 12 所院校。

7 月 29 日，新乡市计划撤销无线电技工学校、新乡第二师范等共 12 所学校，计划返回农村学生 5068 人。

8 月 1 日，洛阳地区临汝县撤销初师、初幼师和农业技术学校，孟津县撤销初师和农业技术学校，渑池县撤销农业技术学校、工业技术学校和第八初中。

8 月 10 日，教育部印发《全国高等学校及中等学校调整工作会议纪要》，安排中等专业学校招生 17.60 万人，其中中等技术学校只招 11.20 万人。今后三年教育发展的总原则是缩短战线，压缩城镇中等以上学校在校生人数。控制指标，多出少进。

8 月 16 日，郑州市撤销和放假的学校共 53 所，学生 26404 人（其中农村学生 20197 人）。

8 月 25 日，信阳地区中等专业学校 41 校，压缩 39 校，学生 5804 人；师范学校 14 所，砍掉 8 所，学生 2021 人，中幼师、初幼师全部撤销。

同日，开封市中等师范原有 23 校，压缩 18 校，学生 3646 人；中等专业学校原有 16 校，压缩 14 校，学生 2177 人。

10 月 25 日至 11 月 12 日，全国师范教育工作会议召开。

11 月 11 日，中共中央转发国家计委党组、教育部党组《关于处理停办、合并的高等学校和中等专业学校的校舍、设备问题的报告》。该报告披露，全国中等专业学校（不包括师范）将由 1960 年的 3900 多所调整为 1900 多所。实际上，主要原因是因为灾荒而缩减学校，下放学生。1964 年 3 月 7 日，陆定一在全国教育厅局长会议上的总结讲话，沉痛地说明了事实并做了检讨。

1962 年

5 月 16 日，林枫在全国教育工作会议上的讲话指出，这次调整的方针是要把学校数目减下来，规模大的要压缩。调整的原则是：压缩规模，精简人员，提高质量，合理布局。

5 月 25 日，中共中央批复教育部党组《关于进一步调整教育事业和精减学校教职工的报告》。该报告指出，中等专业学校 1960 年为 6225 所，在校学生 221.60 万人，1961 年调整为 2724 所，学生 108.30 万人。调整后仍比 1957 年的 1320 所增长 1.1 倍，在校生比 1957 年的 77 万人增长了 39%。

11 月 27 日，陆定一在全国宣传文教会议上的总结讲话指出，农业中学在有些地方有必要而又有些可能的就可以办，有的有必要而没有可能的就可以不办。

1963 年

3 月 14 日，教育部发布《关于改进中等专业学校招生工作和毕业生分配工作的意见》。

5 月 14 日，教育部通知试行《中等专业学校学生成绩考核和升留（降）级办法（草案）》和《中等专业学校学生学籍管理办法（草案）》。

6 月 5 日，教育部发布《关于制定全日制中等专业学校教学计划的规定（草案）的通知》。

6 月 15 日，教育部发布中等专业学校专业目录。

7 月 5 日，教育部通知在少数中等专业学校试办招收高中毕业生班。

7 月 10 日，中央宣传部转发教育部党组、劳动部党组《关于城市职业教育座谈会纪要（草稿）》。该纪要提出职业学校可招收高小毕业生。

8 月 22 日，教育部印发《三年制中等师范学校教学计划草案（征求意见稿）》。

10 月 18 日，周恩来总理对国家计委、教育部、劳动部、团中央、全国妇联等部门负责同志讲话时强调，要重视小学教育和职业教育。

10 月 28 日，国务院批转教育部《关于中等专业学校专业的设置和调整问题的规定》。12 月 10 日，河南省教育厅转发。

12 月 7 日，省纺织工业局提交《关于开办护士训练班的请示》。

12 月 14 日，省卫生厅提交开办中等卫生职业学校的意见。

12 月 17 日，省冶金煤炭厅提交举办煤炭职业学校的报告。

12 月 21 日，省供销合作社提交举办供销商业职业学校的报告。

1964 年

1 月 5 日，中共中央转发教育部《关于中小学教育和职业教育七年（1964~1970）规划要点（初步草案）》。该要点提出积极试办和发展职业教育，7 年内使职业学校在校生由 37 万多人发展到 530 多万人。

2 月 6 日，河南省农业厅函报教育厅《中等农业学校专业设置意见表》。

2 月 6 日至 6 月 4 日，省水利厅、省林业厅、省农业机械管理局、省财政厅、省文化厅等向省教育厅提交了关于各部门中专学校专业设置意见表。

2月10日，河南省人民委员会批复南阳专员公署，各专目前均不恢复或新建机械化学校。

2月21日，教育部同意恢复郑州卫生学校和新建河南省会计学校。

2月27日至10月28日，商水、郑州、开封、安阳、新乡、许昌、南阳、商丘、灵宝、光山、淮滨、固始、平舆、辉县、沁阳等地、市、县和郑州铝业公司、安阳内衣厂、安阳印刷厂、新卫机械厂、郑州电缆厂、漯河电厂、中国农业科学院棉花研究所等企业和科研院所提交了举办职业学校的请示。

3月7日，陆定一在全国教育厅局长会议上的总结讲话，再次提倡两条腿走路。

4月2日，国务院决定将技工学校由劳动部划归教育部管理。

4月3日，中共中央转发全国总工会党组、教育部临时党组《关于全国职业业余教育工作会议的报告》。该报告指出，今后两年的主要任务是扩大办学规模。

5月2日，河南省人民委员会批转省教育厅《关于举办职业学校和恢复中等专业学校的意见》。

6月，高等教育部公布全国高等学校名单，河南12校，其中专科2校。

8月1日，刘少奇指出“半工半读，亦工亦农”，再次明确两种劳动制度、两种教育制度。

8月22日，刘少奇在广西壮族自治区干部会议上讲话，全面阐述两种劳动制度、两种教育制度。

9月29日，河南省人民委员会同意部分学校已从洛阳市农业人口中招考的54名学生转入城市粮食供应。

10月9日，河南省教育厅请示省政府，要求将新乡、开封、洛阳、郑州等市走读大学或职业大学更名为“××（市名）大学”。

10月11日，中央宣传部印发《城市半工半读学校办学经验汇编》。

10月12日，国务院批转高等教育部《关于中等专业学校招生和毕业生分配统筹规划问题的报告》。

10月，河南省召开教育工作会议，主要解决办好半工半读学校的问题。

11月17日，中共中央发布《关于发展半工（耕）半读教育制度问题的批示》。

同日，时任教育部副部长刘季平在全国农村业余教育会议上总结发言指出，文化、技术教育也是为无产阶级政治服务的一个重要要求。

11 月 25 日，河南省教育厅转发省半工半读教育委员会《关于积极试办半工半读学校的初步意见》。3 月 4 日至 12 月 25 日，据不完全统计，省人民委员会、省教育厅共受理各厅局、各市县和有关企业举办职业学校和半工半读学校的请示 28 件，批复建立职业学校 20 余所。

1965 年

1 月 21 日，河南省半工半读教育委员会批复在许昌通用机械厂试办半工半读学校，批复将河南纺织职业学校改为半工半读纺织工业技术学校，批复同意在洛阳市机床厂试办半工半读技术学校，批复同意举办安阳市职业学校、安阳市织染厂半工半读班、安阳市塑料厂半工半读班。

1 月 22 日，河南省半工半读教育委员会批复同意新乡针织厂举办半工半读技术学校，批复省纺织工业局，同意华新纺织厂职工子弟中学转为半工半读技术学校，批复省轻化工业厅，同意在新乡化工学校举办半工半读学校。

3 月 15 日，河南省半工半读教育委员会批复省农业厅，同意举办黄泛区农校。

同日，省教育厅简报刊发固始县分水农业中学同“三站一网”结合的报道。

3 月 16 日，河南省半工半读教育委员会批复同意恢复举办许昌烟草技术半农半读学校。

3 月 17 日，河南省半工半读教育委员会批复同意南阳农业机械化学校改为半工半读学校。

同日，国务院批转教育部《关于试办半工（农）半读高等学校审批问题的请示》

3 月 25 日，河南省半工半读教育委员会同意信阳专署举办林业半农半读和路口农场半农半读学校。

5 月 28 日，河南省半工半读教育委员会批复南阳专员公署，同意南阳蚕业学校改为半工农业半读学校；批复开封市手工业管理局，同意举办开封市工业美术学校；批复省农业机械管理局，同意将郑州农业机械化学校改为半农半读学校；批复郑州市经委，同意举办郑州车辆厂半工半读学校；批复同意将内黄县林业职业学校改为半农半读学校；批复同意商丘农业职业学校改为半农半读学校；批复同意林县东冶林业职业学校改为半农半读学校。

6月12日，河南省半工半读教育委员会批复同意建立信阳专区半耕半读农业中等专业学校。

6月19日，河南省人民委员会批复同意商丘农业职业学校招社来社往学生。

同日，河南省半工半读教育委员会批复同意河南省第一技工学校、新乡技工学校和安阳市技工学校改为半工半读技术学校，批复同意郑州建筑工程职业学校改为半工半读学校，批复同意省商业厅举办石油半工半读学校。

6月22日，河南省半工半读教育委员会批复同意洛阳市农林局举办半农半读农业技术学校，同意睢杞试验林场举办半工半读林业学校。

6月25日，河南省半工半读教育委员会批复同意郑州市商业职业学校改为半工半读学校。

6月28日，河南省半工半读教育委员会批复同意建立信阳半农半读中等林业学校；批复同意举办第一新华印刷厂半工半读印刷技术学校；批复同意将郑州卫生职业学校等五所学校中的护士专业改为半工半读，医士和助产士等专业不改；南阳中医职业学校不改半工半读。[当年7月以后设立的半工半读学校，不再一一列出。据省档案馆资料不完全统计，从1965年7月10日到8月31日，全省共审批或改建了33所半工（农）半读学校。]

7月14日，中共中央转发教育部党组《关于全国农村半农半读教育会议的报告》。

8月19日，中共中央转发农业部党组《关于全国高中等农业教育会议的报告》。

9月14日，就焦作市教育局申请举办半工半读师范学校一事，省教育厅批复“许多问题不好解决，可以缓办”。

11月6日，刘少奇在中共中央政治局讨论城市半工半读教育问题时的讲话，提出“四四制”。同日，中共中央转发《通过四清运动办起了耕读小学》的报告。

11月22日，中央政治局扩大会议讨论半工半读教育问题。

12月16日，河南省教育厅报告中央高等教育部，河南农业劳动大学已在黄泛区农场进行建校工作。

12月31日，教育部下发《关于1966年初、中等教育事业计划的方针、任务和主要措施的通知》。

1966年

1月4日，教育部发布《关于试办招收高中毕业生的一年制师范班的通知》。

1月9日，中共中央批转化工部党委《关于贯彻执行中央有关半工半读问题批示的报告》。

2月24日，教育部发布《关于巩固提高耕读小学和农业中学的指示》。

3月10日，中共中央批准结束中华职业教育社。

5月21日，中共中央转发教育部党组《关于全国城市半工半读教育会议的报告》。

1977年

12月10日，教育部发布《关于加强中小学在职教师培训工作的意见》：省（市、自治区）、地（盟、州）可建立教育学院或教师进修学院，县（旗）可建立教师进修学校。

1978年

2月3日，教育部、中央广播事业局提交《关于筹办电视大学的请示报告》。

2月11日，国务院批准技工学校综合管理工作划归国家劳动总局主管。

4月17日，国务院批准恢复或建立教育学院或教师进修学院，由省、市、自治区审批，报国务院备案。抄送教育部。

4 月 22 日，邓小平在全国教育工作会议上讲话指出，整个教育事业必须同国民经济发展的要求相适应。应该考虑各级各类学校发展的比例，特别是扩大农业中学、各种中等专业学校、技工学校的比例。

6 月 6 日，国务院批转教育部《关于 1978 年中等专业学校招生工作的意见》。

6 月 18 日，安阳市卫生学校上呈纳入全省规划的报告。

6 月 30 日，安阳市革委会卫生局请示市革委文教组，申请将安阳市卫生学校纳入全省招生规划。7 月 6 日，安阳市革委会文教组批复同意上报。

9 月 17 日，平顶山市革委计委、卫生局请示省计委、卫生局，申请建立平顶山中等专业卫生学校。

9 月 18 日，新乡市革委会卫生局请示省卫生局，要求将该市卫校列入中等专业学校。

10 月 12 日，教育部印发《关于加强和发展师范教育的意见》。

10 月 23 日，焦作市革委会卫生局请示省卫生局，要求将焦作市卫校改为中等医药卫生学校。

10 月 24 日，河南省革委会第二轻工业局请示省编委，要求建立河南省二轻工业中等专业学校并恢复开封工艺美术学校。

11 月 5 日，商丘地区革委会请示省革委，要求将商丘地区农业机械化学校扩建为农业机械化中等专业学校。

11 月 16 日，南阳地区革委科教办请示省革委科教办，要求建立南阳中医中药专科学校。

11 月 23 日，平顶山市革委请示省革委，申请建立平顶山中等专业卫生学校。

11 月 24 日，河南省革委会计划委员会、统计局请示省革委，要求恢复河南省计划统计学校。

11 月 29 日，河南省革委卫生局请示省革委，要求建立五所中专卫校。

12 月 7 日，河南省革委会第一轻工业局请示省革委，要求筹建省轻工业学校。

12 月 16 日，河南省革委冶金局请示省革委，要求恢复河南冶金工业学校。

1979 年

1 月 5 日，河南省革委会林业局请示省革委，要求恢复信阳、新乡、南阳林业中等专业学校。

2 月 16 日，国家劳动总局、教育部通知，增设四所技工师范学院。

3 月 9 日，开封市革委请示省革委，要求重建开封工艺美术学校。

4 月 5 日，河南省革委计委、教育局请示省革委，要求恢复、改建七所中等专业学校。

4 月 11 日，周口地区革委会请示省革委，要求建立周口水利学校。

5 月 18 日，教育部发布《全日制中等专业学校工作条例（征求意见稿）》。

5 月 23 日，河南省革委水利局报告省计委、农办、教育局，同意建立周口水利学校。

5 月 26 日，河南省革委会计委、教育局请示省革委，要求改建和新建十二所中等专业学校。

5 月 31 日，许昌地区革委请示省革委，要求建立许昌地区中等商业技术学校。

6 月 28 日，教育部发布《中等专业学校学生学籍管理的暂行规定》。

7 月 2 日，焦作市计委请示省计委，要求建立焦作市中等专业财会学校。

7 月 16 日，河南省革命委员会批复同意恢复、改建七所中等专业学校。

7 月 25 日，河南省革委批复同意恢复、改建和新建八所中等专业学校。

8 月 13 日，教育部发布《中等专业学校工科专业二年制教学计划安排的几点意见》。

10 月 4 日，省计委、教育局请示省政府，要求建立两所中等专业学校。

1980 年

1 月 16 日，邓小平在中央召集的干部会议上讲话，提出要改变干部缺少专业知识、专业能力的状态。当前重要的并不是干部太多，而是不对路，懂得各行各业的专业的人太少。

2 月 1 日，省政府批复同意建立许昌商业学校和焦作财会学校。

2 月 7 日，教育部印发《关于中等专业学校确定与提升教师职务名称的暂行规定》。中专教师职务为副教授、讲师、教员、实习教员。

同日，省政府批复同意改河南医学院护训班为河南医学院附属卫生学校。

2 月 26 日，省政府同意恢复河南盲人按摩专科学校。

4 月 21 日，省政府批复同意云阳中药学校改名为“河南省云阳中医中药学校”。

4 月 22 日，省政府批复同意建立五所中等专业学校。

6 月 19 日，教育部印发《五七大学座谈会纪要》，就将教育部门办的“五七大学”改办成农民技术学校达成共识。

7 月 4 日，省政府批复同意恢复郑州幼儿师范学校。

8 月 6 日，河南省教育厅印发《河南省县办农民技术学校试行方案》、《关于县办农民技术学校的审批条件和办法的暂行规定》和《农民技术学校“农学”“果林”“畜牧兽医”三个专业教学计划（试行草案）》的通知。

8 月 13 日，省政府批复同意举办八所职工高等学校。

8 月 14 日，省政府批复同意恢复和新建四所中等专业学校。

8 月 18 日，省教育厅、机械厅、煤炭管理局向教育部等呈报备案河南省人民政府批准的八所职工高等院校。

8 月 22 日，教育部印发《关于进一步加强中小学在职教师培训工作的意见》、《关于办好中等师范教育的意见》和《中等师范学校规程（试行草案）》。

9 月 16 日至 11 月 15 日，河南省工农教育委员会、河南省教育厅先后批复建立了淅川、新郑、内黄、鄢陵、西华、永城、淮滨、光山、泌阳、郸城、济源、汝阳、林县、邓县、郏县、孟县等农民技术学校。

9 月 29 日，国务院批准教育部《关于师范教育的几个问题的请示报告》。

10 月 7 日，国务院批转教育部、国家劳动总局《关于中等教育结构改革的报告》。

10 月 8 日，国务院批转教育部《全国中等专业教育工作会议纪要》。

10月14日，教育部印发中等师范学校和幼儿师范学校教学计划试行草案。

10月27日，教育部印发《关于大力办好高等师范专科学校的意见》。

11月5日，教育部印发《关于确定和办好全国重点中等专业学校的意见》。

同日，教育部发布《关于全日制中等专业学校领导管理体制的暂行规定》。

11月13日，省政府批复同意建立八所中等专科学校。

11月29日，省政府批复同意建立人民警察学校。

12月2日，教育部修订中等专业学校目录。

12月22日，省政府批复对郑州纺织机械厂等五所“七·二一”大学的整顿验收报告。

12月31日，国务院同意提高中等专业学校毕业生定级工资水平。

1981年

1月1日，河南省人民警察学校成立。

2月2日，教育部发布《关于中等专业学校评定教师职称的工作的通知》。

2月18日，省政府批复同意建立五所中等专业学校。

2月20日，中共中央、国务院颁布《关于加强职工教育工作的决定》。

3月13日，省教育厅批复同意将潢川高中改为潢川师范北校。

3月17日，教育部决定在中等专业学校班主任中试行津贴制度。

6月9日，省教育厅批复同意建立河南省煤矿卫生学校、确山师范学校和新乡市卫生学校。

7月20日，省工农教育委员会印发《关于在农村举办农民文化技术学校的意见》。

7月24日，河南省工农教育委员会、省教育厅印发《河南省农民教育工作座谈会纪要》。

9月5日，省政府批复同意在郑州、洛阳、开封三市建立人民警察学校。

11月30日，五届全国人大四次会议上的《政府工作报告》提出，在中学教育方面，要逐步改变普通高中过多、职业中学太少的状况，积极发展中等专业学校，大量培养技术工人和中级专门人才，以利于劳动就业和提高职工队伍的文化技术与政治思想水平。

同日，省政府批复安阳农业学校停招大专生，改招中专生。

1982年

2月27日，教育部颁发《中等专业学校学生守则（试行草案）》。

3月1日，教育部印发《师范专科学校教学工作座谈会纪要》，讨论和解决制订教学计划的指导思想、编写教学大纲和教材建设等问题。

4月16日，教育部颁发《中等师范学校校舍规划面积定额（试行）》。

6月9日，教育部印发《县办农民技术学校暂行办法》。

8月11日，教育部转发《辽宁省改革中等教育结构发展职业技术教育经验交流会议纪要》。

8月25日，省政府批复同意建立河南省轻工业学校。

9月9日，国务院批转教育部《关于举办职工中等专业学校的试行办法》。

10月21日，国务院批转教育部《加强教育学院建设若干问题的暂行规定》。

11月30日，五届全国人大五次会议上的《关于第六个五年计划的报告》提出，继续改革中等教育结构，发展各门各类的中等职业学校，特别是农林牧副渔、医护、财贸、政法、文教等方面的职业学校。要创造必要的条件，把部分农村普通高中改为农业中学。

12月4日，五届全国人大五次会议通过的《中华人民共和国宪法》，明确了举办职业教育，明确了对工人、农民、国家工作人员和其他劳动者进行政治、文化、科学、技术、业务的教育。

12月10日，五届全国人大五次会议批准的第六个五年计划，提出大力发展职业技术教育。

1983年

2月23日，教育颁发《中等师范学校学生守则（试行草案）》。

5月9日，教育部等4部门颁布《关于改革城市中等教育结构、发展职业技术教育的意见》。

6月18日，教育部、国家计委通知扩大中等专业学校招生计划，落实“超额录取1%至3%的新生”。可采取委托培养的方法，扩大招生。

12月9日，省政府批复同意恢复河南省化工中等专业学校。

1984年

1月12日，教育部党组提出调整中等专业学校领导班子的意见。

2月29日，省政府同意将“河南省少数民族中专班”改为“河南省民族中等专业学校”。

4月27日，全国职工教育管理委员会、国家经委印发《关于加强职工培训提高职工队伍素质的意见》。

5月15日，教育部、国家计委、财政部发布《高等学校举办干部专修科，中等专业学校举办干部、职工中专班的试行办法》。

7月9日，省政府批复同意建立河南省地方铁路学校。

9月13日，省政府批复同意将周口水利学校收归省水利厅领导。

9月14日，省政府同意省工商行政管理学校规模扩大为800人。

同日，省政府同意建立新乡地区文化艺术学校。

9月22日，教育部印发《关于改进和加强中专、中师政治理论课的意见》。

9月25日，省政府同意在新乡、洛阳建立供销学校。

10月26日，省政府批复同意建立河南省劳改劳教学校。

1985年

1月6日，河南省教育厅行文《关于同意批准78所职工（干部）中等专业学校（班）的请示》上呈省政府。

1月17日，河南省教育厅、省计委、省劳动人事厅、省财政厅联合行文《关于进一步改革城市中等教育结构、发展职业技术教育的报告》上呈省政府。

1月21日，全国人民代表大会常务委员会同意国务院的议案，决定9

月 10 日为教师节。

3 月 6 日，省教育厅通知，各地可以试办职业中等专业学校。

4 月 4 日，省教育厅安排在郑州大学等 5 所高校设置职业教育师资专业。

5 月 6 日，教育部颁布《幼儿师范学校教学计划》。

5 月 10 日，省教育厅分别发文，同意在河南省政法干部管理学院等 4 所院校设立中专函授部。

5 月 17 日，万里在全国教育工作会议上讲话，强调发展职业教育。

5 月 25 日，省教育厅批复同意试办洛阳地质职业中等专业学校等 18 所职业中专。

5 月 29 日，省教育厅同意省电大在新乡电大分校试办广播电视中专班。

6 月 5 日，省教育厅批复同意试办洛阳市体育职业中等专业学校等 4 所职业中专。

6 月 26 日，中共中央办公厅、国务院办公厅转发国家教委等部门《关于挑选机关干部参加培训中小学教师工作的请示》。

7 月 4 日，国家教委同意试办三所五年制技术专科学校。

同日，省教育厅批复，认为郑州大学为省军区等单位举办的函授不宜改为干部专修科。

8 月 21 日，省教育厅批复同意建立河南省司法职业中等专业学校。

9 月 12 日，国家教委、劳动人事部颁发《全日制中等专业学校人员编制标准（试行）》。

10 月 9 日，河南省计经委、省教育厅联合下文，允许成人高等学校和成人中等专业学校可以在招生任务的 5%以内超录新生。

11 月 27 日，国家教委转发《十二省市农民职业技术教育座谈会纪要》。

1986 年

2 月 13 日，省教育厅同意筹建开封市重工局职工中专、开封市广播电视中专、洛阳市一轻局职工中专、商丘地区广播电视中专。

2 月 15 日，省教育厅批复同意建立河南省工商行政管理职工中等专业学校等 16 所职工中专，同意在河南省工商行政管理学校和河南省化工学校设立函授部，同意建立西峡县农民中专，同意新郑等三所县办农业技术学校转为农民中等专业学校。

2月21日，国家教委印发《关于加强在职中小学教师培训工作的意见》。

3月4日，何东昌在国家教委工作会议上讲话提出，职业技术教育在高中段的在校生比例已达36%。

3月10日，国家教委印发《关于基础教育师资和师范教育规划的意见》。

3月13日，省教育厅批复同意郑州市干部学校、濮阳市行政干部学校、驻马店地区公安干部学校举办干部中专班。

3月20日，省教育厅同意将河南省开封财贸职工中专改为河南省开封税务职工中专。

3月27日，省教育厅同意建立河南省新乡粮食职工中专、河南省建设职工中专。

4月2日，中央职称改革工作领导小组转发劳动人事部《技工学校教师职务试行条例》及其《实施意见》。

4月3日，省政府批复同意建立河南省民政学校。

4月12日，国家教委印发《制定和修订全日制普通中等专业学校（四年制）教学计划的意见（试行）》。

5月11日，省教委同意建立郑州铝厂职工中专、新乡航空职业中专等13所职工中专。

5月30日，国家教委建立职业技术教育委员会。

5月31日，河南省教委确定郏县为国家教委农民教育联系点。

6月5日，国家教委发布《关于制订职业高级中学（三年制）教学计划的意见》。

6月23日，国家教委、国家计委、国家经委联合印发《关于经济部门和教育部门加强合作，促进就业前职业技术教育发展的意见》。

6月23日，国家教委印发《关于职业中学经费问题的补充规定》。

6月24日，国家教委、财政部印发《关于中等专业学校经费问题几项原则规定的通知》。

6月26日，国家教委印发《关于加强职业技术学校师资队伍建设的几点意见》。

6月27日，国家教委、劳动人事部印发《关于职业高中毕业生使用的有关问题的通知》。

8月14日，省政府批复同意将原洛阳地区农业干校改为河南省洛阳农业经济学校。

8月29日，国家教委印发《关于调整中等师范学校教学计划的通知》。

10月18日，国家教委印发《普通中等专业学校设置暂行办法》。

11月11日，劳动人事部、国家教委发布《技工学校工作条例》。

12月22日，省政府批复同意将新乡财贸干部学校改建为河南省新乡税务中等专业学校。

12月29日，省政府同意在河南省地矿局医院的基础上筹建地质矿产部郑州卫生学校。

1987年

1月3日，国务院办公厅转发国家教委等部门《全国职业技术教育工作会议情况报告》。

2月6日，省教育厅批准郑州纺织职工大学、郑州市职工大学、开封空分厂职工大学分别增设毛纺专业、工运专业、焊接专业。

2月18日，省教育厅明确商水卫生职业中专、南召卫生职业中专、中牟卫生职业中专、开封市卫生职业中专、新乡地区卫生职业中专、长葛卫生职业中专6所职业中等专业学校实行地（市）和县两级管理，以地（市）管理为主，由地（市）卫生局主管，面向本地市招生。

2月23日，省教育厅批准建立河南省女子职业中等专业学校、淮阳卫生职业中等专业学校、扶沟卫生职业中等专业学校、三门峡市卫生职业中等专业学校、平顶山矿务局职业中等专业学校、周口市职业中等专业学校6所职业中等专业学校。

2月25日，国家教委同意将百泉农业专科学校改为河南职业技术师范学院，由省人民政府领导，规模3000人，修业年限以本科四年、专科二年为主；同意郑州纺织机电专科学校升格为郑州纺织工学院。

3 月 5 日，省教委呈请省政府审批建立河南省出版职工中等专业学校等五所职工中专。同日，河南省人民政府批准建立开封市重工局职工中等专业学校、鹤壁市机械建材工业局职工中等专业学校、许昌外贸职工中等专业学学校。

3 月 14 日，省教委批准省建设职工中等专业学校的乡镇建设专业改为建筑学专业，学制三年；新乡粮食职工中等专业学校增设粮食加工专业，学制三年；开封市二商干校中专班增设餐旅企业管理专业，学制二年半；洛阳市二商干校中专班增设餐旅企业管理专业，学制二年半；焦作市职工大学职工中专班增设财务会计专业，学制二年半；省妇联干校中专班增设幼儿师范专业，学制二年半。

3 月 24 日，国家教委印发《普通高等学校招收少数职业技术学校应届毕业生的暂行规定》，采取中专校保送、招生学校复审的办法，通过专门考试录取新生，为中等职业学校培养教师。

3 月 28 日，省教委、省委组织部、省劳动人事厅联合发出《关于举办干部中专专修班的试行意见》。

3 月，全省中等专业学校职称改革工作开始试点，并选择郑州水利学校、郑州电力技校、中牟农业学校、安阳卫生学校、省供销学校、开封市第二师范学校作为试点学校，评定具有副教授任职资格的教师 6 人，具有讲师任职资格的教师 162 人。

4 月 17 日，国家教委发布《成人中等专业学校暂行条例》。

5 月 17 日，时任副省长胡廷积、省教委副主任张凯亭到河南职业技术师范学院（原百泉农专）检查指导工作。胡廷积同志就学校的性质、任务、专业设置、师资和教材，两地办学及投资问题做了指示。

5 月 22 日，省人民政府批准建立开封市电视中等专业学校、洛阳粮食局职工中等专业学校、河南省出版职工中等专业学校、河南省中华会计函授学校、南阳地区代销社职工中等专业学校。至此，河南独立设置的成人中等专业学校已有 84 所。

6 月 2 日，国家教委印发《关于三所高等技术专科学校有关问题的通知》，就搞好五年制专科和四年制中专的分流工作进行安排。

6 月 5 日，省教委批准河南省商业干部学校、郑州市政法干部学校、郑州市公安干部学校、郑州市干部学校、淮阳县委党校、三门峡市委党校、新乡市委党校、漯河市委党校、河南省工商行政管理学校举办干部中专专修班，进行成人中专教育改革的试点工作。

6月8日，省教委批准建立鹤壁市建设职业中等专业学校、确山卫生职业中等专业学校。

7月6日，省教委批准河南省民政学校、河南省粮食学校、河南省财税专科学校、郑州农机化学校、许昌市委党校、焦作市委党校、河南省二轻干部学校举办干部中专层次的专业合格培训。

8月7日，国家教委同意在河南省公安学校的基础上筹建河南公安专科学校，由省人民政府领导，规模暂定为1100人。

8月10~15日，全国中专教改座谈会召开，提出要把教学、技术服务（社会服务）、生产实践三结合作为中等专业学校办学的基本路子。

8月22日，河南省教委公布全省农村职业高中合格学校名单。受检学校79所，经检查验收只有45所合格。

8月31日，省教委批准驻马店地区供销学校、新乡市供销学校举办干部中专层次专业合格证书培训。

9月8日，省教委请示省政府，拟将光山县等6所农民中等专业学校改名为成人中等专业学校。

10月21日，省人民政府批准筹建河南省职业技术教育学院。

11月17日，省教委批准建立河南省建设职工中等专业学校驻马店分校、濮阳分校。

12月6日，省教委委托郑州市邙山区农民中专举办的河南省农民中等专业学校教师进修班开学，开设农副产品加工专业。

1988年

1月6日，省人民政府同意将西华、郸城农民技校转为农民中等专业学校，学校为成人中专性质。

2月11日，省教委批准省轻工业厅在河南省轻工业干部学校举办职工中专班，设工业企业管理和经营销售专业。

2月20日，省教委批准筹建河南省检察学校。

3月14日，国家教委印发《普通中等专业学校招生暂行规定》。同日，河南省教委批准建立河南省建设职工中等专业学校鹤壁分校和洛阳分校。

3月16日，省教委批准在漯河市原许昌地区财政干校的基础上筹建河南省乡镇企业成人中等专业学校。

3月17日，根据国家教委《成人中等专业学校暂行条例》规定，省教委决定对办学条件较差的洛阳市二轻局职工中等专业学校、郑州市二轻局职工中等专业学校、开封市交通局职工中等专业学校、安阳市重工局职工中等专业学校、安阳市煤化局职工中等专业学校、省银行学校（中专函授部）6所职工中等专业学校自1988年暂时停止招生，进行整顿。

3月24日，省教委批准在商丘地区财会培训学校的基础上，筹建商丘地区财会职工中等专业学校。

3月26日，省人民政府批准筹建漯河教育学院，批准建立商丘地区粮食职工中等专业学校，批准将光山县农民中专等6所农民中专改为成人中专。

4月9日，国家教委发布《成人高等学校设置的暂行规定》。

4月15日，省人民政府批准建立浚县成人中等专业技术学校。

4月20日，省教委同意举办周口地区文化艺术中等专业学校、平顶山市文化艺术职业中等专业学校、驻马店市艺术职业中等学校、临汝县卫生职业中等专业学校、遂平县卫生职业中等专业学校、商丘市卫生职业中等专业学校。

4月30日，省人民政府批准筹建许昌技术经济学校。

6月17日，省人民政府批准建立郑州旅游学校。

6月20日，省人民政府同意平顶山市郊区、舞钢区、临汝县、安阳县、温县、博爱县6所县级教师进修学校重新备案，并享有中等师范学校的同等待遇。

6月23日，经省人民政府同意，省教委批准在新乡市工科职业中等专业学校的基础上建立新乡市工业学校。学校为全日制普通中等专业学校，设工业与民用建筑、机械、电子技术、企业管理等专业。

6月29日，省教委批准三门峡市政府筹建三门峡市财会职工中等专业学校。同日，经省人民政府同意，省教委批准建立河南省交通电视中等专业学校、洛阳市广播电视中等专业学校。

7月11日，省教委批准省民政厅在省民政学校试办民政专业教学班；省城乡建设环境保护厅在省建设职工中专学校试办建筑施工专业教学班，在焦作建筑经济学校试办建筑企业经济管理专业教学班；省物资局在省物资学校试办物资经营管理专业教学班和物资财务会计专业教学班；省司法厅在郑州市政法干校和开封市政法干校试办法律专业教学班；省公安厅在郑州市公安干校和新乡市公安干校试办公安专业教学班；省水利厅在省水利干校试办水土保持专业教学班；省工商行政管理局在省工商行政学校试办工商行政管理专业教学班；省粮食局在省粮食学校试办粮食财务会计教学班、计划统计专业教学班、粮食储藏专业教学班。

7月，省教委确定郑州市第一职业中等专业学校、密县职业技术教育中心、洛阳市第二职业中等专业学校、栾川县第二职业高中、开封市第二职业高中、新乡市第二职业高中、新乡市第一农业高中、安阳市职业中等专业学校、平顶山市职业中等专业学校、禹州市陶瓷中学、南阳市第二职业高中、邓县农业高中、新县农林高中、罗山县东卜农业高中、商水县新桥职业高中、商丘市职业中等专业学校、汝南县马乡农业高中、清丰县第一农业高中为全省示范性职业学校。

8月12日，省教委批准省冶金建材厅委托洛阳建材专科学校试办水泥工艺专业、建材机械专业，河南财经学院试办工业经济专业，郑州工学院试办工业企业电气自动化专业；省计量局委托洛阳工学院试办计量测试及管理专业；省商管委委托省商业专科学校试办商业会计、商业统计专业；省国防科学技术办公室委托焦作大学试办财务会计、企业管理专业；省纺织工业厅委托郑州纺织职工大学试办纺织工程专业，新乡纺织职工大学试办财会专业；省计经委由郑州市经委委托郑州市职工大学试办安全工程管理专业等11个成人高等教育专业证书教学班，培训高中以上文化程度、未获得大专学历、对口专业工龄5年以上、年龄在35岁以上，按岗位规范标准要求达到大专文化程度的在职人员。

同日，省教委批准省对外经贸委在许昌外贸职工中专试办外贸财会专业教学班；省纺织厅在省纺织干部学校试办企业管理专业教学班；省林业厅在汝南园林学校试办林学专业教学班；省妇联在省妇女干部学校试办妇女工作管理专业教学班；省供销社在省供销干部学校试办企业管理专业教学班，在新乡供销学校试办棉花检验专业教学班；省冶金建材工业厅在省冶金工业学校试办财会专业教学班；省劳动人事厅在省劳动人事干部学校和平顶山干部学校试办人事管理专业教学班，在郑州市干部学校试办劳动经济管理专业教学班，在开封市干部学校和安阳市干部学校试办行政管理专业教学班；省粮食局在新乡粮食职工中专试办饲料加工专业教学班，在周口地区粮食干校试办粮食经济管理专业教学班；省商业管理委员会在省商业干部学校试办商业经济管理专业教学班；省轻工业厅在省二轻工业学校试办企业管理专业教学班，在省轻工业学试办生产调度专业教学班；省劳改局在省劳改警察学校试办劳改管理专业教学班。

9月15日，省教委同意中共河南省委宣传部委托开封市职工业余大学试办中文秘书专业；河南省文化厅委托焦作大学试办中文秘书、财会专业；河南省司法厅委托河南省政法管理干部学院试办法律专业；河南省工商行政管理局委托洛阳市广播电视大学试办工商行政管理专业；河南省档案局委托郑州大学试办档案管理专业；河南省机械电子工业厅委托开封大学试办机制工艺与设备、工业企业管理、工业会计专业，委托河南机电专科学校试办机制工艺与设备、工业电气设备控制、工业企业管理专业；新乡市人民政府委托郑州大学试办行政管理、经济管理、财会专业；河南省卫生厅委托河南省卫生职工学院试办内科医师班、药师班、基础医学师资班；河南省财政厅委托河南省财政税务专科学校试办财政、税务专业，委托郑州大学试办财会专业；河南省劳动人事厅委托河南省广播电视大学试办人事管理、劳动经济专业；河南省商业管理委员会委托河南财经学院试办商业企业管理专业，委托河南省商业专科学校试办商业企业管理（石油销售）专业，委托郑州畜牧兽医专科学校试办动物检疫及卫生检验专业；中国烟草总公司河南分公司委托河南农业大学试办烟草种植、烟草经济管理、烟草经济会计专业；河南省畜牧局委托郑州畜牧兽医专科学校试办兽医、兽医卫生检验专业，委托河南农业大学试办畜牧专业；河南省统计局委托河南财经学院试办统计专业，委托郑州大学试办统计专业；河南省林业厅委托河南农业大学试办林学专业；河南省教育委员会委托河南农业大学试办财会专业，委托郑州大学试办教育行政管理专业；河南省乡镇企业管理局委托河南农业大学试办食品加工、机械专业；河南省粮食局委托河南财经学院试办商业会计专业；河南省计划经济委员会委托郑州市职工大学试办现代化管理专业；河南省农村经济工作委员会委托郑州市职工大学试办工业财务会计专业；河南省财政厅委托郑州航空工业管理学院试办财会专业；河南省环境保护局委托河南大学试办化学专业等 47 个专业证书教学班。

1989 年

1 月 3 日，经省政府同意，省教委批准建立信阳地区粮食职工中等专业学校、三门峡市财会职工中等专业学校、商丘地区财会职工中等专业学校、洛阳市供销社职工中等专业学校、河南省广播电视中等专业学校、河南省农业广播电视学校、偃师县成人中等专业学校、密县成人中等专业学校、巩县成人中等专业学校、郾城县成人中等专业学校。

1 月 16 日和 2 月 11 日，时任省委书记杨析综在新华社《参考清样》第 15 期和《国际内参》第 8 期上批示，要求省教委、省计经委借鉴西德“双轨制”发展职业技术教育的经验，结合河南实际，研究制订发展河南职业技术教育的措施。

1 月 28 日，省教委批准郑州牧专函授畜牧兽医、动物食品卫生检验、牧医师资、食品加工、养禽及禽病防治 5 个专业进行面向农村单独招生试点。

3 月 21 日，经省政府同意，省教委批准建立河南省特殊教育师范学校、漯河艺术师范学校、方城师范学校、濮阳第二师范学校，批准筹建夏邑师范学校。上述师范学校的学制均为三年，属省、市（地）两级管理，以市（地）为主。

3 月 30 日，省教委批准举办新野卫生职业中等专业学校、漯河市卫生职业中等专业学校舞阳分校、密县职业教育中心职业中专部、洛阳市卫生职业中等专业学校、息县卫生职业中等专业学校、虞城县职业中等专业学校、信阳市职业中等专业学校。

4 月 1 日，省教委批准建立郑州文博职工中等专业学校、河南省卫生函授中等专业学校、开封龙亭区职工中等专业学校、尉氏县成人中等专业学校、栾川县成人中等专业学校、太康县成人中等专业学校。

4月25日，经省政府同意，省教委批准在平顶山市职业中专的基础上建立平顶山市工业学校，学校属全日制普通中等专业学校，隶属于平顶山市政府领导，由市教委负责管理。

5月15日，省教委在郑州市召开河南省职业技术教育经验交流暨表彰先进会议。会议以省政府名义表彰了先进集体40个、先进个人174人，并颁发了荣誉证书和奖状。

6月2日，省教委批准举办河南省医学职业中等专业学校。

7月22日，经省政府同意，省教委批准将泌阳、西华、郸城、邓州、西峡、淅川、淮滨、新郑、孟县、济源、内黄、汝阳、汝州、鄢陵、永城、商丘16个县（市）办的农民中等专业学校统一改为成人中等专业学校。

8月21日，经报省政府同意，省教委批准南阳地区5所师范学校更名。原南阳师范、内乡师范、唐河师范、邓县师范、方城师范分别更名为南阳地区第一、第二、第三、第四、第五师范学校。

9月25日，省教委批准河南省高级人民法院筹建河南省法院干部中等专业学校。

11月20日，经报省政府同意，省教委批准原“汲县师范学校”更名为“新乡市第一师范学校”，“新乡市师范学校”更名为“新乡市第二师范学校”。

12月18日，省教委批准安阳市、开封市、新乡市、焦作市、洛阳市、平顶山市、周口地区、南阳地区、驻马店地区、信阳地区建立河南省农业广播电视学校市（地）分校；兰考县、延津县、鹤壁市郊区、濮阳县、陕县、灵宝县、渑池县、嵩县、孟津县、项城县、沈丘县、鹿邑县、扶沟县、商水县、淮阳县、内乡县、南阳县、社旗县、新野县、镇平县、确山县、正阳县、平舆县、商城县、新县、罗山县、信阳县建立河南农业广播电视学校县（区）分校；建立河南省农业广播电视学校国营黄泛区农场分校。

1990年

1月8日，经省政府同意，省教委批准建立河南省烟草职工中等专业学校、河南省乡镇企业成人中等专业学校、驻马店地区粮食职工中等专业学校、洛阳市轻纺职工中等专业学校（同时撤销原洛阳市二轻局职工中等专业学校）和伊川县成人中等专业学校。

3 月 2 日，国家教委发出通知，印发《关于当前师范专科学校工作的几点意见》。

3 月 5 日，省教委批准举办梨园矿务局职业中等专业学校和平顶山建筑材料工业职业中等专业学校

3 月 9 日，国家教委发出《关于中等专业学校（含中师）领导体制问题的通知》。

3 月 20 日，时任国务院总理李鹏为北京市技工教育 10 年成果展题词："发展技工教育，提高职工素质。"

3 月 24 日，经省政府同意，省教委批准建立驻马店地区工业学校。

7 月 5 日，经报省人民政府同意，省教委批准将临汝师范学校更名为汝州师范学校，规模及管理体制不变。

8 月 6 日，国家教委办公厅发出《关于对职业高级中学开展评估，认定"省级重点职业高级中学"的通知》。

8 月 16 日，国家教委发布《省级重点职业高级中学的标准》。

同日，时任省委书记侯宗宾视察西峡县林业高中，认真听取了学校负责人的汇报，了解学校实习基地建设和办学效益等情况，察看学校的建设、实习基地和展览室。

8 月 20 日，省教委确定郑州师范等 12 所学校为实施《三年制中等师范学校教学方案（试行）》试点学校，从 1990 年秋季入学的一年级学生起，实施新的教学方案。

9 月 19 日，省教委批准开封市郊区、南阳县等 27 个县（市、区）建立河南省卫生函授中等专业学校分校，中牟县卫生职业中专、尉氏县成人中专等 11 所中专学校开办河南省卫生函授中等专业学校函授教学班。

9 月 21 日，省教委发出《关于印发河南省中专学校办学条件评估标准和实施办法的通知》，决定第一批 57 所学校从 9 月开始、第二批 46 所学校从 1991 年上半年开始进行评估工作，并就评估的指导思想、标准、方法等做了明确规定。

10 月 25 日，省教委批准漯河市、舞阳县等 20 个市、县建立河南省农

业广播电视学校分校。

11 月 7 日，成立河南省中专学校办学条件评估办公室，时任省教委副主任张凯亭为主任。

12 月 3~15 日，省教委组织力量对全省职业高中进行检查评估，评定 13 所学校为省级重点职业高级中学，并报省政府批准、国家教委备案。

12 月 20 日，省教委批准建立濮阳市杂技艺术学校，中牟农业学校更名为河南省农业学校。

1991 年

1 月 15 日，国家教委发出《关于认定首批省级重点职业高级中学的通知》，公布了首批 206 所省级重点职业高级中学。

2 月 23 日，时任省长李长春主持召开 1991 年省政府第 12 次常务会议，研究教育问题，提出要大力发展职业技术教育，把发展职业技术教育作为今后一个时期教育工作的重点。要从全省实际出发，制订一个加速中等教育结构调整、大力发展职业技术教育的决定，有针对性地解决一些问题。

2 月 25 日，国家教委批准河南省建立河南公安高等专科学校，学生规模为 1100 人，学制 3 年，1991 年开始招生。

3 月 13 日，国家教委办公厅印发《普通中等专业学校办学水平评估指标体系（试行）》。

3 月 22~25 日，全省教育工作会议在郑州召开。会议传达贯彻全国教育工作会议和全国职业技术教育工作会议精神，部署全年的教育工作，并重点研究全省职业技术教育改革和发展问题。会议还对焦作市等 13 个筹措教育经费改善办学条件先进地市，潢川县等 16 个普及初等教育县（市），信阳地区等 19 个五项督导检查复查工作先进单位，栾川县等 103 个职业技术教育先进单位，李序明等 139 名职业技术教育先进工作者，扶沟县等 15 个基本扫除文盲县（市）进行表彰。

4 月 1 日，省教委批准举办南阳市职业中等专业学校、平顶山市第一职业中等专业学校、平顶山市第二职业中等专业学校、洛阳市商业职业技术中等专业学校、淮阳县职业中等专业学校；同意河南省物资管理学校开办物资管理职专班，河南省乡镇企业成人中专开办财会、企业管理职专班；

同意洛阳市财会职业中专开设财会专业，郑州市第三职业中专增设经贸专业、塑料制品专业，河南女子职业中专增设行政管理专业，鹤壁市机电职业中专增设工业企业电气化专业，鹤壁市卫生职业中专增设放射医疗专业。

5 月 17 日，省政府发出《关于大力发展职业技术教育的决定》。同日，省教委同意开办开封市美术职业中等专业学校。

5 月 18 日，省教委确定漯河师范等 16 所中师为实施《三年制中等师范学校教学方案（试行）》试点学校。

同日，省教委批准郑州市电大开办建筑施工与管理专业、机电农副产品加工专业、农村家庭经营专业职专班，开封市电大开办化工工艺专业、农副产品加工专业、计划统计专业、财务会计专业职专班，平顶山市电大分校开办机电专业、化工工艺专业、农村家庭经营专业、乡镇企业管理专业职专班，新乡市电大分校开办建筑施工与管理专业、机电专业、化工工艺专业、农副加工专业、农村家庭经营专业、乡镇企业管理专业、计划统计专业、财务会计专业职专班，焦作市电大分校开办机电专业、乡镇企业管理专业职专班，濮阳市电大分校开办建筑施工与管理专业、农副产品加工专业、农村家庭经营专业、乡镇企业管理专业、计划统计专业、财务会计专业职专班，三门峡市电大分校开办机电专业、化工工艺专业、农副产品加工专业、财务会计专业职专班，许昌市电大分校开办机电专业、计划统计专业、财务会计专业职专班，驻马店地区电大分校开办农副产品加工、农村家庭经营专业职专班，南阳地区电大分校开办财务会计专业职专班，信阳地区电大分校开办计划统计专业职专班，周口地区电大分校开办农副产品加工专业、农村家庭经营、乡镇企业管理专业、财务会计专业职专班，商丘地区电大分校开设财务会计专业职专班，漯河市电大分校开办农副产品加工专业、农村家庭经营专业职专班。

5 月 20 日，省教委批准三门峡市财会职工中专开设财经专业职专班。

5 月 24 日，省教委批准建立中华会计函授学校三门峡市分校、漯河市分校、鹤壁市分校、平顶山市分校、濮阳市分校、郑州市分校、信阳地区分校、南阳地区分校等 8 所分校，河南省农业广播电视学校卢氏县分校、临颍县分校、方城县分校、温县分校、沁阳县分校、滑县分校、卫辉市分校、获嘉县分校、原阳县分校、西平县分校等 10 所分校。

7 月 17 日，经省政府审查，省教委批准将“郑州市荥阳机电职业中等专业学校”改为普通中等专业学校性质的“郑州市机电学校”，学校规模 640 人，开设电子电器、机械制造、焊接工艺及设备 3 个专业，招收初中毕业生，学制 4 年。

7 月 29 日，省教委批准省纺织工业厅、省商管委等单位委托有关学校试办纺织、商业经济管理等 24 个专业的中专专业证书教学班。

9 月 1 日，省教委批准洛阳市卫生职业中等专业学校增设针灸医士专业，洛阳市建设职业中等专业学校增设基建财务专业，洛阳市第二职业中等专业学校增设音乐舞蹈专业，河南省物资学校增设物资财务会计专业。

10 月 17 日，国务院发布《关于大力发展职业技术教育的决定》。

10 月 20~26 日，中国高等职业技术教育研究会第四次学术年会在郑州召开。

10 月 22~23 日，全省中师标准化建设工作会议在焦作召开，会议总结首批中师标准化建设的经验，部署第 2 批中师标准化建设工作，时任省教委主任徐玉坤、副主任汤瑞桢到会讲话。

11 月 7 日，省教委印发《关于初中教师〈专业合格证书〉考试与电视师专自学考试单科及格成绩相互承认问题的通知》。

11 月 9 日，省教委确定郑州市服装学校等 31 所职业学校为全省第二批示范性职业学校，并制订建设好第二批示范性职业学校的意见。

11 月 13~17 日，全国扫盲农村成人教育工作会议在郑州召开。

11 月 22 日，省政府批准辉县市第一职业高级中学等 12 所职业学校作为省级重点职业中学推荐到国家教委。

1992 年

1 月 14 日，省教委批准建立中华会计函授学校开封市分校、安阳市分校、许昌市分校、新乡市分校和周口地区分校。

1 月 17~19 日，省教委在郑州召开职业技术教育总结会。

1 月 21 日，时任中共中央总书记江泽民在江苏常州市考察刘国钧职业培训中心，指出办职教中心的方向是对的，今后就是要多培养应用性技术人才和管理人才。

1月25日，省教委印发《河南省乡（镇）村成人教育学校管理暂行办法》《河南省一、二、三类乡（镇）成人教育学校标准》。

3月2日，国家教委批准在河南省技工学校的基础上，建立河南职业技术教育学院。

3月17日，国家教委发出通知，认定第二批省级重点职业高中249所。

3月18日，省民政厅同意成立河南省职业技术教育学会，时任省教委主任徐玉坤任会长，时任省教委副主任张凯亭、李春祥等为副会长。

3月29日至4月1日，职业技术教育中心研究所在上海召开借鉴德国“双元制”经验，促进我国职业技术教育改革的研究与实验课题开题会。

4月17日，省教委批准设置南阳市第二职业中等专业学校、南阳市第三职业中等专业学校、洛阳市粮食职业中等专业学校、许昌卫生职业中等专业学校、南阳地区工业职业中等专业学校，筹建平顶山市第三职业中等专业学校。

5月12日，省教委批准成立许昌市工业职业中等专业学校、南阳地区供销职业中等专业学校。

6月15日，省教委批准中华职业教育社河南分社建立河南省中华成人中等专业学校。

6月17日，经省政府批准，省教委同意将原许昌粮食干部学校更名为许昌粮食职工中等专业学校，将周口公安干部学校更名为周口地区公安干部中等专业学校，将河南新乡粮食职工中等专业学校更名为河南省粮食职工中等专业学校。

6月27日，根据对省第二批示范性职业学校和预备校建设情况的检查结果，省教委决定将办学成绩突出的潢川县职业高中、孟津县朝阳职业高中由原来的预备校转为正式示范性职业学校，对进展不大的固始县陈淋子职业高中、南阳市第一职业中专、宁陵县职业教育中心、虞城县职业教育中心、舞阳县职业高中学校提出批评。

10月6日，省教委批准河南金融管理干部学院、铁道部郑州公安管理干部学院举办成人业余大专学历教育。

10月26日至11月5日，全国中师教育座谈会、中国联合国儿童基金会1990~1994周期师资培训项目主任会和中南、西南9省（区）中师联检会同时在郑州召开，来自全国28个省、自治区、直辖市的近200名代表参加会议。

10月28日，省教委发出《关于表彰全省成人高等学校和普通高等学校成人高等教育先进单位的决定》，表彰河南政法管理干部学院、河南中医学院等17个成人教育先进单位。

11月8日，省教委批准河南职业技术师范学院、安阳大学举办专科函授、夜大学教育。

11月28日，省教委批准建立省中华会计函授学校洛阳市分校，省交通电视中等专业学校安阳市分校和南阳地区分校，省农业广播电视学校新安县分校、鲁山县分校、叶县分校、舞钢市分校、禹州市分校。

12月1日，省教委批准建立安阳市明诚职业学校。

12月16日，省教委批准河南职业技术教育学院试招技校应届毕业生，学员毕业后回本校任教。

12月18~20日，省教委在河南职业技术师范学院举办全省农村职业高中农学专业教学论文评选决赛。

1993年

1月1日，省教委批准建立平顶山财贸学校。

1月1日至6月22日，省教委在开封市二职高举办职业中学服装专业教师培训班，培训教师40人。

1月21日，国家教委同意建立南阳理工学院。

1月26日至6月22日，省教委在河南职业技术师范学院举办职业技术学校家用电器专业师资培训班，培训教师40人。

1月29日，省教委发出《关于举办中师、教师进修学校音乐、美术的教师本科学历进修班的通知》。

2月12日，河南省烟草工业学校更名为中国烟草总公司郑州中等专业学校。更名后学校由国家烟草专卖局和河南省烟草专卖局共同领导，以国家烟草专卖局为主，由河南省烟草专卖局管理。

同日，省教委批准建立河南轻工职业中等专业学校、中国农业银行河南省信用合作职业中等专业学校、黄河科技职业中等专业学校、三门峡市第一职业中等专业学校、焦作市女子职业中等专业学校、驻马店地区法律职业中等专业学校、洛阳市供销职业中等专业学校、镇平工艺美术职业中等专业学校、三门峡市灵宝园艺职业中等专业学校9所学校。

3月10日，省政府批复同意建立信阳市、潢川县、辉县市成人中等专业学校。同意将郑州市公安干部学校更名为郑州公安干部中等专业学校，安阳市自行车职工中等专业学校更名为安阳飞鹰工业总公司职工中等专业学校。

3月12~18日，省教委对首批申报验收的17所县区教师进修学校进行了复查。

3月18日，国家教委批复省政府，同意在武汉城建学院平顶山分院的基础上建立河南城建高等专科学校。

3月22日，省教委发出《关于选拔中师优秀毕业生到教育学院脱产学习的通知》，决定从1993年起，选拔10%中师优秀应届毕业生到教育学院脱产学习专科课程，毕业后到初中任教。

3月29日，省教委批复同意三门峡市增设豫西师范灵宝分校，周口地区在周口教育学院增设中师部，两处规模均定为12个教学班，于1993年秋季开始招生。

3月31日，省教委批复同意筹建滑县成人中等专业学校。

4月6日，省人民政府批复省教委，同意将成人中等专业学校的审批程序简化为：由办学单位申请，报送论证报告，经所在市、地教育行政部门审查同意后，报省教委批准，并报省人民政府和国家教育委员会备查。中等专业学校更改校名的批准权限也一并下放给省教委。

4月20日，省教委发出《关于全省县（市）职业技术教育评估结果的通报》。对职业技术教育工作取得显著成绩的南阳市、密县、商丘市、辉县市、博爱县、西峡县、尉氏县、安阳县、汝州市、新乡市郊区、舞钢市、清丰县、镇平县、周口市、滑县、开封县、巩义市、修武县、卢氏县、驻马店市、罗山县、新县、长葛县、孟津县、舞阳县、汝阳县、扶沟县、西平县予以通报表扬，并给予奖励。

4月20日，省教委在信阳召开河南省普通师范院校专业设置规划会。

5月6日，省教委批复同意郑州电力学校建立中专函授部。

5 月 10 日，国家教委发出《关于评选“国家级、省部级重点普通中等专业学校”的通知》。

5 月 25 日，省教委批准中州大学增设房地产开发、体育、涉外秘书与公共关系专业，洛阳大学增设公共关系专业，开封大学增设餐旅服务与管理、服装设计与工艺专业。

6 月 5 日，《中国职业技术教育》杂志创刊。

6 月 10~29 日，省教委受国家教委委托在郑州举办了全国中师校长培训班，来自全国 27 个省、自治区、直辖市的 70 名中师校长参加了培训。

6 月 14 日，省教委批准郑州电大、开封电大、洛阳电大和省直电大分校试办机电工程类、电气与电子工程类、土木建筑工程类、化工轻工类、财经类、文科类、法律类专科基础教学班，招生人数 1700 人。

6 月 16 日，省教委批准筹建济源市工业中等专业学校。

6 月 26~30 日，全省职业技术教育现场会在安阳市和郑州市召开。

7 月 25 日，省教委批准建立焦作市文化艺术学校。

8 月 8 日，省教委在郑州铁路机械学校集中部分中专学校的校长专家共 15 人，评选国家级重点普通中专、省部级重点普通中专，一致推荐 11 所学校为国家级重点普通中等专业学校，18 所学校为省部级重点普通中等专业学校。

9 月 27 日，省教委公布对全省职工、干部、农民中等专业学校的评估结果：佳级合格学校 16 所，合格学校 55 所，基本合格学校 25 所，不合格学校 2 所，已参加评估但无中专在校生的学校 18 所，应参加但未参加评估的学校 14 所。

10 月 18 日，时任中共中央总书记江泽民在中央农村工作会议上的讲话提出，要大力发展农村职业技术教育和农村成人教育。

10 月 22 日，省教委批准开封医学高等专科学校、洛阳大学、河南城建高等专科学校、平顶山师范高等专科学校、开封大学、新乡医学院 6 所学校举办函授、夜大学。

10 月 29 日，省教委向省政府呈报《关于成立河南省职业技术教育统筹协调领导小组的请示》。11 月 26 日，时任副省长范钦臣批示同意成立河南省职业技术教育统筹协调领导小组，组长由时任副省长张世英担任。

11月3~6日，全国教育学院与中等师范学校教学研究和管理人员培训班在郑州举办，此次培训班系联合国开发计划署援助项目组织的活动。

11月11日，省教委批复省物资厅、郑州市教委，同意开封市物资职工中等专业学校改为河南省开封物资职工中等专业学校，郑州市政法干部学校改为郑州政法干部中等专业学校。改名后隶属关系不变。

同日，南阳理工学院举行成立庆典。时任省人大常委会副主任侯志英、省人民政府副省长张世英、省委高工委副书记贺云乾、省教委副主任李文成及南阳地区领导和高等院校代表等出席了会议。

11月12日，省教委转发国家教委《关于中等职业技术专业学校政治课课程设置的意见》。

11月15~19日，全国普通中等专业教育改革与发展会议在湖南株洲市举行。中心议题是深化中专改革，增强中专活力，加快中专发展。

1994年

1月24日，省教委根据国家教委要求，制定了河南省《成人高等学校评估标准和评分说明》，要求各校结合实际制定出本校评估方案和标准，加强学校自身建设，提高办学水平和教育质量。

1月26日，省教委批复同意将驻马店公安干部学校、驻马店地区财税干部学校、洛阳市第二商业局干部学校分别更名为驻马店地区公安干部中等专业学校、驻马店地区财税职工中等专业学校、洛阳市经贸成人中等专业学校。

2月1日，国家教委颁发《国家级重点职业高级中学标准》。

2月15日，省政府批复同意撤销郑州市重工局职工大学、洛阳纺织厂职工大学，同意省轻工业职工专科学校和省对外经济贸易职工学院正式招生。

2月16日，省教委同意将洛阳市粮食职业中等专业学校更名为洛阳市商业贸易职业中等专业学校。

2月25日，省教委确定郑州铁路机械学校、郑州电力学校、黄河水利学校、中原机械工业学校、河南省信阳卫生学校、河南省农业学校（原河南省中牟农业学校）、河南省粮食学校、河南省交通学校、郑州铁路卫生学校、河南省郑州水利学校、河南省南阳农业学校、河南省洛阳林业学校、河南省南阳卫生学校、河南省焦作卫生学校、河南省安阳卫生学校、郑州市卫生学校、河南省轻工业学校、郑州测绘学校、中原石油学校、河南省纺织工业学校、郑州地质学校、河南省邮电学校、焦作煤炭工业学校、河南省建筑工程学校（原郑州建筑工程学校）、河南省农业机械学校、河南省粮食经济学校、河南省商业学校、河南省投资管理学校、河南省计划统计学校、许昌市财政税务学校、洛阳市财会中等专业学校、河南省焦作财会学校、河南省工商行政管理学校、河南省物资学校、河南省人民警察学校、安阳市体育运动学校、开封市体育运动学校、河南省艺术学校（原河南省戏曲学校）等38所普通中专学校为省部级重点普通中等专业学校。

3月2日，省教委批准建立河南华桥电子职业中等专业学校、郑州市商业贸易职业中等专业学校。

3月8日，省教委转发国家教委《关于暂停部分成人高等学校一九九四年招生的通知》，开封空分设备厂职工大学、平顶山高压开关厂职工大学1994年暂停招生。

3月17日，省教委与省计经委、省公安厅、省粮食厅、省财政厅联合下发《关于普通高校和普通中专学生户粮关系管理问题的通知》，解决了多年来未能解决的高校中专自费生在校期间的户粮关系迁移问题，严格规范了本省普通高校和普通中专其他多类学生户粮关系管理的有关问题。

同日，时任省教委主任亓国瑞在济源市主持召开现场办公会，协商解决济源市工业中专所需教师问题。

3月20~28日，省教委在栾川县召开河南省栾川县农村教育综合改革工作实验课题总结会。

3月26日，省教委批准省邮电职工中等专业学校、洛阳市经贸成人中等专业学校进行“专转全”改革试点，即对中专专修班结业学员继续进行全科中专教育，使之达到中专毕业水平。

3月28日，省教委批准建立河南省鲁迅成人中等专业学校。

3月30日至4月6日，省教委组成复查组对各地申请验收的21所教师进修学校进行了检查验收，共有15所学校达到了省教委规定的标准。

4月1日，省教委印发《关于下放成人中专学校专业审批权的通知》规定，凡经省政府、省教委批准独立设置的职工中专、干部中专、县成人中专学校（不含远距离成人中专市地分校），其专业设置由学校提出申请，报学校所在市地教委（局）审批，批文抄报省教委备案；经正式批准备案的专业方可纳入国家招生计划招收学历生。

4月5日，时任省教委主任亓国瑞主持召开委主任办公会，研究落实省委关于改办职业技术师院，加快培养职教师资的问题。

4月12日，省教委印发《关于保送1994年中师应届优秀毕业生升入高等师范院校学习的通知》。

4月26日，省教委印发《河南省中等师范学校青年教师教学技能基本要求（试行）》。

同日，省教委印发《河南省远距离成人中等专业学校评估工作实施意见》和《河南省远距离成人中等专业学校评估指标体系》。

5月4日，省教委批准建立河南省开封化工职业中等专业学校、焦作市总工会职业中等专业学校、三门峡市第二职业中等专业学校、三门峡市机电职业中等专业学校、信阳地区政法职业中等专业学校、南阳地区物资职业中等专业学校、南阳地区轻工职业中等专业学校、新乡市第一职业中等专业学校、新乡市职业中等专业学校、开封市经贸职业中等专业学校、开封市东京卫生职业中等专业学校、开封市第五职业中等专业学校、开封市第六职业中等专业学校、焦作市轻工职业中等专业学校、焦作市第一职业中等专业学校、焦作市印刷职业中等专业学校、济源市职业中等专业学校、博爱县职业中等专业学校、平顶山市职业中等专业学校、舞钢市职业中等专业学校、漯河市大华艺术学校、栾川县职业中等专业学校、商丘市回民职业中等专业学校、汝南县第一职业中等专业学校、南阳市电子职业中等专业学校、南阳市卫生职业中等专业学校。

5月18日，省教委批准郑州市机电学校为省级示范性职业学校。

同日，正式启用“河南省教育委员会中等专业学校毕业证专用章”。

5月21日，省教委批准建立平舆县成人中等专业学校。

5月24日，省教委批准建立中原摄影学院附属职业中等专业学校、南乐县职业中等专业学校、邓州市卫生职业中等专业学校。

5月26日，省教委同意增加登封县职业中等专业学校、新乡市第二职业高中、许昌市职业中专3所学校为本省争创国家级重点职业高中预备校。

6月15日，省教委批准建立固始县成人中等专业学校和罗山县成人中等专业学校。

7月8日，省教委批准建立商丘地区成人中等专业学校。

7月29日，省教委批准建立襄城县成人中等专业学校。

8月2日，省教委批准建立许昌市总工会成人中等专业学校。

同日，省教委同意洛阳轴承厂职工大学更名为洛阳轴承（集团）公司职工大学，洛阳矿山机器厂职工大学更名为中信重型机械公司职工大学。

8月17日，省教委批准建立开封市商业贸易职业中等专业学校。

8月20~29日，全国首届职业技术学校田径运动会在太原市举行，河南省代表队获得职业高中组团体总分第6名，运动学校组团体总分第6名；在个人项目比赛中，获得金牌2枚，银牌4枚，铜牌2枚；代表队获得体育道德风尚奖。

8月22日，国家教委确定郑州铁路机械学校、黄河水利学校、中原机械工业学校、河南省信阳卫生学校、河南省农业学校、河南省粮食学校、河南省交通学校、郑州铁路卫生学校、河南省郑州水利学校9所普通中专学校为国家级重点普通中等专业学校。

8月24日，省教委批准建立淇县职业中等专业学校。

10月5日，省教委批准建立临颍县成人中等专业学校。

10月8日，省教委批准建立鹤壁市职业中等专业学校、睢县园艺职业中等专业学校、周口市第二职业中等专业学校、周口地区交通职业中等专业学校、鹿邑县职业中等专业学校。

11月10~12日，省教委在郑州召开河南省扫盲与农村成人教育工作会议。

11月19日，省教委批复中原石油勘探局，同意河南广播电视大学中原油田广播大学分校更名为中原油田广播电视大学。

12月2日，省教委同意增加平顶山矿务局职业中专为本省争创国家级重点职业高中预备校。

12月3日，省教委批准鹤壁矿务局职业高中、洛阳市商业职业中专、洛阳市经贸职业中专为省级示范性职业学校。

12月5~8日，省教委副主任李文成带领调查组对许昌市在政府统筹下创办许昌社区学院的情况进行实地考察。

12 月 13 日，省教委批准建立河南省职业教育干部培训中心。

同日，省教委同意建立河南职业技术师范学院附属职业中等专业学校。

12 月 27 日，潢川县第一职业高中 29 岁的青年教师宋飞琼被评为“全国十杰中小学中青年教师”。她是荣获“十杰”人物中唯一从事职业教育的老师。省教委发出通知，号召全省教育战线广大干部和职工以实际行动积极开展向宋飞琼学习的活动，并拨给潢川县第一职高 50 万元，用于资助该校的教学科研和学校发展。

12 月 29 日，省教委批准建立济源市卫生职业中等专业学校。

1995 年

1 月 27 日，国家教委办公厅发出《关于开展国家级重点职业高级中学评估认定工作的通知》。

2 月 26~28 日，国家教委召开 1995 年全国职业教育工作座谈会。

3 月 17 日，经省人民政府同意，省教委批准建立河南省第二税务学校。该校隶属于省地方税务局。

4 月 6 日，省教委批准信阳农业高等专科学校、信阳师范学校、固始师范学校、商丘师范高等专科学校、南阳师范高等专科学校、漯河艺术师范学校、焦作财会学校等校设立职业中专班。

5 月 17 日，国家教委印发《关于普通中等专业教育（不含中师）改革与发展的意见》，提出到 20 世纪末，中专教育要有一个较大的发展。要通过挖潜，主要走内涵发展的路子，在同类职业技术学校中发挥好骨干作用。要加强重点学校建设，集中力量办好骨干学校，其中重点建设好一批省部级和国家级重点学校，使之成为规模分别在 1500 人、3000 人以上，办学条件、办学水平、教育质量、社会效益等方面能起到骨干示范作用的综合性学校。

5 月 30 日，省教委、省公安厅、省粮食厅联合发出《关于明确我省普通高校非农林医定向生和普通中专定向生户粮关系问题的通知》。

6 月 5 日，省教委印发《关于加强职业中专设置管理的通知》。

同日，省教委印发《关于确认新蔡县成人中等专业学校为基本合格学校的通知》。

同日，省教委批复郑州市教委，同意中华全国律师函授中心河南辅导总站注册登记。

6月13日，省教委批准建立郑州市二七职业中专、荥阳市职业中专、郑州市商业职业中专、郑州市第五职业中专、郑州市金融职业中专、许昌市礼仪服务职业中专、许昌县职业中专、尉氏县职业中专、鲁山县职业中专、新乡市第五职业中专、新乡燎原无线电职业中专、获嘉县职业中专、卫辉市职业中专、延津县职业中专、新乡市交通职业中专、辉县市第一职业中专、嵩县职业中专、洛阳石油职业中专、焦作市经贸职业中专、沁阳市职业中专、义马市职业中专、西平县职业中专、南阳市交通职业中专、内乡县职业中专、郑州市工业职业中专、河南油田职业中专、南阳市机电职业中专、唐河县职业中专、新野县职业中专、舞阳县职业中专、信阳市第一职业中专、光山县职业中专、固始县职业中专等33所职业中专学校。

6月14日，国家教委成立高等职业教育协调组，其任务是有条件、有程序、有要求地引导高等职业教育的健康发展。

7月3~4日，省政府在济源市召开全省农村职业教育现场会。

9月12日，省教委上报国家教委，拟在中国第一拖拉机工程机械公司职工工学院、河南职业技术教育学院、洛阳兵器工业职工大学、河南轻工业职工大学等，举办成人高等职业教育教学班。

9月20~23日，国家教委在郑州召开全国农村成人学校人口教育项目总结会。

10月6日，国家教委印发《关于推动职业大学改革与建设的几点意见》。

10月7日，省人民政府就本省大中专学生粮食供应问题发出通知，要求各地在确保供应的同时，对大中专学校中的普通在校生粮食供应标准定为每月每人16千克，并按国家价格执行。

10月11日，省教委发出《关于加强成人中专管理，提高教育质量的通知》。

10月15日，省教委印发《三年制中等师范学校教学大纲（试行）调整意见》，对涉及中师语文、数学等12个学科的教学进行了调整。

10月16日，省教委印发《河南省职业高级中学教学常规（试行）》，就教学基本要求、计划、大纲、教材、课堂教学及实习教学等做出规定。

10月23日至12月3日，省教委组成由全国教育系统劳动模范郭建平、李慧军、丁国平、晋凤莲和全国十杰中青年教师宋飞琼参加的“为人师表、育人楷模”报告团，到全省17个市地向中小学、师范学校和教育行政部门的教职工代表作巡回报告。

10月29日至11月5日，省教委对23所县级教师进修学校进行复查验收，巩义市教师进修学校等19所学校达到验收标准。省教委对合格学校予以挂牌并给每校5万元奖励。

11月8日，《中国教育报》报道，经过半年时间的评估认定，我国省级重点职业中学共计909所已被认定。河南共42所，其中经复评合格的22所，第三批认定的20所。

11月11~13日，国家教委在郑州市召开1995年成人招生计算机管理研讨会和1995年成人招生入校新生复查情况汇报会。时任国家教委成教司副司长黄尧出席会议并讲话，各省成人招生负责人和计算机管理人员参加了会议。

1996年

1月3日，经河南省中等专业学校设置评审委员会评审，省教委批准建立平顶山市成人中专、信阳县成人中专、鹿邑县成人中专、修武县成人中专、驻马店地区政法成人中专。

同日，省教委批复省轻工总会，同意省轻工总会将所属河南造纸职工中专、河南食品职工中专两校合并，成立河南省轻工成人中等专业学校。

1月5日，省教委批复铁道部公安管理干部学院，同意该院从1996年起，面向河南招收成人全日制脱产学生，开展高等教育自学考试辅导和其他成人教育培训工作。

1月25日，省教委批准建立濮阳县职业中专、驻马店市第一职业中专、周口地区广播电视职业中专、商丘旅游职业中专学校。

2月12日，时任副省长张世英在1996年教育工作会议上讲话指出，发展职业教育和成人教育，各级政府负有统筹协调责任，县市政府起着关键作用。政府要统筹协调，使相关学校的教育资源共享，同时在办学经费筹措、专业布局规划、毕业生就业指导等方面做好工作。

2月14日，郑州市第四职业中等专业学校、商丘市职业中等专业学校、安阳市第一职业中等专业学校、开封市第二职业中等专业学校、安阳县第一农职业高级中学、巩义市职业中等专业学校、登封市职业中等专业学校、许昌市职业中等专业学校、新密市职业技术教育中心9所学校被国家教委认定为首批国家级重点职业高级中学。

3月12日，时任中共中央政治局委员、国务院副总理李岚清在时任国家教委副总督学陈德珍、河南省委副书记范钦臣、副省长张世英、省教委主任亓国瑞和许昌市市长牛学忠等领导的陪同下对许昌市的中小学、职业中专进行考察。

3月13日，省教委在禹州市召开全省部分县（市）职业教育工作现场会，全省18个改革发展特别试点县（市）的教委主任参加了会议。

4月21日，省教委批复河南大学、洛阳师专、安阳师专，同意三所学校举办五年制专科试点班。招生对象为应届初中毕业生，由省招办组织学校单独划线、单独录取。

5月8日，省教委批准建立三门峡中等专业学校、鹤壁中等专业学校。

5月14日，省教委复函省地方税务局，同意恢复河南省开封税务职工中等专业学校，并更名为河南省税务职工中等专业学校。

5月15日，八届全国人大常委会十九次会议通过了《中华人民共和国职业教育法》，自1996年9月1日起施行。

6月14日，省教委批准建立郑州市财税职业中专、中牟县职业中专、新郑市职业中专、巩义市第二职业中专、河南医科大学卫生职业中专、开封县职业中专、杞县职业中专、洛阳市第三职业中专、林州市职业中专、新乡市第二职业中专、原阳县职业中专、长垣县职业中专、封丘县职业中专、焦作市交通职业中专、温县职业中专、孟县职业中专、长葛市职业中专、汝州市职业中专、三门峡市工业职业中专、陕县职业中专、郾城县职业中专、沈丘县职业中专、信阳市第三职业中专、潢川县职业中专、信阳县职业中专、罗山县职业中专、上蔡县职业中专、河南省交通职业中专等28所职业中专学校。

7月10日，省教委批复安阳、郑州、开封市教委，同意林州市科技开发总公司举办林州科教专修学院，新华社河南分社中原新闻文化中心举办开封新华专修学院，郑州市农业科学研究所举办郑州财贸专修学院，河南省旅游协会举办河南旅游专修学院；同意河南省轻工业干部学校增设河南轻工高教自考辅导中心，河南地质职工学校增设河南科技高教自考辅导中心，实施非学历教育。

7 月 17 日，省人大教科文卫工委、省政府法制局、省教委、省经贸委、省劳动厅、郑州市人大、郑州市政府七个单位召开“省会学习宣传、贯彻《职业教育法》座谈会”。

同日，省教委批准筹建河南省质量工程学院。

7 月 17~19 日，省教委在滑县召开“全省中等师范教育工作座谈会”。各市、地教委主管师范工作的领导及 46 所中等师范学校校长参加了会议。

7 月 17~20 日，国家教委、国家经贸委、劳动部在北京联合召开全国职业教育工作会议。会议根据党中央、国务院大力发展职业教育的方针，研究制定了实施《职业教育法》和《中国教育改革和发展纲要》的改革措施，总结交流“八五”期间职业教育改革和发展的经验，进一步明确中国跨世纪职业教育的目标和任务。

7 月 31 日，省教委发出《关于开展成人中专教育调研工作的通知》。8~10 月，15 个市地、92 所成人中专学校参加调研活动，省教委组成 3 个调查组赴郑州、许昌、驻马店、周口、商丘 5 地进行重点调查。

9 月 9~12 日，全国示范教育工作会议在北京举行，提出到下世纪初师范教育改革和发展的方针：坚持方向，深化改革，优化结构，促进发展，提高质量，提高效益。

10 月 3 日，省教委同意三门峡市灵宝职业中专更名为灵宝市职业中专。

10 月 11 日，省教委批准筹建西华县职业中等专业学校。

10 月 20~26 日，省教委对部分县级教师进修学校进行复查验收，其中荥阳市等 12 所教师进修学校验收合格。

10 月 22 日，省教委发出《关于表彰全省农村职业学校毕业生百名致富能手的决定》《关于加强河南省普通中等专业学校学生管理工作的意见》。

10 月 23 日，省教委授予新郑市、巩义市、博爱县、济源市、罗山县、新野县、商丘市、林州市、郾城县、禹州市 10 个县（市）为全省职业教育工作先进县（市）称号。对于职业教育发展较快的登封市、虞城县、信阳市、长垣县、灵宝市、淇县、南阳市宛城区给予通报表扬。

10 月 29~30 日，省教委、省经贸委、省劳动厅联合在新郑市召开全省职业教育工作会议。

10 月 29 日，时任省委书记李长春在全省职业教育工作会议上做出指示，“要实现具有全局意义的两个转变”，必须坚定不移地抓好职业教育，大力提高劳动者的素质。

同日，时任省教委主任亓国瑞在全省职业教育工作会议上讲话披露，准备采取“三改一补”的办法发展高等职业教育，即改中州大学、开封大学、洛阳大学、焦作大学、平原大学、安阳大学 6 所地方大学为高等职业学校，改一部分普通专科学校为高等职业学院，改部分独立设置的成人高校为高等职业学校，并利用少数具备条件的国家级重点中专举办高职班或转制等方式作为补充。

10 月 30 日，省教委向国家教委备案，1996 年度，河南省按条件审批了 17 个函授站。

11 月 6 日，省教委批准筹建商水县职业中专、太康县职业中专。

同日，省教委批复开封市教委，同意河南省海外联谊会举办开封海联经贸专修学院，实施非学历教育。

11 月 14 日，省教委批准建立驻豫部队成人中等专业学校。该校以中国人民解放军测绘学院为依托，面向驻豫部队开展中专学历教育。

11 月 15~19 日，省教委在郑州举办“河南省中等职业学校思想品德教育讲习班”。参加培训的人员为各普通中专、职业中专、职业高中负责思想品德教育的校长、书记及教学人员。

11 月 16~18 日，省教委在驻马店召开全省扫盲农村成人教育工作会议。

12 月 18 日，省教委批准筹建郸城县职业中专

12 月 29 日，省教委认定登封市职业中专等 66 所职业学校为省级示范性职业学校，认定通许县第一职业高中等 10 所学校为基本合格的省级示范性职业学校。至此，河南又有 60 个县（市）建成省级示范性职业学校，加上原有的 40 个县（市），全省已在 100 个县（市）建起了省级示范性职业学校。

本年，对全省43所成人高校进行了检查评估。评估结果为，90分及以上的优秀学校10所，80~89分的良好学校13所，60~79分的合格学校20所。

南阳市委市政府出台职业学校招生“农转非”、毕业生协议就业政策，为职业学校筹资1000多万元。

虞城县通过多渠道筹资，建立了职业教育发展基金。从职工年工资总额中提取1.5%，从房地产增值税中提取10%，从城市建设维护费中提取10%，从旅馆营业额中提取5%，征收党政机关、企事业单位的小汽车调节资金维护费的5%，从教育费附加中提取10%，县财政每年还保证专款30万~50万元。

巩义市规定，凡在职业学校任教者，每人上浮一级工资，并在评先、职称评聘、住房、子女就业、家属“农转非”等方面优先考虑，职称评聘实行切块单列。

新蔡县采取统招与推荐相结合的办法，一方面随中招统一录取职业学校新生，另一方面实行村委推荐、乡镇政府审批、县教育局备案录取。

新郑、巩义、新蔡、镇平、永城、沁阳、桐柏、浚县等县市建立或重新调整了职业教育统筹协调领导小组，县（市）长亲自担任组长。

洛宁县加大政府统筹力度，4所职业学校建立了校务委员会，4位副县长分别担任了学校名誉校长。

淇县县委县政府把大力发展职业教育与“三年改市，五年称强县”的宏伟目标紧密联系在一起，把县职业中专建设列入30项改市工程之一。

商丘县第二职业高中毕业生石其成，搞食用菌培育和水炕法孵化小鸡，仅种植蘑菇就收入6万多元。先后在乡中学、成人学校多次免费举办“食用菌”“炕小鸡”培训班，参加培训的达2000多人次。引导路河乡宋庄村家家种蘑菇、户户炕小鸡，年户均收入3000多元。

1997年

1月25日，省编委批复同意建立河南省高校干部培训中心。

2月3日，信阳农业机械化学校更名为信阳工业学校。

3月4~6日，省教委在郑州召开全省成人教育工作会议。

3月31日，省教委批准安阳教育学院、平顶山教育学院增设计算机应用专业，驻马店教育学院增设教育技术（电教）专业。

4月4日，国家教委下发《关于开展高等职业教育试点工作的批复》，同意郑州牧专作为河南省教委高等职业教育改革的试点单位，养禽工艺、食品加工工艺、兽药工艺3个专业进行试点，设置村政管理和家庭养殖学科专业高等职业教育实验班。

4月8日，河南省盲人按摩学校更名为河南省针灸推拿学校。

4月18日，省教委下发《关于洛阳师专等三所高校少数专业变更学制的批复》。同意洛阳师专、安阳师专、许昌师专数学、物理、化学等专业学制由二年制改为三年制。

同日，省教委印发《关于河南大学等4所高校举办五年制专科实验班的批复》。同意河南大学、洛阳师专、安阳师专、南阳师专美术、英语、音乐、体育等专业举办五年制实验班。

4月，对职业中专学校办学条件进行评估。评估工作采取各学校自评，各市、地教委组织评估组对所属学校复评，省教委组织检查组对部分市地的学校进行抽查的方法进行。经过评估，撤销了2所学校，暂停了19所学校招生。

5月4日，郑州市保安学校更名为郑州市第六职业中等专业学校。

5月6日，省教委发出《关于在普通中等专业学校开展优秀教学成果评选活动的通知》。

5月7日，省教委发出《关于河南职业技术师范学院试办五年制对口招生本科专业的批复》，同意机电技术教育、植物保护、畜牧兽医、园艺4个本科专业从职业高中对口招生，试办五年制本科。

5月19日，濮阳农业机械化学校更名为河南省濮阳工业学校。

5月，河南省被国家教委列为开展招收应届中等职业学校毕业生举办高等职业教育的10个试点省份之一，对高职招生计划实行单列，共安排招生计划2380人。

6月17日，省教委批准平顶山师专举办五年制专科层次小学教师实验班。实验班招收初中毕业生，培养小学教师。开设文科、理科、音乐、美术4个专业，每个专业每年招生50名。

6月24日，停办河南省国防科技职业中等专业学校。

7月31日，省教委同意建立河南省燎原广播电视学校。

8月4日，河南省粮食学校更名为河南省经济贸易学校。

8月9日，省教委批复河南省国家税务局，同意成立河南省国家税务局培训中心，负责全省国税系统在职干部及业务骨干的培训工作，属非学历教育机构。

9月1日，《河南省实施〈中华人民共和国职业教育法〉办法》施行。河南是《职业教育法》颁布后全国第一个出台《实施办法》的省份。

9月2日，河南省冶金工业学校更名为河南省冶金建材工业学校。

9月17日，省教委批复开封市教委，同意开封市电大与美国华光基金会合作筹建“开封市广播电视大学华光教育中心”。

10月26日至11月4日，省教委组织人员对市地教委申报的17所教师进修学校进行了复查，新密市等16所学校复查合格。

11月10日，省教委发出《关于加强和改进我省职业学校德育工作的意见》。

12月17日，河南省供销学校更名为河南省财经学校。

12月27日，省教委组织专家组对河南商业学校办学水平评估工作进行复评。

12月，省教委组织部分学校和专家，对现有的中专学校评估指标体系进行了修订。从1998年起，全省普通中专学校的评估工作将依据此标准进行。

本年，各地积极、主动落实全省职业教育会议精神。全省18个市（地）及85%的县（市）召开了职业教育会议，一些市（地）、县（市）出台了进一步改革和发展职业教育的得力措施。

新建成人中专学校17所。

新乡市以高等职业教育为先导，以省级重点校为龙头，以其他职业学校为基础的中、高级职业教育相配套的全市性的职业技术教育的基本框架已初步形成，开始为本市经济持续强劲发展提供可靠的资源保障。

商水县投资670万元兴建职业教育中心。

郑州牧业工程高等专科学校等被确定为河南省发展高等职业教育的试点学校。

郑州财贸学校与国家教委计算机公司联合成立郑州分公司。

郑州金融学校与中国人民银行郑州分行联合成立出纳技能实习基地。

中牟卫校与国家人事部联办特护专业。

舞钢市成人学校坚持举办养殖、种植等培训班，调查分析土地4万多亩，为农民科学种田提供了依据。

漯河市第二职业高中坚持“保证文化课、突出专业课、强化技能课”的教学工作原则，保证教学质量稳步提高。

1998年

2月17日，省教委印发《关于在我省中等职业学校开设职业指导课程的通知》。

3月26日，省教委印发《河南省职业中等专业学校部分专业技能考核标准》。

4月15日，省教委同意将驻马店地区农业机械化学校更名为河南省驻马店机电工业学校。

4月22日，省教委印发《关于对职业高中（职业中专）部分专业应届毕业生进行技能考核的通知》，要求各市、地教委对职业学校种植、养殖、财会等10个专业应届毕业生进行技能考核。

4月27日，省教委、省计委联合印发《关于我省普通中等专业学校招生并轨改革的意见》，决定普通中专招生全部实行并轨。

4月29日，省教委印发《关于在河南省职业学校开展争创1998年优质课活动的通知》。

5月11~16日，奥地利职业教育代表团一行10人来河南省考察访问。代表团与河南省部分职业学校进行了座谈，并就有关合作交流事宜进行了初步协商，达成了合作意向。

5月15日，省教委印发《关于郑州牧专实施“五年制高职专科实验班”的批复》，同意郑州牧专举办五年制高职专科实验班。

7月8日，省教委印发《关于在全省中等师范学校开展办学水平评估工作的通知》，决定从1998年起分期分批对全省中等师范学校进行评估。

8月5日，省教委批复鹤壁市教委，同意建立鹤壁职业技术专修学院，实施高等非学历教育。

8月7日，省教委同意将驻马店供销学校更名为河南省驻马店财经学校。

8月24日，省教委转发教育部师范司印发的《三年制中等师范学校课程计划（试行）》，并对本省实施工作提出了要求，从1998年秋季开始实施，到1990年9月全部实施到位。

8月27日，省教委同意将洛阳市财政干校、洛阳市商业学校合并，定名为洛阳市财经学校。

9月3日，省教委认定开封市第三职业中专、新乡市第一职业中专、巩义市第二职业中专、中国长城铝业公司职业中专、济源市职业中专、叶县职业教育中心、河南职业技术师范学院附属职业中专等8所学校为省级示范性职业学校。

9月7日，省教委转发教育部颁发的《中等师范学校德育大纲（试行）》和《中等师范学校学生行为规范（试行）》，要求各中师组织师生认真学习并贯彻执行。

10月15日，省教委同意洛阳农业经济学校更名为河南省农业经济学校。

12月17日，河南省选报的漯河职业技术学院和河南职业技术学院在长沙召开的全国高校设置评议委员会上顺利通过评议。

同日，省人事厅、省教委联合对全省职业教育先进单位和个人进行表彰，共表彰先进单位75个，先进个人300名。

12月24日，教育部发布《面向21世纪教育振兴行动计划》指出，要逐步研究建立普通高等教育与职业技术教育之间的“立交桥”，允许职业技术院校的毕业生经过考试接受高一级学历教育。

12月26日，省教委认定河南省郑州人民警察学校、河南省化工学校、河南省财经学校、河南省税务学校、新乡市商业学校、济源中等工业学校、洛阳铁路电务工程学校、驻马店商业学校、商丘市卫生学校、中国烟草总公司郑州中等专业学校10所学校为省部级重点普通中等专业学校。

本年，全省普通中专招生全部实行并轨。

新乡市在《新乡日报》教育专版上开辟“县（市）区长谈职教”栏

目，7 位县（市）区长就如何加强本地区职教发表了看法。

漯河市政府将漯河大学与漯河市职工大学合并申办“漯河职业技术学院”列为本年要办的 9 件实事之一。

洛阳师专等 8 所师专的 36 个专业学制由二年制改为三年制。

1999 年

4 月 16 日，省教委下发《关于在职业教育专职教研队伍中开展“五个一”活动的通知》。

5 月 13 日，省教委印发《河南省成人中等专业学校专业设置管理暂行办法》。

5 月 26 日，在郑州市公安局金水分局刑侦大队实习的河南公安高等专科学校学生沈钦睿、叶绿、蒋鹤三同学在街头执行排查任务，两名持枪歹徒在遭侦查员盘查时，突然开枪。沈钦睿与一个歹徒搏斗，被歹徒开枪击中。叶绿紧追另一名歹徒，将其制服。蒋鹤及时将沈钦睿送往医院，经抢救无效，沈钦睿同学壮烈牺牲。案件发生后，公安部政治部追授沈钦睿、授予叶绿同学全国公安系统二级英雄模范称号；河南省人民政府追认沈钦睿为革命烈士；共青团河南省委追授沈钦睿河南省青年五四奖章，授予叶绿、蒋鹤河南省新长征突击手称号；5 月 31 日，中共河南省委高校工委、省教委追授沈钦睿、授予叶绿河南省模范大学生称号，授予蒋鹤河南省优秀大学生称号；河南省公安厅为蒋鹤记二等功。

7 月 12 日，郑州牧专青年教师王予民在带领学生赴淅川开展大学生暑期科技扶贫社会实践活动途中，遭遇特大交通事故，因伤势过重，抢救无效，不幸殉职。8 月 19 日，省委高校工委、省教委决定，追授王予民“河南省优秀教师”荣誉称号。

7 月 23 日，省教委批复商丘市教委，同意将夏邑师范学校改办为“商丘幼儿师范学校”；批复南阳市教委，同意将南阳第四师范学校改办为“南阳幼儿师范学校”。

8 月 19 日，省教委下发了《关于调整国家级省部级重点中等职业学校的通知》。

10 月 8 日，省教委批复粮食厅，同意河南省粮食职工中等专业学校更名为河南省经济贸易成人中等专业学校。

10月12日，中共河南省委、河南省人民政府《关于贯彻〈中共中央、国务院关于深化教育改革全面推进素质教育的决定〉的实施意见》提出，到2005年，全省基本实现由中等、专科、本科三级师范教育向本斜、专科两级师范教育过渡，形成以独立设置的师范院校为主体，其他院校积极参与，教师来源多样化的师范教育新格局。

11月11日，省教委批复洛阳市教委，同意洛阳耐火材料职工中等专业学校更名为洛阳市冶金工业成人中等专业学校。

11月16日，省教委批复河南电大，同意河南省广播电视中等专业学校试办中专“注册视听生”教育。

本年，河南省成为按新的管理模式和新的运行机制试办高等职业教育的15个试点省份之一。国家决定大规模扩招，新高职由试点到全面铺开。

设置三门峡职业技术学院、郑州铁路职业技术学院、中原职业技术学院3所专科层次院校。

郑州市不再统一划定职专、职高录取分数线，各录取学校可自行确定分数线，允许部分职业学校招收高中毕业生、转岗待业人员、社会青年、下岗职工，并允许市区部分职业学校招收农村考生。

开封市打破城乡界限，放宽入学条件，试行二次录取，扩大职业学校招生自主权和考生选择学校、选择专业的机会。

尉氏县职业中专教师时金缀培育开发的“尉职一号”大豆通过国家鉴定，并获得第三届全国生物百项活动科技发明创造二等奖。

平顶山市在中等职业学校深入开展“教育质量年”活动，采取一系列措施提高教育质量。

2000年

1月11日，省教委行文将河南省交通学校等28所普通中专，郑州市第四职业中等专业学校等23所职业高中，分别作为国家级重点普通中专、国家级重点职业高中，报请教育部评审、认定。5月31日，教育部发出《关于公布首批国家级重点中等职业学校名单的通知》，河南省有25所普通中专、20所职业高中（职业中专）被列入国家级重点中等职业学校。

1 月 13 日，省教委作出《关于建立通许县中等职业学校等 18 所学校的批复》，批准建立通许县中等职业学校等 18 所学校。

1 月 26 日，省教委主任王日新在全省教育工作会议上讲话指出，普通高中教育与中等职业教育要保持一个合适的比例。

3 月 8 日，省教委召开全省中等职业学校教学工作会议。

4 月 11 日，省教委印发《关于加强我省中等职业教育师资队伍建设的意见》，对全省中等职业教育师资队伍建设工作进行规划部署。

6 月 8 日，河南省教育委员会发布《关于普通高中教育改革和发展的若干意见》提出，要大力发展普通高中规模，积极推进办学体制和办学模式改革。要充分利用现有的教育资源，积极在一般中等职业学校试办普高与职高相融合的综合高中，架设基础教育与职业教育相互沟通的“立交桥”。

9 月 5 日，省教育厅公布河南省理工中等专业学校等 43 所普通中专，濮阳县职业技术学校等 59 所职业高中为省级重点中等职业学校。

10 月 12 日，省教育厅在郑州召开“普通中专办学体制、管理体制改革座谈会”，35 个省直委厅局和驻豫单位的有关负责人参加会议并通报了各自情况。通过座谈和其他方式的调研，摸清了省直单位的教育职能及所属学校的办学管理体制现状。

11 月 9 日，省教育厅召开全省重点中等职业学校建设工作会议。

11 月 30 日，省教育厅决定在全省高职高专院校中开展专业教学改革试点工作，拟利用五年左右的时间在全省建成 60 个左右特色鲜明、在全省同类教育中具有带头作用的示范性专业，以推动高职高专教育的改革和发展。

本年，全省高等职业教育招生计划的新生报到率不理想，2000 年在安排招生计划时，省教育厅提出了赋予本省普通专科学校、高等职业学校等招生计划总数的 10%以内的计划调节权的措施。

开封市积极推动“三个转变”，即由数量规模型向质量效益型转变，由单纯的技能培训向素质能力教育转变，由传统的课堂教学模式向现代化教育教学手段转变。

洛阳市开辟了初中毕业生直接进入职业学校的就学通道。

安阳市将职业学校招生权下放到学校，由学校自主招生；各县（市）

区职业学校可春秋两季招生，实行免试入学。

鹤壁市职业学校招生逆势增长，实际招生 4255 人，完成计划 3200 人的 132.97%。

三门峡市允许中等职业学校逐步实行弹性修业年限和灵活学分制，允许学生分阶段完成学业。

通许县政府决定将第一、二、三职业高中合并，建立综合性职业学校。

夏邑县李集农业高中形成了长班对口升学、短班推荐就业的办学模式，2000 年对口升学 18 人，推荐就业 273 人，在校生达 300 多人。结合种植、养殖专业办的果园和养鸡场，年产值 20 多万元。

2001 年

2 月 1 日，省教育厅转发教育部《关于中等专业学校管理体制调整工作中防止中等职业教育资源流失问题的意见》。

3 月 14 日，省教育厅组织专家组考察确定了全省高职高专专业教学改革试点 46 个，其中选出 26 个上报教育部。教育部专家组对其中 14 所高校的 17 个专业点进行考察，认为符合条件，建议列为教育部改革试点专业。

3 月 23 日，省教育厅开始组织省高等学校设置评议委员会专家组对 11 所申报学校进行考察。经过评议和厅党组研究并报请省政府批准，设置了河南工业职业技术学院等 11 所高等职业学校。2001 年已安排了高职招生计划 6300 人。

3 月 24 日，省教育厅发出《关于规范各类中等职业学校名称的通知》，决定自 2001 年起，用 3 年时间逐步将现有的职业中专、成人中专、职业高中统一调整为“中等专业学校”。

5 月 8 日，省教育厅印发《关于实施骨干中等职业学校建设工程的通知》，决定从 2001 年起全省启动骨干中等职业学校建设工程，集中力量在全省建设一批规模大、水平高、有特色的骨干中等职业学校。

5 月 25 日，经省政府同意，省教育厅审批设立郑州信息科技学院，成立郑州信息科技学院理事会。

5 月 29 日，省教育厅召开全省中等职业学校毕业生就业指导工作会议。

6 月 29 日，省教育厅转发了《鹤壁市教委关于加强中等职业学校招生工作的紧急通知》，向全省推广了鹤壁市抓好中等职业学校招生工作的做法和经验。

7 月 21 日，省教育厅同意郑州轻工业学院等 5 所学校增设高职专业。

7 月 24 日，省教育厅在郑州召开全省中等职业教育招生工作专题会议。

7 月 30 日，省教育厅成立“河南省教师资格认定指导中心”。

9 月 6 日，省教育厅转发教育部《中等职业学校设置标准（试行）》，明确今后中等职业学校的设置由各省辖市教育行政部门负责审批，报省教育厅备案；省直有关部门设置中等职业学校，仍由省教育厅负责审批。

9 月 9 日，省政府批转省教育厅《关于我省师范院校布局结构调整的意见》，标志着为全省义务教育作出了巨大贡献的中等师范教育完成了自己的历史使命，也标志着全省将如期实现三级师范教育向两级师范教育过渡的目标。

9 月 18 日，省教育厅提出将郑州教育学院、郑州师范合并组建郑州师专，将焦作教育学院、焦作师范合并组建焦作师专，民办树青医学专修学院申报民办树青医学高等专科学校，并向教育部进行了申报。

9 月 25 日，省教育厅发出《关于中等职业学校重点专业点认定工作的通知》，确定“十五”期间将种植、养殖、农副产品加工、计算机及应用、电子技术应用、工业与民用建筑、机电技术应用、建筑装饰、服装设计与工艺、旅游服务与管理 10 个专业作为全省中等职业学校重点专业，围绕重点专业办好 100 个重点专业点。

9 月 26 日，省教育厅印发《河南省中等职业学校试行学分制办法》，决定从 2001 年秋季起，在全省中等职业学校进行学分制试点工作。

10 月 31 日，省教育厅印发《关于加强我省职业技术培训工作的意见》，提出河南省“十五”期间职业技术培训工作的指导思想、目标任务、配套措施和保障条件。

12 月，省教育厅对省辖市申报的县级教师进修学校进行复查验收，达到省教育厅复查验收标准的学校有封丘县、濮阳县、南乐县、范县和民权县教师进修学校。

本年，设置河南工业职业技术学院等 11 所高等职业学校，并在教育部备案。

经省政府同意，在考察论证的基础上，批准了河南农业大学等 7 所高校举办二级职业学院并同意其与部门所属的条件较好的中等专业学校联合办学。

高校新生报到率出现拐点，专科整体报到率由原来的将近 100%下降到 70%左右，少数市属高职高专报到率只有 30%左右。

多数地市职业教育实行春秋两季招生。

认定河南省经济贸易学校等 10 所中等职业示范学校，认定安阳卫生学校等 9 所中等职业示范学校预备学校。

2002 年

1 月 9~13 日，河南申报的郑州师专、焦作师专、郑州澍青医学院等高校通过全国高校设置评议委员会评审。

6 月 25 日，省教育厅同意南阳师范学院、河南纺织高等专科学校、平顶山师范高等专科学校及河南职业技术学院等 7 所院校实行学分制。

7 月，教育部、劳动和社会保障部、国家经贸委做出决定，表彰 238 个“全国职业教育先进单位”、285 名“全国职业教育先进个人”。郑州市教育局等 15 个先进单位和王岩等 18 名先进个人受到表彰。

8 月 15 日，郑州市技工学校、郑州市财经技工学校、河南省纺织技工学校、河南省医药技工学校、河南省化学工业技工学校 5 所技工学校被劳动保障部批准为高级技工学校。

11 月 12 日，省教育厅印发《关于重点装备中等职业示范学校和重点专业点的通知》，安排 330 万元职教经费扶持示范学校建设，奖给每个重点专业点 5 万元，用于充实专业实验设备，并要求学校所在省辖市按 1∶1 比例进行配套。

11 月 26 日，郑州机电学校的机电技术应用专业、河南信息工程学校的电子技术应用专业、河南省交通学校的汽车运用与维修专业、平顶山市卫生学校的护理专业、郑州旅游学校的饭店服务与管理专业、河南省农业学校的种植专业被教育部公布为全国中等职业教育首批示范专业（点）。

11 月 28 日，郑州牧专、郑州旅游学校被教育部、财政部公布为中央财政重点支持的示范性职业院校。

本年，全省 32 所中等师范学校中 16 所改为高中，2 所改为中等职业学校，6 所改为幼师，4 所并入教育学院，4 所并入市属高校成立师范部，实现了三级师范向二级师范教育的过渡。

技工学校取消招生对象年龄、身份、区域限制；取消招收农村青年报考专业的限制，享受城镇学生同等政策。

开封大学探索建立由教学质量监控体系、质量保障体系、质量考评体系构成的教学质量全面管理体系，促进了教学质量的提高。

洛阳大学承办 WTO 与中国高等职业技术教育专题研讨会。

济源职业技术学院主动为地方经济建设服务，开展了大量社会培训和服务工作，共为省文物局和济源市水利局、公安局、人事局、妇联及商业系统培训人员 1689 人次。

通许县职业中专兼并第三、第四职业高中和县成教中心，成立职业教育集团。

2003 年

4 月 25 日，审批设置了郑州交通职业学院、郑州经贸职业学院、河南检察职业学院。

5 月 12 日，河南职业技术师范学院医院院长孙阳吉在抗击“非典”工作中，因劳累过度，突发心脏病，光荣殉职。15 日，中共河南省委高校工委、河南省教育厅发出《关于全省教育系统向孙阳吉同志学习的通知》。

6 月 1 日，河南省人民政府发布《贯彻国务院关于大力推进职业教育改革与发展的决定的实施意见》。

6 月 10 日，省劳动保障厅、省教育厅、省人事厅联合转发劳动和社会保障部、教育部、人事部《关于进一步推动职业学校实施职业资格证书制度的通知》。

6 月 17 日，省人事厅、省教育厅、省劳动保障厅、省经贸委作出《关于表彰河南省职业教育先进集体和先进个人的决定》，对 120 个先进集体和 210 名先进个人予以表彰。

6 月 20 日，省政府在郑州召开第四次全省职业教育工作会议。

6 月 27 日，省教育厅审批设置了河南质量工程职业学院。

9 月 15~19 日，省教育厅协助教育部专家组，完成了对郑州铁路职业技术学院的水平评估工作。该校是教育部启动全国高职高专人才培养工作评估的第一个学校。

9 月 22 日，省教育厅印发《关于公布第一批省级重点中等职业学校名单的通知》和《关于公布河南省合格中等职业学校名单的通知》，公布了省级重点中等职业学校 109 所，合格中等职业学校 470 所。

11 月 4~6 日，教育部在郑州召开全国职业技术学校职业指导工作经验交流会议。

11 月 11 日，成立河南省高职高专教育人才培养工作委员会和河南省高职高专院校人才培养工作水平评估委员会。

11 月 26 日，原纺织、机械、贸易、冶金、轻工、石化 6 个行业办和省医药局主管的 14 所学校划转省教育厅管理。

12 月 9 日，省教育厅印发《关于公布第二批河南省中等职业学校重点专业点的通知》，认定了第二批河南省中等职业学校重点专业点。

本年，郑州市成立技能鉴定工作领导小组，全面负责技能考核工作的日常事务。在职业学校建立 12 个技能鉴定站（所）。

洛阳市认真推进管理体制、办学体制、指导就业体制、职业教育资金投入体制、教师聘任体制、教育教学制度 6 项改革。

信阳市社区教育组织发展到 456 个。

夏邑县实施“成教兴村”工程，全年培训回乡知青 10121 人，农村成人技术培训 41539 人次，100 个试点村新上项目 63 个，年创总产值 1645 万元，人均增收 350 元。

河南省邮电学校以“服务通信，做好支撑”为宗旨，不断调整办学思路和办学模式，由原来的全日制学历教育向在职职工培训教育转变。

荥阳市职业中等专业学校以“不等不靠搞建设，联合办学上层次，规模效益促发展”为办学思想，逐渐形成“注重德育，注重管理，注重技能”的办学特色。

三门峡中专开设教育扶贫班。

河南省鹤壁工贸学校先后在本地企事业单位和北京、深圳、青岛、大连、西宁、兰州、珠海、广州、郑州等地建立了 100 多个稳固的就业基地。

2004 年

3 月 4 日，省教育厅决定批准南阳理工学院、商丘职业技术学院、平顶山学院、开封大学、郑州轻工业学院、河南大学、中原工学院 7 所院校为本省首批示范性软件职业技术学院，从 2004 年起开始招生。

4 月 13 日，省教育厅在郑州召开 2004 年度全省职业教有与成人教育工作会议。

同日，省教育厅同意将郑州经济管理干部学院等院校的 28 个专业列为成人省级专业教学改革试点专业。

5 月 28 日，省教育厅公布了新设置的商丘医学高等专科学校、漯河医学高等专科学校和南阳医学高等专科学校等 9 所高校的基本情况。至此，全省高职高专学校达到 44 所。

5 月 31 日，省教育厅在南阳召开河南省城市与农村职业学校联合招生合作办学洽谈会。

7 月 25 日，省教育厅确定 58 所高职高专院校（含部分成人高校、本科院校的二级学院）人才培养工作水平五年评估安排计划。

10 月 9 日，省教育厅印发《关于组建职业教育集团的若干意见》。

10 月 19 日，教育部颁布《普通高等学校高职高专教育指导性专业目录（试行）》，这是我国第一次在专科层次制定和颁布全面系统的专业目录，填补了我国缺少高职高专教育专业目录的空白。该目录分设 19 个大类，下设 78 个二级类，共 532 种专业，体现了以服务为宗旨，以就业为导向的原则，突出反映高职高专教育的特色，促进高等职业教育与就业创业教育的紧密结合。

本年，高等职业学校可举办五年制试验班，不再对办学资格进行审批。继续拓宽职业教育“立交桥”，扩大五年一贯制实验班和“3+2”分段制高职招生计划的规模。

设立河南经贸职业学院、郑州职业技术学院等 10 所高职院校。其中 3 所为民办性质，7 所为民办公助性质。

郑州市在地方高校市级以上重点专业（学科）中设立高层次人才特聘岗位。实施“三重”（市级重点专业、重点课程、重点实验室）建设工程。

洛阳市实行五项统筹（统筹区域职业成人教育资源、统筹高中阶段职业教育、统筹中高等职业成人教育、统筹城乡职业成人教育、统筹职业成人教育经费）。

禹州市分流1100名学生到职业学校。

河南省交通学校等49所职业学校被认定为首批“国家级重点中等职业学校”。

方城县三职高建立农民科技培训基地，实行长班与短班相结合的办法，重点培训农村实用人才，向农民传授小辣椒种植等实用技术。

2005年

1月12日，教育部办公厅公布新调整认定的第二批国家级重点中等职业学校名单，河南省工业学校等55所学校被认定为第二批国家级重点中等职业学校。

4月22日，省教育厅发出《关于开展全省首届中等职业学校“文明风采”竞赛活动的通知》。

7月19日，省教育厅发文《关于公布首届中等职业学校“文明风采”竞赛获奖名单的通知》，公布获奖的一等奖作品92件，二等奖202件，三等奖237件。

8月26~27日，国务委员陈至立考察参观了河南信息工程学校、郑州旅游学校、河南省交通学校、郑州市机电学校4所职业学校。

8月28日，国务院发布《关于大力发展职业教育的决定》。

11月25日，省教育厅印发《关于公布第二批省级重点中等职业学校名单的通知》，认定信阳市卫生学校等27所学校为第二批省级重点中等职业学校。

本年，洛阳市组织11所学校组成职业学校“大篷车”招生宣传团，分成7组深入偃师、孟津等9县（市）区进行招生宣传活动。

许昌市获得全国职业教育先进单位称号。

扶沟县以“校企联合、订单培养、半工半读”的办学模式破解了职教发展中的难题，实现了职业教育的快速发展。

焦作大学省级教改试点专业化工工艺和国家级试点专业机电一体化顺

利通过评估验收。

郑州铁路职业技术学院承办全国电气工程教育专业委员会高职高专分会 2005 年年会。

荥阳市中等专业学校与省直电大、荥阳市劳动和社会保障局联合办学，为初、高中毕业生和城乡新增劳动者、下岗人员、在职人员及其他社会成员提供多形式、多层次的职业教育和职业培训。

洛阳市卫生学校成功举办护士风采演讲、基础护理技能竞赛和护理技能竞赛汇报表演等活动。

辉县市职业中等专业学校承担辉县市科技局、农业局、劳动和就业保障局、扶贫办的“星火计划”“阳光工程”农村劳动力转移、贫困地区劳动力转移等实用技术培训，为农村、企事业单位培训了大批技术人才。

社旗县职专被省确定为农业结构调整推进示范基地。

2006 年

3 月 10 日，省政府批准设置郑州电力职业技术学院，并报教育部备案，同年开始招生。

4 月 18 日，河南职业技术学院等 59 所专科学校新增设商务管理等 220 个专科专业。

4 月 21 日，第五次全省职业教育工作会议在郑州召开。

5 月 19 日，全省高等职业教育工作会在黄河水利职业技术学院召开。

6 月 29 日，河南省纺织工业干部学校更名为河南省电子科技学校，办学性质由干部培训转变为普通中等学历教育，机构规格、事业编制和经费管理形式不变。

8 月 22 日，郑州牧业工程高等专科学校生物技术制药、平顶山工业职业技术学院煤矿安全、济源职业技术学院电工电子、河南商业高等专科学校计算机应用与软件技术、河南农业职业学院生物技术园艺 5 所学校的 5 个实训基地被列入 2006 年国家职业教育实训基地建设项目，获得国家和省财政专项资金 1580 万元。

9 月 30 日，依托河南工业职业技术学院，校企结合，组建河南国防科技工业高等职业教育集团（试点）。

11 月 13 日，教育部和财政部联合召开网络视频会议，部署“国家示范性高等职业院校建设计划”的启动工作。

12 月 8 日，黄河水利职业技术学院、平顶山工业职业技术学院被教育部、财政部确定为首批国家示范性高等职业院校。

本年，省教育厅会同省财政厅下拨中等职业学校助学金 7600 万元，对 7.6 万名贫困学生进行资助，在全省初步建立起了中等职业学校贫困学生救助体系。

确定新密市、项城市、林州市、新县、开封县为河南省首批职业教育强县（市），每个县（市）奖励资金 50 万元。

对全省 18 个省辖市政府和 5 个重点扩权县（市）政府进行了首次职业教育专项督导检查。

郑州市地方高校“三重”建设工程建成 29 个市级重点专业和 10 个市级重点实验室。

郑州市建立市、乡、村三级职业教育培训网络，采取灵活多样的培训形式。全年共完成培训任务 4.2 万人，其中市级技能性培训 1.55 万人，乡级引导性培训 2.65 万人，分别占年度任务 4 万人、1.5 万人、2.5 万人的 105%、103%、106%。

临颍县职业成人教育中心与深圳职业技术学校和深圳宝安区多家企业签订联合办学协议，学员零学费入学，首批 1200 名“以工助学”学生已从深圳返校。

商水县以“安置一个学生，富裕一个家庭，带动一方致富”为办学宗旨发展职业教育。全县职业学校在校生达 6281 人，短期培训实用技术人才 7000 多人次。

平舆县采取置换方式，将县职业教育中心迁移到城西新区，又争取省科技扶贫项目资金 200 万元，扩大办学规模。

2007 年

3 月 27 日，省教育厅印发《河南省高等职业教育“十一五”发展规划》。

3 月 30 日，省教育厅发布《致全省初中毕业生的一封信》，动员广大初中毕业生报考职业学校。

同日，2007 年度全国职业教育与成人教育工作会议在北京召开。

3 月，教育部公布 2006 年认定的国家级重点中等职业学校中，河南省的新乡商业学校、驻马店农业学校、洛阳市财经学校、南阳市宛东中等专业学校、信阳市第六职业高级中学、淇县职业中等专业学校和舞钢市职业中等专业学校 7 所学校入围。

5 月 10 日，省教育厅在郑州召开河南省 2007 年度职业教育与成人教育工作会议。

5 月 20 日，河南省暨省会城市职业教育宣传周集中展示活动在郑州市绿城广场举行。

6 月 11 日，教育部、财政部在北京召开贯彻落实中等职业教育国家助学政策座谈会。

7 月 6 日，省教育厅印发《河南省教育厅等七部门关于继续开展职业教育强县（市）创建活动的通知》。

9 月 6~7 日，时任国务院总理温家宝在大连考察时指出，职业学校在我国教育格局中地位十分重要，因为只有职业教育才是面向人人的教育。我们一定要把职业教育办好，也一定能办好。教、学、做不是三件事，而是一件事，在做中学才是真学，在做中教才是真教，职业教育最大的特征就是把求知、教学、做事和技能结合在一起。职业学校的教师不仅要培养孩子们求知，而且要培养思想道德，学会共处，学会做人。

9 月 26~27 日，在北京举行的全国大学生电子设计大赛全国总决赛上，郑州铁路职业技术学院作为河南赛区高职高专组唯一的代表，获得高职高专组唯一的最高奖“索尼杯”。

10 月 25 日，河南省教育厅转发教育部《关于建立中等职业学校教师到企业实践制度的意见》。

10 月 26 日，河南工业职业技术学院的数控技术、漯河医学高等专科学校的护理、三门峡职业技术学院的建筑技术、永城职业学院的煤矿安全、郑州交通职业学院的汽车维修技术、漯河职业技术学院的生物技术 6 个实训基地被确定为国家高等职业教育实训基地建设项目单位，获得中央财政支持 980 万元。

11月11日，省教育厅等七部门发布《关于公布2007年认定的河南省第二批职业教育强县（市）和创建职业教育强县（市）活动先进县（市）的通知》，认定中牟县、睢县、巩义市、禹州市、临颍县、辉县市、郸城县、新安县、叶县、淇县、濮阳县为河南省第二批职业教育强县（市），认定社旗县、通许县、荥阳市、栾川县、遂平县为创建河南省职业教育强县（市）活动先进县（市），对职业教育强县的奖励标准从2006年每个县50万元提高到100万元。

12月4日，第一届全国水利高职院校“黄河杯”技能大赛在黄河水利职业学院举行，来自全国21所职业技术学院的384名学生参加了4个项目的角逐。

本年，焦作市开展“职业教育年”活动。

濮阳县先后筹资3500余万元用于职业教育发展。建立健全了县、乡、村三级培训网络，仅2007年就完成职业技术培训19478人。

河南司法警官职业学院对81位新任课兼职教师和外聘教师的课堂教学进行了有效的质量考评。

河南交通职业技术学院启动教学督导工作机制。

商丘职业技术学院与商丘市委市政府合作共建市院共用图书馆。

平顶山工业职业技术学院以职业岗位（群）标准为依据，与企业共同制定课程标准，共同开发课程，构建以工学结合优质核心课程为主体的课程体系。

2008年

3月6日，省教育厅印发《关于建立中等职业学校国家助学金发放管理情况报告制度的通知》。

3月10日，省教育厅印发《关于“十一五”期间加强中等职业学校教师队伍建设的意见》。

同日，省教育厅印发《关于2008年度中等职业学校教师培训工作的意见》。

3月25日，省政府批准设置周口科技职业学院，专科层次全日制在校生规模暂定为3000人；批准设置河南建筑职业技术学院，专科层次全日制在校生规模暂定为4000人。

3 月 27 日，省教育厅下发《关于印发〈河南省中等职业学生电子学籍管理办法（试行）〉的通知》。

3 月 31 日，2008 年度全国职成教工作会议暨中职招生工作会议在北京召开。时任教育部部长周济指出，把中等职业教育作为整个教育发展的一个战略突破口，要求继续巩固和扩大中等职业教育的招生规模。

4 月 7 日，省教育厅等七部门印发《关于继续开展职业教育强县（市）创建活动的通知》。本年，通过县（市）自评、省辖市复评、专家评审，最终确定滑县、镇平、新郑、罗山、孟州、襄城、夏邑、陕县、荥阳、栾川、遂平、社旗、通许 13 个县（市）为河南省第三批职业教育强县（市），并以“以奖代补”的方式奖励每个职教强县（市）100 万元。截至年底，全省已有 29 个县（市）被确定为河南省职业教育强县（市）。

4 月 15 日，省教育厅召开河南省职业教育强县（市）表彰暨 2008 年度职业与成人教育工作会议，传达教育部 2008 年职业与成人教育工作会议精神，总结 2007 年度工作，表彰先进，部署 2008 年的工作。

6 月 3 日，时任省委副书记、代省长郭庚茂在省教育厅厅长蒋笃运、鹤壁市委书记郭迎光、市长丁巍等陪同下到鹤壁职业技术学院考察指导工作。

10 月 9 日，省教育厅印发《河南省高等学校成人教育校外教学点管理办法（试行）》。

10 月 17 日，省政府在郑州召开河南省职业教育攻坚动员大会。会上，省政府与各省辖市及重点扩权县（市）政府签订了河南省职业教育攻坚目标责任书，与教育部签订了《共建国家职业教育改革试验区协议》，这标志着国家职业教育改革试验区正式落户河南。

11 月 7 日，省教育厅印发《关于进一步在职业学校推行职业资格证书工作的通知》。

12 月 5 日，省政府发布实施 2008~2012 年职业教育攻坚计划的决定。

本年，全省各级财政投入 2007~2008 年资助资金 12.28 亿元，受资助的中职家庭困难学生达 167 万人次。

2009 年

1 月 17 日，时任省委常委、政法委书记李新民，时任副省长刘满仓视察许昌职业技术学院。

2月11日，时任省委书记徐光春到柘城县职教中心视察，对柘城县的农民工培训工作尤其是教育系统的返乡农民工培训工作给予了高度评价。

2月26日，时任中共中央政治局委员、国务院副总理张德江在时任河南省副省长史济春等的陪同下，到新乡职业技术学院视察技能人才培训工作。

2月28日，省政府审批设置安阳职业技术学院、新乡职业技术学院、驻马店职业技术学院、漯河食品职业学院和郑州布瑞达理工职业学院5所高等职业学校；4月14日，教育部予以备案。

3月24日，省教育厅召开省职业教育与成人教育年度工作会议。

3月，教育部决定在前两年试点的基础上，2009年进一步扩大规模，安排参加国家示范性高职院校开展单独招生改革试点院校33所，招生计划共计9240名。

4月20日，省教育厅、省发展改革委、省财政厅、省人力资源社会保障厅联合发布《关于河南省示范性职业院校建设工程的实施意见》，其目标为，2008~2012年，重点建设100所示范性中等职业学校（含技工学校）和11所示范性高等职业院校。

4月22日，省教育厅批准郑州牧业工程高等专科学校等55所高校新增生猪生产与疾病防治等158个专科专业点，同意河南职业技术学院等4所学校撤销金融保险等8个专业点。审核通过2010年高职教育拟招生专业点2665个。

4月24日，省政府办公厅印发《转发省教育厅等部门关于河南省中等职业学校布局调整等4个实施意见的通知》，对全省中职学校布局调整和实施省级示范性职业院校建设、省级职业教育实训基地建设、省级薄弱中等职业学校建设提出指导意见。

5月22日，省人民政府、教育部联合印发了《共建国家职业教育改革试验区实施方案》，成立省部共建职业教育改革试验区领导小组，建立工作机构，确定了重点试验内容。在全省8个省辖市建立了5个省级职业教育改革重点试验点。

6月4日，省教育厅下发《关于继续开展国家级重点中等职业学校和省级重点中等职业学校认定工作的通知》。11 月，组织专家对申报学校实地考察，全面评审，最终评选确定省级重点中等职业学校 47 所，向教育部推荐申报国家级重点中等职业学校 18 所。

6 月 29 日，郑州铁路职业技术学院代表队夺得全国职业技术教育的最高水平赛事“全国职业院校技能大赛”全国总决赛一等奖，实现了河南省在该大赛一等奖“零”的突破。

9 月 1 日，省政府在郑州召开河南省中等职业教育招生工作会，这是历史上第一次由省政府召开的全省中职招生工作会议。

9 月 24 日，时任副省长徐济超、省教育厅厅长蒋笃运到焦作调研职业教育攻坚工作。

10 月 2 日，省教育厅印发《关于中等职业学校面向返乡农民工开展职业技能培养培训工作的若干意见》。

10 月 24 日，河南省人民政府、教育部共建国家职业教育改革试验区工作领导小组第一次会议在郑州举行，时任教育部部长周济、省长郭庚茂出席会议并讲话。

同日，省政府在郑州召开河南省 2009 年职业教育攻坚工作表彰大会。

11 月 16 日，省教育厅印发《关于公布 2009 年省级重点中等职业学校名单的通知》，确定省级重点中等职业学校 47 所，向教育部推荐申报国家级重点中等职业学校 18 所。

11 月 26 日，黄河水利职业技术学院、平顶山工业职业技术学院首批国家示范性高职院校顺利通过国家验收，并获验收一等奖，分别获得奖金 500 万元。

11 月 29 日，省教育厅发文确定新安县教师进修学校等 18 所县级教师培训机构为河南省首批示范性县级教师培训机构。

11 月 30 日，省教育厅等六部门印发《关于公布 2009 年认定的河南省第四批职业教育强县（市）的通知》，经评审，认定博爱县、长垣县、长葛市、灵宝市、尉氏县、嵩县、安阳县、淮滨县、商水县、内乡县、正阳县、柘城县 12 个县（市）为河南省第四批“职业教育强县（市）”。至此，全省已创建 41 个职业教育强县（市）。

本年，郑州市卫生学校紧紧抓住职业教育快速发展的良机，发挥自身优势办好本校特色专业，积极打造“邓州护士”品牌。2009 年 9 月，在河南省职业教育攻坚表彰大会上，时任省长郭庚茂在讲话中指出，“邓州护士”与“新乡海员”、“漯河食品”已成为全省三大新兴特色职教品牌。

2010 年

3 月 18 日，全国职业教育与成人教育工作会议在北京召开。

3 月 25 日，省政府批准筹建信阳涉外职业技术学院、河南机电职业学院，筹建期为 2 年，筹建期内不得招生，若筹建期满达不到办学条件，届时将终止筹建。

同日，省政府批准设置河南化工职业学院、郑州信息工程职业学院、郑州理工职业学院、长垣烹饪职业技术学院、许昌陶瓷职业学院、焦作工贸职业学院、河南艺术职业学院、开封文化艺术职业学院。各学院专科层次，全日制在校生规模暂定为 3000 人。4 月 21 日教育部予以备案。

3 月 29 日，《河南机电学校“引厂入校”趟出校企合作新路》在《中国教育报》头版头条见报后，时任省长郭庚茂当天批示：“好！请教育厅总结经验，加以推广。”

5 月 13 日，河南省人民政府召开河南省职业教育攻坚工作领导小组第二次会议。

8 月 5 日，省政府在安阳召开 2010 年全省职业教育攻坚工作推进会。

9 月 13 日，教育部在浙江杭州召开全国高等职业教育改革与发展工作会议。

11 月 1~4 日，国家教育督导团检查组对河南省国家职业教育改革试验区工作进行专项督导检查，充分肯定了试验区建设所取得的成绩，总结了 6 个方面的成功经验，同时指出了存在的不足，提出了相应的整改要求。

11 月 7 日，时任教育部副部长鲁昕就职业教育发展和校舍安全工程实施情况在河南进行调研，时任副省长刘满仓陪同调研。

12 月 7~13 日，省教育厅对 16 个省辖市和 2 个重点扩权县（市）开展职教攻坚工作进行专项督导检查，总结 2010 年全省职教攻坚工作的成绩和经验，查找问题和不足，提出整改意见和建议，有力地促进了全省职教攻坚工作。

本年，省政府确定了7个省辖市和5个职教集团开展改革试验工作，先行先试。郑州市和济源市的试验任务是农村“两后”毕业生免费接受中等职业教育；平顶山市的试验任务是城市职业教育改革发展；郑州市和鹤壁市的试验任务是职业教育园区化建设；信阳市和三门峡市的试验任务是农村职业教育发展改革；新乡市的试验任务是职业教育体制机制改革和普及高中阶段教育改革；机电、化工、信息咨询、建筑、科贸5个职教集团的试验任务是深化集团化办学改革，探索集团内部专业共建、教师和技师岗位互动的工作机制。

全省中职学校调整至890所，比调整前减少了290所。中职学校布局调整任务基本完成。

新乡市成立职业教育管理局。

郑州市在全省率先实现免费中等职业教育。

信阳市人事局、编办、教育局、财政局联合下发文件，打破人事壁垒，允许职业学校根据需要从社会招聘专、兼职“双师型”教师。

安阳市47所各类中等职业学校规划整合为18所。在5个县（市）的10所学校中，7所已在上年年底前分别开工建设，3所正在进一步完善手续。

濮阳市在中等职业学校实施了“一年级文化课统考、二年级专业技能考核、三年级顶岗实习考查”的新机制。

商丘市职业学校由64所调整至43所。

杞县投入资金805万元用于职教攻坚计划。

兰考县以三高为基础，成立第一职业中专。

新安县投资300万元用于县职业高中购置电工电子装备生产线。

郑州职业技术学院制定《精品课程建设奖励办法》《专业技能竞赛奖励办法》《特色专业、重点专业、重点实验室建设奖励办法》《教学团队建设资助办法》等制度，保证人才培养质量不断提高。

社旗县朱集镇李庵村成人学校梨业生产示范基地出产的“绿仕香”牌梨产品通过国家有机食品认证中心检测，被认定为有机产品，这是该县水果业农产品首次获此殊荣。

2011 年

4 月 22 日，河南省首届免费师范毕业生就业工作座谈会在郑州召开。截至 4 月 20 日，河南省首届免费师范毕业生就业率达 68%。

5 月 16 日，教育部在北京召开 2011 年度全国职业教育与成人教育工作视频会议。

5 月 24 日，河南省新设立河南机电职业学院、河南护理职业学院等 9 所高职学院。

6 月 24~27 日，教育部等 16 个部门在天津举办 2011 年全国职业院校技能大赛。河南省派出 43 所中、高等职业学校的 163 名选手参赛，共获 89 个奖项，其中一等奖 10 个，二等奖 31 个，三等奖 48 个。

11 月 4 日，为确保中等职业学校城乡家庭经济困难学生和涉农专业学生免学费工作顺利实施，中央财政下拨 2011 年中等职业教育免学费补助资金 47.4 亿元。

12 月 28 日，教育厅等六部门确定武陟县等 13 个县（市）为河南省第六批职业教育强县（市），民权县等 4 个县（市）为 2011 年创建职教强县（市）活动先进县（市）。荥阳市等 13 个县（市）通过省创建职教强县（市）评审委员会复评，继续保留“河南省职业教育强县（市）”的称号。

同日，全省立项建设中州大学、濮阳职业技术学院、鹤壁职业技术学院、三门峡职业技术学院、河南建筑职业技术学院、河南质量工程职业学院、郑州信息科技职业学院、永城职业学院、郑州职业技术学院、河南化工职业学院等 10 所省骨干高等职业院校。

本年，全省 51 所高等职业学校的近百个专业被列入国家重点建设专业，获得中央财政专项资金支持。

全省立项建设河南财政税务高等专科学校财税综合实训基地等 30 个省级高等职业教育实训基地，河南商业高等专科学校物流管理等 9 个基地获批国家实训基地。省级基地达 110 个，国家级基地达 49 个。

截至年底，全省中职学校由职教攻坚前的 1163 所调减至 874 所，校均在校生规模由 1613 人提高到 2166 人。

全省 88 所中等职业学校启动公办民助、民办公助、股份制形式等多元化办学模式改革试点。

洛阳市对服务新兴产业发展、进行专业整体转型的中等职业学校或高等院校，一次性给予 500 万元、600 万元不等的资金支持，最高可达 800 万元。

平顶山市依托各类教育资源，面向社区居民开展教育培训服务，形成县（市、区）、街道办事处、居委会、居民家庭学习点四级社区教育网络体系。

商丘市成立以市长为组长的“商丘市开展地方政府促进高等职业教育发展综合改革试点项目”领导小组和办公室。

栾川县在洛阳市率先实行免费职业教育。

扶沟县把发展职业教育与产业集聚区建设有机结合，开创了“产业集聚区+职业教育中心”的职业教育发展新模式。

信阳市平桥区在全国率先成立了职业教育和就业服务局，作为将职业教育与就业服务合为一体的政府机构，该局在全国尚属首例。

河南机电高等专科学校成立校企联合办学董事会、实施“2+1”工学结合人才培养模式。

河南商业高等专科学校与加拿大红河学院、爱尔兰沃特福德理工学院开展的合作办学项目招生 290 人，实现国际合作办学零的突破。

郑州铁路职业技术学院作为教育部骨干高职院校立项建设单位，面向河南省开展提前单独招生试点工作。

“三门峡生物产业技术创新战略联盟”在三门峡职业技术学院成立。

漯河职业技术学院承建的国家发改委批准立项的漯河市食品产业发展服务平台为全市食品行业培训各类人才 2800 余人，提供技术咨询和服务 1 万人次。

商城县高科农机农艺服务专业合作社联合商城县职业中专，形成“学校+合作社+农户”模式。

“华英农业”联合潢川县第三职业高中，形成“学校+公司+农户”模式。

信阳市第二职业高中以 500 万亩茶园为基地，形成“学校+基地+农户”模式。

2012 年

2 月 7 日，省政府批准同意洛阳轴承厂职工大学更名为洛阳轴承职工大学。

2 月 22 日，省政府批准同意在郑州幼儿师范学校基础上建立郑州幼儿师范高等专科学校，在安阳幼儿师范学校基础上建立安阳幼儿师范高等专科学校。

3 月 8 日，省教育厅决定，郑州市电子信息工程学校、安阳市中等职业技术学校、焦作冶金建材工业学校、灵宝市职业中等专业学校、正阳县职业教育中心、漯河市第一中等专业学校、南阳工业学校、巩义市第三中等专业学校 8 所学校为河南省首批实施中德合作职业教育教学模式项目学校。

3 月 16 日，教育部在北京召开 2012 年度全国职业教育与成人教育工作视频会议。

4 月 5 日，河南工业职业技术学院与吉特迈技术贸易（上海）有限公司就职业教育数控专业领域合作协议签字仪式在北京环球贸易中心会议中心举行。

4 月 21 日，教育部对河南省 2011 年审批的郑州黄河护理职业学院予以备案。

5 月 4 日，省政府印发《关于创新体制机制进一步加快职业教育发展的若干意见》。

同日，省政府印发《河南省职业教育校企合作促进办法（试行）》，这是全国省级政府出台的第一个关于校企合作工作的制度性文件。

5 月 8 日，省政府在郑州市召开 2012 年全省职业教育工作电视电话会议。

6 月 26 日，周口职业技术学院学生孔得奇，在长途汽车上制止两个小偷偷窃乘客财物时遭到行凶报复，在与歹徒英勇搏斗时光荣负伤。

7 月 25 日，省政府印发《关于转发河南省职业教育品牌示范院校和特色院校建设管理办法的通知》。

8 月 14 日，教育部授予铁道警官高等专科学校学生李博亚全国见义勇为优秀大学生称号。

10月10日，国务院总理温家宝主持召开国务院常务会议，决定扩大中等职业教育免学费范围，完善国家助学金制度。

12月10日，省教育厅、省发改委等六部门发文确定汝州市、清丰县、修武县、平舆县、邓州市、桐柏县、淮阳县、息县、浚县、原阳县、南乐县、温县、鄢陵县、义马市、范县15个县（市）为河南省第七批职业教育强县（市），南召、沈丘、封丘3个县确定为职业教育强县（市）先进县。

12月18~19日，国家职业教育体制改革试点工作暨职业教育集团化办学现场交流会在郑州召开。

本年，全省高中阶段教育校数、招生和在校生规模继续减少；中等职业教育招生数、在校生数占高中阶段教育比例均有所下降，办学条件得到改善。

从2012年秋季学期开始，全省农村学生都可以免费读中职，民办学校的学生也同样享受此项优惠政策。

郑州市委办公厅牵头进行全市职业教育调研，撰写了《郑州市职业教育发展状况调研报告》。

洛阳市大力推动公办职业学校改革，公办职业学校分别制定了改革方案，积极引进合作伙伴。

许昌市出台《关于职业教育攻坚计划的实施意见》，确定了“科学规划办职教、围绕产业办职教、项目带动办职教、创新机制办职教”的工作思路，提出了发展目标。

平顶山市各县（市、区）均成立了社区教育工作指导委员会，挂牌成立社区教育学院，社区教育四级网络体系进一步完善。

驻马店市进一步加大引资办学力度，建立多元投资办学机制，提出了引资办学享受引资办企和发展民营经济的同等优惠政策。

信阳市制订《创建省级农村职业教育改革试验点实施方案》，着重探索实践了职教服务地方经济的三种新模式。

许昌市政府鼓励行业、企业和其他社会力量投资职业教育，支持学校利用民间资本加快学校建设，改善办学条件，实现了办学主体多元化和办学形式多样化。

鹤壁市组织开展中等职业学校品牌专业、特色专业评选活动。共评出了数控技术应用等6个品牌专业，现代农艺技术等7个特色专业。

三门峡市改革人才培养模式，重视实践教学，突出“做中学、做中教”，不断强化学生“手头功夫”。

长垣县职业教育已基本形成领导重视、部门协作、机制健全，公办民办学校互相补充、全日制学历教育与短期职业技能培训相互促进、大中专院校共同发展的新格局。

罗山县、息县开展“公办民助”办学试点。

淮滨县开展“股份制”办学试点。

获嘉县推进“民办公助”的办学模式改革，将新乡测绘中等职业学校整合到县职教中心，加快了民办职业教育健康快速发展。

固始县建立多元化投入机制，充分调动民间资本和社会资金大力发展职业教育。

郑州铁路职业技术学院申报的高职护理专业培训项目顺利入选教育部首批“高等职业学校骨干教师国家级培训项目”。

黄河水利职业技术学院、平顶山工业职业技术学院、商丘职业技术学院、河南职业技术学院、河南工业职业技术学院、河南农业职业学院、郑州铁路职业技术学院7所单独招生改革试点院校报名考生6774人，实际录取考生3963人。

获批三门峡职业技术学院的机电一体化技术等10个国家实训基地。

认定郑州电力高等专科学校推荐的大唐洛阳首阳山发电有限责任公司等50个省级示范性综合实训基地。

河南机电职业学院探索建工厂式学院、办产业式专业、开发技能式课程，与企业建立校企一体型、深度融合型、紧密合作型的关系。

郑州机电工程学校、郑州市财经学校、许昌工商管理学校、驻马店高级技工学校、泌阳县职业教育中心等成功创建为国家中等职业教育改革发展示范学校。

焦作护理学校开展股份制改造。

鹤壁汽车工程职业学院与浙江大学现代制造工程研究所签订合作协议，双方将合作建立“先进制造技术项目联合开发中心”。

2013 年

1 月 7 日，由省教育厅推荐的铁道警官高等专科学校学生李博亚被评为 2012“感动中原”十大年度人物之一。

3 月 1 日，省政府批准建立南阳农业职业学院、郑州财税金融职业学院；将河南科技大学林业职业学院从河南科技大学剥离，建立河南林业职业学院；将河南理工大学高等职业学院从河南理工大学剥离，建立河南工业和信息化职业学院；将华北水利水电学院水利职业学院从华北水利水电学院剥离，建立河南水利与环境职业学院；将郑州航空工业管理学院信息统计职业学院从郑州航空工业管理学院剥离，建立河南信息统计职业学院；在河南卫生职工学院基础上建立河南医学高等专科学校，同时撤销河南卫生职工学院的建制。上述新建学校均为普通高等专科学校，学校专科层次全日制普通在校生规模均暂定为 3000 人。

同日，省政府同意在洛阳市荣华中等专业学校基础上建立洛阳科技职业学院。

3 月 20 日，2013 年度全省职业教育与成人教育工作会议在郑州召开。

4 月 12 日，全国职业教育教学改革创新工作会在北京召开。这是教育部首次将中等职业教育和高等职业教育教学工作统筹研究、统一部署、系统推进的一次会议。会议提出了实施中高职衔接三年行动计划。

4 月 23 日，省教育厅和郑州铁路局签署协议，共建郑州铁路职业技术学院。这标志着省教育厅与郑州铁路局在高等职业教育方面的合作达到了一个新高度。

6 月 6 日，省政府召开河南省行业职业教育校企合作指导委员会成立大会。会上宣布成立省地矿、医药、农业、建设、石化、粮食、统计、机械和食品 9 个行业职业教育校企合作指导委员会。

8 月 27 日，省政府召开职业教育座谈会，就职业教育发展广泛征求意见。

8 月 28 日，省政协召开职业教育发展座谈会。省教育厅、省人社厅有关处室，河南职业技术学院、郑州职业技术学院等职业院校的领导和专家参加座谈。

9 月 13 日，时任省政协主席叶冬松到郑州职业技术学院、郑州市商业技师学院、郑州澍青医学高等专科学校调研。

9 月，黄河水利职业技术学院见义勇为英雄邢二朋同学荣登“中国好人榜”。

10 月 12 日，时任省委书记郭庚茂到济源调研职业教育。

10 月 17 日，省政府在济源市召开河南省职业教育工作推进会。

本年，省教育厅发出通知，2014 年河南将在符合条件的高等职业院校开展单独招生改革试点，凡参加高职院校单独招生并被录取的考生无须再参加高考。

驻马店市在建设职教园区的同时，加大职业教育资源整合和布局调整，改变职业院校各自封闭、专业设置趋同的办学模式，推进职业教育向规模化、集团化和集约化方向发展。

西平县在整合资源的基础上，从江西上饶投资有限公司引资 5000 万元，以“民办公助”形式建设西平县职业教育中心。

汝南县整合马乡职业高中、城镇职业高中、老君庙高中、县教师进修学校，引资 1.2 亿元，征地 262 亩，建设“民办公助”性质的汝南县职业教育中心，政府为学校招聘 40 名专业课教师。

汤阴县为引进河南省制药职业中专，依托其旗下的 5 家制药企业，与汤阴县职教中心打造一体化办学联盟，共同培养药学等方面的人才。

焦作师范高等专科学校积极开展地方特色科学研究，学校学术资源与地方共享，实现了相关科技成果的转化与应用。

开封大学被确定为首批省级专业技术人员继续教育基地。

鹤壁职业技术学院在全国高校思政课经验交流会上做典型发言。

三门峡职业技术学院搭建与政府、产业、企业合作的桥梁和纽带，为科技强市、经济转型、新农村建设等提供科技和人才支持。

济源职业技术学院与苏州凯斯美公司合作，共同投入 694 万元建设了数控加工生产性实训基地。

郑州幼儿师范高等专科学校举办河南省第五届幼师毕业生教学技能大赛。

林州市职教中心引进企业建立多个相关专业的实习车间，吸引企业固定机器设备为学校服务，合作组建数控实训中心，实现校企合作双赢。

淇县职业中专与12家企业建立了合作关系，建设了10个校外实训基地，新亚服装公司出资100万元支持学校宿舍楼项目建设，并设立了励志奖学金。

鹤壁市机电信息工程学校在天工模具制造有限公司投资300万元，选派10名教职工在企业工作，组织教职工和企业技术人员编写了多部专业教材。

安阳市职教中心先后与安阳公交公司、新能光伏有限公司等企业签订订单培养协议，组建了“公交A3班”“新能光伏班”等以企业冠名的班级。

叶县各职业学校采取“以高带低”“以有带无”等形式，建设结构合理、专兼结合的“双师型”教师队伍。

泌阳县各乡镇成人学校积极开展香菇栽培、草腐菌生产、计算机操作等各类职业技能培训70余期，培训各级各类实用技术人才16000人次。

2014年

1月10日，教育部地方本科高校转型发展座谈会在驻马店市召开。时任教育部副部长鲁昕建议，将驻马店作为全国高等职业教育论坛的常设地。

2月28日，省政府召开职业教育攻坚工作领导小组会议。

3月6日，2014年度全省职业教育与成人教育工作会议在郑州召开，职教攻坚二期工程全面启动。

3月26日，李克强总理在国务院常务会议部署加快发展现代职业教育时发言指出，发展现代职业教育，是转方式、调结构的战略举措。要发展与市场相匹配的职业教育，培养与市场相匹配的职业人才，形成“不唯学历凭能力”的社会氛围。

5月2日，国务院印发《关于加快发展现代职业教育的决定》。提出“到2020年，形成适应发展需求、产教深度融合、中职高职衔接、职业教育与普通教育相互沟通，体现终身教育理念，具有中国特色、世界水平的现代职业教育体系”。

5月28日，省政府批准同意在平顶山市宝丰县教育资源的基础上建立平顶山文化艺术职业学院。平顶山文化艺术职业学院为专科层次的高等职业学校，学校专科层次全日制普通在校生规模暂定为3000人。

5 月 29 日，时任省政协主席叶冬松主持召开河南省政协职业教育月协商座谈会，专题协商全省职业教育工作。

6 月 16 日，省政府下发《关于实施职业教育攻坚二期工程的意见》，决定从 2015 年秋季起全省各类中等职业学校全日制正式学籍在校学生全部免除学费。

6 月 23~24 日，全国职业教育工作会议在北京召开。中共中央总书记、国家主席、中央军委主席习近平就加快职业教育发展做出重要指示。国务院总理李克强要求，要用改革的办法把职业教育办好做大。会议召开前，国务院印发了《关于加快发展现代职业教育的决定》。

7 月 29 日，河南省第十二届人大常委会第九次会议举行职业教育专题询问会。时任省委书记、省人大常委会主任郭庚茂到会讲话。

8 月 29 日，中共中央总书记习近平主持中共中央政治局会议，审议通过《关于深化考试招生制度改革的实施意见》。

9 月 9 日，习近平总书记在考察北京师范大学时指出，国家繁荣、民族振兴、教育发展，需要我们大力培养造就一支师德高尚、业务精湛、结构合理、充满活力的高素质、专业化教师队伍，需要涌现一大批好老师。习近平强调，各级党委和政府要从战略高度来认识教师工作的极端重要性，把加强教师队伍建设作为基础工作来抓，满腔热情地关心教师，改善教师待遇，关心教师健康，维护教师权益，使教师成为最受社会尊重的职业。

9 月 17~20 日，全国中等职业学校教学工作合格评估试点培训会议在郑州举行。

9 月 22 日，河南省第一所农民大学——洛阳市农民大学举行挂牌仪式。

9 月 24 日，时任省长谢伏瞻主持召开省政府常务会议，研究加快发展现代职业教育等工作。

9 月 25 日，省教育厅等六部门印发《河南省现代职业教育体系建设规划（2014~2020 年）》，提出了河南现代职业教育体系建设的总体要求，勾画了体系架构，部署了重点任务。

同日，省政府印发《关于加快发展现代职业教育的意见》。

9 月 26 日，全省职业教育工作会议在郑州召开，时任省长谢伏瞻在讲话中指出，目前河南职业教育还不能完全适应发展的需要，仍属整个教育体系中的薄弱环节。要把职业教育摆在更加突出的战略地位，切实把握发展机遇，全面落实国家部署，着力解决突出问题，努力实现更大规模、更好质量、更高水平的发展。

本年，由省教育厅牵头，省发展和改革委员会、省财政厅、省人力资源和社会保障厅、省农业厅、省扶贫办等部门共同编印《河南省现代职业教育体系建设规划（2014~2020 年）》。

对省属高职高专院校参照本科高校经费核拨方式进行改革，实行人员、公用、专项业务经费与学生人数、毕业生质量全面挂钩，到 2017 年达到生均 1.2 万元的目标。

评选确定首批新郑市、郑州市中原区、郑州市金水区、平顶山市新华区、平顶山市湛河区、信阳市浉河区 6 个省级社区教育示范区和嵩县、平顶山市卫东区、舞钢市、获嘉县、鹤壁市山城区、镇平县 6 个省级社区教育实验区。

漯河市张学全食品工作室、陈晓华计算机工作室、刘盘业现代农业工作室、万国栋德育工作室 4 个首批职业教育名师工作室启动。

济源市着力构建现代职业教育体系，计划到 2020 年，基本形成包括技工教育在内的中等职业教育、高等职业教育、应用技术本科教育和专业学位研究生教育相互衔接、协调发展、开放兼容的现代职业教育体系，满足经济社会发展对高素质劳动者的多样化需求。

汤阴县入围第一批国家级农村职业教育和成人教育示范县。

许昌学院在全省同类高校率先出台《关于进一步深化转型发展的指导意见》。

开封大学修订《专业评估体系及标准》，暂停 7 个专业的招生。评出首批 5 门校级"教学做一体"课程，评选 50 个校级教学成果奖；审核通过素质教育选修课 42 门。

河南检察职业学院在初任检察官资格培训班中引进导师制，聘请省人民检察院专家骨干与学员一对一交流，完善了大班上课、小班讨论、小组切磋的模式。

三门峡职业技术学院组织召开豫晋陕黄河金三角职教集团理事会暨书

记、院长高峰论坛。该院保护白天鹅志愿服务项目在全国获奖。

2015 年

1 月 28 日，河南省职业教育工作座谈会在郑州财税金融职业学院召开。

4 月 24 日，教育部在北京召开 2015 年度职业教育与继续教育工作会议。

5 月 10 日，首届“职业教育活动周”在北京举行全国启动仪式。国务院总理李克强做出重要批示，加快发展现代职业教育，是发挥我国巨大人力优势，促进大众创业、万众创新的战略之举。国务院决定，自 2015 年起，每年 5 月的第二周为“职业教育活动周”，主题为“支撑中国制造，成就出彩人生”。

5 月 12 日，河南省暨郑州市首届“职业教育活动周”启动仪式在郑州职业技术学院举行。

6 月 1 日，时任中共中央政治局委员、国务院副总理刘延东在深化职业教育改革创新座谈会上强调，要贯彻落实党中央、国务院决策部署，深化改革、创新模式、完善政策，加快构建现代职业教育体系，为促进大众创新创业和国家现代化建设提供有力人才支撑。

10 月 15 日，中国（河南）—德国职业教育研讨会暨中德双元教育中心揭牌仪式成功举办。

本年，鹤壁市出台《关于加快发展现代职业教育的实施意见》，进一步明确构建现代职业教育体系的目标和措施。

2015 全国职业院校技能大赛测绘赛项在黄河水利职业技术学院进行。在全国 30 个省、自治区、直辖市的 78 支参赛代表队中，该院代表队夺得三个一等奖，是参赛队伍中唯一囊括三个单项一等奖的队伍。该校印度尼西亚留学生队获得组委会特别颁发的“优秀表现奖”。

黄河水利职业技术学院荣获全国文明单位荣誉称号。

三门峡职业技术学院申报的“巾帼建功”项目被中华全国妇女联合会授予“全国巾帼建功先进集体”荣誉称号。

河南农业职业学院利用高新科技园平台，研发农作物及蔬菜、果品新品种 30 余项，获得食品、饲料、兽药等新产品专利 50 余项；70 余人的

“三农”专家服务团在田间地头创造着社会经济效益。一项“通许县地力提升及县域增粮技术”项目每年增加粮食产量15%。如今，中牟县“现代高效示范农业”项目已形成“中牟农科”品牌。

漯河职业技术学院传承优秀民族文化打造高职教育品牌，围绕传承扎染技术、农民画、剪纸艺术深化课程体系和教学模式改革，传承创新优秀民族文化。

济源职业技术学院与郑州轻工业学院联办应用型本科专业教育。

鹤壁市机电信息工程学校被教育部、人力资源社会保障部、财政部联合授予首批“国家中等职业教育改革发展示范学校”荣誉称号。

获嘉县职教中心形成职前职后培训、长短期学历进修等多层次、多种类的办学与培训体系，开展各级各类社会培训达6000余人次，增强了职业教育服务地方经济的能力。

2016年

1月30~31日，教育部在贵阳召开2016年度职业教育与继续教育工作会议。

3月1日，河南省职业教育与成人教育工作会议在郑州召开。

4月，省教育厅遴选公布洛阳铁路信息工程学校、郑州工业贸易学校、河南省工业学校、河南省理工中等专业学校、洛阳经济学校、河南省工业科技学校、郑州市科技工业学校、郑州市国防科技学校、焦作市职业技术学校、孟州市职业中等专业学校、新乡市职业教育中心、镇平县工艺美术职业中专、洛阳市第一职业中专、洛阳市旅游学校、开封市文化旅游学校、河南省工艺美术学校等16所学校为河南省首批中等职业教育现代学徒制试点单位。

5月8日，时任中共中央政治局委员、国务院副总理刘延东出席2016年职业教育活动周启动仪式暨全国职业院校技能大赛开幕式时强调，要全面贯彻党中央、国务院关于加快发展现代职业教育的决策部署，更加注重技术技能人才培养，大力弘扬工匠精神，办好中国特色、世界水平的现代职业教育，为全面建成小康社会提供充足的技术技能人才支撑。

5月8~14日，省教育厅与省委宣传部、省人社厅联合开展了以“弘扬工匠精神，打造技能强国”为主题的职业教育宣传活动周活动。

6 月 30 日，召开全省中等职业学校办学能力评估培训工作会议，安排 2016 年全省中等职业学校办学能力评估工作。

7 月 18 日，省教育厅印发《职业教育“精准脱贫技能培训班”实施方案》，在全省 53 个贫困县每个县选择一所中等职业学校开设职业教育“精准脱贫技能培训班”，每个班资助 20 万元。

9 月 23~25 日，全省首次中等职业学校“创新杯”教师信息化教学说课大赛在郑州市科技工业学校举行。

12 月 2 日，推进职业教育现代化座谈会在北京召开，国务院总理李克强做出重要批示。

本年，洛阳市政府投入资金 500 万元，培训各级各类教师 2600 余人次，派出企业实践教师 110 人，认定河南省“双师型”教师 280 人，被评定的省职教专家 8 人，河南省职教名师 8 人，河南省名师工作室 5 个。

由漯河市人民政府主办、漯河职业技术学院协办的漯河市职业教育校企合作促进会在漯河职业技术学院召开。

开封大学召开校地校企深度合作对接会。29 家政府机关单位负责人和 49 家企业负责人以及开封大学中层以上干部、教师代表参加了会议。

郑州铁路职业技术学院在北京中国中铁股份有限公司总部与俄罗斯联邦铁路总局、中国中铁股份有限公司签署了《关于国际教育、科研以及相关领域合作事宜的谅解备忘录》，并举行了“亚欧高铁学院”揭牌仪式。

黄河水利职业技术学院在全国电子商务运营技能竞赛中获总成绩第一名。

许昌职业技术学院举行全国应用型人才培养工程培养基地揭牌仪式。

新乡职业技术学院获得“全国职工教育培训先进集体”荣誉称号。

漯河职业技术学院食品工程系“生产实训产品展”入选 2015 年全国职业院校实训教学创新案例集。

河南交通职业技术学院先后选派干部挂职担任共青团兰考县委员会副书记，捐款 5 万余元援建古营镇曹庄村委办事大厅，出资 5.5 万元建设了东坝头乡张庄小学乐维空间课堂，组织师生及校企合作单位捐献图书 2500 余册，开展留守儿童结对帮扶等一系列教育精准扶贫项目。

洛阳职业技术学院帮扶工作队到定点帮扶贫困村——栾川县栾川乡湾滩村，开展精准扶贫“一对一”结对帮扶工作。

郑州财税金融职业学院荣获2016年第十二届全国职业院校沙盘模拟经营大赛全国总决赛一等奖。

河南水利与环境职业学院举行“大禹班”学生拜师仪式。河南水利系统的6位优秀专家分别与“大禹班”的30名同学签订了导师带徒协议，正式被聘任为“大禹班”学生导师。

平顶山市财经学校充分发挥国家中等职业教育改革发展示范校优势，为中石化平顶山石油分公司员工开展加油站“五项技能”培训。

平顶山市机械电子科技学校积极发挥现代农艺技术专业优势，大力开展新型职业农民培训，先后开展花卉、农作物栽培等新型职业农民培训4期。

河南省水利职工培训学校被中华全国总工会命名为“全国职工教育培训示范点”。

2017年

1月10日，国务院印发《国家教育事业发展“十三五”规划》。

2月15日，河南省职业教育与成人教育工作会议在郑州召开。

2月，按照教育部关于开展中等职业教育质量年度报告工作的要求，全省共有49所国家中等职业教育示范校、3个教育行政部门发布了2016年度中等职业教育年度质量报告。

3月21~22日，2017年全国职业教育与继续教育工作会议在苏州召开。

5月8日，第十届全国职业院校技能大赛开幕式在天津举行。中共中央政治局常委、国务院总理李克强对大赛做出重要批示指出，提升职业教育水平是我国教育事业发展的重要内容。

5月11日，全省职业教育精准脱贫技能培训推进会在郑州召开。

5月23日，中央全面深化改革领导小组第三十五次会议审议通过，9月24日中共中央办公厅、国务院办公厅印发施行《关于深化教育体制机制改革的意见》。

6月22日，教育部副部长孙尧在时任副省长徐济超的陪同下，到黄淮学院、驻马店职教园区等地调研本科高校转型发展和职业教育改革发展工作。

7 月 13 日，省教育厅下发《关于公布 2017 年河南省中等职业学校综合高中班试点学校名单的通知》，确定登封市中等专业学校等 93 所学校为 2017 年河南省中等职业学校综合高中班试点学校，全省综合高中班招生计划为 12150 人。

7 月 21~23 日，第十届“高教杯”全国大学生先进成图技术与产品信息建模创新大赛在兰州交通大学举行。黄河水利职业技术学院连续 9 届荣获水利类团体一等奖。

9 月 5 日，省教育厅等九部门印发《关于大力推进社区教育工作的意见》，对全省大力发展社区教育工作做出全面部署。

9 月 20 日，河南省人民政府办公厅印发《关于加快推进职业教育攻坚二期工程的意见》。

9 月 29 日，时任副省长徐济超主持召开全省职业教育助力脱贫攻坚工作座谈会，研究推进职业教育扶贫工作。

10 月 13 日，省教育厅新闻办召开新闻发布会，介绍《河南省人民政府办公厅关于加快推进职业教育攻坚二期工程的意见》相关情况。来自《光明日报》《中国教育报》《中国青年报》《河南日报》等中央、省市共 30 家新闻媒体参加发布会。

11 月 9 日，省教育厅、省财政厅、京东集团签署职业教育产教融合战略合作协议，将与 100 所河南职业院校在专业课程建设、双师型教师培训、校企协同育人等领域开展多种形式的合作。

11 月 16 日，省政府召开“河南省实施职业教育攻坚工程推进会”，就支持职业教育发展做出部署。会议明确，2018 年全省公办高职院校和中职学校将全面实行生均拨款制度；同时，将支持每个贫困县重点办好一所中职学校。

11 月 27 日，《光明日报》以《从人口大省向人力资源大省转变——应用型人才培养的河南实践》为题，重点关注报道了河南以职业技能培训为抓手，以应用型人才培养为引领，力求从人口大省向人力资源大省、人才大省转变，为脱贫攻坚、中原更加出彩提供人才支撑和智力支持的探索实践情况。

本年，长垣县、固始县、濮阳县、新密市 4 县（市）获批第四批国家级农村职业教育和成人教育示范县，至此，全省国家级职成教示范县总数达到 15 个。

2014 年以来，教育部在驻马店市连续举办了四届“产教融合发展战略国际论坛”。在稳步推进招生考试制度改革上，全省高职院校分类考试扩展到单独考试招生、对口招生、五年一贯制，“3+2”升段学习、高技能人才免试入学五种形式，有效地促进了中、高职的衔接。

罗山县采取政府主导、教育部门牵头、学校实施的职教脱贫政策，先后举办 12 期精准技能培训班，培训学员 1200 余人，建档立卡户劳动力 681 人。

黄淮学院先后停招了 13 个与区域产业结合不紧密、就业形势不好的本科专业，新增了 19 个与地方主导产业、战略性新兴产业关联度高、就业前景好的新专业。学校的应用型专业已占到专业总数的 86%。

河南职业技术学院高度重视大学生创新创业教育工作，按照国家“大众创业、万众创新”要求，实施“一体多元分层次”培养模式，构建了“1+2+N”的双创实践平台，打造创新创业型高端技术技能人才高地。

河南护理职业学院在哈密市中心医院和新疆生产建设兵团十三师红星医院建立实习基地。

漯河食品职业学院围绕市场需求量增大的电商专业，与京东集团展开合作，成立京东电商学员订单班，建设校园运营中心，由京东派工作人员带领学生进行实战教学。

2018 年

3 月 14~15 日，全省职业教育与成人教育工作会议以现场会的形式在驻马店市召开。

3 月 16 日，全国职业教育与继续教育工作视频会议在北京召开。

3 月 23~25 日，全国中等职业学校班主任专业能力研学提升活动在郑州举行。

4 月 10 日~13 日，教育部在郑州分别举办了全国中等职业学校学生管理信息系统与全国学生资助管理信息系统中职子系统应用培训会议、全国中等职业学校管理信息系统需求调研会和2018年中等职业学校东西部联合招生合作办学对接活动会议。

4月18日，国务院总理李克强主持召开国务院常务会议，确定推行终身职业技能培训制度的政策措施，提高劳动者素质，促进高质量发展。

同日，河南省人民政府办公厅印发《河南省深化省属本科高校和职业院校生均拨款制度改革实施方案》。

5月7日，由教育部举办的新时代职业教育工作座谈会在天津召开，中共中央政治局委员、国务院副总理孙春兰参加座谈会并发表重要讲话。

5月29~30日，2018年全省职业教育助力脱贫攻坚工作现场会在信阳市罗山县召开。

7月15日，《2018中国高等职业教育质量年度报告》在北京发布，黄河水利职业技术学院囊括全部三个"50强"，即"教学资源50强"、"服务贡献50强"和"国际影响力50强"，是河南省唯一获得三项荣誉的高职院校。

7月27日，黄河水利职业技术学院赞比亚大禹学院在赞比亚下凯富峡水电站隆重揭牌。

8月15日，河南省教育厅发布《关于全省建立校外培训机构黑白名单情况的通报》。

8月22日，国务院办公厅印发《关于规范校外培训机构发展的意见》。

9月6日，全省《高等职业教育创新发展行动计划（2015~2018年）》工作推进会在郑州召开。

10月26日，教育部在北京召开推进校外培训机构整改工作座谈会，认真总结校外培训机构整改工作进展和成效，交流各地经验做法，集中约谈进度缓慢省份，系统部署下一阶段工作。

11月6日，2018年全国职业院校技能大赛总结会在天津召开。

11月16日，省教育厅在郑州召开全省职业教育助力脱贫攻坚工作推进会。

11月20日，教育部在郑州召开推进校外培训机构整改分片调度会。会议指出，在各地的努力下，专项治理取得了明显进展，全国已整改存在问题的机构16.3万所，整改完成率近60%，河南等18个省份整改完成率超过

60%。各地普遍结合实际多措并举推进整改，有广度、有深度、有效度，赢得了群众的认可。但整改工作仍面临诸多困难，部分省份进度仍显缓慢，推进力度亟待加强。

12月15日，全国2963个县（市、区）已启动专项治理整改有问题的校外培训机构工作，其中2286个县（市、区）已基本完成专项治理整改任务，县（市、区）完成率77.15%。全国共摸排校外培训机构401050所，存在问题的机构272842所，现已完成整改256691所，完成整改率94.08%。广东、广西、西藏存在问题的机构已全部整改；山西、黑龙江、上海、江苏、浙江、安徽、福建、江西、山东、河南、海南、四川、甘肃、宁夏、新疆等地及新疆生产建设兵团存在问题的机构整改完成率在95%以上。

12月27日，中国职业技术教育学会第五次会员代表大会在北京召开。会议审议通过了第四届理事会工作报告，选举产生了第五届理事会会长、副会长、秘书长。鲁昕当选新一届理事会会长。

本年，郑州铁路职业技术学院认真贯彻国家和河南深化人才发展体制机制改革、深化职称制度改革精神，以及《教育部等五部门关于深化高等教育领域简政放权放管结合优化服务改革的若干意见》精神，本着新旧制度衔接不乱、实施方案切实可行、评审过程规范有序的原则，在如何接得住、接得稳上狠下功夫，圆满完成了职称自主评审工作。

由许昌职业技术学院牵头的全国人工智能职业教育产教融合联盟暨中国电子企业协会人工智能与大数据分会正式成立。

2019年

1月4日，全省职业教育与成人教育工作座谈会在郑州召开。会议传达了教育部对职业教育与成人教育工作的新要求，研究解决当前职业教育与成人教育工作存在的突出问题，谋划2019年河南职业教育与成人教育工作。

1月16日，省长陈润儿在河南省第十三届人民代表大会第二次会议上作的《政府工作报告》指出，中职学校布局调整任务圆满完成。深入推进产教融合、校企合作和实训基地建设，发展一批高水平职业院校。推动符合条件的普通高校向应用技术型转变。

1月24日，国务院印发《国家职业教育改革实施方案》。

1月31日，2019年全省教育工作会议在郑州召开。

2月18日，省长陈润儿在郑州专题调研职业教育工作并主持召开座谈会，强调要深入贯彻习近平总书记在全国教育大会上的重要讲话精神，加快促进三个转变，大力发展职业教育，为全省经济结构调整和产业升级培养更多技能型人才。

2月23日，中共中央、国务院印发《中国教育现代化2035》，对现代职业教育的发展进行了战略安排。

同日，中共中央办公厅、国务院办公厅印发《加快推进教育现代化实施方案（2018~2022年）》。

3月5日，李克强总理在十三届全国人大二次会议所作的《政府工作报告》提出多项推动职业教育发展的措施。

4月3日，省委书记王国生到郑州铁路职业技术学院调研并召开职业教育工作座谈会。

4月19日，省委省政府召开全省教育大会，省委书记王国生、省长陈润儿在讲话中肯定了河南职业教育发展的成就，并对今后一个时期职业教育的发展提出了要求。

4月30日，国务院总理李克强主持召开国务院常务会议，讨论通过高职院校扩招100万人实施方案，加快培养各类技术技能人才，促进扩大就业。

6月初，教育部为第一批本科层次职业学校颁发办学许可证，河南1所。学校名称：河南科技职业大学；建校基础：周口科技职业学院（本科）；专业设置：机械电子工程、汽车服务工程、电子信息工程、土木工程、物流管理、机械设计制造及其自动化、学前教育、服装与服饰设计、计算机应用工程、护理10个职业本科专业。

6月10日，教育部公示《高等职业教育创新发展行动计划（2015~2018年）》项目认定名单，河南工业职业技术学院、河南交通职业技术学院、河南经贸职业学院、河南农业职业学院、河南职业技术学院、黄河水利职业技术学院、平顶山工业职业技术学院、许昌职业技术学院、郑州铁路职业技术学院等高职学院入围全国优质专科高等职业院校名单。

参考文献

一　法律法规与政策

《中国人民政治协商会议共同纲领》，1949 年 9 月 29 日。

《中华人民共和国宪法》，1982 年 12 月 4 日。

《中华人民共和国教育法》，1995 年 3 月 18 日。

《中华人民共和国职业教育法》，1996 年 5 月 15 日。

政务院：《专科学校暂行规程》，1950 年 7 月 28 日。

政务院：《关于整顿和发展中等技术教育的指示》，1952 年 3 月 31 日。

政务院：《关于改进中等专业教育的决定》，1954 年 9 月 26 日。

中共中央批转中央文教小组《关于 1961 年和今后一个时期文化教育工作安排的报告》，1961 年 2 月 7 日。

中共中央、国务院批转教育部党组《关于高等学校专业调整会议的报告》，1963 年 6 月 26 日。

中共中央转发教育部《关于中小学教育和职业教育七年（1964～1970）规划要点（初步草案）》，1964 年 1 月 5 日。

中共中央转发教育部党组《关于全国农村半农半读教育会议的报告》，1965 年 7 月 14 日。

国务院批转国家计委和国务院科教组《关于中等专业学校、技工学校办学中几个问题的意见》，1973 年 7 月 3 日。

国务院批转教育部《关于大力发展高等学校函授教育和夜大学的意见》，1980 年 9 月 5 日。

国务院批转教育部《关于师范教育的几个问题的请示报告》、《中等师范学校和幼儿园师范教育计划试行草案》和《关于大力办好高等师范专科学校的意见》，1980 年 9 月 29 日至 10 月 27 日。

国务院批转教育部、国家劳动总局《关于中等教育结构改革的报告》，1980 年 10 月 7 日。

中共中央、国务院：《中国教育改革和发展纲要》，1993 年 2 月 13 日。

国务院：《关于〈中国教育改革和发展纲要〉的实施意见》，1994 年 7 月 3 日。

国务院批转教育部《面向 21 世纪教育振兴行动计划》，1999 年 1 月 13 日。

国务院：《关于大力推进职业教育改革与发展的决定》，2002 年 8 月 24 日。

国务院：《关于大力发展职业教育的决定》，2005 年 10 月 28 日。

国务院：《关于加快发展现代职业教育的决定》，2014 年 6 月 22 日。

中共中央办公厅、国务院办公厅：《关于深化教育体制机制改革的意见》，2017 年 9 月 24 日。

《国家职业教育改革实施方案》，2018 年 11 月 14 日。

国务院：《国家职业教育改革实施方案》，2019 年 1 月 24 日。

中共中央、国务院：《中国教育现代化 2035》，2019 年 2 月 23 日。

中共中央办公厅、国务院办公厅：《加快推进教育现代化实施方案（2018~2022 年）》，2019 年 2 月 23 日。

二　部委文件

教育部：《工农速成中学暂行办法》，1951 年 2 月 10 日。

教育部：《中等技术学校暂行实施办法》，1952 年 7 月 12 日。

高等教育部：《高等学校与中等技术学校学生生产实习暂行规程》，1954 年 5 月 15 日。

高等教育部：《中等专业学校章程》，1954 年 11 月 24 日。

高等教育部：《中等技术学校课程设计规程》《中等专业学校行政和教学辅助人员标准编制》《中等专业学校的设置、停办的规定》《中等专业学校校长（副校长）任免办法》《关于 1955 年中等专业学校招生工作的通知》

《关于加强小学在职教师业余文化补习的通知》，1955 年 3 月 14 日至 7 月 19 日。

教育部：《师范学校教育实习办法》《师范学校教学计划》《幼儿师范学校教学计划》《师范学校规程》，1956 年 4 月 28 日至 5 月 29 日。

教育部：《全国高等学校及中等学校调整工作会议纪要》，1961 年 8 月 10 日。

中央宣传部：《关于调整初级中学和加强农业、工业技术教育的初步意见（草稿）》，1963 年 7 月 10 日。

教育部：《关于加强和发展师范教育的意见》，1978 年 10 月 12 日。

教育部：《关于进一步加强中小学在职教师培训工作的意见》《关于办好中等师范教育的意见》《中等师范学校规程（试行草案）》《关于师范教育的几个问题的请示报告》《关于中等教育结构改革的报告》《全国中等专业教育工作会议纪要》《中等师范学校和幼儿师范学校教学计划试行草案》《关于大力办好高等师范专科学校的意见》《关于确定和办好全国重点中等专业学校的意见》《关于全日制中等专业学校领导管理体制的暂行规定》，1980 年 8 月 22 日至 11 月 5 日。

教育部：《关于加强普通教育行政干部培训工作的意见》《中等专业学校学生守则（试行草案）》《师范专科学校教学工作座谈会纪要》《中等师范学校校舍规划面积定额（试行）》《职工大学、职工业余大学考试试行办法》《县办农民技术学校暂行办法》，1982 年 2 月 19 日至 10 月 21 日。

教育部：《中等师范学校学生守则（试行草案）》，1983 年 2 月 23 日。

国家教委：《关于基础教育师资和师范教育规划的意见》，1986 年 3 月 10 日。

国家教委：《关于加强和发展师范教育的意见》，1986 年 3 月 26 日。

国家教委：《关于制订职业高级中学（三年制）教学计划的意见》《关于经济部门和教育部门加强合作，促进就业前职业技术教育发展的意见》《关于职业中学经费问题的补充规定》《关于中等专业学校经费问题几项原则规定》《关于加强职业技术学校师资队伍建设的几点意见》《关于职业高中毕业生使用的有关问题的通知》《关于调整中等师范学校教学计划的通知》《普通中等专业学校设置暂行办法》《技工学校工作条例》《关于加强干部中等专业教育的意见》，1986 年 6 月 5 日至 12 月 15 日。

国家教委：《关于当前师范专科学校工作的几点意见》，1990 年 3 月 2 日。

国家教委办公厅：《关于对职业高级中学开展评估，认定“省级重点职业高级中学”的通知》，1990 年 8 月 6 日。

国家教委：《关于普通中等专业教育（不含中师）改革与发展的意见》，1995 年 5 月 17 日。

教育部：《面向 21 世纪教育振兴行动计划》，1998 年 12 月 24 日。

三　地方文件

河南省人民政府：《关于进一步做好职业教育工作的通知》，1987 年 12 月 28 日。

河南省人民政府：《关于大力发展职业技术教育的决定》，1991 年 5 月 17 日。

中共河南省委、河南省人民政府：《关于〈中国教育改革和发展纲要〉的实施意见》，1994 年 10 月 17 日。

中共河南省委、河南省人民政府：《关于贯彻〈中共中央、国务院关于深化教育改革全面推进素质教育的决定〉的实施意见》，1999 年 10 月 12 日。

河南省人民政府：《贯彻国务院关于大力推进职业教育改革与发展的决定的实施意见》，2003 年 6 月 1 日。

河南省人民政府：《贯彻国务院关于进一步加强农村教育工作的决定的实施意见》，2003 年 10 月 22 日。

中共河南省委、河南省人民政府：《关于加快高等教育改革与发展的意见》，2004 年 3 月 22 日。

河南省教育厅、河南省发展和改革委员会：《关于印发河南省教育事业发展十一五规划的通知》，2007 年 6 月 12 日。

河南省人民政府、中华人民共和国教育部：《共建国家职业教育改革试验区协议》，2008 年 10 月 17 日。

河南省人民政府：《关于实施职业教育攻坚计划的决定》，2008 年 12 月 5 日。

河南省教育厅、省发展改革委、省财政厅、省人力资源社会保障厅：

《关于河南省职业教育实训基地建设工程的实施意见》，2009 年 4 月 20 日。

河南省教育厅、省发展改革委、省财政厅、省人力资源社会保障厅：《关于河南省薄弱中等职业学校建设工程的实施意见》，2009 年 4 月 20 日。

河南省教育厅、省发展改革委、省财政厅、省人力资源社会保障厅：《关于河南省示范性职业院校建设工程的实施意见》，2009 年 4 月 20 日。

河南省教育厅、省发改委、省财政厅、省人力资源和社会保障厅：《2009 年度职教攻坚项目评审方案》，2009 年 5 月 12 日。

河南省人民政府、中华人民共和国教育部：《共建国家职业教育改革试验区实施方案》，2009 年 5 月 22 日。

河南省人民政府：《河南省职业教育校企合作促进办法（试行）》，2012 年 5 月 4 日。

河南省人民政府：《关于创新体制机制进一步加快职业教育发展的若干意见》，2012 年 5 月 4 日。

河南省财政厅、省发改委、省教育厅、省人社厅：《关于扩大中等职业教育免学费政策范围，进一步完善国家助学金制度的意见》，2012 年 12 月 14 日。

河南省人民政府：《关于实施职业教育攻坚二期工程的意见》，2014 年 6 月 16 日。

河南省人民政府：《关于加快发展现代职业教育的意见》，2014 年 9 月 24 日。

河南省教育厅、省发展和改革委员会、省财政厅：《关于引导部分本科高校向应用型转变的实施意见》，2016 年 7 月 20 日。

《河南省职业教育改革发展行动计划（2018～2022 年）》，2019 年 1 月 31 日。

四　报刊文章

《大量发展民办农业中学》，《人民日报》1958 年 4 月 21 日。

《举办半工半读的工人学校》，《人民日报》1958 年 5 月 29 日

《从上海机床厂看培养工程技术人员的道路》，《人民日报》1968 年 7 月 22 日。

《厂办校，两挂钩》，《红旗》1969 年第 2 期。

《搞好中等技术学校的教育革命》，《人民日报》1969 年 8 月 7 日。

王建庄：《河南高等职业教育的现状与发展趋势》，载焦锦淼主编《2008 年河南社会形势分析与预测》，社会科学文献出版社，2008。

王建庄：《河南高等职业教育发展战略研究》，《安阳师范学院学报》2008 年第 3 期。

王建庄：《河南高等职业教育：现状与对策》，《河南职业技术师范学院学报》2009 年第 3 期。

王建庄：《河南高等职业教育发展拐点分析与预测》，载刘道兴、牛苏林主编《2012 年河南社会形势分析与预测》，社会科学文献出版社，2012。

俞仲文：《中国应打造完整版职业教育》，《南方都市报》2016 年 7 月 27 日。

俞仲文：《支持和规范社会力量兴办职业教育》，《中国职业技术教育》2017 年第 34 期。

王建庄：《河南职业教育发展报告》，载牛苏林主编《2017 年河南社会形势分析与预测》，社会科学文献出版社，2017。

刘晶晶、和震：《现代职业教育体系建设的中国方案》，《中国教育报》2019 年 10 月 22 日。

五　著作

张应强：《文化视野中的高等教育》，南京师范大学出版社，1999。

〔捷〕夸美纽斯：《大教学论》，教育科学出版社，1999。

刘本固：《教育评价的理论与实践》，浙江教育出版社，2000。

俞仲文等：《高等职业技术教育模式研究》，广东科技出版社，2003。

陈廷柱：《学习型社会的高等教育》，南京师范大学出版社，2004。

姜大源：《当代世界职业教育发展趋势研究》，电子工业出版社，2012。

邢晖：《职业教育管理实务参考》，学苑出版社，2014。

王建庄：《求正归真》，光明日报出版社，2015。

中华职业教育社、天津职业技术师范大学：《中国职业教育改革 20 年（1980~2000）》，科学出版社，2016。

新锦成研究院：《河南省2016届毕业生就业状况与人才培养质量跟踪调研报告》，现代教育出版社，2018。

张新民、董学武：《2017年河南省高校毕业生就业质量调查报告》，河南人民出版社，2018。

和震、刘云波、魏明：《中国教育改革开放40年（职业教育卷）》，北京师范大学出版社，2019。

六 资料汇编

何东昌：《中华人民共和国重要教育文献》（1949~1975），海南出版社，1998。

何东昌：《中华人民共和国重要教育文献》（1976~1990），海南出版社，1998。

何东昌：《中华人民共和国重要教育文献》（1991~1997），海南出版社，1998。

《中国教育年鉴》（1987~2015），人民教育出版社。

《河南教育年鉴》（1987~2015），大象出版社。

《河南省教育统计提要》（2004~2020），河南省教育厅。

《河南教育统计年鉴》（2009~2017），河南省教育厅。

《中国教育统计年鉴》（2010~2019），人民教育出版社。

图书在版编目（CIP）数据

当代河南职业教育发展报告 / 王建庄著. -- 北京：社会科学文献出版社，2020.12

（当代河南教育发展报告 / 胡大白主编；3）

ISBN 978-7-5201-7733-7

Ⅰ.①当… Ⅱ.①王… Ⅲ.①职业教育-发展-研究报告-河南-1949-2019 Ⅳ.①G719.2

中国版本图书馆 CIP 数据核字(2020)第 255682 号

当代河南教育发展报告
当代河南职业教育发展报告

著　　者 / 王建庄

出 版 人 / 王利民
组稿编辑 / 任文武
责任编辑 / 王玉霞　李艳芳

出　　版 / 社会科学文献出版社 · 城市和绿色发展分社（010）59367143
　　　　　地址：北京市北三环中路甲 29 号院华龙大厦　邮编：100029
　　　　　网址：www.ssap.com.cn
发　　行 / 市场营销中心（010）59367081　59367083
印　　装 / 三河市龙林印务有限公司

规　　格 / 开 本：787mm × 1092mm　1/16
　　　　　本册印张：29　本册字数：458 千字
版　　次 / 2020 年 12 月第 1 版　2020 年 12 月第 1 次印刷
书　　号 / ISBN 978-7-5201-7733-7
定　　价 / 498.00 元（全 6 册）